Harald Störrle

UML 2 für Studenten

ein Imprint von Pearson Education
München • Boston • San Francisco • Harlow, England
Don Mills, Ontario • Sydney • Mexico City
Madrid • Amsterdam

Bibliografische Information Der Deutschen Bibliothek

Die Deutsche Bibliothek verzeichnet diese Publikation in der Deutschen Nationalbibliografie; detaillierte bibliografische Daten sind im Internet über <http://dnb.ddb.de> abrufbar.

10 9 8 7 6 5 4 3 2 1

07   06   05

ISBN 3-8273-7143-0

© 2005 by Pearson Studium
ein Imprint der Pearson Education Deutschland GmbH,
Martin-Kollar-Straße 10–12, D-81829 München/Germany
Alle Rechte vorbehalten
www.pearson-studium.de

Lektorat: Dr. Isabel Schneider, ischneider@pearson.de,
          Marc-Boris Rode, mrode@pearson.de
Korrektorat: Katharina Pieper, Berlin
Umschlaggestaltung: adesso 21, Thomas Arlt, München
Herstellung: Monika Weiher, mweiher@pearson.de
Satz: LE-TEX Jelonek, Schmidt & Vöckler GbR, Leipzig
Druck und Verarbeitung: Bosch Druck, Ergolding

Printed in Germany

UML 2 für Studenten

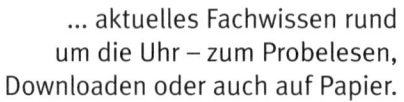

Inhaltsverzeichnis

Kapitel 6   Architektur und Komponenten   89

Kapitel 11   Aktivitäten   193

Kapitel 12   Interaktionen   221

Vorwort

Was nur einer weiß, weiß keiner.
(Ludwig Wittgenstein)

Manche Informatiker und Software-Ingenieure sehen die UML 2.0 und MDA® als Beginn einer neuen Ära der Softwareherstellung. Durch neue Technologien und Werkzeuge stünden wir heute vor einem Umbruch, der nur mit dem Übergang von Maschinen- und Assembler-Sprachen zu strukturierten Hochsprachen in den 1960er Jahren verglichen werden könne und der uns in der Softwareentwicklung dahin bringen würde, wo die Hardwareentwicklung heute schon ist.

Andere hingegen sind skeptisch: Zu oft schon hat man solcherlei Ankündigungen gehört, zu oft schon gab es „Silver Bullets" (siehe Brooks (1987)), also angebliche Wunderwaffen, die alle Probleme auf einen Schlag lösen sollten. Typischerweise verschwanden solche Patentlösungen nach einer kurzen Periode heftigen allgemeinen Interesses sang- und klanglos in der Versenkung (z. B. die so genannte Künstliche Intelligenz) bzw. einer Nische (z. B. CASE-Tools und 4GL-Sprachen).

Wie dem auch immer sei, tatsächlich ist die UML heute die „*lingua franca*" (Selic et al. 2000, S. v) der *Softwaretechnik* (engl.: Software Engineering) und damit die Grundlage der Kommunikation unter Softwaretechnikern. Die UML wird heute in der akademischen Informatik ebenso wie in der Informations- und Kommunikationsindustrie allgemein als (mehr oder weniger) bekannt vorausgesetzt. Trotz aller Kritik ist die Nützlichkeit der UML für den Entwurf und die Dokumentation von Software unbestritten, es ist lediglich die Frage, ob auch die eigentliche Programmierung künftig besser mit UML erledigt wird.

Mit der Version 2.0 ist die UML nun einen gewaltigen Schritt vorangekommen, und dieses Lehrbuch stellt Ihnen die neue Version vor. Dabei konzentriert sich das Buch auf die Sprache UML – eine Einführung in die Methodik oder in die Objektorientierung im Allgemeinen kann es nicht ersetzen. Ungeachtet seines Untertitels wendet sich dieses Buch an Praktiker wie Studenten gleichermaßen, ob sie UML-Vorwissen haben oder nicht.

In seiner Struktur lehnt es sich an den UML-Standard an und interpretiert und ergänzt ihn, wo nötig. Das Buch soll gleichzeitig eine Einführung und ein Nachschlagewerk für die praktische Benutzung sein, meine Vorbilder sind hier das Modula-Buch von N. Wirth (1983) und das ML-Buch von L. Paulson (1991). Allerdings ist die UML um ein Vielfaches umfangreicher und komplexer als Modula und ML – und leider auch in mancherlei Hinsicht unreifer, es gibt z. B. keinen „Compiler" für UML. Daher bleiben diese Vorbilder bis auf weiteres unerreichbar – aber wir arbeiten daran!

An dieser Stelle möchte ich allen danken, die mir bei diesem Buch als Probeleser, Ratgeber und Kritiker geholfen haben: alle meine Studenten, die Kollegen in der Industrie und an den Universitäten, der „Arbeitskreis Objektorientierung", mehreren Damen vom Lufthansa-Bodenpersonal in München und Hamburg und natürlich dem Team von Pearson Studium!

München, im Februar 2005 *Harald Störrle*

TEIL I

Einführung

UML (nicht nur) für Studenten

1

ÜBERBLICK

1.1   Zielgruppen

Dieses Buch behandelt die *Unified Modeling Language* (UML) in der Version 2.0, die in Kürze verabschiedet werden wird. Das Buch deckt die UML vollständig ab, behandelt aber vor allem die Notation, also die Syntax. Die Nutzung der UML (die „Pragmatik" bzw. Methodik) und die Bedeutung der einzelnen Konstrukte („Semantik") werden nur indirekt behandelt.

Dieses Buch heißt zwar „UML für Studenten", wendet sich aber gleichermaßen an Praktiker. Dabei macht das Buch keine Voraussetzungen – es hilft allerdings beim Verständnis mancher Beispiele, wenn der Leser Erfahrungen mit der Objektorientierung im Allgemeinen und objektorientierten Programmiersprachen wie Java oder C++ im Besonderen hat.

Es gibt im Wesentlichen drei unterschiedliche Zielgruppen: UML-Neulinge, UML-Nutzer bzw. Umsteiger von UML 1.x und UML-Experten. Sie sollten dieses Buch jeweils unterschiedlich nutzen:

1. Für UML-Neulinge empfiehlt sich, das Buch zweimal von vorne nach hinten durchzulesen. Beim ersten Durchgang sollten nur jeweils die ersten zwei bis vier Abschnitte jeden Kapitels bearbeitet werden: innerhalb der Kapitel gibt es eine Art „Schwierigkeitsgradient", der zum Ende hin ansteigt, teilweise recht steil. Da die einzelnen Konzepte innerhalb der UML sehr stark miteinander verwoben sind, ist es leider nicht möglich, ganz ohne Vorwärtsverweise auszukommen – gehen Sie mit gesundem Menschenverstand an die Dinge heran, die Ihnen unbekannt vorkommen, benutzen Sie den Apparat und lassen Sie sich nicht verunsichern. In einem zweiten Durchlauf sollte dann das komplette Buch nochmals von vorne nach hinten gelesen werde, diesmal ohne Auslassungen. Sie werden feststellen, dass Sie auch in den Kapiteln, die Sie schon im ersten Durchlauf gelesen haben, viele neue Aspekte entdecken.

2. Für UML-Nutzer und Umsteiger empfiehlt sich, das Buch in einem Rutsch von vorne bis hinten einmal durchzulesen. Ich habe absichtlich darauf verzichtet, die Differenzen zu UML 1.x explizit aufzuzählen, da diese einerseits flächendeckend sehr zahlreich sind und andererseits durch die Neugestaltung des Metamodells sich auch gleichbleibende Teile gegeneinander verschoben haben: Sie verpassen das Wesentliche, wenn Sie nur die Differenzen betrachten.

3. UML-Experten können das Buch selektiv in beliebiger Reihenfolge lesen. Sie werden dieses Buch eher als Referenz nutzen, etwa um Notationsdetails am Beispiel nachzulesen oder um gezielt einen Themenbereich genauer unter die Lupe zu nehmen (z. B. Aktivitäten oder Interaktionen).

Aufgrund des beschränkten Umfangs dieses Buches musste eine Auswahl getroffen werden: Es kann nicht jede Variante jedes Notationselements in jedem möglichen Anwendungskontext diskutiert werden. Das ist aber auch gar nicht weiter schlimm, ganz im Gegenteil: Die getroffene Auswahl gibt gerade dem Anfänger Hilfestellung, welche Ausdrucksmittel in welcher Situation nützlich sind.

Ein gewandter Modellierer sollte ohnehin alle Notationselemente mehr oder weniger überall dort benutzen können, wo er sie von sich aus einsetzen möchte: Die UML 2.0 hat die Kompaktheit der Sprache und die Orthogonalität der Konstrukte zum Ziel. Und wenn dieses Ziel auch nicht ganz erreicht wird, so kommt die UML 2.0 dem Ideal doch oft schon recht nahe.

1.2   Konventionen

Bei der Gestaltung dieses Buches wurden einige Konventionen und Hilfsmittel einge-
arbeitet.

Farbschema	Elemente auf Typ-Ebene werden blau, Elemente auf Instanz-Ebene werden grau dargestellt. Die Helligkeit des Farbtons hängt von der Granularitäts-ebene ab: je gröber die Sicht, desto dunkler. Die blaue Farbe wird in diesem Buch rein aus didaktischen und ästhetischen Gründen verwendet, dies ist nicht Teil der UML. Schwarz ausgefüllte Flächen sind jedoch auch in der UML schwarz ausgefüllt.
Deutsch/Englisch	Die englischen Begriffe des Standards (und des Jargons) werden grund-sätzlich übersetzt, das englische Pendant wird bei der Einführung jeweils mitangegeben. Deutsche wie englische Namen für Begriffe sind sowohl im Index als auch im Glossar aufgeführt. Ich versuche soweit als möglich glei-chermaßen Anglizismen wie schlechte Eindeutschungen zu vermeiden, an-dererseits aber auch Irritationen des Lesers durch unübliche Übersetzungen. Zwischen diesen Anforderungen ist die Abwägung nicht immer eindeutig, im Zweifelsfall habe ich eher die wörtliche Übersetzung gewählt.
Schrifttypen	Schlüsselworte und Metaklassen der UML werden `gesperrt` wiederge-geben, ihre deutschen Übersetzungen jedoch nicht, da sie den Lesefluss stören würden. Wenn im Fließtext auf Namen aus Modellen Bezug genom-men wird, werden die Namen in Anführungszeichen gesetzt, ausgenommen Abkürzungen, z. B. AAA.
Marginalbilder	Auf den Marginalspalten erscheinen grafische Symbole, die die behandelten Themen bzw. Notationselemente anzeigen. Dies hilft insbesondere beim raschen Durchblättern auf der Suche nach einem bestimmten Thema.
Glossar und Index	Ein weiteres Hilfsmittel für die praktische Arbeit mit der UML sind Index und Glossar. Alle Metaklassen mit visueller Darstellung sind im Glossar verschlagwortet und in der Syntaxtabelle aufgelistet.
Syntaxtabelle	Schließlich gibt es noch die Syntaxtabelle in Anhang A.1. Dort sind die grafischen Notationselemente der UML aufgelistet und beschrieben.
UML-Fehler	Der Standard enthält leider viele Ungereimtheiten. Manches davon sind offensichtliche Fehler, diese wurden stillschweigend korrigiert. In manchen Fällen ist der Standard nicht konsistent, z. B. werden Abhängigkeiten teil-weise in der dritten Person Singular („extends"), teilweise in einer anderen Person („implement") notiert. Auch hier wurde stillschweigend diejenige Variante angenommen, die im Standard höchstwahrscheinlich gemeint war. Ein ganz anderes Niveau hat die Frage der Semantik, insbesondere von Aktivitäten. Dies sind offene Fragen, die in der Wissenschaft zur Zeit umstrit-ten sind. Andererseits sind Detailfragen der Semantik von UML auch nicht Gegenstand dieses Buchs, und entsprechende semantikbasierte Werkzeuge sind in nächster Zukunft auch nicht zu erwarten.

Ich hoffe, dass dadurch dieses Buch gleichermaßen beim vorlesungsbegleitenden Lernen, beim Selbststudium in der Prüfungsvorbereitung und als Referenz im täglichen
Gebrauch im Projekt nützlich ist.

1.3   Abgrenzung

Dieses Buch grenzt sich durch zwei Merkmale inhaltlich von anderen auf dem Markt befindlichen Titeln ab: Dies ist (1) kein Methodenbuch und (2) auch kein UML-Kommentar.

(1) Eine Methode ist eine Notation und die zugehörige Vorgehensweise (in der Fachsprache „Technik" genannt, siehe z. B. Noack (2001) für einen Katalog wichtiger Techniken). Eine Methodik ist ein System von aufeinander abgestimmten und miteinander verbundenen Methoden (siehe z. B. die klassischen Methodikbücher wie Coleman et al. (1994); Shlaer u. Mellor (1992)). Aufgrund des Umfangs und der Zielrichtung können diese wichtigen Themen im vorliegenden Buch nicht behandelt werden; dieses Buch widmet sich ausschließlich der Notation der UML 2.0 sowie einigen pragmatischen Erweiterungen und Modifikationen. Techniken und Vorgehensweisen bleiben außen vor, die Art und Weise der Benutzung dieser Notationen wird nur indirekt, in Form der Beispiele behandelt. Zur Unterstützung wird auch in Kapitel 4 der methodische Bezug zwischen veschiedenen Notationenen und Konzepten der UML im Zusammenhang dargestellt.

(2) Die UML 2.0 ist eine sehr umfangreiche Sprache und von vielen Konstrukten ist nicht einmal ansatzweise klar, was sie bedeuten und wie sie zu verwenden sind. Solche Konstrukte werden in diesem Buch mit gesundem Menschenverstand behandelt, d. h., sie werden entweder pragmatisch interpretiert (meistens) oder ignoriert (selten). Eine vollständige und definitive Referenz für die UML kann es gegenwärtig nicht geben, da sich einerseits die UML ständig weiterentwickelt und andererseits manche substantielle Sachverhalte schlichtweg unklar sind. So gibt es viele offene semantische Fragen (z. B. Negation bei Interaktionen, Exceptions/Streaming/Traverse-to-completion bei Aktivitäten, aber auch einige „Klassiker" wie *shared Aggregation*) und bei manchen der Neuerungen ist noch nicht klar, wie hoch ihr praktischer Wert ist (z. B. die genannten Konstrukte bei Interaktionen und Aktivitäten, Interaktionsübersichtsdiagramme, Kollaborationen).

Dieses Buch ist ein einführendes Lehrbuch über die Ausdrucksmittel der UML – nicht mehr, aber auch nicht weniger. Die Auswahl und Fokussierung soll einem Lernenden helfen, die wichtigsten Ideen der UML intuitiv zu verstehen. Ich würde mir allerdings wünschen, dass die Leser anschließend nicht auf diesem Stand stehen bleiben, sondern eigenständig weiterlernen, getreu dem Motto „*Ohne selbst tätig zu werden reduziert sich Bildung zur bloßen Ausbildung*". Den ersten Schritt haben Sie getan – Sie haben dieses Buch zur Hand genommen und fangen an, sich zu bilden. Dieses Buch kann dazu aber nur ein Anstoß sein. Es kommt darauf an, dass Sie darüber hinaus gehen und selber weitermachen! Der Aufbau dieses Buches soll Ihnen dabei helfen.

1.4   Aufbau dieses Buches

Wie in Abschnitt 1.3 bereits erwähnt, beschäftigt sich dieses Buch vorrangig mit der *Notation*, das *Vorgehen* bei der Modellierung wird nur am Rande behandelt. Um dem Leser aber trotzdem ein Gefühl dafür zu vermitteln, wie die einzelnen Notationen der UML verwendet werden, habe ich diesem Buch eine durchgehende Fallstudie zugrunde gelegt, auf die sich die Beispiele beziehen.

Das hat zwei Vorteile. Zum einen sind die Beispiele konkret und praxisorientiert. Zum anderen sind die einzelnen Kapitel nach typischen Modellen untergliedert. Dadurch lernt man die Ausdrucksmittel der UML gleich in ihrem praktischen Kontext kennen und versteht leichter, was der Sinn des jeweiligen Modells ist.[1] Prinzipiell steht aber trotzdem jedes Kapitel für sich und kann auch separat gelesen werden, um die Nutzung als Begleitliteratur und Referenz zu erleichtern.

Dieses Buch ist zum Selbststudium konzipiert, deswegen gibt es zahlreiche Aufgaben zum eigenständigen Bearbeiten (auf der zugehörigen Webseite werden Beispiellösungen gesammelt).

In den Teilen II und III ist jedem Kapitel eine kleine Einleitung vorangestellt. Darin werden die wesentlichen Einsatzgebiete der Konzepte und Notationen sowie ihre wichtigsten Vorfahren und Verwandten vorgestellt.

---

1 Viele andere Bücher geben im Gegensatz dazu nur abstrakte Beispiele an oder erfinden alberne Pseudo-Anwendungen bzw. sind rein nach Notationselementen gegliedert. Damit ist aber keinem Leser geholfen, da dies nicht über das didaktische Niveau des Standards hinausgeht.

UML im Überblick

2

ÜBERBLICK

> In diesem Kapitel lernen Sie, was die UML ist, wie sie entstanden ist, wie sie aufgebaut ist und welche Bedeutung sie hat. Dieses Kapitel ist quasi ein „Management Summary".

2.1 Geschichte der Methodik und der UML

In den frühen 1970er Jahren entstanden die ersten Software-Entwicklungsmethoden, damals noch im Zeichen der strukturierten Programmierung, ab den 80er Jahre auch die ersten objektorientierten Methoden. Dieser Bereich entwickelte sich ständig weiter und Anfang der 90er Jahre gab es Dutzende verschiedener Methoden, die sich teilweise nur marginal unterschieden, dafür aber so heftig anfeindeten, dass man sogar vom Methoden-Krieg sprach.

Damit war aber niemandem gedient, und so setzten sich 1994 Jim Rumbaugh (*OMT*) und Grady Booch zusammen, kurz darauf stieß noch Ivar Jacobson (*OOSE*) dazu. Damit waren die Leitfiguren von drei der wichtigsten Strömungen vereint. Die Standardisierungsbemühungen werden seit 1995 von der OMG organisiert, die 1996 die Version 0.9 der UML veröffentlichte. In schneller Folge und unter stetig wachsender Anteilnahme kamen dann die 1.x-Versionen heraus und zuletzt Mitte März, nach einer gründlichen Überarbeitung, die aktuell gültige Version 2.0 der UML (siehe auch die Zeittafel in Abbildung 2.1).

Andere bzw. detailreichere Übersichtsdarstellungen zur Geschichte der Methodik und zum Vergleich von Ansätzen finden sich in Fichman u. Kemerer (1992) bzw.

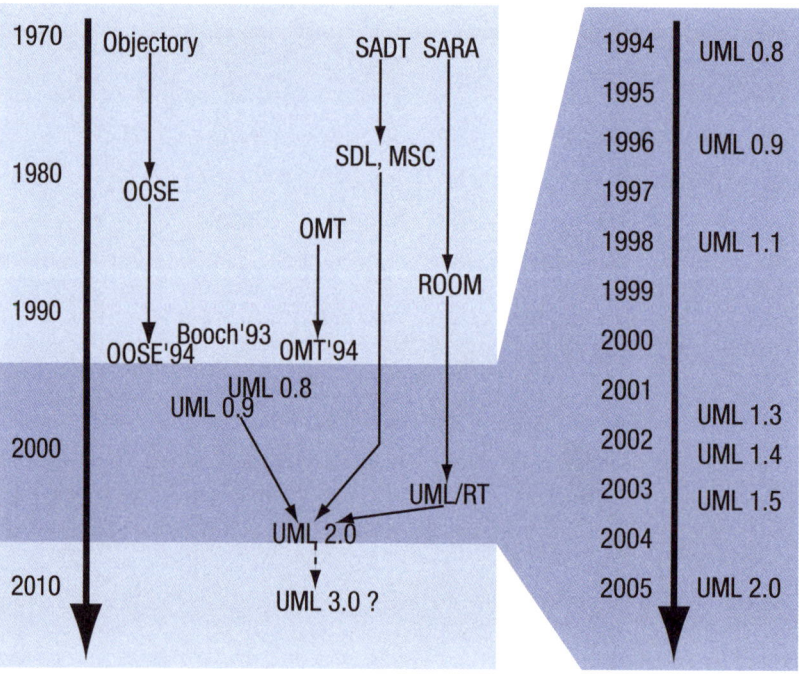

Abbildung 2.1: Eine kleine Zeittafel der Ideengeschichte der Software-Entwicklungsmethodik.

Carmichael (1994); Cribbs et al. (1992); Graham (1993), eine Beschreibung des Weges von UML 1.5 nach UML 2.0 und ein Ausblick werden in Kobryn (2004) geliefert. Eine interessante Spekulation über die Zukunft der UML gibt auch Steimann (2004).

2.2 Bedeutung und Beitrag der UML

Die UML ist nicht so sehr eine geniale, kohärente Erfindung für die Ewigkeit, sondern ein Zwischenstand in einem langsam gewachsenen Wissensgebiet. Viele der Notationen und Konzepte der UML sind daher auch keineswegs neu. So sind z. B. Sequenzdiagramme in UML 2.0 sehr stark vom ITU-T-Standard MSCs geprägt, Zeitverlaufsdiagramme werden bei den Elektrotechnikern schon immer verwendet, die *composite structures* gehen auf SARA zurück, Klassendiagramme sind Enkel der ER-Diagramme und so weiter.

Der Beitrag der UML liegt vielmehr in der Konsolidierung dieses Wissensgebiets, seiner Integration und Standardisierung und der Auswahl eines Kanons an Modellierungskonzepten.

Integration	Die verschiedenen Teilsprachen der UML sind integriert, haben eine gemeinsame Infrastruktur und mit dem Metamodell einen gemeinsamen konzeptuellen Bezugsrahmen.
Kanonisierung	Die UML bietet eine sorgfältig ausgewählte, aufeinander abgestimmte Palette von bewährten Konzepten, die sich aufeinander beziehen und zueinander passen und so dem Modellierer eine Hilfestellung geben.
Standardisierung	Die UML ist standardisisert, d. h., Modelle können ausgetauscht werden und Wissen (über Modelle und über Modellierung) kann ausgetauscht werden.

Insbesondere der letzte Punkt kann kaum überbewertet werden. Die Zusammenführung verschiedener Ansätze in einer einheitlichen Modellierungssprache (eben der UML) führte Ende der 90er Jahre dazu, dass viele kleine, einstmals isolierte Marktnischen für Software-Entwurfswerkzeuge zu einem einheitlichen Markt für UML-Werkzeuge verschmolzen. Dies hat sich in den letzten 5 Jahren in einer dramatischen Steigerung von Vielfalt und Leistungsfähigkeit der verfügbaren Werkzeuge niedergeschlagen. Der Erfolg der UML erklärt sich also durch positive Rückkopplung („Netzwerkeffekt"): Je weiter sich die UML verbreitete, desto größer wurde für Werkzeughersteller, Trainingsanbieter, Wissenschaftler usw., kurz, für jeden Einzelnen der Anreiz, ebenfalls die UML zu benutzen. Dadurch verbreitete sich die UML wiederum weiter und so fort.

Es soll hier nicht der Eindruck entstehen, dass die UML nur mit massiver Werkzeugunterstützung benutzbar sei – allerdings ist ihr Nutzen wesentlich größer, wenn gute Werkzeugunterstützung verfügbar ist, übrigens genau die gleiche Situation wie bei Programmiersprachen.

2.3 Der Aufbau der UML

Die Architektur der UML folgt wesentlich einem Metamodellierungsansatz. Dadurch kann der Kern der Sprache relativ kompakt sein, trotzdem eine umfangreiche Sprache wie die UML abdecken und den Bezug zwischen den verschiedenen Sprachelementen herstellen.

Metamodellierung heißt, dass jedes konkrete System die Instanz eines Modells ist, dass jedes Modell seinerseits die Instanz eines Metamodells ist (z. B. des UML-Metamodels), und dass jedes Metamodell wiederum eine Instanz eines Meta-Meta-modells ist, hier der *Meta-Object Facility* (MOF). In Abbildung 2.2 wird gezeigt, dass Klassen und Objekte der Ebene M_0 Instanzen von Klassen, Objekten und Links der Ebene M_1 sind, die wiederum Instanzen der M_2-Metaklassen Class, Attribute und InstanceSpecification sind, die ihrerseits Instanzen der M_3-Metaklasse Class sind.

Um diese Hierarchie abzuschließen, ist die MOF als Instanz ihrer selbst definiert. Neben dem UML-Metamodell hat die OMG zur Zeit noch das *Common Warehouse Model* (CWM) als Instanz von MOF definiert. Abbildung 2.3 veranschaulicht diesen Zusammenhang. Die grauen Felder zeigen jeweils die Ebenen M_0 bis M_3 an und die Elemente der Schicht M_i sind jeweils Instanzen von Elementen der Schicht M_{i+1}, bis auf M_3 (siehe unten).

Innerhalb der Metamodellschicht M_2 ist die UML in drei Schalen gegliedert (siehe Abbildung 2.4): dem Kern (auch „Infrastructure"), der eigentlichen Sprache („Su-perstructure") und den optionalen Erweiterungen („Profiles"). In Abbildung 2.4 sind einige der zur Zeit in Vorbereitung befindlichen Profile aufgeführt. Die einzelnen Schalen sind in Segmente unterteilt und die Segmente der Schalen sind ihrerseits in Pakete gegliedert (siehe Abbildung 2.5). Die Architektur im Überblick stellt Abbildung 2.6 dar.

Man unterscheidet zwischen zwei Hauptaspekten, die mit Diagrammen dargestellt werden können. Diese Einteilung wird im Grobaufbau des Buches nachvollzogen. Grundsätzlich ist bei der UML zwischen Diagrammen und Modellen zu unterschei-den, also zwischen Darstellung und Dargestelltem. Diagramme sollten grundsätzlich in einem Rahmen wie in Abbildung 2.7 stehen. Dieser Rahmen grenzt ein Diagramm

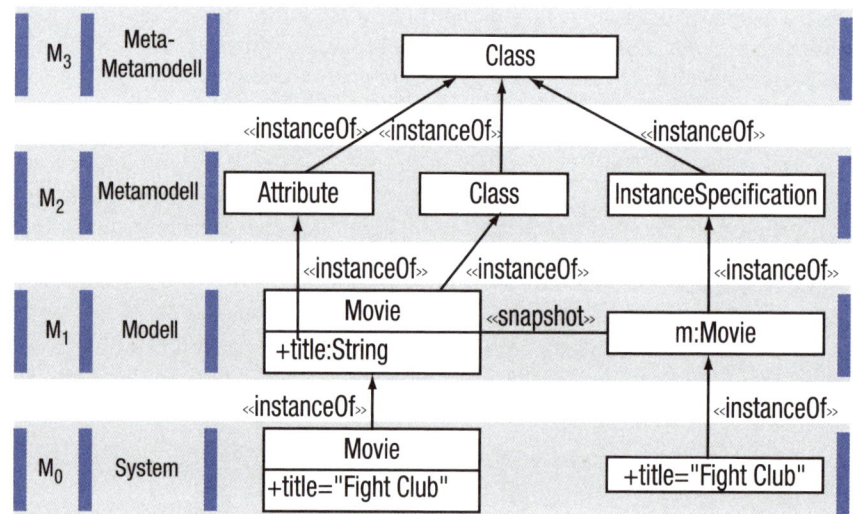

Abbildung 2.2: Die UML-Metamodell-Architektur

Abbildung 2.3: Die UML-Schichten-Architektur

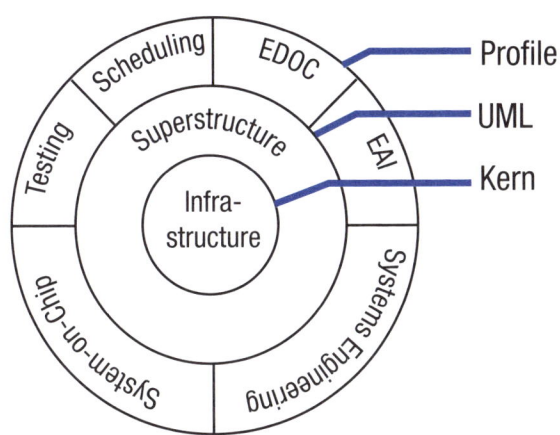

Abbildung 2.4: Die UML-Schalen mit einigen der (in Vorbereitung befindlichen) Profile

vom Rest der Welt ab und enthält wichtige Nutzinformation wie den Namen des Diagramms. Leider wird der Gebrauch solcher Rahmen (wie sie übrigens in den Planungssprachen von Architekten und Ingenieuren selbstverständlich sind) im UML-Standard nur für Interaktionsdiagramme praktiziert. Das soll uns aber nicht davon abhalten, diesem Beispiel auch in anderen Bereichen zu folgen.

Die UML 2 wird gegenwärtig nur sehr fragmentarisch von Werkzeugen unterstützt. In vielen praktischen Situationen sind aber auch prinzipiell keine UML-Werkzeuge benutzbar, z. B. aufgrund politischer Rahmenbedingungen oder aus Kostengründen. Oder es gibt einfach bessere Wege, etwas zu modellieren, als in UML, z. B. tabellarisch. Daher sieht die UML ausdrücklich Erweiterungen und textuelle bzw. tabellarische Formen von Diagrammen vor (siehe OMG (2004, S. 605)).

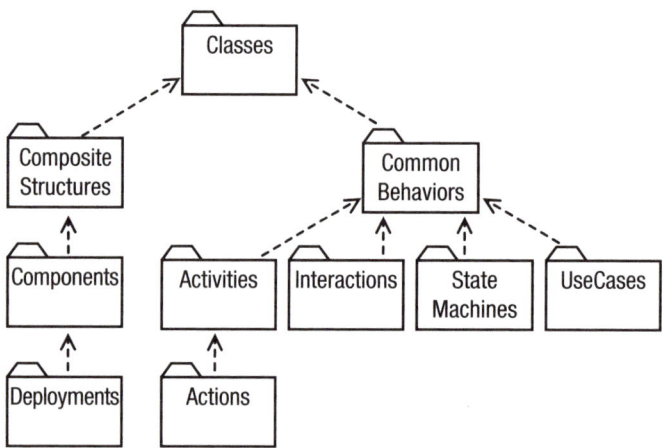

Abbildung 2.5: Die Superstructure ist in Pakete gegliedert.

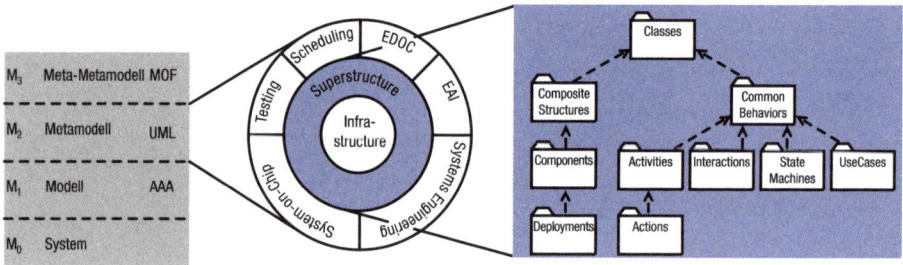

Abbildung 2.6: Zusammenhang zwischen Schichten, Schalen und Paketen der UML-Architektur

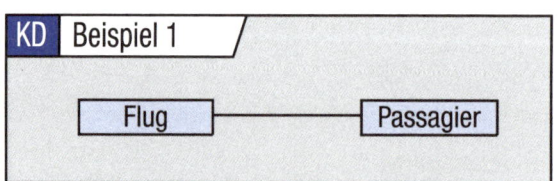

Abbildung 2.7: Diagramme können zur besseren Referenz in Rahmen gesetzt werden.

In Analogie zu Programmiersprachen spricht man auch von konkreter und abstrakter Syntax. Mehrere Diagramme können sich auf ein und dasselbe Modell beziehen und sich dabei überlappen. Aus dieser Überlappung („Redundanz") können einerseits Inkonsistenzen entstehen, andererseits kann man Redundanzen aber auch gezielt für die methodische Entwicklung eines Modells nutzen.

Struktur	Der zentrale Diagrammtyp ist zweifelsohne das Klassendiagramm, das eine große Zahl von Vorläufern und Verwandten in jedem Bereich der Informatik hat. Alle anderen Strukturdiagramme können als Spezialform davon verstanden werden, haben aber durchaus ihre Berechtigung als eigenständige Diagrammtypen: *Paketdiagramme* (PKD, engl.: *package diagrams*), *Verteilungsdiagramme* (DPD, engl.: *deployment diagrams*), *Architekturdiagramme* (ARD, engl.: *architecture diagrams*) und *Kollaborationsdiagramme* (KBD, engl.: *collaboration diagrams*), nicht zu verwechseln mit den Kollaborationsdiagrammen aus UML 1.x).
Verhalten	Hier gibt es traditionell sehr viele und teilweise auch sehr formale Ansätze, was in der Komplexität des Themas begründet liegt. Der Klassiker ist sicherlich der *Zustandsautomat* (SMD, engl.: *state machine diagram*), aber auch das *Aktivitätsdiagramm* (AD, engl.: *activity diagram*) hat eine lange Vorgeschichte. Eine Sonderstellung nehmen Interaktionsdiagramme ein, da sich diese Gruppe nochmals in vier verschiedene Diagrammtypen unterteilt: das *Sequenzdiagramm* (SQD, engl.: *sequence diagram*), das *Kommunikationsdiagramm* (KOD, engl.: *communication diagram*) (bis UML 1.5: „*Kollaborationsdiagramm*"), das *Zeitdiagramm* (ZD, engl.: *timing diagram*) und das *Interaktionsübersichtsdiagramm* (IAÜD, engl.: *interaction overview diagram*), das hier auch abkürzend als Interaktionsübersicht bezeichnet wird.

Jeder Diagrammtyp hat spezifische Vor- und Nachteile und daher auch charakteristische Einsatzgebiete (siehe Anhang 3.4 für einen Überblick). Neben diesen Diagrammtypen gibt es noch andere wichtige Darstellungsformen für Modelle. Im praktischen Einsatz haben darüber hinaus tabellarische Darstellungen große Bedeutung (siehe z. B. Abschnitt 9.4).

2.4   Neuerungen in UML 2.0

Mit der Version 2.0 ist die UML einen wichtigen Schritt nach vorne gekommen. Die wichtigsten Veränderungen sind folgende.

Konsolidierung des Metamodells	Das Metamodell ist stark konsolidiert und in den Bereichen Interaktionen und Aktivitäten ist es komplett neu erstellt worden. Dadurch ist es im Vergleich zur UML 1.x wesentlich einfacher geworden, den im Standard lediglich informell definierten UML Konstrukten eine formale Semantik zu geben. Dies ist die notwendige Voraussetzung für Werkzeuge, die das Potential der UML ausnutzen.
neue Konzepte	Im Rahmen der Konsolidierung sind zahlreiche neue Konzepte hinzugekommen, z. B. CompositePart, Port und Connector, Collaboration, Interaction, Activity und alle jeweils davon abhängenden Konzepte.
neue Notationen	Diese neuen oder erweiterten Konzepten werden in neuen Notationen sichtbar, z. B. Architekturdiagramme für CompositePart, Port, Connector, die verschiedenen neuen Notationen im Bereich Interaktionsdiagramme, und Aktivitätsdiagramme. Daneben umfasst UML 2 neue Notationen, die keine neuen Konzepte mit sich bringen, aber dennoch die Ausdrucksfähigkeit oder den Modellierungskomfort erhöhen. Dazu zählen insbesondere die Inter-

	aktionsübersichts- und Zeitverlaufsdiagramme sowie Teile der Aktivitäts-diagramme.
Zurück zur Objektorientierung	Die bemerkenswerteste Neuerung ist aber sicherlich das Prinzip des *„Embodyment"* (frei übersetzt „Einbettung"), das besagt, dass kein Verhalten und keine Funktionalität freischwebend existiert, sondern immer nur als Teil einer Entität (in UML-Sprechweise „Classifier"). Dies bedeutet, dass *„alles ein Objekt ist"*: Modelle sind in UML 2.0 grundsätzlich *Objekt*modelle.

Andererseits gibt es nach wie vor viele ungeklärte Fragen. Wohl der wichtigste und älteste Kritikpunkt an der UML ist das Fehlen einer formalen Semantik. Diese Kritik ist im Kern immer noch gültig, selbst wenn wir mit der Version 2.0 der UML auch in diesem Bereich einen großen Schritt vorangekommen sind (siehe dazu u. a. Störrle (2003a); Störrle u. Hausmann (2005) über die Bedeutung von Negation in Interaktionen oder *traverse-to-completion* in Aktivitätsdiagrammen).

Alles in allem kann man sagen, dass der Versionssprung von 1.5 auf 2.0 mehr als berechtigt ist: UML 2.0 stellt einen großen Fortschritt dar. Gleichwohl ist dies sicher nicht die letzte Version der UML und sicher ist die UML auch nicht die letzte Modellierungssprache, die es geben wird.

UML im Kontext

3

ÜBERBLICK

In diesem Kapitel lernen Sie, was ein (UML-)Modell ist, welche Rolle Modelle im Vergleich zu Programmen und anderen Artefakten im Lebenszyklus von Software spielen und wie man Modelle erstellt.

3.1   Der Software-Lebenszyklus

Wie alle anderen technischen Artefakte unterliegt auch Software einem *Lebenszyklus* (engl.: life cycle): Sie wird geplant, entworfen, hergestellt, in Betrieb genommen, benutzt und gepflegt und schließlich abgelöst und außer Dienst gestellt. Abbildung 3.1 zeigt schematisch den Software-Lebenszyklus.

Dieser Lebenszyklus ist z. B. in der Norm [ISO 12207 (1995)] definiert und heute in dieser Form weitgehend akzeptiert, auch wenn die Terminologie sich manchmal unterscheidet (z. B. wird die Phase „Einführung" im V-Modell „Überleitung in die Nutzung" genannt). Die Vorgehensweise zur Herstellung von Software nennt man *Entwicklungsprozess* oder *Softwareprozess*.

Die Abschnitte des Lebenszyklus bzw. eines Softwareprozesses nennt man häufig *Phasen*, ein Begriff der ursprünglich auf den sog. *Wasserfall-Prozess* zurückgeht (siehe Royce (1970)), der heute als die Geburtsstunde der Prozesslehre gilt. Eine ähnliche, weit verbreitete Einteilung ist im Vorgehensmodell des Bundes (siehe GMD (1997); Uthke (1997); V-Modell XT (2004)) vorgenommen, die in Abbildung 3.2 zu sehen ist.

Dieses Diagramm veranschaulicht mehrere wichtige Aspekte gleichzeitig und ist wert, etwas genauer betrachtet zu werden. Zum einen definiert es die wesentlichen Aufgaben und legt ihre Abfolge fest. Dabei wird die Beziehung zwischen analytischen/entwerfenden Aufgaben auf dem linken Ast und korrespondierenden konstruktiven Aufgaben auf dem rechten Ast deutlich. Die Überlappung der Aufgaben auf der Zeitachse macht zum anderen klar, dass kein zwangsläufig streng sequentielles Vorgehen beschrieben wird, es verschiebt sich lediglich der Schwerpunkt der Tätigkeiten im Projekt von fachlichen zu technischen und wieder zurück zu fachlichen Aufgaben.

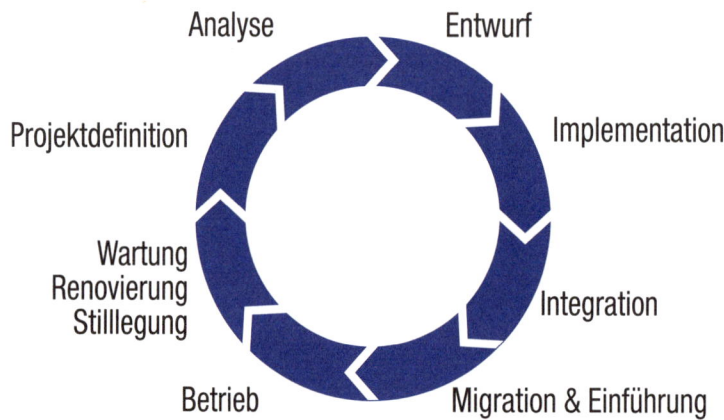

Abbildung 3.1: Die Phasen im Lebenszyklus von Software

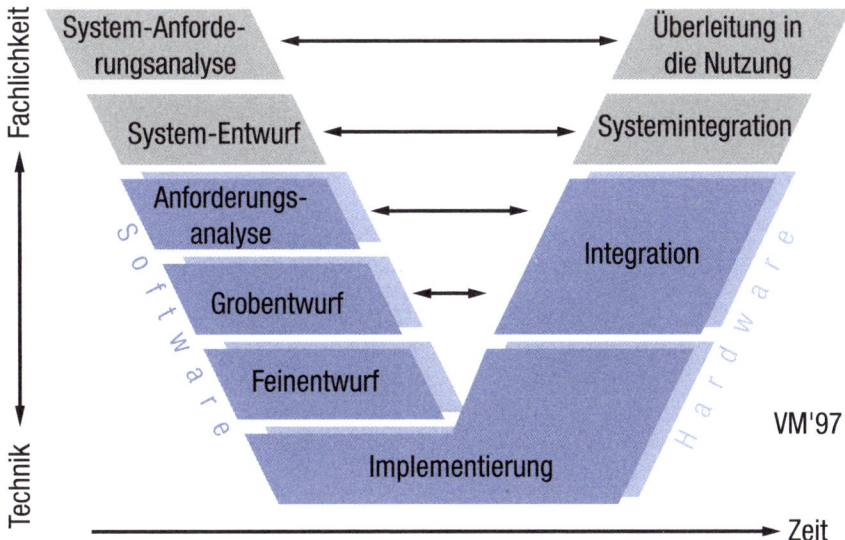

Abbildung 3.2: Die Phaseneinteilung des V-Modell'97

Darüber zeigt dieses Diagramm auch auf, wie sich reine Software-Systeme von integrierten Hardware-/Software-Systemen unterscheiden bzw. wie solche Unterschiede begrifflich gefasst werden können: Der untere Teil des V ist doppelt angelegt, und soll darstellen, dass zu einem System Hardware- und Software-Komponenten gehören können, die einzeln analysiert, entworfen, implementiert und integriert werden, um anschließend in ein Gesamtsystem integriert zu werden.

3.2 Die Rolle der Modellierung

Ein Modell ist ein Abbild eines Originals, anhand dessen sich z. B. Prognosen über das Original leichter, billiger, schneller oder überhaupt erst machen lassen (siehe Stachowiak (1973)). In der Softwareherstellung kommen als „Original" verschiedene Dinge in Betracht, z. B.

- ein existierendes System organisatorischer oder technischer Abläufe, dann nennt man das Modell „Analyse" oder „Entwurf" und versucht anhand dieses Modells, die Realität zu verstehen bzw. eine Vorstellung von einer neuen, zu erreichenden Realität zu entwickeln;

- ein existierendes Anwendungssystem, dann nennt man das Modell „Dokumentation" und hofft, sich durch Benutzung der Dokumentation künftig langwierige Experimente am Code zu ersparen.

Die Modellierung taucht also potentiell in allen Phasen des Software-Lebenszyklus auf, traditionell liegt der Schwerpunkt aber eher in den frühen Phasen des Software-Lebenszyklus. Dies sind gleichzeitig die entscheidenden Phasen, denn nach dem Gesetz von Boehm „*unterlaufen Fehler am häufigsten in der Anforderungserhebung oder beim Entwurf und sind um so teurer, je später sie entfernt werden"* (siehe Endres u. Rombach (2003, S. 17)). Es lohnt sich also, Aufwand auf die valide und korrekte Modellierung zu verwenden.

Ein zweites Argument folgt aus dem Gesetz von Corbató, wonach *„Produktivität und Zuverlässigkeit von der Länge eines Programms abhängen, aber nicht vom Abstraktionsniveau der verwendeten Programmiersprache"* (siehe Endres u. Rombach (2003, S. 72)).[1] Es lässt sich außerdem beobachten, dass die Programmierung einer bestimmten Funktionalität tendenziell zu umso kürzeren Programmen führt, je abstrakter die verwendete Sprache ist. Mit anderen Worten: Je abstrakter die Sprache ist, umso mehr Funktionalität steckt in jeder Programmzeile. Daraus folgt wiederum, dass mit steigendem Abstraktionsniveau der Sprache mehr Funktionalität pro Zeiteinheit und Programmierer geliefert wird.

Daher ist es wenig erstaunlich, dass es einen immer stärkeren Trend zu (abstrakteren) Hochsprachen gibt und dass manche Leute in der UML den Prototypen der nächsten Generation von Programmiersprachen sehen.[2] Dann wäre ein Modell in UML das, was ein Programm für eine Programmiersprache ist.

Insbesondere die *Modellgetriebene Architektur* (MDA®, engl.: Model Driven Architecture® der Herstellervereinigung OMG sowie die Anforderung der flexiblen Komposition von Web-Services in der *serviceorientierten Architektur* (SOA, engl.: service oriented architecture) vergrößert noch die Zahl der Anhänger des Modellierungs-Paradigmas, selbst unter den Vertretern „agiler" Methoden (siehe z. B. Ambler (2002)).

3.3   Methode, Notation, Technik

Was wir heute als UML, also als „Unified Modeling *Language*" kennen, hieß ursprünglich „Unified Method". Aber dieser Name wurde als irreführend erkannt, bietet die UML doch einerseits ein ganzes System aus Notationen, ohne jedoch andererseits explizit Techniken oder Softwareprozesse festzulegen.

Eine *Methode* unterstützt die systematische Abarbeitung einzelner Schritte eines Softwareprozesses. Eine *Methode* besteht aus einer *Notation* und einer *Technik*. Eine Notation kann textuell oder grafisch sein und dient nur der Beschreibung eines Modells. Eine Technik andererseits ist eine detaillierte Vorgehensweise, eine schematische Anleitung zum Umgang mit einer Notation, also zur Erstellung des Modells. Offensichtlich gibt es enge Beziehungen zwischen den beiden, so dass sich nicht immer sauber trennen lässt. Andererseits gibt es keine zwingende eindeutige Zuordnung zwischen Notationen und Techniken: In der Regel sind verschiedene Kombinationen möglich, sinnvoll und verbreitet.

Auch die UML lässt sich auf zahlreiche verschiedene Weisen einsetzen: Die UML ist weitgehend Methoden-neutral. In diesem Buch liegt der Schwerpunkt auf der Notation, für Techniken ist z. B. Noack (2001) eine gute Quelle. Das heißt nicht, dass die Vorgehensweisen weniger wichtig wären, ganz im Gegenteil.

---

1 Dieses Gesetz wird oft formuliert als: Die Zeilen Code pro Programmierer sind konstant unabhängig von der verwendeten Sprache.

2 „*[I hope] Java or C++ [will be replaced by modelling languages] the way Pascal and Fortran have replaced (to a large degree at least) assembly languages in the 60s/70s. [...] I am not sure that UML will be the language that will do that [though]*" Selic (2004), siehe auch Selic (2003).

3.4 Auswahl passender Modelle und Diagramme

Die Qualität von Modellen und Diagrammen hängt entscheidend von der Qualität des Modellierers ab. Offenbar ist, wer Deutsch spricht, deswegen noch kein Dichter und entsprechend ist auch, wer UML „spricht" deswegen noch kein (guter) Modellierer.

Welche Modelle in einer bestimmten Situation am besten geeignet sind, einen intendierten Inhalt wiederzugeben, welche Notationen oder Notationselemente dabei zum Einsatz kommen und wie Diagramme, Formulare und Texte aufgebaut sein sollten, hängt von einer Reihe von Faktoren ab, inklusive der Phase des Lebenszyklus, dem Zweck, den verfügbaren Medien und dem Publikum.

Die Beurteilung dieser Faktoren erfordert viel Erfahrung. Die Auswahl der Beispiele gibt Ihnen einen ersten Eindruck, die Tabelle in Anhang A.5 enthält zusätzlich einen Katalog der Diagramm- bzw. Modelltypen mit Auswahlkriterien. Vor allem aber das folgende Kapitel soll Ihnen helfen, die in diesem Buch vorgestellten Notationen im praktischen Kontext zu verstehen.

UML in der Praxis

4

ÜBERBLICK

In diesem Kapitel lernen Sie die „Albatros Air"-Fallstudie kennen (siehe folgende Abbildung). Die Fallstudie wird in Form eines Kurzdurchlaufs durch das Projekt beschrieben. Der Kurzdurchlauf soll Ihnen so einen Überblick über die Aufgaben im Lebenszyklus eines Softwaresystems verschaffen und dadurch helfen, die verschiedenen Notationen der UML einzuordnen.

Weitere Details werden jeweils dort eingeführt, wo sie zur Motivation der Beispiele nötig sind. Damit Sie diese Stellen später leichter finden, ist an den entsprechenden Stellen das „Albatros Air"-Logo angezeigt (siehe Marginalspalte).

Diese Fallstudie bezieht sich auf keine reale Fluglinie, eventuelle Ähnlichkeiten mit existierenden Firmen sind rein zufällig (der Name ist in Anlehnung an „Bernhard und Bianca" gewählt). Wenn es sich gleich nicht um einen echten Fall handelt, so ist diese Fallstudie doch von praktischen Erfahrungen aus der Industrie getragen. Darüber hinaus hat sich dieses Beispiel im Lehrbetrieb bewährt und bietet somit ideale Voraussetzungen für dieses Buch.

Die Vorstellung der Fallstudie ist nach Lebensabschnitten gegliedert (siehe Abbildung 3.1). Die Phasen unterscheiden sich, was die Zahl und Größe der Einsatzbereiche von UML angeht. Der Schwerpunkt liegt in den Phasen Analyse und Entwurf.

Es werden zunächst allgemein die Probleme und Aufgaben im jeweiligen Lebensabschnitt erläutert und dann für den Fall Albatros Air konkretisiert, dabei werden die Ausdrucksmittel vorgestellt, die in der jeweiligen Situation zum Einsatz kommen können.

Die Beschreibung hier kann natürlich einen Entwicklungsprozess nicht ersetzen und auch keine annähernd vollständige Darstellung der Verwendungsweisen von Modellen bieten. Alle wichtigen Softwareprozesse definieren eine Zuordnung zwischen Phasen oder Aktivitäten im Prozess und den vorausgesetzten oder gelieferten Modellen und sonstigen Ergebnissen, siehe z. B. die sog. AU251 im V-Modell (Uthke (1997)).

Der Platz in diesem Buch reicht leider nicht aus, um eine halbwegs realistische Fallstudie auch nur annähernd vollständig zu präsentieren. Daher gibt es viele Lücken. Betrachten Sie es als Ihre Aufgabe, die Auslassungen zu füllen!

4.1 Projektdefinition

Stellen Sie sich vor, dass Sie als Junior-Berater an einem Großprojekt teilnehmen. Es geht um die Restrukturierung und Erneuerung der IT-Landschaft einer fiktiven Fluglinie namens „Albatros Air".

Die Albatros Air steht im weltweiten Wettbewerb, ein beinharter Verdrängungskampf, ausgetragen vor allem über die Preise. Daher muss die Albatros Air ihre Kosten senken. Unternehmensberater haben große Einsparpotentiale im Bereich der Flugbuchung und der Passagierabfertigung festgestellt und empfehlen, ein IT-System zu erstellen, das die entsprechenden Abläufe automatisiert. Ein bereits bestehendes System für ein Flugmeilenprogramm unter dem Namen „AlbatrosMeilen" soll integriert werden, desgleichen das „Air Partner System" zur Verwaltung von Partnerdaten (Partner sind z. B. Kunden, Zulieferer und Vertragspartner). Der Vorstand von Albatros Air beschließt, diesen Empfehlungen zu folgen. Da mit diesem System viele organisatorische Abläufe quasi wie mit dem Autopiloten ablaufen, gibt man dem zu erstellenden Gesamtsystem den Namen „Albatros Air Autopilot" (abgekürzt mit AAA). An diesem Großprojekt nehmen Sie als Junior-Entwickler teil.

Die Projektdefinition ist bereits teilweise durch den Kunden erfolgt. Sie müssen sich als Erstes im Projekt zurecht finden und feststellen, wo die Grenzen des Projekts sind. Ihre erste Aufgabe im AAA-Projekt ist es daher, den Systemkontext zu beschreiben, also das Umfeld mit den bestehenden und fehlenden Teilen, die *Beteiligten* bzw. *Betroffenen* (engl.: *stakeholder*). Hierzu erstellen Sie Kontextdiagramme (Abschnitt 6.1) und eine Facharchitektur (Abschnitt 6.2). Die Arbeitsergebnisse dieser Aufgabe dienen zum einen Ihrer persönlichen Orientierung, zum anderen auch der Kommunikation sowohl innerhalb des Teams (bzw. zwischen den beteiligten Teams) als auch mit dem Kunden bzw. den Nutzern, die so früh wie möglich eingebunden werden sollten.

4.2   Analyse

Nachdem Sie sich einen groben Überblick verschafft haben, geht es in der Analysephase darum festzustellen, was im Detail eigentlich die Aufgabe ist. Sofern Sie nicht über eigene Erfahrungen in der Anwendungsdomäne verfügen, besteht Ihre Aufgabe jetzt darin, Informationen zu sammeln, z. B. indem Sie Interviews mit erfahrenen Anwendern führen, die aus ihrer Erfahrung heraus die wichtigen Abläufe beschreiben. Bei AAA könnten dies z. B. erfahrene Vertreter des Bodenpersonals sein.

Die Mitschriften solcher Interviews (siehe Abbildung 9.3) bereiten Sie als strukturierten Text auf (Abbildung 9.5). Sie identifizieren aufgrund dieser Unterlagen die Geschäftsprozesse im gegebenen Kontext, inventarisieren sie (Abschnitt 9.2) und beschreiben jeden einzelnen Geschäftsprozess im Detail (üblich sind hier vor allem Tabellenschemata, siehe Abschnitt 9.4).

Die Prozesse werden zu Nutzfällen verfeinert, die ebenfalls in Inventaren und Tabellen beschrieben werden können (Abschnitte 9.5 und 9.7). Auch hier ist Ihre Hauptinformationsquelle wieder der Kunde. In kleineren Projekten kann die Definition von Geschäftsprozessen entfallen und man kann unmittelbar bei Nutzfällen ansetzen.

Abläufe von Geschäftsprozessen und Nutzfällen können im Weiteren mit Aktivitätsdiagrammen und Zustandsautomaten spezifiziert werden (Abschnitte 11.3, 11.2 bzw. 10.3). Die Interaktionen zwischen Benutzern und Systemen bzw. zwischen verschiedenen Systemen werden vorzugsweise mit Interaktionsdiagrammen beschrieben (Abschnitt 12.2). Welche Variante von Interaktionsdiagrammen dabei zum Einsatz kommt, hängt vom Einzelfall ab. Ergänzend erheben Sie nichtfunktionale Anforderungen. Diese können textuell festgehalten werden oder auch (teilweise) in der Facharchitektur notiert werden (Abschnitt 7).

Parallel dazu erstellen sie ein Domänenmodell, d. h., Sie erkunden die Begrifflichkeit der Anwendungsdomäne. Dazu verwenden Sie primär Analyse-Klassediagramme (Abschnitt 5.2) und ein Glossar (Abschnitt C.3). Das Verhalten der fachlichen Objekte erfassen sie mit Objektlebenszyklen (Abschnitt 10.2), gegebenenfalls auch ihre Interaktionen (Klasseninteraktionen, Abschnitt 12.2).

4.3 Entwurf

Die Analyse geht nahtlos in den Entwurf über, oft werden beide auch teilweise parallel vorangetrieben. Im Entwurf geht es schon nicht mehr um das „Was", sondern bereits auch um das „Wie", ohne dass alle technischen Fragen im Detail geklärt werden.

Als Erstes muss die Software-Architektur geklärt werden (häufig wird dieses Thema auch schon früher angegangen). Es muss festgelegt werden, welche Subsysteme und Komponenten das System haben soll (Systemmontagediagramme, Abschnitt 6.3.1). Diese Gliederung ist allein schon für die Verteilung von Aufgaben auf Teilprojekte, Auftragnehmer und Partnerfirmen wichtig. Ebenfalls wichtig für die Kosten- und Zeitplanung ist die Systemarchitektur, also die hardwaremäßige Auslegung des Systems und die Verteilung der Komponenten und Subsysteme auf die Rechner.

Die Software-Architektur wird in mehreren Stufen verfeinert. Dies führt einerseits zu einer Paketstruktur (Abschnitt 6.5), die auch für die Versionsverwaltung von zentraler Bedeutung ist. Andererseits werden die Schnittstellen und Verbinder zwischen den Subsystemen und Komponenten und zu Nachbarsystemen mit Systemmontagediagrammen festgelegt (siehe Abschnitt 6.3.1). In diesem Zusammenhang entstehen auch Verhaltensbeschreibungen von Protokollrollen und Protokollen (Abschnitt 10.4) bzw. von Anschlüssen und Verbindern (Abschnitt 6.3). Eine spezielle Schnittstelle ist die Schnittstelle zum Benutzer, insbesondere die Abläufe von GUI-Dialogen (siehe Abschnitt 10.7).

Schließlich werden auch Entwurfs-Klassenmodelle (Abschnitt 5.3) erstellt, mit denen der Feinaufbau der Komponenten beschrieben wird. Gleichzeitig werden aber auch das Verhalten einzelner Objekte und deren Interaktionen (Objektlebenszyklen und Objektinteraktionen) mit mehr Details versehen bzw. vollständig ausgearbeitet.

4.4 Implementation

Nach Analyse und Entwurf sind (zumindest theoretisch) alle fachlichen Fragen geklärt. Die wesentlichen technischen Richtungsentscheidungen sind getroffen, so dass man sich in der Implementation auf die technischen Details der Umsetzung konzentrieren kann.

Heutzutage ist die Implementationsphase noch stark von der Programmierung geprägt, trotzdem sind verschiedene Modelle jetzt schon von großer Bedeutung. Zum einen werden Entwurfsmodelle als Vorgabe, d. h. als die zu programmierende Aufgabenstellung, in die Implementation getragen und dort manuell in Code umgesetzt – in manchen Fällen sind die Modelle aber auch heute schon die Grundlage von ganz oder teilweise automatischer Erzeugung von Code.

Insbesondere Implementations-Klassendiagramme (Abschnitt 5.9) sind heute schon Grundlage von automatischen Erzeugungsschritten, aber auch aus den Spezifikationen von Prozessen (Abschnitt 11.2) und Algorithmen (Abschnitt 11.6) mit Aktivitätsdiagrammen kann Code erzeugt werden.

Umgekehrt kann die manuelle oder automatische Erzeugung von Modellen aus Code sehr nützlich sein, um Systemstrukturen und Verhalten eines Systems zu visualisieren. Zum Beispiel gibt es oft Gruppen von Klassen und Objekten, deren Zusammenspiel aufgeklärt werden muss, um Änderungen vorzunehmen oder um Fehler zu finden. In diesem Fall werden vor allem Objektdiagramme (Abschnitt 5.6) und Klasseninteraktionen (Abschnitt 12.2) benutzt, die auch in der regulären Dokumentation ihre Anwendung finden.

4.5   Integration

Die implementierten Module von AAA werden integriert, also zu lauffähigen Einheiten zusammengefügt. Dieser Vorgang wird hauptsächlich durch die eingesetzte Technik bestimmt, nicht durch die Anwendungsdomäne. In der Integration werden zumeist Werkzeuge wie `make` oder `ant` verwendet, deren Eingabedaten z. B. aus Objekt- und Systemmontagediagrammen (Abschnitt 6.3) oder aus Paketdiagrammen (Abschnitt 6.5) extrahiert werden können. Umgekehrt sind diese Diagramme Visualisierungen der entsprechenden Strukturen. Zur Visualisierung von Ablagestrukturen (z. B. im Konfigurationsverwaltungssystem) werden ebenfalls oft Paketdiagramme herangezogen, die Zielumgebung kann mit Installations- und Verteilungsdiagrammen dokumentiert werden (Abschnitte 6.7.1 und 6.7.2).

4.6   Einführung und Migration

Wenn die Erstellung von AAA abgeschlossen ist, beginnt die Nutzung der Applikation. Die Überleitung in die Nutzung fängt natürlich nicht erst an, wenn das System schon vollkommen fertig ist:

- Begleitende Akzeptanztests oder Einbindung von Benutzern im Erstellungsprozess sind entscheidend dafür, später einen reibungslosen Übergang zu gewährleisten;
- das Erstellen von Handbüchern und Schulungsunterlagen sowie die Schulung der Benutzer des Systems müssen frühzeitig geplant und vorbereitet werden;
- die Ablösung eines Altsystems, inklusive der Migration von Bestandsdaten muss organisiert werden;
- die Beschaffung, Installation und Inbetriebnahme von Hardware und Software, die Verteilung der Applikation auf der Zielplattform und gegebenenfalls die Eingliederung in einen laufenden Rechenzentrumsbetrieb erfordern erhebliche Vorbereitungen.

Für Akzeptanztests, Handbücher und Schulungen können z. B. die Entwürfe von Dialogabläufen (Abschnitt 10.7) sehr nützlich sein. Für Migration und Eingliederung sind insbesondere Datenmodelle (Abschnitt 5.9) und Prozessabläufe (Abschnitt 11.7.1) relevant. Die Verteilung stützt sich auf Verteilungsmodelle (Abschnitt 6.7.2).

Die Migration von einem Altsystem auf ein neues System ist oft ein vollkommen eigenständiges Softwareprojekt, d. h., es hat selber mehr oder weniger alle im Software-Lebenszyklus beschriebenen Phasen. Insofern werden unter Umständen auch alle Diagrammtypen der UML benutzt.

4.7   Betrieb und Wartung

Das eigentliche Ziel eines Systems liegt natürlich in seiner Nutzung, d. h. dem *Betrieb* einer Applikaton (siehe Abshcnitt 11.7.1). Die Modelle aus den vorangegangenen Phasen haben hier wenig Bedeutung, lediglich Handbücher für den Dialogbetrieb und Prozessbeschreibungen für den Stapel-Betrieb sind relevant.

Aus dem laufenden Betrieb einer Applikation ergeben sich aber ständig neue Anforderungen, die umgesetzt werden:

- Es werden Fehler gefunden, die behoben werden sollen,

- gesetzliche Änderungen erfordern Anpassungen,
- Veränderungen am Markt machen neue Funktionen nötig.

Lehmann hat dies zusammengefasst zu *„Ein System, das benutzt wird, wird geän-dert"* (siehe Endres u. Rombach (2003, S. 163)). Die Einarbeitung von Anforderungen in ein laufendes System nennt man Wartung – nach verschiedenen Quellen machen Wartungsarbeiten bis zu 80% Prozent aller Programmierarbeiten aus. Der Anteil der Wartungskosten an den gesamten Kosten einer Applikation kann sogar noch höher werden, da er mit dem Lebensalter der Applikation und dem Umfang der Anpassun-gen steigt.

Für Wartungsarbeiten können im Prinzip alle Modelle nützlich sein, je nach dem Umfang der Wartungsarbeiten: Eine vollständige Restrukturierung wird bereits beim Kontextmodell ansetzen, bei der Korrektur eines Programmierfehlers werden eher die Modelle aus der Implementierungsphase nützlich sein.

4.8   Renovierung und Stilllegung

Jenseits des normalen Wartungsalltags kommt für jedes (Software-)System der Zeit-punkt, an dem sich die Frage stellt, ob sich der weitere Betrieb noch lohnt. In diesem Moment gibt es zwei Optionen. Einerseits kann der Betrieb aufgegeben und das System außer Dienst gestellt werden. Allerdings muss dann möglicherweise Ersatz geschaf-fen werden, was unter Umständen keine Verbesserung darstellt. Andererseits kann man sich zu einer grundlegenden Sanierung, Renovierung und Modernisierung des Systems entschließen. Die Kosten, Risiken und Chancen dieser Alternativen müssen bewertet und abgewogen werden.

Im Fall von Albatros Air hat man sich für einen weitgehenden Neuanfang ausge-sprochen, wenn auch Teile wie das Partner-System beibehalten werden – solch eine Mischung ist durchaus typisch.

Spätestens wenn es an die Renovierung geht, macht sich eine gute Dokumentation bezahlt. Hier ist die gesamte Bandbreite aller Modelle gefragt, denn eine Renovierung umfasst selber alle bereits geschilderten Abschnitte eines Lebenszyklus. In der Praxis ist es allerdings in der Regel eher so, dass Wartung und Betrieb aufgrund des Fehlens jeglicher Dokumentation übermäßig schwierig und teuer wird, so dass ein eigent-lich betreibbares und wartbares System entweder stillgelegt oder aufwändig renoviert werden muss.

Aber auch die Stilllegung ist leichter zu bewerkstelligen, wenn ein umfassendes Modell des Systems vorliegt, denn in der Regel ist das fragliche System Teil einer Ap-plikationslandschaft und vielfältig mit dieser verknüpft. Um ein System zu entfernen, ohne weiteren Schaden anzurichten, sind insbesondere die Informationen aus dem Betrieb (Verteilung, Installation) erforderlich. Aber auch die Software-Architektur und die genaue Abgrenzung des fachlichen Leistungsumfangs sind wichtig, schließlich will man nicht unbeabsichtigt wichtige Funktionen entfernen, ohne dass ein Ersatz eingeplant ist.

TEIL II

Struktur

Klassen und Beziehungen

5

ÜBERBLICK

Klassendiagramme werden in der UML dazu benutzt, statische Einheiten und Strukturen auf nahezu jeder Abstraktionsebene zu beschreiben: von fachlichen Klassen bzw. abstrakten Konzepte über Entwurfsmuster bis hin zu Konstrukten in Implementierungssprachen. Daher werden Klassen auch in allen Phasen des Software-Lebenszyklus eingesetzt, bisweilen allerdings in sehr unterschiedlicher Bedeutung.

Unmittelbare Vorläufer haben UML-Klassendiagramme in den entsprechenden Notationen und Konzepten in OMT und OOSE, im Datenbankbereich die ER-Diagramme, in der Künstlichen Intelligenz die semantischen Netze (siehe z. B. Sowa (1984)). Gegenüber der UML 1.x ist die Syntax von Klassendiagrammen im Groben gleich geblieben, es gibt aber viele Detailänderungen. Neu sind die meisten Elemente aus dem Bereich Architektur, insbesondere zusammengesetzte Strukturen, Anschlüsse und Kollaborationen.

5.1 Einführung

Eines der ursprünglichen Anliegen der Objektorientierung war es, die *semantische Lücke* (engl.: semantic gap) zwischen der (fachlichen) Anwendungswelt und der (technischen) Realisierungswelt zu schließen. Die Idee der Objektorientierung ist es, die reale Welt im Rechner zu modellieren, also fachliche „Objekte" direkt auf technische Objekte abzubilden. Dadurch sollten vielerlei Vorteile erschlossen werden, z. B. Wiederverwendung, bessere Verständlichkeit, schnellere/einfachere/fehlerfreiere Umsetzung von Anforderungen und so weiter. Der Einsatz der Objektorientierung in der Praxis hat diese Erwartung aber nur zu einem (kleinen) Teil bestätigt.

Klassendiagramme werden von vielen als das „Rückgrat" von (objektorientierten) Modellen betrachtet. Das Klassendiagramm ist der mit Abstand am weitesten verbreitete Diagrammtyp, was auch jeder erfahrene UML-Benutzer bestätigen kann (siehe z. B. Dobing u. Parsons (2001)). Allerdings ist Klasse nicht gleich Klasse, was sich auf die Verwendung und die Semantik von Klassen und den Beziehungen zwischen ihnen auswirkt.

5.1.1 Arten von Klassen

Es ist ein typischer Anfängerfehler, gleichnamige Konstrukte in verschiedenen Sprachen für gleich zu halten. Zum Beispiel gibt es Klassen in Modellierungssprachen wie UML und in objektorientierten Programmiersprachen wie Java oder C++. Die jeweils dahinter stehenden Konzepte sind jedoch sehr unterschiedlich.

Tückischerweise sind aber manche UML-Klassen unter bestimmten Voraussetzungen tatsächlich wie eine Java-Klasse aufzufassen, und Generalisierung ist unter ganz bestimmten Voraussetzungen mit `extends` deckungsgleich. Allerdings können Klassen in UML mindestens vier Bedeutungen haben.

Klasse als Konzept Klassen können zur Dokumentation von Konzepten z. B. einer Anwendungsdomäne, verwendet werden. Konkrete Vorkommnisse werden zu (abstrakten) Konzepten zusammengefasst, d. h., die Definition eines Konzeptes ist die Bildung eines Oberbegriffes durch Abstraktion.

Klasse als Typ	Klassen können als Typen betrachtet werden. Objekte sind damit Werte dieser Typen, also Instanzen, und eine Klasse ist definiert über ihre Intension, also ihre innere Struktur.
Klasse als Objektmenge	Klassen können aber auch einfach als eine Menge von Objekten aufgefasst werden. Diese Objekte werden als in gewisser Hinsicht gleichartig deklariert, indem sie der gleichen Klasse zugeschrieben werden. Eine Klasse ist also eine Extension, eine reine Gruppierung.
Klasse als Implementation	In objektorientierten Programmiersprachen werden Klassen hingegen oft lediglich als Implementation angesehen, die sich die Objekte der Klasse teilen.

Diese vier Bedeutungen treten unterschiedlich stark zu Tage, je nachdem, in welcher Phase des Lebenszyklus eine Klasse verwendet wird (siehe Abbildung 5.1).

Verwendung von Klassen als …	in Phase		
	Analyse	Entwurf	Implementation
Konzept	✓		✕
Typ		✓	✓
Objektmenge	✕	✓	✓
Code	✕		✓

Abbildung 5.1: In den verschiedenen Phasen empfehlen sich leicht unterschiedliche Verwendungen für Klassen: ✓ = ja, ✕ = nein, leer = je nachdem.

In konkreten Modellen wird man den Begriff Klasse in der Regel enger fassen, d. h., je nach Kontext und Annotation wird man unter einem „Kästchen" ein System verstehen, ein Konzept der Anwendungswelt (wie in diesem Abschnitt), eine Klasse in einer Programmiersprache (Abschnitt 5.9.5), eine Datenbanktabelle (Abschnitt 5.9.6) oder etwas anderes. Um diese Differenzierung notieren zu können und die verschiedenen Bedeutungen voneinander zu unterscheiden, können Profile verschiedene Stereotype definieren, also etwa «Java» für eine Klasse in der Programmiersprache Java.

5.1.2 Arten von Klassendiagrammen

Klassendiagramme kommen in verschiedenen Kontexten vor, in diesem Buch unterscheiden wir sie anhand der Phasen im Software-Lebenszyklus, in denen sie vorrangig verwendet werden.

Analyse	Auf der Analyseebene sind Klassen Konzepte der fachlichen Anwendungsdomäne. Es geht zunächst darum, zu verstehen und zu dokumentieren, wie der Problembereich aufgebaut ist.

Entwurf	Auf der Entwurfsebene geht es um die technische Umsetzung der fachlichen Strukturen, also darum, wie der Lösungsbereich strukturiert sein soll. Entwurfsklassen sind einerseits noch fachlich motiviert, haben aber schon technische Aspekte. Einige Klassen korrespondieren eher mit Elementen der Anwendungsdomäne, andere eher mit Elementen der Lösung.
Implementation	Auf der Implementationsebene geht es darum, wie eine Lösung konkret umgesetzt wird bzw. wurde. In der Implementierungsphase sind Klassen unmittelbare Äquivalente zu Konstrukten einer Implementierungssprache, z. B. Java oder C++, aber auch SQL, Corba-IDL oder XML-Varianten.

Im folgenden Abschnitt beschäftigen wir uns mit Analyse-Klassendiagrammen, in Abschnitt 5.3 mit Entwurfs-Klassendiagrammen. In den Abschnitten 5.4 bis 5.8 geht es dann um verschiedene Spezialformen, die in verschiedenen Phasen vorkommen können, in Abschnitt 5.9 schließlich werden Implementations-Klassendiagramme erläutert, indem Abbildungen nach Java bzw. SQL-DDL skizziert werden.

5.2　Analyse-Klassendiagramm

Jede Anwendung bezieht sich auf einen Ausschnitt aus der realen Welt, den man als Domäne oder Anwendungs-Domäne bezeichnet. Im Datenbank-Umfeld wird die Domäne häufig auch als „Universe of Discourse" bezeichnet. In der Frühphase eines Projektes ist es häufig erforderlich, Wissen über diese Domäne festzuhalten.

Der dynamische Anteil der Domäne wird z. B. durch Geschäftsprozesse (Abschnitt 9.4) und Objekt-Lebenszyklen (Abschnitt 10.2) beschrieben. Der strukturelle Anteil der Domäne wird durch ein Analyse-Klassenmodell beschrieben. Manchmal spricht man hier auch von einem Domänenstrukturmodell (der Domänenstruktur), einem Datenmodell oder einem fachlichem Klassenmodell.

Bei der Neuerstellung kann dieses Wissen z. B. durch Interviews mit Fachexperten erhoben werden, bei der *Renovierung* (engl.: Reengineering) eines Systems sind vielleicht schon Fragmente eines Domänenmodells vorhanden, die an neue Anforderungen angepasst werden müssen. In beiden Fällen geht es vorrangig um einen fachlichen Überblick.

5.2.1　Analyse-Klassen

Die wesentlichen Begriffe und Beziehungen einer Domäne können durch ein einfaches Klassendiagramm dargestellt werden, wobei jedes wichtige fachliche Konzept einer Klasse entspricht. Abbildung 5.2 zeigt einen Ausschnitt aus der Beispieldomäne von AAA.

Klasse

Die Rechtecke in diesem Diagramm stellen Klassen dar, die in Analyse-Klassendiagrammen als Konzepte zu verstehen sind. Dieses Diagramm drückt also aus, dass es in unserer Domäne unter anderem um Passagiere, Meilenkonten, Buchungen, Flüge, Flughäfen und Flugabwicklungen geht.

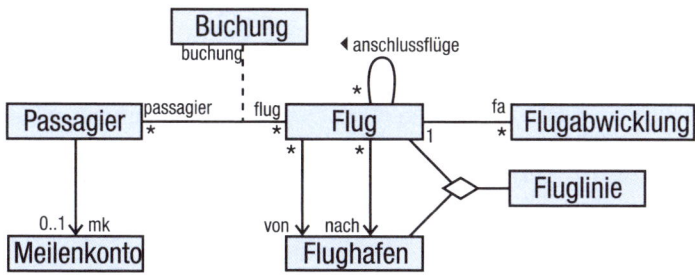

Abbildung 5.2: Ein Ausschnitt aus der Beispieldomäne

5.2.2 Beziehungen

Eine Linie zwischen zwei Klassen ist eine Association (dt.: Assoziation). Das Diagramm drückt also z. B. aus, dass es zwei Beziehungen zwischen Flug und Flughafen
gibt. An diesen Assoziationen sind an den Enden Anschriften zu sehen. Die Worte
„von" und „nach" geben Rollen an, es wird also ausgesagt, dass ein Flug jeweils *von*
einem Flughafen *nach* einem Flughafen geht. An den jeweils anderen Enden steht ein
Sternchen, das die Anzahl der Flüge ausdrückt, die von und nach einem Flughafen
gehen, man spricht von der Multiplicity (dt.: Multiplizität). Der voreingestellte
Wert für Multiplizitäten ist 1 und darf im Diagramm ausgelassen werden. Zusammen-
genommen wird also ausgedrückt, dass ein Flug von genau einem zu genau einem
Flughafen geht, dass aber jeder Flughafen Flüge von und nach beliebig vielen verschiedenen Flughäfen bedient. Ein Pfeil ist eine Assoziation, die in der einen Richtung
als navigierbar gekennzeichnet ist. Das bedeutet, im Beispiel, dass typischerweise von
„Flug" auf „Flughafen" zugegriffen wird, aber nicht anders herum.

Zwei andere Anschriften sind an der Assoziation zwischen Passagier und Meilenkonto zu finden. Die Multiplizität drückt aus, dass es zu einem Passagier mindestens
0 und höchstens 1 Meilenkonto gibt – mit anderenWorten, das Konto ist optional.
Als Randwerte des Intervalls können beliebige natürliche Zahlen inklusive 0 stehen;
zusätzlich ist das spezielle Symbol * erlaubt, welches für „beliebig viele" steht. Der
Maximalwert sollte nicht kleiner als der Minimalwert sein, sonst macht die Assoziation wenig Sinn. Eine vollständige und formale Beschreibung der Anschriften an
Assoziationsenden folgt in Abschnitt 5.3.

Alle bislang betrachteten Assoziationen waren binär, also zweistellig. Ein Beispiel
für eine ternäre, also dreistellige, Assoziation ist die Beziehung zwischen Flug, Flughafen und Fluglinie, die über eine Raute verbunden sind. Damit wird ausgedrückt,
dass es drei gleichberechtigte Teilnehmer an dieser Verbindung gibt.

Eine besondere Art von Klasse ist „Buchung", da sie nicht nur eine Klasse ist,
sondern gleichzeitig eine Assoziation zwischen Passagier und Flug – man spricht
daher von einer Assoziationsklasse. Dies wird ausgedrückt durch die Linie zwischen
„Passagier" und „Flug", mit der mit einer gestrichelten Linie eine Klasse „Buchung"
verbunden ist. Damit wird ausgesagt, dass jede Verbindung zwischen einem Passagier
und einem Flug eine eigene Identität hat. Assoziationsklassen können auch drei- und
mehrstellig sein. In dem Fall setzt die gestrichelte Linie bei der Raute an (kein Beispiel
in Abbildung 5.3).

Optional kann man Assoziationen mit Namen versehen, z. B. die Assoziation von Flug mit sich selbst. Um die Leserichtung klar zu machen, kann ein kleines ausgefülltes Dreieck eingefügt werden. Das Beispiel sagt also aus, dass es zu einem Flug beliebig viele Anschlussflüge geben kann. Durch die Kombination von Multiplizität und Leserichtung wird übrigens implizit verneint, dass ein Flug der Anschlussflug zu mehreren Flügen ist. Möglicherweise ist diese Aussage über die Domäne unzutreffend: Man muss also vorsichtig sein, um nicht unbeabsichtigt falsche Modelle zu erstellen. Umgekehrt lässt sich erst anhand eines (falschen) Modells Einvernehmen über manche Sachverhalte erzielen.

Ein Analyse-Klassenmodell hat verschiedene Bezüge zu anderen Modell-Teilen. Zum Beispiel finden sich die hier beschriebenen Begriffe in den Beschreibungen von Geschäftsprozessen, Nutzfällen und nichtfunktionalen Anforderungen wieder (siehe Teil I) und müssen mit diesen konsistent gehalten werden. Ein anderes wichtiges Instrument in der Analysephase ist das Glossar, also eine Auflistung von Begriffen mit textuellen Definitionen wie in einem Lexikon (siehe z. B. Anhang C.3 in diesem Buch). Abbildung 5.3 zeigt einen Ausschnitt aus dem Glossar für AAA.

Begriff	Synonyme	Erläuterung
Buchung	Flugbuchung	Eine *Buchung* umfasst die Reservierung eines Platzes für einen bestimmten *Passagier* für eine bestimmte *Flugabwicklung*.
Flug	–	Ein *Flug* ist eine Verbindung von einem Flughafen zu einem anderen Flughafen, zu einer bestimmten Tageszeit zu bestimmten Tagen der Woche oder des Jahres. Die konkrete Instanz eines Fluges an einem bestimmten Datum heißt *Flugabwicklung*.
Flugabwicklung	Flugdurchführung	Eine *Flugabwicklung* ist die Durchführung eines Fluges zu einem bestimmten Datum.
Name	–	Ein *Name* umfasst neben Titel und Anrede den Vor- und Nachname sowie ggf. ein Zusatzwort wie "von", "zur", "ter", "de" usw.
Passagier	Fluggast, Kunde	Ein *Passagier* ist eine Person, die in der Datenbank erfasst ist und über die eine *Buchung* vorliegt.

Abbildung 5.3: Einen Ausschnitt aus dem Glossar für AAA

5.2.3 Attribute

In einem Klassendiagramm wie in Abbildung 5.2 werden Konzepte der Anwendungsdomäne lediglich durch ihren Namen und die Beziehungen zwischen ihnen beschrieben (eventuell gibt es auch noch zusätzliche textuelle Erläuterungen in einem Glossar). Eine genauere Beschreibung der Konzepte lässt sich durch Zufügen von *Attributen* (Attribute) erreichen. Dazu wird an die Klassen aus Abbildung 5.2 jeweils ein neues Attribute-Abteil angehängt, z. B. wie in Abbildung 5.4. Ein Meilenkonto wird z. B. durch eine Kontonummer, den Stand an Flug- und Bonusmeilen und den so erreichten Status detailliert. Die Reihenfolge von Attributen ist signifikant, in der Regel kommt dies aber erst bei Implementationsklassen zum Tragen.

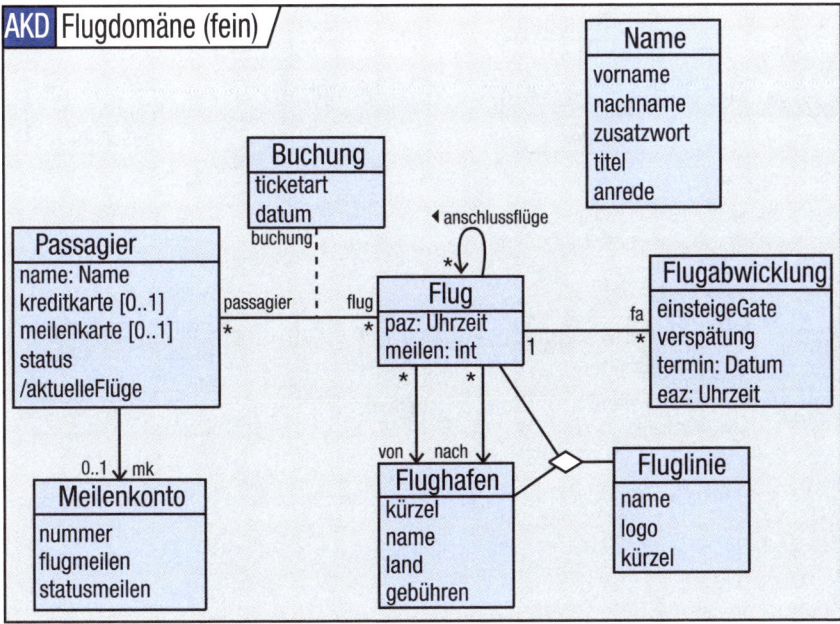

Abbildung 5.4: Das Klassendiagramm aus Abbildung 5.2 ergänzt um Attribute der Klassen.

Attribute können auch mit einem Typ versehen werden. Das können einerseits Basisdatentypen wie „int" sein (siehe das Attribut „Meilen" der Klasse „Flug") oder auch andere Klassen (siehe „Passagier.name").[1] Auf der konzeptionellen Ebene, auf der Analyse-Klassendiagramme verwendet werden, ist die Verwendung von Typen für Attribute insbesondere dann sinnvoll, wenn aus dem Kontext nicht eindeutig ist, welchen Datentyp ein Attribut hat. So haben z. B. sowohl „Flug" als auch „Flugabwicklung" ein Attribut „Termin", allerdings sind zwei verschiedene Dinge damit gemeint. Der Termin eines Fluges ist eine Uhrzeit (also z. B. „der Neun-Uhr-Flug nach Hamburg"), während der Termin der „Flugabwicklung" der Tag ist (also z. B. der Neun-Uhr-Flug nach Hamburg „am 23.12.2004").

Außerdem können Attribute mit Multiplizitäten versehen werden, wie Assoziationsenden (siehe Kredit- und Meilenkarten von „Passagier"). Das ist kein Zufall: Im Prinzip sind (navigierbare, benannte) Enden von (binären) Assoziationen und Attribute austauschbar. Beide stellen einen Zeiger auf einen Wert dar. Daher sind die beiden in Abbildung 5.5 dargestellten Diagramme semantisch gleichwertig, es handelt sich lediglich um alternative Darstellungsformen.[2] Assoziationen und Attribute sind beides Spezialfälle von Features (dt.: Merkmalen).

---

1 Die „Punkt-Notation" dient zur Navigation in Klassengeflechten. „Passagier.name" heißt also frei übersetzt „beginnend bei der Klasse ‚Passagier', gehe zum Attribut ‚name'.". Eine detailliertere Erklärung wird in Abschnitt 8.2 gegeben.

2 Der Standard hält fest, dass „*a navigable end is an attribute*" (siehe OMG (2004, S. 60)) und „*an attribute may also be shown using association notation*" (siehe OMG (2004, S. 66)), so dass „*the semantics of navigable association ends are the same as for attributes*" (siehe OMG (2004, S. 85)).

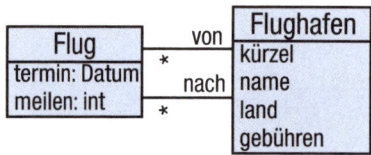

Abbildung 5.5: Assoziationen und Attribute sind im Prinzip gleichwertig: Start- und Zielflughafen als Assoziation (links); die gleiche Information mit Attributen (rechts).

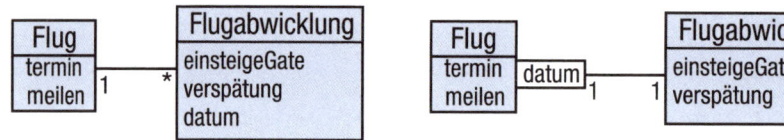

Abbildung 5.6: Schlüssel reduzieren Multiplizitäten: „datum" identifiziert zu einem „Flug" eindeutig eine „Flugabwicklung".

Der Zugriff auf assoziierte Objekte wird durch Qualifier (dt.: Schlüssel) erleichtert, indem der Schlüssel die Multiplizität der Assoziation reduziert, im Regelfall auf 1, d. h., normalerweise sollte der Zugriff durch den Schlüssel eindeutig sein (siehe Beispiel in Abbildung 5.6). Zumindest jedoch wird die Menge der referenzierten Objekte reduziert (siehe Beispiel in Abbildung 5.7).

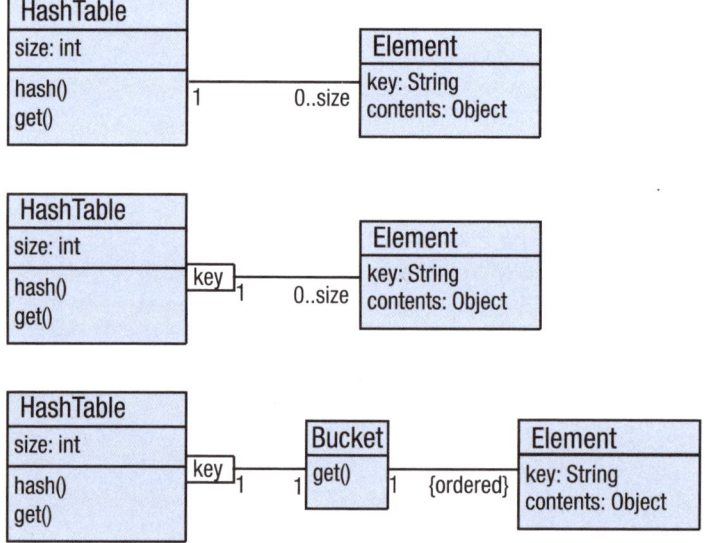

Abbildung 5.7: Schlüssel reduzieren Multiplizitäten, aber nicht notwendig auf Eindeutigkeit.

5.2.4 Komposition

Die Komposition ist eine schlichte Teil-Ganzes-Beziehung. Während die einfache Assoziation semantisch einen Verweis darstellt, also lediglich einen Zeiger auf ein zweites Objekt, bedeutet die Komposition, dass wirklich das Teil-Objekt T vollständig im Besitz des Ganzen-Objektes G ist (siehe OMG (2004, S. 80)). Kein anderes Objekt kann T in dieser Weise besitzen (wohl aber referenzieren). Wenn G gelöscht wird, muss auch T gelöscht werden. Ein Teil kann nur dann gelöscht werden, wenn entweder auch das Ganze gelöscht wird oder aber die Multiplizität der Teile zulässt, dass eines weniger existiert. Dies ist z. B. der Fall, wenn T die Multiplizität 0..1 hat oder es zum Löschungszeitpunkt n Teile T gibt, die Multiplizität aber k..m vorsieht, und $k < n$ ist. Wenn aus der Teil-Ganzes-Beziehung eine Relation im mathematischen Sinn extrahiert wird, ist diese Relation transitiv, antisymmetrisch und azyklisch. Sie ist ein Baum und kein *gerichtet-azyklischer Graph* (DAG, engl.: directed acyclic graph).

Die Komposition[3] wird dargestellt durch eine *schwarze Raute* (engl.: black diamond) am Ende der Assoziation.Die Komposition ist, wie alle Aggregationsbeziehungen, immer binär. In Abbildung 5.8 wird eine solche Beziehung zwischen einem Passagier und seinen Kredit- und Meilenkarten hergestellt. Alternative Darstellungsformen der Komposition sind die Auszeichnung eines Attributs als composite („name" in Passagier) oder die Schachtelung der Teile in einem Abteil der Gesamt-Klasse (Abbildung 5.8, rechts).

Während die Komposition keine Aussage über den Zeitpunkt der Instantiierung der Teilobjekte macht, ist eindeutig festgelegt, dass mit dem Ende des umfassenden Objektes (im Beispiel Passagier) auch alle Teilobjekte aufgelöst werden (im Beispiel also Kredit- und Meilenkarte sowie Name). Eine direkte Gegenüberstellung von Komposition und Assoziation mit ihren verschiedenen Notationsvarianten zeigt Abbildung 5.9.

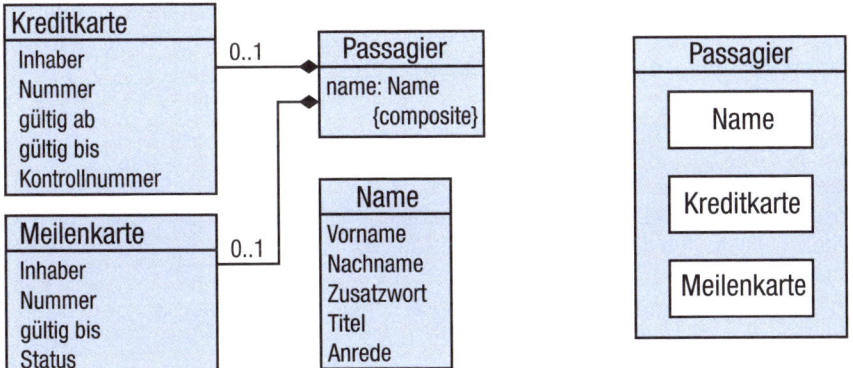

Abbildung 5.8: Die Kompositions-Beziehung: Das Konzept „Passagier" umfasst das Konzept „Name" und optional auch „Kreditkarte" und „Meilenkarte" (links); eine gleichwertige Darstellung der Kompositionsbeziehung (rechts).

---

3 Genau genommen: eine Assoziation, die ein Ende besitzt, dessen Attribut AggregationKind den Wert composite hat, siehe Abbildung 5.43 auf Seite 77.

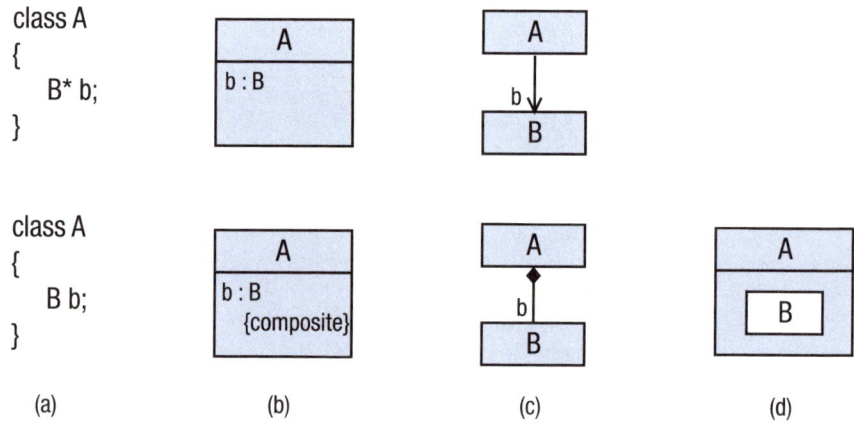

Abbildung 5.9: Verschiedene Arten und Notation von Aggregation (obere Reihe: Aggregation durch Referenz, untere Reihe: Aggregation durch Komposition): C++-Code (a), Darstellung als Attribut (b), Darstellung durch Assoziation (c), Darstellung durch Schachtelung (d).

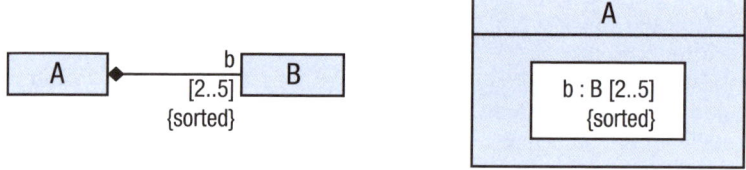

Abbildung 5.10: Zwei gleichwertige Darstellungsweisen einer Kompositionsbeziehung

In der geschachtelten Darstellung werden Multiplizitäten und andere Annotationen von Apekten in der gleichen Form angegeben, wie sie auch schon für die textuelle Notation verwendet wurde (siehe Abbildung 5.10).

5.2.5 Operationen (Methoden)

Bislang wurden lediglich rein statische Aspekte der Domäne beschrieben. In der objektorientierten Weltsicht verfügen Objekte aber sowohl über Struktur als auch über Verhalten. Die UML bietet zwei sich ergänzende Wege zur Spezifikation von Verhalten an.

Zum einen kann das Verhalten von Systemen und Subsystemen durch Nutzfälle beschrieben werden. Diesen Weg haben wir in Abschnitt 9.7 ff. beschritten, er führt zu einer eher funktionsorientierten Sichtweise auf ein Gesamtsystem. Zum anderen kann das Verhalten von Klassen durch Methoden beschrieben werden.[4] Für die Methoden einer Klasse wird im Klassendiagramm ein separates Abteil angehängt. In Abbildung 5.12 sind z. B. die Klassen „Passagier" und „Flugabwicklung" um Methoden ergänzt worden.

---

4 Die UML ersetzt mit der Version 2.0 „Methode" durch den neuen Begriff `Operation` (dt.: Operation). In diesem Buch wird das gebräuchlichere „Methode" synonym zu „Operation" verwendet, sofern daraus keine Verwirrung entstehen kann.

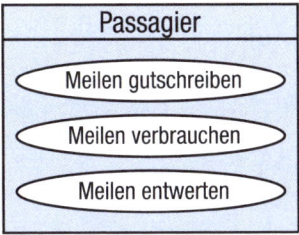 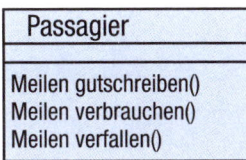

Abbildung 5.11: Nutzfälle können zur Beschreibung von Methoden verwendet werden bzw. Methoden implementieren Nutzfälle. Das Leerzeichen ist hier Teil des Namens.

Es können beliebig viele Abteile an eine Klasse angehängt werden, z. B. für spezielle Arten von Attributen und Methoden oder für Nutzfälle oder Zustandsautomaten. Ihre Reihenfolge ist zwar nicht definiert, es hat sich aber eingebürgert, zuerst die Attribute, dann die Methoden und dann alle anderen Abteile darzustellen. Wenn aus dem Inhalt nicht klar wird, was ein Abteil darstellen soll, kann man einen zusätzlichen Namen verwenden. Manche Modellierer finden es nützlich, Abteile für Attribute und Methoden auch dann anzuzeigen, wenn sie leer sind. Der UML-Standard rät hiervon jedoch ab.

Gemäß der objektorientierten Philosophie der UML besteht die Welt aus Objekten, die ihrerseits rekursiv aus Objekten aufgebaut sind: Alles ist ein Objekt, vom AlbatrosMeilen-System bis zum Passagier-Datenobjekt. Deshalb könnte man durchaus Methoden des AlbatrosMeilen-Systems definieren und umgekehrt die Funktionen des Passagier-Datenobjekts als Nutzfälle (siehe Abbildung 5.11).

Deswegen entsprechen sich teilweise auch die Namenskonventionen für Methoden und Nutzfälle. Außerdem sind die weiteren Beschreibungsmittel in beiden Fällen gleich. Zum Beispiel kann der Ablauf durch ein Aktivitätendiagramm definiert werden, wobei man aus praktischen Gründen jeweils unterschiedliche Ausdrucksmittel vorrangig benutzen würde. Analog kann man die Interaktion zwischen Nutzfall und Nutzer bzw. zwischen Methode und Aufrufer durch Interaktionsdiagramme beschreiben. In einem Analyse-Klassendiagramm entsprechen die Methoden einer Klasse oft einfach den Nutzfällen dieser Klasse. Dies ist in der Regel nicht der Fall für Entwurfs- und Implementierungs-Klassendiagramme. Es hat sich jedoch eingebürgert, Nutzfälle eher auf den mittleren bis oberen Granularitätsebenen zu verwenden und Methoden eher auf den mittleren bis unteren Ebenen.

5.2.6 Vererbung

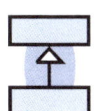

Ein zentrales Konzept der Objektorientierung ist die Vererbung, UML spricht von Generalization (dt.: Generalisierung). Die Vererbung wird dargestellt durch einen Pfeil mit weißer Spitze, der vom Speziellen zum Allgemeinen geht. Technisch gesehen ist diese Beziehung Teil des speziellen Elements.

Allerdings gibt es viele verschiedene Konzepte, die den Namen „Vererbung" tragen. Was genau gemeint ist, hängt sehr davon ab, was man jeweils unter „Klasse" (und „Objekt") versteht. In Abschnitt 5.1.1 sind vier verschiedene Bedeutungen von Klasse unterschieden worden, die jeweils eine unterschiedliche Art von „Vererbung" mit sich bringen.

Klasse als Konzept	Klassen können zur Definition eines Konzeptes, also zur Bildung von Oberbegriffen durch Abstraktion, genutzt werden. Mit diesem Verständnis ist Vererbung also eine Generalisierung.
Klasse als Typ	Klassen können als Typen (bzw. als Intension) betrachtet werden. In diesem Fall ist Vererbung Subtypisierung: Instanzen einer Unterklasse sind Spezialfälle von Instanzen der Oberklasse. Diese Sichtweise kann man in Abbildung 5.12 am Attribut „name" der Klasse „Passagier" beobachten.
Klasse als Objektmenge	Klassen können als eine Menge von Objekten aufgefasst werden (d. h. als Extension). Damit wird Vererbung zur Teilmengenbeziehung bzw. zur Untergliederung. Diese Sichtweise haben wir in Abschnitt 5.4 für Taxonomien von Geschäftsprozessen und Nutzfällen übernommen.
Klasse als Implementation	Klassen können als Implementation angesehen werden, die sich Objekte der Klasse teilen. Vererbung ist dann die Wiederverwendung von Code für die Implementierungen von Attributen und Methoden aus der Oberklasse in der Unterklasse. Diese Sichtweise kann man in Abbildung 5.13 an den Klassen „Karte" und ihren Unterklassen beobachten, wo die Attribute und Methoden von „Karte" auch den Instanzen der Unterklassen zur Verfügung stehen.

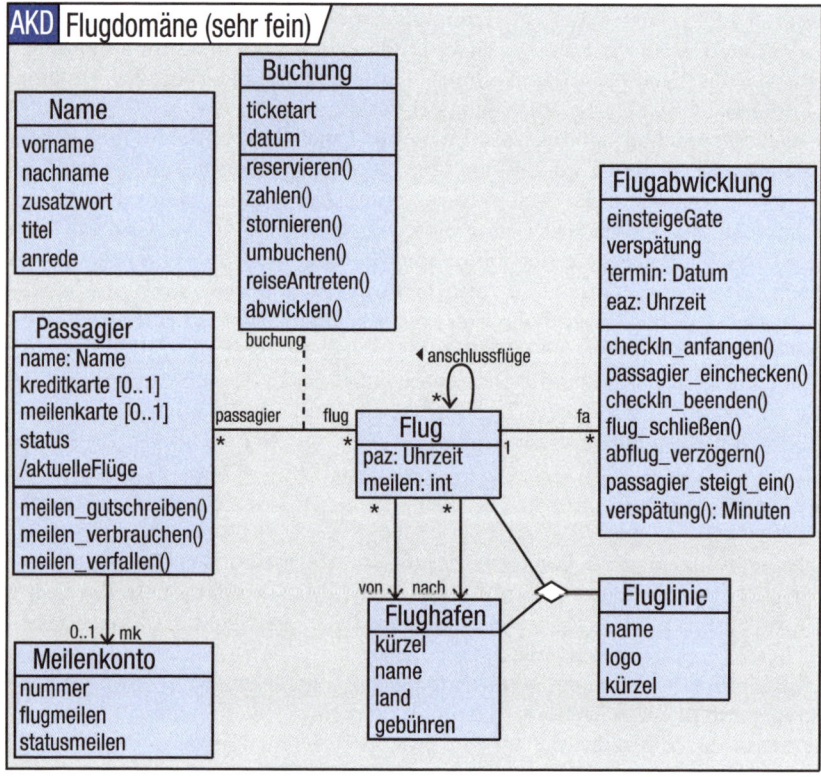

Abbildung 5.12: Das Diagramm aus Abbildung 5.4 erweitert um Operationen der Klassen

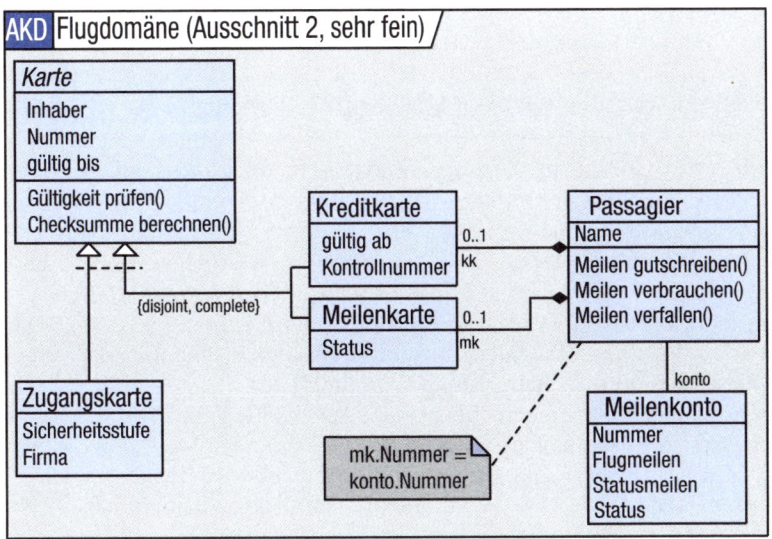

Abbildung 5.13: Generalisierungsbedingung für Unterklassen der abstrakten Klasse „Karte" und Randbedingung für „Passagier"

Die Sichtweise einer Klasse als Implementation kollidiert teilweise mit der Sichtweise als Typ: Wenn sich eine Unterklasse aus der Oberklasse ableitet, kann die Signatur der Oberklasse nicht nur erweitert, sondern auch überschrieben werden. Dadurch können z. B. die Signatur und das Verhalten verändert werden, was die Typzugehörigkeit aufheben kann. Insbesondere Java und C++ haben diese Lücke in ihren Typsystemen.

An Abbildung 5.13 sind auch noch zwei weitere Ausdrucksmittel der UML zu entdecken. Zum einen ist die Klasse „Karte" kursiv dargestellt. Das zeigt an, dass es sich um eine *abstrakte Klasse* (engl.: abstract class) handelt, also ein Klasse, die nicht instantiiert werden kann (dieses Konstrukt wird in Abschnitt 5.3.4 noch etwas vertieft).

Zum anderen sind die beiden Generalisierungsbeziehungen zwischen „Kreditkarte" und „Meilenkarte" einerseits und Karte andererseits grafisch zusammengefasst, indem sie durch einen (bis auf das Endstück) gemeinsamen Pfeil dargestellt sind. Dadurch wird angedeutet, dass beide Generalisierungen zum gleichen `Generaliza-tionSet` (dt.: Generalisierungsmenge) gehören und sich die Anschrift in geschweiften Klammern auf beide zusammen bezieht. Die Generalisierung von „Zugangskarte" zu „Karte" gehört ebenfalls zu dieser Generalisierungsmenge, was durch die gestrichelte Linie zwischen den Beziehungen angezeigt wird. Folgende Eigenschaften können für eine Generalisierungsmenge definiert werden.

disjoint   Die Generalisierungen in der Generalisierungsmenge sind disjunkt, d. h., die Mengen der Instanzen der unmittelbaren Unterklassen sind disjunkt. Das Gegenteil von `disjoint` ist `overlapping`, die Voreinstellung ist `disjoint`.

complete   Die Eigenschaft `complete` drückt aus, dass es keine weiteren Unterklassen gibt, d. h., jede Instanz der Oberklasse ist eine Instanz einer der Unterklassen, die in der Generalisierungsmenge angegeben sind. Wenn die Eigenschaft `complete`

> für eine Generalisierungsmenge verwendet wird, muss die Oberklasse abstrakt sein. Das Gegenteil von `complete` ist `incomplete`, die Voreinstellung ist `incomplete`.

In Abbildung 5.13 ist auch erstmals eine einfache Randbedingung für Klassen enthalten. In der Kommentarbox wird festgehalten, dass die Nummer der Meilenkarte gleichzeitig die Kontonummer sein soll.

Die Vererbungsbeziehung lässt sich nicht nur auf Klassen und Nutzfälle anwenden, sondern auf alle Unterklassen von `Classifier`, z. B. auch auf Assoziationen (siehe Abbildung 5.14). Hier ist die Generalisierung als Spezialisierung zu lesen: Während die Assoziation zwischen „Passagier" und „Meilenkonto" noch optional ist, ist sie für „PremiumPassagier" und „AlbatrosKonto" verpflichtend.

Abbildung 5.14 stellt auch noch eine weitere Art von Einschränkung zwischen Assoziationen dar: Die Beziehungen zwischen „Passagier" und „EMail" bzw. „Anschrift" sind durch eine gestrichelte Linie verbunden, die mit einer Anschrift in geschweiften Klammern versehen ist. Dieser `Constraint` (dt.: Randbedingung) drückt aus, dass in einem konkreten System mindestens eine der Assoziationen vorliegen muss. Andere Einschränkungen als die hier gezeigten sind zulässig, z. B. Exklusiv-Oder. Das logische Und allerdings lässt sich leichter ohne Randbedingung, einfach durch Assoziationen mit Multiplizität 1 ausdrücken.

Die Exklusiv-Oder-Verknüpfung lässt sich im Prinzip auch mit anderen Mitteln darstellen. Dies würde aber eine zusätzliche abstrakte Klasse „JuristischePerson" erfordern (siehe Abbildung 5.15), was je nach Domäne eine unnatürliche Modellierung sein könnte. Gleichwohl ist dies eine mögliche *Implementierung* des modellierten Sachverhaltes.

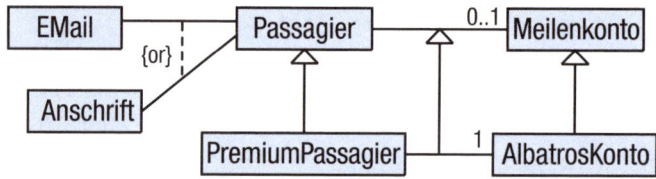

Abbildung 5.14: Durch die Oder-Randbedingung wird sichergestellt, dass ein „Passagier" mindestens „EMail" oder „Anschrift" hat; die Assoziationsgeneralisierung drückt aus, dass ein „Passagier" nicht zwangsläufig ein „Meilenkonto" hat, dass aber ein „PremiumPassagier" ganz sicher eines besitzt, und zwar ein „AlbatrosKonto".

Abbildung 5.15: Durch die `xor`-Randbedingung kann ein „Meilenkonto" entweder einer „Person" oder einer „Firma" gehören, aber nicht beiden (links); durch die Generalisierungsrandbedingung wird sichergestellt, dass jede „JuristischePerson" entweder eine „Person" oder eine „Firma" ist (rechts).

5.3 Entwurfs-Klassendiagramm

Während es in der Analysephase eines Projektes um das „Was" geht, geht es in der Entwurfsphase um das „Wie". Man kann auch sagen, dass Analyse-Modelle das Problem beschreiben, Entwurfsdiagramme hingegen die Lösung. Die Analysephase konzentriert sich voll auf die fachliche Sicht, während die Entwurfsphase versucht, auch technische Aspekte einzubringen. Modelle der Implementationsphase schließlich beschränken sich ganz auf die technische Sicht.

Auf der Entwurfsebene stellen Klassen also nicht mehr nur Konzepte dar, aber auch noch nicht Konstrukte einer speziellen Implementierungssprache. Auf dieser Zwischenebene lässt sich abstrakt über einen technischen Sachverhalt reden, während der fachliche Bezug vorhanden bleibt. Ein gutes Beispiel für Entwurfsmodelle sind *Entwurfsmuster* (engl.: *design patterns*, siehe z. B. Buschmann et al. (1998b)).

Damit verschiebt sich beim Übergang von Analyse- auf Entwurfsmodelle nicht nur der Fokus, die Beschreibung muss auch detaillreicher und näher an den technischen Möglichkeiten der Umsetzung sein. Manche der Ausdrucksmöglichkeiten von Analyse-Klassendiagrammen tauchen in verfeinerter Form in Entwurfs-Klassendiagrammen auf (z. B. Methoden, Attribute und Assoziationen), manche kommen neu hinzu (z. B. Template-Klassen, Interfaces, spezielle Arten von Beziehungen) und wieder andere entfallen, weil es für sie kein unmittelbares technisches Äquivalent gibt (z. B. Assoziationsklassen).

In der Beispieldomäne betrachten wir auf Entwurfsebene das Planen einer Reise und ihre Abwicklung. Zunächst muss unterschieden werden zwischen der Verbindung, der Reise und der Reiseabwicklung. Eine Verbindung ist eine von der Albatros Air bediente Strecke, eine Reise ist eine von einem Passagier zu einem bestimmten

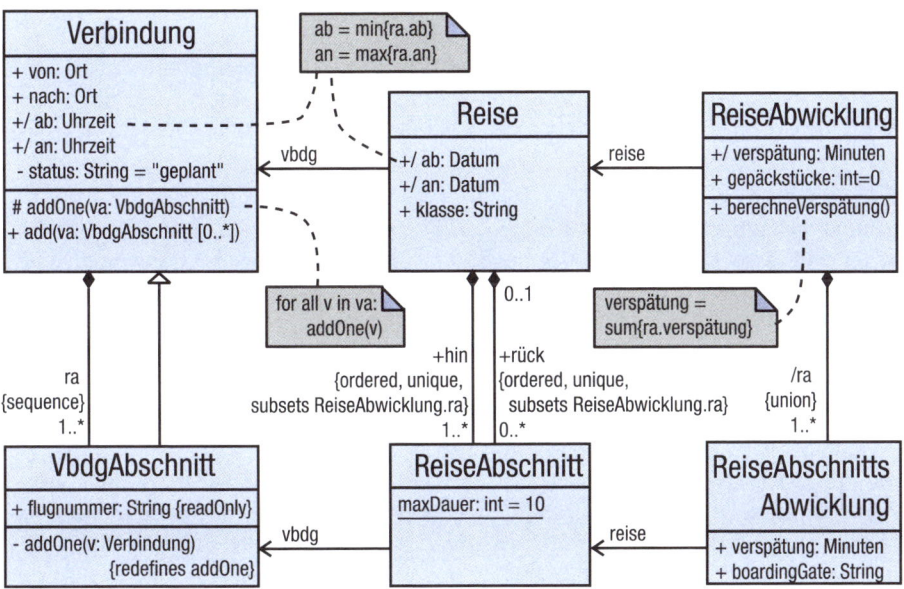

Abbildung 5.16: Ein Entwurfs-Klassendiagramm

Datum gebuchte Verbindung und eine Reiseabwicklung ist die Durchführung und Nachbearbeitung einer Reise. Abbildung 5.16 stellt diesen Zusammenhang dar (die Details dieses Diagramms werden im Lauf dieses Abschnitts erläutert).

5.3.1 Attribute

In Analyse-Klassendiagrammen wurden Attribute nur mit ihrem Namen und gegebenenfalls noch ihrem Typ beschrieben. In Entwurfsdiagrammen kommen eine Reihe weiterer Informationen hinzu (siehe Beispiel in Abbildung 5.16).

Sichtbarkeit

$+ \# \sim -$

Als Erstes kann die Sichtbarkeit von bzw. der Zugriff auf Attribute beschränkt werden. Auf der Entwurfsebene sind Klassen geschachtelte Namensräume, ähnlich wie das von Programmirsprachen bekannt ist. Die Syntax und Bedeutung der verschiedenen Werte für Sichtbarkeit entspricht in etwa den Sichtbarkeiten in Java. Folgende Werte sind möglich.

+ (public)	Das Attribut ist allgemein im Namensraum sichtbar.
# (protected)	Das Attribut ist in allen Elementen sichtbar, von denen aus eine Generalisierungs-beziehung zum umgebenden Namensraum besteht.
~ (package)	Das Attribut ist in allen Elementen im gleichen Paket sichtbar.
− (private)	Das Attribut ist nur innerhalb des jeweils unmittelbar umgebenden Namensraumes sichtbar (in der Regel die Klasse, in der es definiert wird).

Ableitung

Durch Voranstellen eines Schrägstrichs (/) werden Attribute als `derived` (dt.: abgeleitet) gekennzeichnet. Die UML sieht dies für geerbte oder aus anderen Attributen errechnete transiente Attribute vor (z. B. Attribut „ab" und „an" der Klasse „Reise" in Abbildung 5.16). Per Voreinstellung sind Attribute nicht abgeleitet.

Klassenattribute

Attribute, die zum Klassenobjekt gehören und nicht zu den einzelnen Klasseninstanzen, heißen Klassenattribute. Sie werden durch Unterstreichung gekennzeichnet (z. B. Attribut „maxDauer" von Klasse „ReiseAbschnitt" in Abbildung 5.16). In C++ und Java werden Klassenattribute durch das Schlüsselwort `static` deklariert.

Eigenschaften

Attribute (und also Assoziationsenden) können zusätzlich noch durch bestimmte Eigenschaften ausgezeichnet werden. Damit können recht komplexe Randbedingungen definiert werden, welche dynamisch, also zur Laufzeit des spezifizierten Systems, ausgewertet werden. Sollen noch kompliziertere Zusammenhänge ausgedrückt werden, muss man zu einer logischen Anschriftensprache wie OCL greifen (siehe Abschnitt 8). Folgende Eigenschaften sind vorgesehen.

readOnly	Die Eigenschaft `readOnly` legt fest, dass nach der Initialisierung ein Attribut nicht mehr neu beschrieben werden kann. Soll die Wiederbeschreibbarkeit des Attributes explizit bejaht werden, muss dies mit der Eigenschaft `unrestricted` deklariert werden, `unrestricted` und `readOnly` schließen sich gegenseitig aus. Abgeleitete Attribute werden oft als `readOnly` deklariert (siehe Attribut „vm" in Abbildung 5.17).
composite	Die Eigenschaft `composite` legt den Wert der `aggregationKind` explizit fest (siehe Attribut „name" der Klasse „Passagier" in Abbildung 5.8).
redefines *Attr*	Durch diese Eigenschaft wird explizit das Attribut *Attr* einer Oberklasse für die Unterklasse überschrieben. Wenn das überschriebene und das überschreibende Attribut den gleichen Namen haben, muss diese Eigenschaft nicht explizit deklariert werden. Es können für ein Attribut mehrere `redefines`-Eigenschaften deklariert werden.
subsets *Attr*	Für ein Attribut a mit Multiplizität größer eins kann durch die Eigenschaft `subsets` *Attr* deklariert werden, dass die Elemente von a eine Teilmenge der Elemente des Attributs *Attr* sind (siehe das Assoziationsende „verkehrsmittel" in Abbildung 5.17). Es ist möglich, mehrere `subsets`-Eigenschaften für ein Attribut zu deklarieren.
union	Wenn für mindestens ein Attribut a eines Namensraumes die Eigenschaft `subsets` *Attr* definiert ist, kann für *Attr* die Eigenschaft `union` deklariert werden, die festgelegt, dass *Attr* die Vereinigungsmenge seiner mit `subsets` deklarierten Teilmengen ist. In der Regel wird *Attr* als `derived` deklariert sein, und a ist normalerweise geerbt. Abbildung 5.17 stellt diesen Zusammenhang für Assoziationen dar.
unique	Die Eigenschaft `unique` zeigt an, dass die Elemente des Attributes jeweils nur einmal vorkommen (siehe Attribut „ra" in Abbildung 5.17). Das Gegenteil, also dass Elemente mehrfach vorkommen dürfen, wird ausgedrückt durch die Eigenschaft `nonunique`. Die Voreinstellung ist `unique`, es hätte in Abbildung 5.17 also eigentlich einer expliziten Deklaration nicht bedurft.
ordered	Diese Deklaration macht natürlich nur Sinn für Attribute mit einer Multiplizität größer eins. Sie besagt, dass die Elemente geordnet sind (siehe Attribut „ra" in Abbildung 5.17). Das Gegenteil von `ordered` ist `unordered`, die Voreinstellung ist `ordered`.
sequence	Die Eigenschaften `sequence` und `bag` werden zusammenfassend als `collectionTypes` bezeichnet. Beide machen nur Sinn, wenn das Attribut eine Multiplizität größer eins hat. Die Eigenschaft `sequence` zeigt an, dass die Elemente des Attributs in einer Liste gespeichert sind (siehe Attribut „Verbindung.ra" in Abbildung 5.16). Wenn die Eigenschaften `ordered` und `nonunique` eingestellt sind, gilt implizit `sequence`. Alternativ kann statt `sequence` die Schreibweise `seq` verwendet werden.
bag	Die Eigenschaft `bag` zeigt an, dass die Elemente des Attributes als Multimenge gespeichert sind. Wenn die Eigenschaften `ordered=false` und `unique=false` eingestellt sind, gilt implizit `bag=true`.

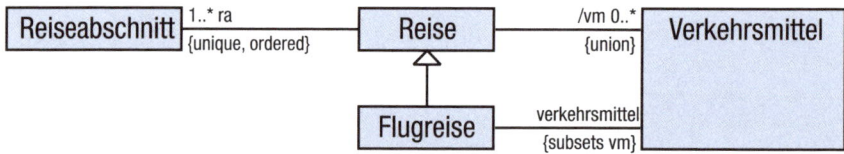

Abbildung 5.17: Eigenschaften von Assoziationsenden (also auch von Attributen) können komplexe dynamische Randbedingungen ausdrücken.

Attribut	::=	[Sichtbarkeit] [/] *Name* [: *Typ*] [Wert]
Sichtbarkeit	::=	+ | # | ~ | -
Wert	::=	[[Multiplizität]] [= *Wert*] [{ Eigenschaften }]
Multiplizität	::=	Schranke [..Schranke | *]
Schranke	::=	0 | 1 | …
Eigenschaften	::=	[readOnly | unrestricted] [composite]
		[unique | nonunique][ordered | unordered]
		[bag][seq | sequence]
		[union](subsets *Attr*)* (redefines *Attr*)*

Abbildung 5.18: Grammatik für die Syntax von Attributen. Weitere Einschränkungen sind im Text erläutert.

Die Anzeige der Eigenschaftswerte ist stets optional. Abgesehen von den oben erwähnten Einschränkungen sind alle Eigenschaften miteinander kombinierbar. Lediglich ordered und unique sind mit einem Standardwert vorbelegt. Die genaue Syntax von Attribut-Deklarationen ist durch die Grammatik in Abbildung 5.18 definiert (siehe auch OMG (2004, S. 64)).

5.3.2 Beziehungen

Die UML unterscheidet zwischen der (ungerichteten) Association (dt.: Assoziation) und der DirectedRelationship (dt.: gerichtete Beziehung). Assoziationen sind unter bestimmten Bedingungen semantisch gleichwertig mit Attributen. Daher sind die Anschriften an den Enden von Assoziationen im Prinzip die gleichen wie die für Attribute, nur dass der Typ gar nicht und die Eigenschaft composite auf andere Weise ausgedrückt werden. Die Reihenfolge bzw. Anordnung ist nicht durch den Standard definiert. In der Regel ist es eng an den Enden von Assoziationen, so dass es sich empfiehlt, die Anschriften zu teilen und auf beiden Seiten der Assoziation zu verteilen (siehe die Regel in Abbildung 5.19).

AssoziationsEnde	::=	ErsteSeite ZweiteSeite
ErsteSeite	::=	[Sichtbarkeit] [/] *Name*
ZweiteSeite	::=	[[Multiplizität]] [{ Eigenschaften }]
Assoziation	::=	[*Name*] [{ Eigenschaften }]

Abbildung 5.19: Grammatik für die Syntax von Assoziationen und die Enden von Assoziationen. Die Nichtterminale Eigenschaften, Multiplizität und Sichtbarkeit wurden bereits in Abbildung 5.18 definiert.

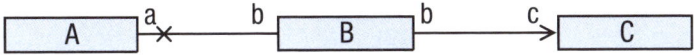

Abbildung 5.20: A . b . c und C . b sind legale Naviagationspfade, aber B . a nicht.

Navigation

Eine Assoziation drückt nicht nur aus, dass es eine inhaltliche Verbindung zwischen zwei Klassen gibt, sie erlaubt auch, anhand der Namen der Assoziation von einer Klasse zu den assoziierten Klassen zu navigieren, ganz analog zum Umgang mit qualifizierten Namen. Im Beispiel in Abbildung 5.20 bezeichnet also B . c . Name das Attribut „Name" der Klasse „C".

Wenn an einem Assoziationsende eine Pfeilspitze steht, wird damit versichert, dass in Richtung der Pfeilspitze navigiert werden kann. Wenn hingegen ein Assoziationsende mit einem Kreuz markiert ist, wird festgelegt, dass definitiv nicht in diese Richtung navigiert werden kann. Wenn weder eine Pfeilspitze noch ein Kreuz gesetzt sind, ist die Navigierbarkeit unspezifiziert. Das Klassendiagramm in Abbildung 5.20 legt also fest, dass man von B nach C, aber nicht von B nach A navigieren kann. Daher ist B . a kein gültiger Ausdruck.

5.3.3 Operationen (Methoden)

Die Spezifikation von Operationen beschränkte sich bislang auf den Namen. Analog zu Attributen können aber auch die Sichtbarkeit, der Typ (des Rückgabewertes), die Multiplizität und verschiedene Eigenschaften angegeben werden. Die Syntax hierfür ist analog zu der bei Attributen.

Zusätzlich kann für Operationen auch noch eine Liste von Parametern spezifiziert werden. Hierbei kann für jeden einzelnen Parameter der Name, die Richtung, der Typ, die Multiplizität und ein voreingestellter Wert deklariert werden. Bis auf den Namen sind alle diese Aspekte wieder optional. Die Richtung kann einen der folgenden Werte annehmen.

in	Der Parameter wird gelesen;
out	der Parameter wird geschrieben;
inout	der Parameter wird gelesen und zurückgeschrieben;
return	der Parameter ist der Rückgabewert der Operation.

Die genaue Syntax von Methoden-Deklarationen ist durch die Grammatik in Abbildung 5.21 definiert. Hierbei gelten für Wert und Sichtbarkeit die gleichen Regeln wie in der Grammatik in Abbildung 5.18.

Operation	::=	[Sichtbarkeit] *Name* ([ParameterListe])
		[: *Typ*] [{ Eigenschaften }]
ParameterListe	::=	Parameter (‚Parameter)*
Parameter	::=	[Richtung] *Name* : *Typ* Wert
Richtung	::=	in | out | inout | return

Abbildung 5.21: Grammatik für die Syntax von Methoden. Die Nichtterminale Sichtbarkeit, Eigenschaften und Wert sind bereits in Abbildung 5.18 definiert worden.

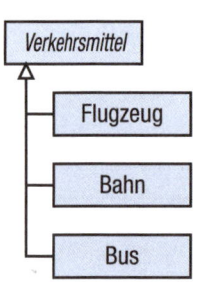 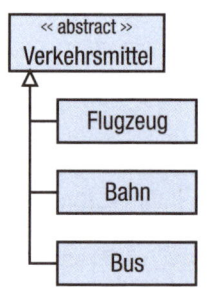 

Abbildung 5.22: Drei gleichwertige Darstellungen von abstrakten Klassen: kursive Schrift, explizites Stereotyp oder „A-im-Kringel"-Annotation (vor allem bei handschriftlichen Skizzen verbreitet).

5.3.4 Abstrakte Klassen

Eine *abstrakte Klasse* (engl.: abstract class) ist eine Klasse, die zwar Unterklassen haben kann, aber keine Instanzen. In UML werden abstrakte Klassen genau wie Klassen dargestellt, nur dass der Name kursiv gesetzt wird. Alternativ kann die Klasse mit dem Stereotyp[5] «abstract» ausgezeichnet werden (siehe Abbildung 5.22). Für handschriftliche Skizzen ist auch ein eingekringeltes „A" als Anschrift verbreitet.

Eine abstrakte Klasse enthält unter anderem Verhaltens- und Strukturaspekte, möglicherweise auch Verhalten und andere Modellelemente. Eine Unterklasse einer abstrakten Klasse enthält alle diese Aspekte, wie von der Generalisierungsbeziehung gewohnt.

5.3.5 Aktive Klassen

Eine *aktive Klasse* (engl.: active class) ist eine Klassen, die von sich aus aktiv wird, die also nicht erst von einem äußeren Ereignis angestoßen werden muss. Typischerweise korrespondieren aktive Klassen zu Prozessen oder Threads in Betriebssystemen, bzw. repräsentieren die Hauptapplikation. Abbildung 5.23 zeigt drei mögliche Darstellungsformen von aktiven Klassen.

  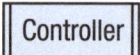

Abbildung 5.23: Drei gleichwertige Darstellungen von aktiven Klassen: in UML 1.x wurden aktive Klassen mit fettem Rand dargestellt (veraltet, links), explizites Stereotyp (Mitte) oder doppelter Rand (bevorzugt).

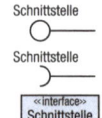

5.3.6 Schnittstellen

Ein Interface (dt.: Schnittstelle) ähnelt einer abstrakten Klasse, enthält jedoch kein Verhalten und nur Operationen, also die *Spezifikation* von Methoden, nicht deren Implementierungen. Zwischen Schnittstellen gibt es Generalisierungsbeziehungen, die aber aufgrund dieser Beschränkungen echte Subtypbeziehungen sind, im Gegensatz

---

5 Zu Stereotypen und anderen Erweiterungsmechanismen siehe Anhang A.5.

zur Generalisierung zwischen Klassen, die dank Redefinition und Überschreiben im Allgemeinen keine echte Subtypbeziehung ist.

Schnittstellen können verwendet werden, um Aspekte zu modellieren, die außerhalb der Taxonomie stehen, also mit der (primären) fachlichen Klassifizierung nichts zu tun haben. Typische Beispiele sind technische Eigenschaften (siehe Abbildung 5.24, links). Schnittstellen werden entweder als Rechteck mit dem Stereotyp «interface» notiert oder als Kreis bzw. offener Halbkreis. Abbildung 5.25 zeigt nebeneinander vier gleichwertige Varianten.

Zwischen Schnittstellen und Klassen bestehen die Beziehungen Implementierung und Nutzung.

Implementation	Die Implementation (dt.: Implementierung) ist ein Spezialfall von Realisierung (siehe unten). Diese Beziehung gilt zwischen einem Classifier (z. B. Klasse, Komponent, Aktor, Nutzfall) und einer Schnittstelle. Es gibt zwei gleichwertige Darstellungen, abhängig davon, wie die Schnittstelle dargestellt ist (siehe Abbildung 5.24). Wird eine Schnittstelle als eine (mit dem Stereotyp «interface» markierte) Klasse dargestellt, so wird die Implementationsbeziehung wie eine gewöhnliche Abhängigkeit notiert, also als gestrichelter Pfeil mit der Anschrift «implements» für eine angebotene bzw. «implements» für eine geforderte Schnittstelle. Wenn hingegen (und das sollte der Normalfall sein) die Schnittstelle in der Kopf/Fassung-Notation dargestellt ist, ist die Verbindung zwischen Schnittstelle und Classifier lediglich eine durchgezogene Linie. Da eine Schnittstelle nur eine syntaktische Struktur ist, kann auch die Implementierungsbeziehung nur rein syntaktisch sein. Unabhängig von Redefinierungen erhält also eine Generalisierungsbeziehung den Zusammenhang zwischen Schnittstelle und Classifier: Wenn eine Oberklasse eine Schnittstelle implementiert, dann implementiert auch jede Unterklasse diese Schnittstelle (siehe Abbildung 6.50, rechts).
Usage	Usage (dt.: Benutzung) ist das Gegenstück zur Implementierung. Benutzung wird durch die Anschrift «use» ausgedrückt (siehe Abbildung 5.25).

Ob eine gebotene und eine geforderte Schnittstelle zueinander passen, ist eine rein syntaktische Frage: Es ist lediglich gefordert, dass die gebotene Schnittstelle mindestens so groß ist wie die geforderte, wobei „größer als" im Sinne der Signatur gemeint ist.

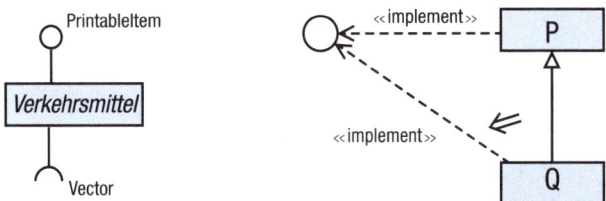

Abbildung 5.24: „Verkehrsmittel" bietet bzw. benutzt die Schnittstellen „PrintableItem" bzw. „Vector" (links); jede Unterklasse implementiert zwangsläufig alle Schnittstellen, die irgendeine Oberklasse implementiert (rechts).

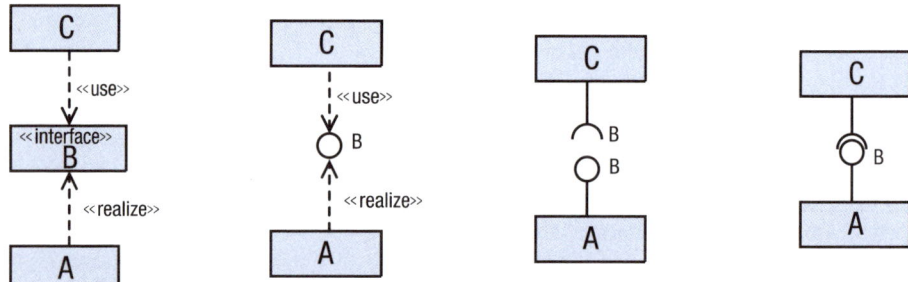

Abbildung 5.25: Die ersten drei Diagramme sagen aus, dass „A" die Schnittstelle „C" anbietet und „C" die Schnitt-stelle „B" anfordert; das vierte Diagramm sagt hingegen aus, dass „A" und „C" miteinander über die Schnittstelle „B" assoziiert sind.

Das Erfüllen einer Schnittstelle ist also eine weitaus schwächere Beziehung als die Unterklassenbeziehung zu (abstrakten) Klassen. Jede Schnittstelle, die eine Oberklasse erfüllt, erfüllt daher automatisch auch jede Unterklasse (siehe Abbildung 5.24, rechts).

5.4   Taxonomie

Ein Spezialfall von Klassendiagrammen ist die Taxonomie, also die *Vererbungshier-archie* (engl.: taxonomy). In ihr werden nur Klassen und Vererbungsbeziehungen zwischen diesen Klassen ausgedrückt. Assoziationen oder Attribute werden nicht angezeigt. Durch die Konzentration auf diesen einen Aspekt kann man bei sehr großen Klassengeflechten leichter den Überblick herstellen.

Taxonomien können grundsätzlich in allen Phasen sinnvoll eingesetzt werden, d. h. sowohl in der Analyse als auch im Entwurf und in der Vererbung. Es unterscheiden sich lediglich die Arten der Klassen, die erfasst sind. Eine Taxonomie sollte vollständig sein, d. h., alle in einem betrachteten System auf der gewählten Ebene vorkommenden bzw. relevanten Klassen sollten dargestellt werden, mindestens jedoch alle vorkommenden Vererbungsbeziehungen. Zwei Beispiele für Taxonomien zeigt Abbildung 5.26: Links ist eine Taxonomie auf der Analyseebene im AAA-System dargestellt, rechts daneben der Ausschnitt aus der J2SE-5.0-API-Spezifikation, der sich auf Collections bezieht, also eine Klassenhierarchie auf der Implementationsebene. In Anhang C.3 werden weitere Taxonomien dargestellt, die jeweils Ausschnitte aus dem UML- Metamodell darstellen (d. h. es handelt sich um Taxonomien auf der Entwurfs-ebene).

Eine Taxonomie kann gleichzeitig durch mehrere Begriffshierarchien gegliedert sein. Bezieht sich die Taxonomie auf Fachklassen (d. h. letztlich auf Begriffe), ist dies unbedenklich. In Abbildung 5.27 wäre z. B. jeder Flug sowohl als Charter- bzw. Linienflug als auch als Auslands-, Inlands- oder Transkontinentalflug einzuordnen.

Für Entwurfsklassen ist Mehrfachklassifizierung ebenfalls zulässig, wenn auch nicht unbedingt nützlich. Für Taxonomien von Implementationsklassen sollte Mehrfach-klassifizierung nur zur Dokumentation in der Software-Renovierung verwendet werden. Die konstruktive Verwendung ist hingegen nicht zu empfehlen, selbst wenn die zu verwendende Implementierungs-Programmiersprache dies fahrlässigerweise zulässt. Bei reinen Datenbeschreibungssprachen andererseits ist die Verwendung von Mehrfachklassifizierung vertretbar.

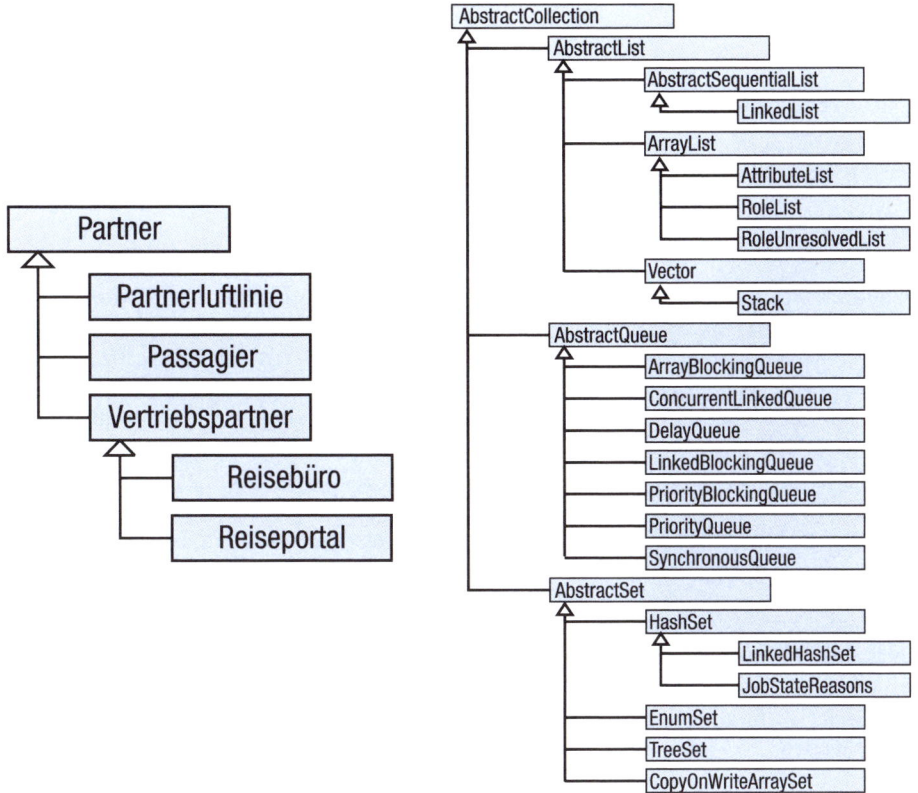

Abbildung 5.26: Zwei Beispiele für Taxonomien: Partnertypen in der AAA-Domäne (links); J2SE 5.0 Collections (rechts)

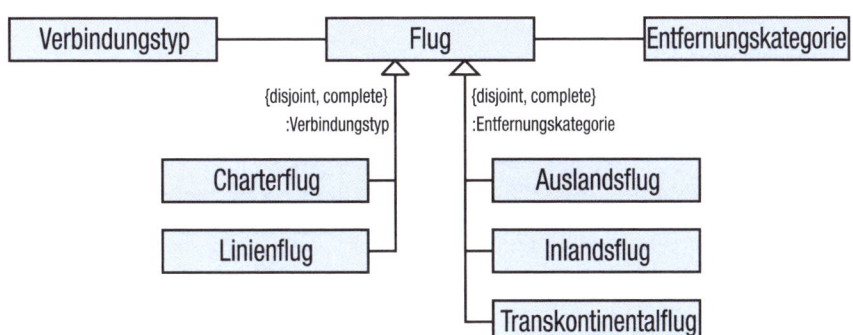

Abbildung 5.27: Eine Klasse kann gleichzeitig nach mehreren Begriffshierarchien zerlegt werden.

Eine Klasse, deren Instanzen gleichzeitig Unterklassen sind, heißt *Powertype*. In Abbildung 5.27 sind dies z. B. „Verbindungstyp" und „Entfernungskategorie". Ein Powertype tritt in der Regel zusammen mit den Randbedingungen disjoint und complete auf. Ein Powertype überschreitet die Metamodellierungsebenen von Abbildung 2.3. Daher ist äußerste Zurückhaltung in der Nutzung dieses Ausdrucksmitels angebracht.

5.5 Kompositionshierarchie

Ein anderer Spezialfall von Klassendiagrammen ist die Kompositionshierarchie[6]. Wie bei einer Taxonomie werden hier aus der Fülle der Ausdrucksmittel von Klassendiagrammen zwei herauspräpariert: Klassen und eine spezielle Art von Beziehungen. Es wird aber nicht wie bei der Taxonomie die Vererbungsbeziehung dargestellt, sondern die Teil-Ganzes-Beziehung. Kompositionshierarchien ähneln daher konzeptuell den Explosionszeichnungen von technischen Geräten. Abbildung 5.28 zeigt ein Beispiel.

Ein anderes Beispiel sind die Baumansichten, die z. B. viele Java-Programmierumgebungen wie Eclipse oder JBuilder besitzen, sie stellen nichts anderes dar als eine Kompositionshierarchie. Da diese Hierarchien sehr groß sein können, macht sich der Nutzen einer Kompositionshierarchie hier erst richtig bemerkbar.

In sehr großen Kompositionshierarchien kann man auf den Gedanken kommen, wiederkehrende Teilbäume dadurch einzusparen, dass man gleichzeitig (Teile einer) Vererbungshierarchie anzeigt (siehe „Check-In-Automat" in Abbildung 5.29). Im vorliegenden Beispiel wird durch die Anordnung der Attribute der beiden Typen von Check-In-Automat verhindert, dass der Überblick verloren geht. Die Variante bei „Check-In-Schalter" ist allerdings weniger empfehlenswert.

Grundsätzlich entsteht der Nutzen einer Kompositionshierarchie aus der sortenreinen Darstellung in einem einheitlichen Layout. Jede Abweichung davon reduziert

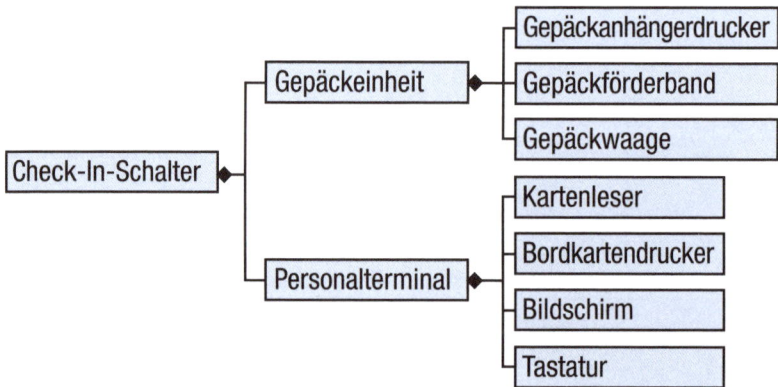

Abbildung 5.28: Ein „Check-In-Schalter" besteht aus einer „Gepäckeinheit" und einem „Personalterminal", die ihrerseits wieder aus mehreren Teilen bestehen.

---

6 Im normalen Sprachgebrauch würde man eher von einer Aggregationshierarchie sprechen (auch im Englischen). Dieses Wort ist aber in UML anders belegt. Um nicht ständig zwischen dem normalen und dem UML-Sprachgebrauch unterscheiden zu müssen, wird stattdessen das leicht künstliche „Kompositionshierarchie" verwendet.

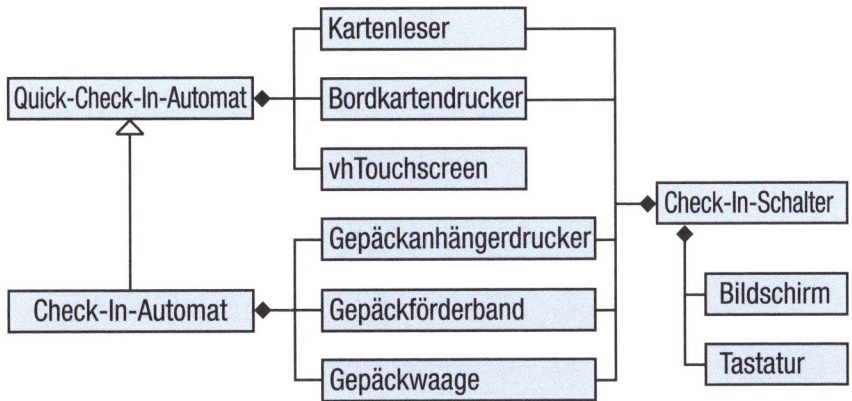

Abbildung 5.29: Negativbeispiel für die Gestaltung einer Kompositionshierarchie

den Nutzen. Im Zweifelsfall sollte man daher lieber alle geerbten Aspekte darstellen und als abgeleitet markieren.

Eine bessere Variante als das Modell in Abbildung 5.29 ist in den Abbildungen 5.30 bis 5.32 gezeigt. Ausgehend von der sehr einfachen und übersichtlichen Klassifizierung in Abbildung 5.30 kann diese durch einige Aggregationen erweitert werden (siehe Abbildung 5.31), wenn ergänzend Abbildung 5.32 hinzukommt.

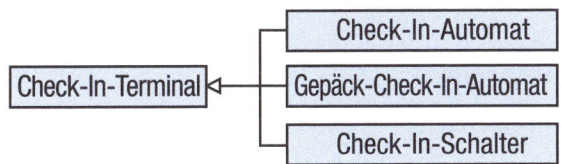

Abbildung 5.30: Bessere Modellierung des Sachverhalts von Abbildung 5.29 (Teil 1): Übersicht (siehe auch die beiden folgenden Abbildungen)

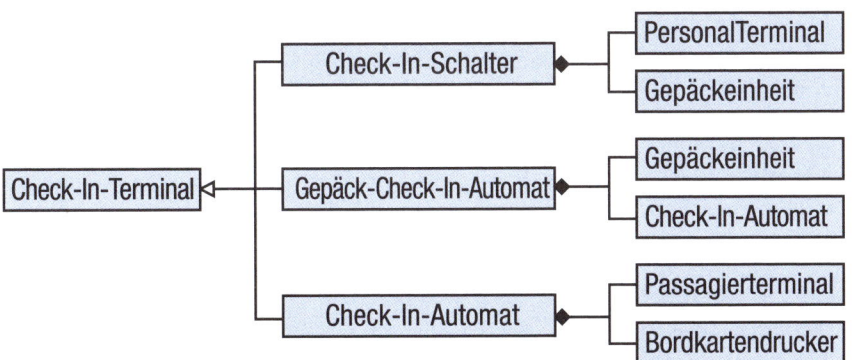

Abbildung 5.31: Bessere Modellierung des Sachverhalts von Abbildung 5.29 (Teil 2): Fortsetzung von Abbildung 5.30

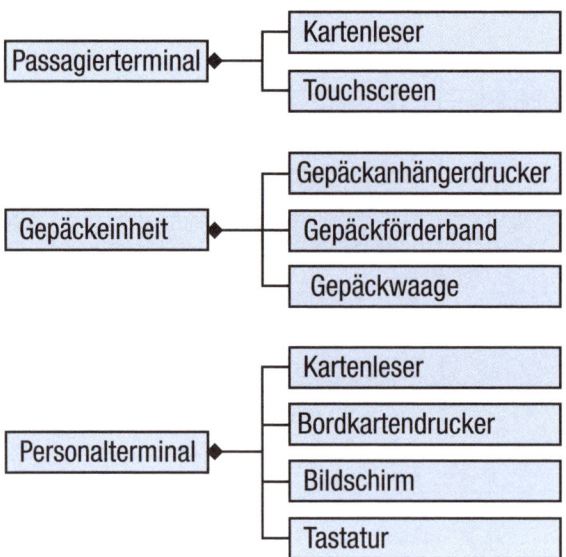

Abbildung 5.32: Bessere Modellierung des Sachverhalts von Abbildung 5.29 (Teil 3 und Schluss): Detail-Aggregationsdarstellung der Bestandteile

Eine Kompositionshierarchie kann natürlich auch in der Schachtelungs-Notation (Abbildung 5.10) dargestellt werden. Daher sind auch Diagramme wie in den Abbildungen 6.4, 6.5 und 9.8 als Kompositionshierarchie zu verstehen.

5.6   Objektdiagramm

Jedes Modell ist eine Spezifikation eines tatsächlichen Systems, das potentiell ausgeführt werden könnte – ob auf einem Rechner oder in der Vorstellung eines Modellierers, ist unerheblich. Auf jeden Fall definiert das Modell die Menge der möglichen Ausführungen, aller Zustände und Abläufe (in Abbildung 2.3 ist diese Menge als M_0 bezeichnet worden).

Manchmal ist es erforderlich, einen einzelnen solchen Abarbeitungszustand (bzw. einen Ausschnitt daraus) zu modellieren, z. B. um einen Testdatensatz zu definieren, einen Systemablauf im Debugging zu visualisieren oder einfach um einen erwünschten oder unerwünschten Zustand zu definieren. Zu diesem Zweck gibt es in der UML Objektdiagramme. Sie enthalten ausschließlich die Instanzen von Klassen und Assoziationen, nämlich InstanceSpecifications und Links. Die Namen von Instanzen werden unterstrichen. In diesem Buch sind InstanceSpecifications außerdem grau statt hellblau hinterlegt. Ein erstes Beispiel zeigt Abbildung 5.33.

Eine Klasse definiert unter anderem, welche Attribute mit welchen Typen jede Instanz der Klasse besitzen muss, und jede Instanz füllt diese Attribute mit konkreten Werten.

In Abbildung 5.33 ist links die Klasse „Bordkarte" gezeigt, rechts eine Instanz davon, die den Namen „b" trägt. Die Instanz stellt eine Bordkarte dar, die ein gewisser Harald Stoerrle auf dem Flug NZ02 von Auckland nach München benutzt hat, auf dem er zwei Gepäckstücke mit sich geführt hat und so weiter.

Das Klassendiagramm in Abbildung 5.34 definiert die Struktur des Datensatzes zur Planung, Buchung und Abwicklung einer Flugreise. Wenn diese Struktur zur Laufzeit instantiiert wird, kann ein Systemzustand entstehen, wie er in Abbildung 5.34 dargestellt ist.

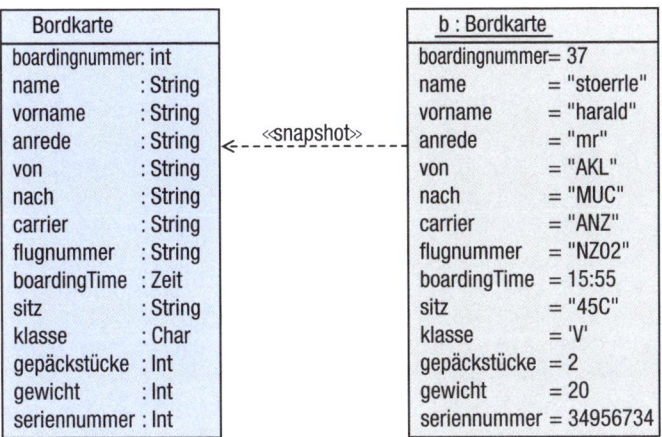

Abbildung 5.33: Die Klasse „Bordkarte" (links) und ein Objekt (InstanceSpecification) der Klasse. Die «snapshot»-Beziehung stammt aus der UML-Infrastruktur.

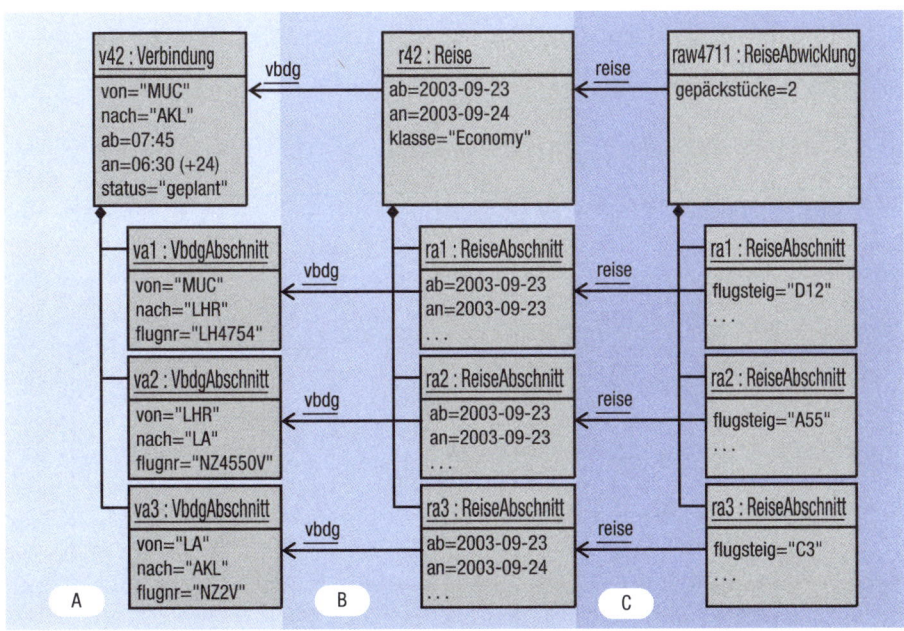

Abbildung 5.34: Objektdiagramme können Systemzustände darstellen: Flug nach Verbindungssuche (nur Zone A), nach Buchung (nur Zonen A und B), nach Reiseabschluss (Zonen A, B und C).

Unterschiedliche Zustände sind mit unterschiedlichen Farben gekennzeichnet. Nach dem Laden der Verbindung von München nach Auckland sind zunächst nur die Objekte instantiiert, die in der Zone A liegen. Nach Abschluss einer speziellen Buchung dieser Verbindung kommen die Objekte in der Zone B hinzu. Nach Abschluss der Reise sind auch noch alle Objekte aus der Zone C hinzugekommen. Abbildung 5.34 stellt also den Zustand nach Antritt des letzten Reiseabschnitts dar.

5.6.1 istInstanzVon-Beziehung

In der UML 1.x ist der Begriff Instantiierung in zwei subtil unterschiedlichen Bedeutungen benutzt worden. Zum einen wurde die Metamodell-Architektur (siehe Abschnitt 2.3) als Hierarchie von Instantiierungen definiert. Damit sind dann konkrete Systeme *Instanzen* von Modellen, Modelle sind *Instanzen* von Metamodellen und Metamodelle wiederum *Instanzen* von Meta-Metamodellen.

Gleichzeitig gab es innerhalb jeder dieser Schichten wiederum Klassen mit Instanzen (bzw. Typen/Werte), zwischen denen also wiederum eine Instantiierungs-Beziehung besteht. Dies sorgte für große Verwirrung: Wann bezieht sich eine Instantiierung auf zwei Elemente der gleichen Metamodell-Schicht und wann wird die Schichten-Grenze überschritten?

Hinzu kam, dass Objekte auf der Ebene M_2 (d. h. der UML 1.x Metamodell-Klasse Object), M_1-Objekte (d. h., Objekte in einem Modell) und M_0-Objekte (d. h. Laufzeit-Objekte) oft verwechselt wurden.

In OMG (2003a) ist daher der Begriff „InstanceSpecification" anstatt des bisherigen „Object" eingeführt worden, auf Deutsch bleiben wir beim gewohnten „Objekt". Weiter wird unterschieden zwischen den zwei Beziehungen `instanceOf` (dt.: istInstanz-Von) und `snapshot` (dt.: Schnappschuss), siehe OMG (2003a, S. 31)). Abbildung 5.35 veranschaulicht den Unterschied.

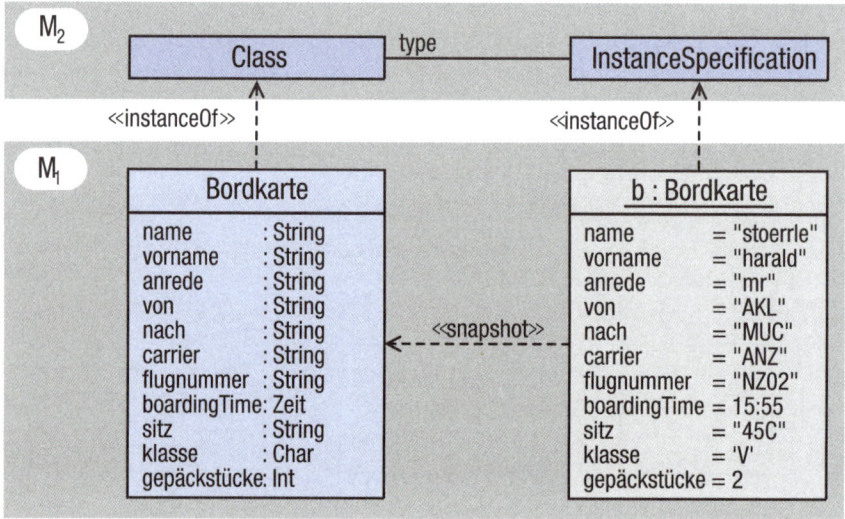

Abbildung 5.35: Die Bezeichnungen M_1 und M_2 beziehen sich auf Abbildung 2.3.

5.7 Rollenmodellierung

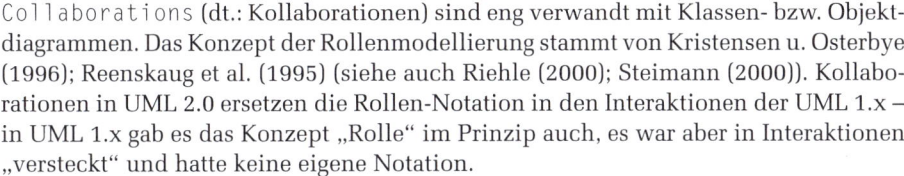

Collaborations (dt.: Kollaborationen) sind eng verwandt mit Klassen- bzw. Objekt-diagrammen. Das Konzept der Rollenmodellierung stammt von Kristensen u. Osterbye (1996); Reenskaug et al. (1995) (siehe auch Riehle (2000); Steimann (2000)). Kollaborationen in UML 2.0 ersetzen die Rollen-Notation in den Interaktionen der UML 1.x – in UML 1.x gab es das Konzept „Rolle" im Prinzip auch, es war aber in Interaktionen „versteckt" und hatte keine eigene Notation.

Auf der Architektur-Ebene gibt es oft keine sinnvolle Unterscheidung zwischen Typ und Instanz, da jeder Typ ein Subsystem darstellt, das in der Regel nur einmal auftritt. Damit sind quasi alle Klassen *Singletons*. Auf einer feineren Ebene ist dies natürlich nicht der Fall. Hier existieren zur Laufzeit Netze von Objekten, die miteinander inter-agieren, dabei jeweils unterschiedliche Aufgaben übernehmen und dadurch sich und ihre Vernetzung laufend verändern. Die Menge der Objekte, die zu einem bestimm-ten Zeitpunkt existieren und ihre dann aktuelle Vernetzung ist der Systemzustand zu diesem Zeitpunkt.

Ein Objekt kann gleichzeitg oder nacheinander in mehrere Kollaborationen ver-strickt sein und dabei verschiedene Aufgaben übernehmen, z. B. einmal als Erbringer eines Dienstes für andere Objekte und einmal als Nutzer eines Dienstes. Für diesen Zweck gibt es das Konzept der *Rolle* (engl.: role). Eine Rolle ist weder eine Klasse noch ein Objekt, sondern stellt einen isolierten Aspekt in einer speziellen Kollaborationen dar. Eine Rolle ist lediglich eine beschränkte Sicht, eine Verengung auf diejenigen Features (dt.: Merkmale), die für den gewählten Zusammenhang relevant sind. Alle anderen Aspekte werden abstrahiert, um die Essenz der Rolle stärker hervorzuheben. Anders als eine Schnittstelle verfügt eine Rolle auch über Attribute.

Mit Rollen lassen sich Muster von Kollaborationen abstrakt modellieren, für die we-der Objekt- noch Klassenmodelle taugen. Ein Klassenmodell stellt die Kollaboration zwischen verschiedenen Klassen dar, kann aber nicht verschiedene gleichzeitige oder konsekutive Rollen von Objekten der Klasse isolieren. Ein Objektmodell andererseits stellt eine Kollaboration nur für konkrete Objekte mit einer bestimmten Identität dar, nicht als wiederkehrendes Schema. In beiden Fällen werden alle Aspekte der beteilig-ten Klassen und Objekte modelliert, nicht nur diejenigen, die für eine (von mehreren) Kollaborationen relevant sind.

Eine Rolle wird notiert wie ein Objekt, also als ein (in diesem Buch grau hinterleg-tes) Rechteck mit unterstrichenem Namen. Der Name einer Rolle kann ergänzt werden durch Objekt- und/oder Klassennamen, wobei der Rollenname zwischen dem Objekt-namen und dem Klassennamen steht. Folgende Regel stellt das Bildungsgesetz präzise dar.

Rollenname   ::=   ([*Name*[/*Rolle*]] | / *Rolle*) [: *Typ*(, *Typ*)*]

Als Beispiel für die Rollenmodellierung kommen wir auf das Client/Server-Protokoll von Abbildung 6.9 ff. zurück. Das Konzept Rolle passt sehr gut zum Konzept Kolla-boration, erst zusammen beschreiben sie ein *Schema* wie in Abbildung 5.36.

Dieses Schema kann wiederholt instantiiert werden (siehe Abbildung 5.37). Da-bei spielt ein und dasselbe Objekt in der Regel unterschiedliche Rollen gleichzeitig. Betrachten wir als Beispiel erneut den Boarding-Automat aus Abbildung 6.7.

Abbildung 5.36: Eine Kollaboration zwischen den Rollen „Client" und „Server"

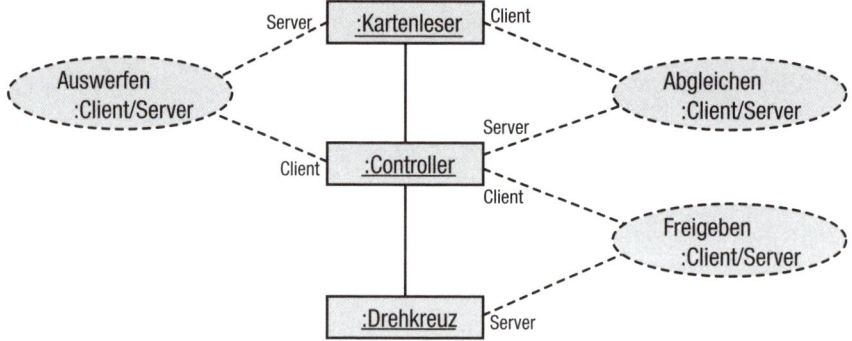

Abbildung 5.37: Zwischen den drei Objekten „Kartenleser", „Steuerung" und „Drehkreuz" eines Boarding-Automaten wird die Kollaboration „Client/Server" für drei verschiedene Funktionen instantiiert.

Nehmen wir an, ein erster Entwurf sieht vor, dass dieser in folgender Weise arbeitet.

1 Zur Initialisierung wird die Check-In-Liste („Flugliste") in den Controller heruntergeladen. Kartenleser und Drehkreuz werden überprüft und initialisiert. Jetzt ist der Automat bereit.

2 Eine Bordkarte wird in den Kartenleser eingeführt, ausgelesen und an den Controller übermittelt.

3 Die Passagierdaten werden vom Controller mit der Liste abgeglichen. Wenn der Passagier auf dem aktuellen Flug gebucht ist, wird die Bordkarte zerteilt, der kleine Abschnitt wird an den Passagier ausgegeben, der große Abschnitt wird in die Ablage verbracht, und das Drehkreuz wird freigeschaltet.

4 Nachdem das Drehkreuz betätigt wurde, wird es wieder gesperrt.

5 Wenn der Abgleich erfolglos war, kann das daran liegen, dass der Check-In des Passagiers erst nach dem Start des Boarding erfolgt ist. Deshalb wird zunächst die Flugliste aktualisiert. Ist dann der Passagier gemeldet, geht es weiter wie normal. Wenn jedoch immer noch ein Problem besteht, gibt die Maschine einen Warnhinweis und das Bodenpersonal muss eingreifen.

Offensichtlich gibt es mehrere Instanzen des Boarding-Automaten und damit mehrere Instanzen von „Kartenleser", „Controller" und „Drehkreuz". Das Client/Server-

Protokoll findet innerhalb jedes Boarding-Automaten ebenfalls an mehreren Stellen Verwendung, z. B. in folgenden Beispielen.

Abgleichen	In Schritt 2 ruft der „Kartenleser" den Dienst „Bordkarte abgleichen" von „Controller" auf.
Auswerfen	In Schritt 5 ruft der „Controller" den Dienst „Karte auswerfen" von „Kartenleser" auf.
Freigeben	In Schritt 3 ruft der „Controller" den Dienst „freigeben" von „Drehkreuz" auf. Die Rückmeldung besteht jeweils in der Meldung des Vollzugs, deren termingerechtes Eintreffen der „Controller" überwacht.

Man kann die oben beschriebene Arbeitsweise des Boarding-Automaten auch durch einen Zustandsautomaten modellieren (siehe Abschnitt 10.5). Aber damit legt man schon viele Details fest, die man vielleicht an dieser Stelle und aufgrund der vorliegenden, eher informellen Beschreibung vielleicht lieber noch gar nicht festlegen sollte. Mit den Kollaborationen von Abbildung 5.37 wird lediglich die Art der Kollaboration festgelegt, die Implementierungsdetails aber bleiben offen.

5.8   Klasseninventar

Ein Klasseninventar (auch *Datenkatalog*, engl.: *data dictionary*) ist eine vollständige Auflistung aller Merkmale von allen Klassen in einem Modell. Es dient als Referenz, z. B. in Entwicklerhandbüchern, zur verbindlichen Festlegung von Schnittstellen zwischen Subsystemen (und damit gegebenenfalls Arbeitsgruppen oder Firmen) oder als Dokumentation von Fachkonzepten.

Die Elemente eines Klasseninventars können wahlweise als Tabelle und/oder als voll detaillierte Klasse dargestellt werden (siehe Abbildungen 5.39 bzw. 5.38). Ein Klasseninventar wird zumeist im Entwurf angelegt, manchmal aber auch in der Analyse. In der Implementierungsphase sind in der Regel andere Formate vorzusehen, z. B. Javadoc für Java-Programme bzw. Doxygen für C++-Programme.

In manchen Situationen ist es auch hilfreich, ein „Poster" (bzw. eine „Tapete") anzufertigen, also eine großformatige Darstellung aller Klassen mit allen Details, die als Referenz öffentlich aufgehängt wird. Insbesondere für Datenmodelle ist diese Darstellungsform beliebt. Die üblichen Einschränkungen für Diagramme (Zahl der dargestellten Elemente, Art der dargestellten Beziehungen usw.) gelten hier nicht mehr.

5.9   Implementations-Klassendiagramm

Mit Analyse- und Entwurfs-Klassendiagrammen haben wir uns in Kapitel 5 beschäftigt. In diesem Abschnitt wenden wir uns den Klassendiagrammen in der Implementierung zu.

5.9.1 Datentypen

UML bietet verschiedene `DataTypes` (dt.: Datentypen) an. Neben den üblichen Basisdatentypen gibt es auch Aufzählungstypen.

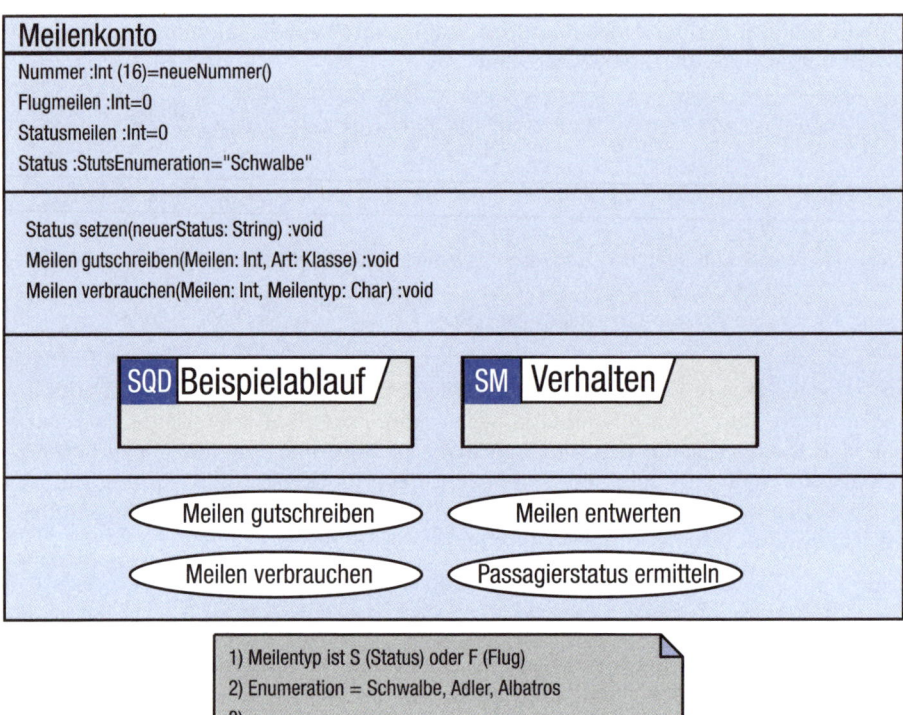

Abbildung 5.38: Element eines Klasseninventars (auch: data dictionary, Datenkatalog) als Klassendiagramm mit Abteilen für Attribute, Operationen, Interaktionen und Nutzfällen. Randbedingungen werden hier in einer Kommentar-Box separat hinzugefügt.

Meilenkonto

Attribut	Typ	Anfangswert	Erläuterung
Nummer	Int (16 Stellen)	automatisch	Anfangswert wird generiert
Flugmeilen	Int	0	mit Verfallsdatum
Statusmeilen	Int	0	mit Verfallsdatum
Status	String	Schwalbe	{Schwalbe, Falke, Albatros}

Methode	Typ	Parameter	Erläuterung
Status setzen	void	neuerStatus: String	
Meilen gutschreiben	void	Meilen: Int, Art: Klasse	
Meilen verbrauchen	void	Meilen: Int, Meilentyp: Char	Meilentyp ist S (Status) oder F (Flug)

Abbildung 5.39: Tabelle zur Detailbeschreibung einer Klasse

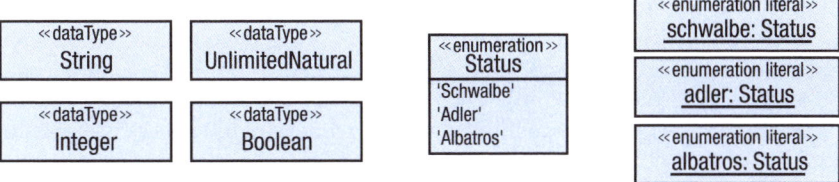

Abbildung 5.40: Basisdatentypen in der UML (links), zwei gleichwertige Darstellungen eines Aufzählungstyps (Mitte und rechts)

Basisdatentypen	Ein `PrimitiveType` (dt.: Basisdatentyp) ist ein strukturloses Datum mit extern definierten Werten und Operationen. In der UML werden die Basisdatentypen `Boolean`, `Integer`, `UnlimitedNatural` und `String` verwendet (siehe Abbildung 5.40, links). Ihr Gebrauch ist aber auf Analyse- und Entwurfsdiagramme beschränkt. In Implementierungsdiagrammen werden ausschließlich die Basisdatentypen der Implementierungssprache eingesetzt.
Aufzählungstypen	Ein `Enumeration` (dt.: Aufzählungstyp) ist ein beliebiger (auch strukturierter) Typ, mit einer endlichen, fest vorgegebenen Menge von Ausprägungen. Die Ausprägungen werden explizit als Aufzählung von Instanzspezifikationen angegeben. In Abbildung 5.40 (Mitte/rechts) sind zwei gleichwertige Notationen dargestellt.

Typ-Konstruktoren wie Verbände (`record` in Pascal und Modula, `struct` in C/C++ usw.), Listen (Lisp, ML usw.) gibt es in UML nicht, hierfür dienen ausschließlich Klassen.

5.9.2 Template-Klassen

Die Objektorientierung bietet „von Haus aus" nur Subtyp-Polymorphismus. Das heißt, Klassen werden (auch) als Typen betrachtet, so dass Unterklassen auch Untertypen sind und auch Instanzen von Unterklassen verwendet werden können, wo als Typ eine Oberklasse definiert ist. In manchen Implementierungssprachen gibt es aber auch den mächtigeren parametrischen Polymorphismus.[7] Typische Vertreter sind Programmiersprachen wie Miranda, Haskell, Standard ML ober Objective CAML, aber auch in den gängigeren objektorientierten Programmiersprachen gibt es Elemente von parametrischem Polymorphismus, insbesondere die Template-Klassen von C++ und die Generics von Java 5.

In der UML gibt es diese Elemente ebenfalls: Mit *Template-Klassen* (synonym: Klassenschablonen) erlaubt die UML eine eingeschränkte Form von parametrischem Polymorphismus. Das Standard-Beispiel ist in Abbildung 5.41 dargestellt. „Liste" ist hierbei die Template-Klasse, die Typparameter werden als ein Rechteck mit gestricheltem Rahmen dargestellt, das die rechte obere Ecke von „Liste" überlappt.

---

7 In Cardelli u. Wegner (1985) werden verschiedene Arten von Polymorphismus verglichen und klassifiziert.

Die Klasse „Liste" ist nur eine *Schablone*, da sie noch nicht erlaubt, Instanzen zu bilden. Insofern ähnelt sie einer abstrakten Klasse. Um Instanzen bilden zu können, ist es erforderlich, die „Leerräume" der Schablone, also die (Typ-)Parameter, zu belegen. So können aus der (abstrakten) Schablone „Liste" z. B. die (konkreten) Klassen „Flugliste" und „Passagierliste" gebildet werden (siehe Abbildung 5.41). Gleichzeitig sind auch „normale" Parameter zulässig, also solche, die einen Wert binden statt eines Typen („*n*" in Abbildung 5.41).

Ein anderes Beispiel ist in Abbildung 5.42 dargestellt. Hier sieht man den Vorteil von parametrischem Polymorphismus: Wenn nur Subtyppolymorphismus zur Verfügung steht, muss für eine neue Art von Reise jeweils ein neues Verkehrsmittel *und* ein neuer Typ Reise abgeleitet werden (Abbildung 5.42, links). Es werden also Klassen definiert, einzig und allein, um der Technik gerecht zu werden, nicht, um eine Menge von Objekten zu modellieren.

Bei parametrischem Polymorphismus reicht es dagegen aus, einen neuen Typ Verkehrsmittel abzuleiten (Abbildung 5.42, rechts). Der neue Reisetyp, inklusive seiner kompletten Implementierung, entsteht automatisch (und damit fehlerfrei) aus der Anwendung des parametrisierten Typs auf den Typparametern.

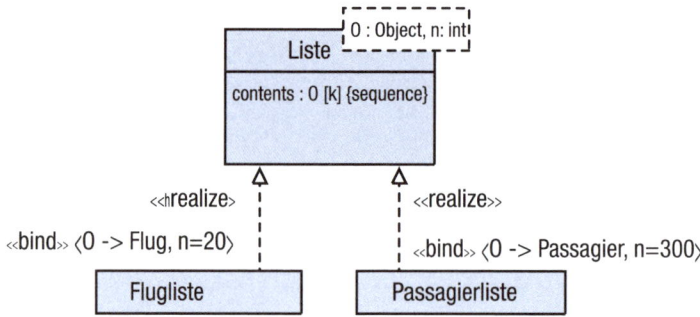

Abbildung 5.41: „Flugliste" und „Passagierliste" realisieren „Liste" mit den angegebenen Bindungen von Typ- und Wertparametern an konkrete Typen und Werte.

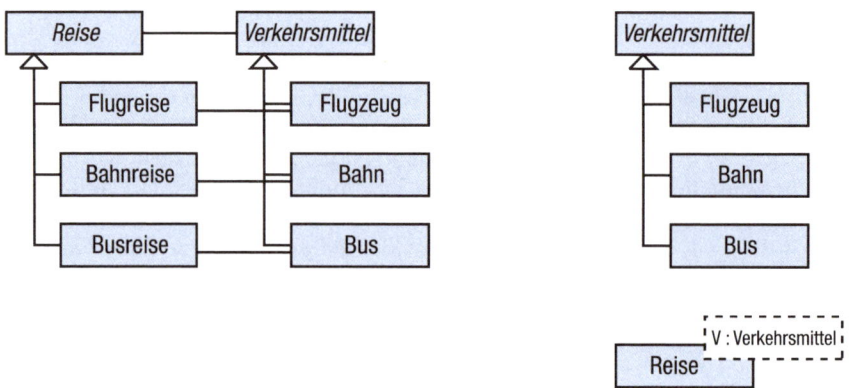

Abbildung 5.42: Subtyppolymorphismus vermengt Klassifizierung und Typisierung, was zu unnatürlicher Modellierung führen kann (links). Parametrischer Polymorphismus vermeidet diese Problem (rechts).

Notation	aggregationKind	Semantik
→	none	Zeiger
◇—	shared	undefiniert
◆—	composite	Wert

Abbildung 5.43: Das Ende einer Assoziation kann einen von drei Werten für das Attribut `aggregationKind` erhalten. Je nach Wert ist eine andere Notation und eine andere Bedeutung impliziert.

5.9.3 Aggregation

Bislang sind zwei Wege zur Verbindung von Klassen bzw. Objekten vorgestellt worden, Komposition und Assoziation. Sie besitzen eine Wert- bzw. Zeigersemantik (siehe Abbildung 5.9). In der UML gibt es noch eine dritte Variante, die *Aggregation*. Sie wird dargestellt durch eine Assoziation mit einer weißen Raute. Abbildung 5.43 stellt die drei Varianten einander gegenüber.

Genau genommen sind Komposition und Assoziation beides nur Spezialfälle der Aggregation und im Metamodell unterscheiden sich die drei nur durch den Wert des Attributs `aggregationKind`. Im Gegensatz zu Komposition und Assoziation wird für die Aggregation explizit keine Semantik festgelegt.

Es bleibt jedem Modellierer selbst überlassen, diese Notation nach eigenem Gutdünken zu interpretieren. Aus heutiger Sicht ist auch kein Kandidat für eine Semantik erkennbar. Man darf daher bis auf weiteres die Aggregation als historisches Relikt bezeichnen. Ich empfehle, darauf vollständig zu verzichten.

5.9.4 Profilierung von Implementations-Klassendiagrammen

Für Klassendiagramme auf Implementationsebene wird typischerweise ein *Profil* (siehe Abschnitt A.5) für die jeweils zu verwendende Implementierungssprache benutzt. In einem solchen Profil werden einige zusätzliche Ausdrucksmittel bereitgestellt bzw. Einschränkungen der vorhandenen Ausdrucksmittel definiert. Modelle, die solch einem Profil entsprechen, lassen sich dann unmittelbar (und automatisch) in die Implementierungssprache übertragen – und umgekehrt.

Damit lässt sich einerseits eine Modell-getriebene Arbeitsweise (*Model Driven Development*®, *MDD*®) umsetzen, d. h., Änderungen werden lediglich im Modell durchgeführt, das lauffähige System hingegen wird durch einen Übersetzer erzeugt. Andererseits kann man so z. B. beim *Restaurieren* großer Systeme den aktuellen Stand erheben bzw. dokumentieren, was ebenfalls sehr nützlich sein kann.

Welche Implementierungssprache relevant ist, hängt natürlich vom Projektkontext ab. Für viele nahe liegende Fälle kann man sich aus dem Netz oder von der OMG entsprechende Profile besorgen, aber es ist sehr wahrscheinlich, dass firmen- oder projektspezifische Änderungen an solchen Profilen erforderlich sind.

Als Beispiel skizzieren wir zwei Profile. Beide Profile sind nicht vollständig und dienen lediglich der Illustration. Das erste Beispiel interpretiert Klassendiagramme als Java-Programm, das zweite Beispiel interpretiert Klassendiagramme als Datenmodell.

5.9.5 Interpretation als Java-Programm

Unter gewissen Randbedingungen können UML- Implementierungs-Klassendiagramme als Programme in Java oder C++ interpretiert werden.[8] Für die tatsächliche Umsetzung in ein Programm sind einige Ergänzungen, Einschränkungen und Interpretationen nötig, die aus dem Klassenmodell der Abbildungen 5.4, 5.12, 5.13 und 5.8 ein Implementations-Klassenmodell wie in Abbildung 5.44 werden lassen. Wir beschränken uns hier auf den statischen Aspekt eines Java-Programms, d. h., Methoden-Rümpfe bleiben außen vor (eine Übersetzung von UML-Zustandsautomaten wird z. B. in Knapp u. Merz (2002) angegeben).

Dieses Klassendiagramm gehorcht einem Java-Profil, das die Einhaltung einiger Konventionen fordert.

Namen	Java selbst unterstützt Unicode, insofern gibt es nur sehr wenige Einschränkungen, was die Namen von Bezeichnern angeht, lediglich geschweifte Klammern, Interpunktionszeichen, Leerzeichen und ähnliche Zeichen sind wirklich unzulässig. In der Regel gelten aber Programmierrichtlinien, die z. B. Umlaute verbieten, und gewisse Konventionen über Groß-/Kleinschreibung, Unterstriche und dergleichen mehr festlegen.
Datentypen	Als Datentypen dürfen alle Basisdatentypen von Java, Bibliotheksklassen sowie selbst definierte Klassen eingesetzt werden. In Java 5 sind Aufzählungstypen als Spezialfall von selbst definierten Klassen realisiert.
Navigation	Assoziationen müssen in genau eine Richtung navigierbar sein, es sei denn, es handelt sich um Assoziationsklassen, in dem Fall wird eine Fremdschlüsselbeziehung von der Assoziationsklasse zu allen beteiligten Klassen erzeugt.
Namen von Assoziationen	Endpunkte von Assoziationen müssen bennant sein.
Multiplizitäten	Es werden lediglich die Multiplizitäten $1, 0..1, 0..*$ und $1..*$ durch statischen Code unterschieden. Andere Multiplizitäten sind erlaubt, müssen aber im Code realisiert werden und tauchen also in unserem Beispiel nicht auf.
Komposition	Komposition im Sinne von UML gibt es in Java nicht wirklich.[9] Daher ist die Komposition verboten. Wenn die Implementierungssprache C++ statt Java wäre, könnte zwischen Wert- und Zeiger-Semantik unterschieden werden.

Darüber hinaus werden Randbedingungen wie xor zwischen Assoziationen im dynamischen Code aufrecht erhalten, tauchen im Beispiel also nicht auf. Ebenso wird Vererbung von Assoziationen verboten, da sie mit Java-Mitteln nicht (im statischen Code) auszudrücken ist. Zusätzlich werden aber auch eine Reihe von Stereotypen benötigt.

---

8 Bezüglich Java bietet Krüger (2000) eine Einführung, für C++ kann man z. B. auf Ellis u. Stroustrup (1990) zurückgreifen.

9 Im Prinzip könnte man innere Klassen verwenden. Allerdings ist dies ein rein technisches Hilfsmittel, das nur ausnahmsweise passt, der vorliegende Fall ist ein Gegenbeispiel.

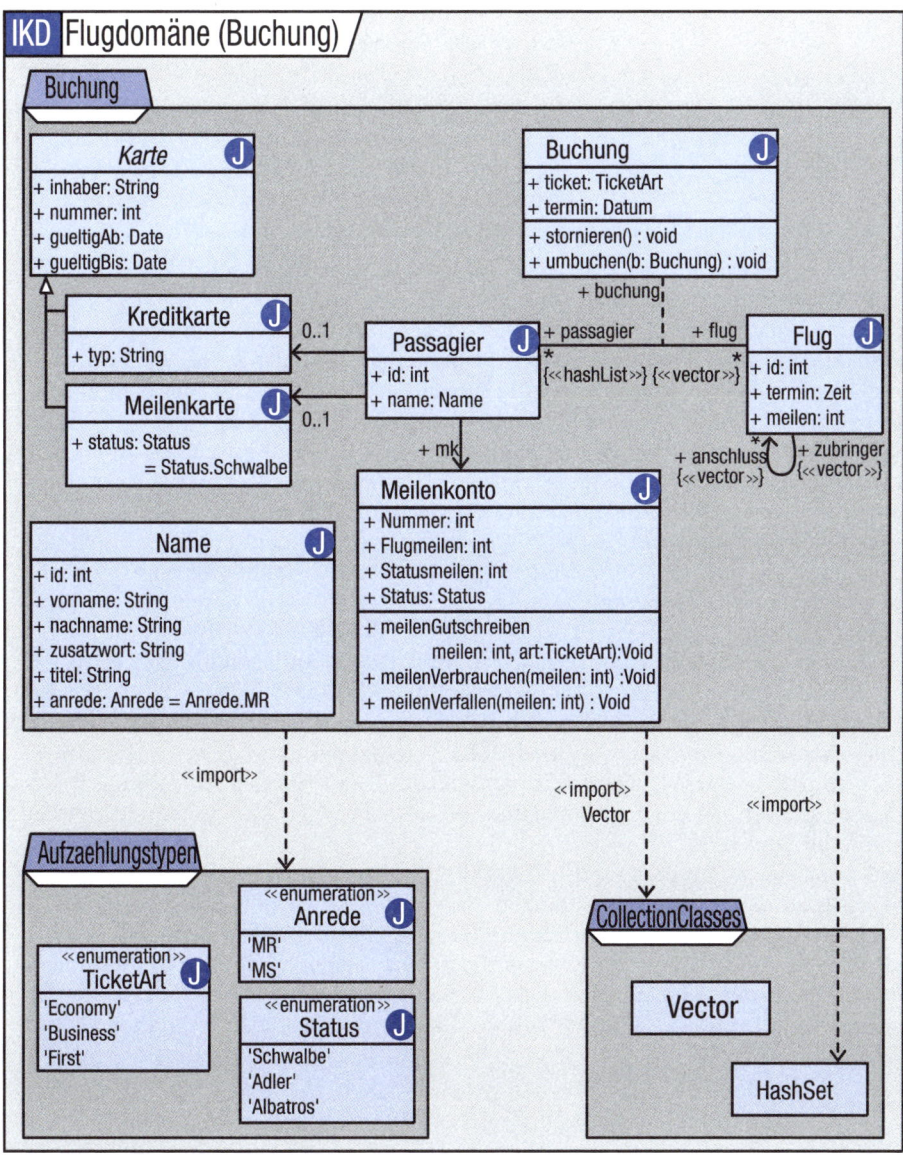

Abbildung 5.44: UML-Darstellung des Java-Codes der Abbildungen 5.45 bis 5.48

«collection class» Es gibt viele verschiedene Collections, um mengenwertige Merkmale in Java umzusetzen. Der Modellierer muss entscheiden, welche Variante er jeweils bevorzugt. Zu diesem Zweck sei für jede konkrete Collection Class der Java-Standard-Bibliothek ein Stereotyp definiert (siehe Abbildung 5.26 für einen Überblick). Damit werden auch Assoziationseigenschaften wie ordered und unique ersetzt.

«throws»	In UML kann man ausgelöste Ausnahmen nicht als Teil des Typs einer Operation deklarieren. Dies könnte z. B. mit einem Tagged Value «throws Exn» erreicht werden.
«static», «main» & «final»	Es gibt kein unmittelbares Äquivalent für die Java-Konstrukte hinter static, main und final, so dass entsprechende Stereotype eingeführt werden müssen.

Eine Klasse korrespondiert mit class, eine abstrakte Klasse wird zu abstract class. Schnittstellen werden als interface ausgedrückt, Pakete mit package. Attribute und binäre, einseitig navigierbare benannte Assoziationen werden Instanzvariablen, andere Assoziationen entfallen. Insbesondere sind also n-äre Assoziationen, Assoziationsklassen, Aggregation und Komposition nicht zulässig. Hier kommt zum Tragen, dass die Reihenfolge der Attribute einer Klasse signifikant ist.

Sichtbarkeiten und Typen bleiben unmittelbar erhalten. Multiplizitäten dürfen nur die Werte 1, n oder 0..* annehmen, sie werden zu einfachen Instanzvariablen, feldwertigen Instanzvariablen und collection-wertigen Instanzvariablen.

Generalisierung wird mit extends ausgedrückt, Implementierung von Schnittstellen mit realize und Einzelimport mit includes. Abbildung 5.44 zeigt ein Implementations-Klassenmodell, Abbildung 5.45 bis 5.48 ein gleichwertiges Java-Programm.

Mit diesen Konventionen, spezifischen Auszeichnungen und Abbildungen lässt sich das Diagramm von Abbildung 5.44 nach Java übersetzen. Dabei gehen wir schrittweise vor und betrachten zunächst das Paket „Aufzaehlungstypen". Die Klassen in diesem Paket sind durch das Standard-UML-Steretoyp «enumeration» ausgezeichnet, es handelt sich also um *Aufzählungstypen*. In Java 5 werden Aufzählungstypen als Spezialfall von Klassen angeboten und können sehr einfach programmiert werden (siehe Abbildung 5.45).

Aus praktischen Gründen sind in Abbildung 5.45 mehrere Dateien zusammengefasst; die gestrichelte Linie soll andeuten, dass eigentlich eine neue Datei beginnt.

Die Klassen im Paket „Buchung" in Abbildung 5.44 sind mit dem Stereotyp «Java» ausgezeichnet, hier dargestellt durch ein visuelles Stereotyp (weißes „J" auf einem blauen Kreis) in der rechten oberen Ecke. Diese Auszeichnung bedeutet, dass die entsprechende UML-Klasse als Java class zu interpretieren ist (siehe Abbildung 5.46).

```
package Aufzaehlungstypen;
   public enum Status    {Schwalbe, Adler, Albatros}

- - - - - - - - - - - - - - - - - - - - - - - - - - - - -

package Aufzaehlungstypen;
   public enum Anrede    {MR, MS}

- - - - - - - - - - - - - - - - - - - - - - - - - - - - -

package Aufzaehlungstypen;
   public enum Ticketart {Economy, Business, First}
```

Abbildung 5.45: Java-Code zum UML-Modell von Abbildung 5.44, Teil 1: Aufzählungstypen können unmittelbar umgesetzt werden.

```
package Buchung;
import Aufzaehlungstypen.*;
import java.util.Vector;
import java.util.HashSet;

public class Name { $\ldots$ }
```

Abbildung 5.46: Java-Code zum UML-Modell von Abbildung 5.44, Teil 2: Für Klassen, Attribute und Methoden ist die Umsetzung zwischen UML und Java rein syntaktisch, Assoziationen werden zu Referenzen.

```
public class Name {
  public String id;
  public String vorname;
  public String nachname;
  public String zusatzwort;
  public String titel;
  public Anrede anrede = Anrede.MR;}
- - - - - - - - - - - - - - - - - - - - - - - - -
public class Passagier{
  public int id;
  public Name name;
  public Kreditkarte kreditkarte;
  public Meilenkarte meilenkarte;
  public Meilenkonto mk;
  public Vector<Buchung> buchung;}
- - - - - - - - - - - - - - - - - - - - - - - - -
public class Buchung {
  public Passagier passagier;
  public Flug flug;
  public TicketArt ticket;
  public void stornieren() {}
  public void umbuchen(Buchung b) {}}
- - - - - - - - - - - - - - - - - - - - - - - - -
public class Flug {
  public int id;
  public Datum termin;
  public int meilen;
  public Buchung buchung;
  public Vector<Flug> zubringer;
  public Vector<Flug> anschluss;
  public HashSet<Buchung> passagier;}
- - - - - - - - - - - - - - - - - - - - - - - - -
public class Meilenkonto {
  public int nummer;
  public int flugmeilen;
  public int statusmeilen;
  public Status status;
  public void meilenGutschreiben(int meilen, TicketArt art) {}
  public void meilenVerbrauchen(int meilen) {}
  public void meilenVerfallen(i
nt meilen) {}}
```

Abbildung 5.47: Java-Code zum UML-Modell von Abbildung 5.44, Teil 3: Für Klassen, Attribute und Methoden ist die Umsetzung zwischen UML und Java rein syntaktisch, Assoziationen werden zu Referenzen.

Methoden der UML-Klassen werden mit ihren Sichtbarkeiten, Datentypen und Parametern direkt umgesetzt. Attribute werden ebenfalls unmittelbar umgesetzt, gerichtete Assoziationen werden wie Attribute behandelt. Für die Interpretation von Multiplizitäten gibt es drei Fälle.

1 und 0..1	Für die Multiplizitäten 1 und 0..1 wird eine einfache Instanzvariable eingeführt, deren Name durch das Assoziationsende bestimmt wird (siehe „mk"). Fehlt der Name, wird der Name der Zielklasse mit kleinem Anfangsbuchstaben benutzt (siehe „kreditkarte" und „meilenkarte").
n	Eine konstante Multiplizität größer null wird in ein entsprechendes Java-Feld übersetzt, d. h., aus einem Attribut a : int [5] wird der Java-Code int [] a = new int[5].
n..*	Andere Multiplizitäten werden als Collection-Typen übersetzt. Welche der vielen verschiedenen Möglichkeiten zu verwenden ist, legt der Modellierer mit einem Stereotyp fest, z. B. «hashList», «vector» und so weiter.

Einzel- und Pauschalimporte werden durch das Schlüsselwort import veranlasst, wobei Pauschalimporte die Stern-Notation nutzen. Für die Klasse „Name" ist dies in Abbildung 5.46 vorgeführt.

Die Klassen aus Abbildung 5.44 sind in Abbildung 5.47 übersetzt. Der Einfachheit halber sind die Paket- und Importklauseln weggelassen worden, sie sind jeweils identisch mit den Klauseln aus Abbildung 5.46.

Generalisierung und Abstraktheit von Klassen kann unmittelbar in Java umgesetzt werden: Aus einer abstrakten Klasse wird abstract class, aus Generalisierung wird extends. Schnittstellen werden zu interface und Realisierung von Schnittstellen («realize») wird zu implements (siehe 5.48). Die Nutzung von Schnittstellen («use») hat kein Äquivalent in Java.

```
package Buchung;
public abstract class Karte {
    public String    inhaber;
    public int       nummer;
    public Datum     gueltigAb;
    public Datum     gueltigBis;
}
- - - - - - - - - - - - - - - - - - - - - - - - - - - - - - -
package Buchung;
public class Kreditkarte extends Karte {
    public String    typ;
}
- - - - - - - - - - - - - - - - - - - - - - - - - - - - - - -
package Buchung;
public class Meilenkarte extends Karte {
    public Status    status = Status.Schwalbe;
}
```

Abbildung 5.48: Java-Code für das UML-Modell von Abbildung 5.44, Teil 4: Generalisierung in UML wird zu Ableitung in Java.

5.9.6 Interpretation als Datenbankmodell

Wie oben schon erwähnt wurde, ist ein wichtiger Vorläufer der UML-Klassendiagramme die Entity-Relationship-Notation.[10] Man kann recht umstandslos Analyse-Klassenmodelle auch als logische Datenmodelle auffassen. Für die Umsetzung in eine relationale SQL-Datenbank sind einige Ergänzungen, Einschränkungen und Interpretationen nötig, die aus dem Klassenmodell der Abbildungen 5.4, 5.8 und 5.13 ein Implementations-Klassenmodell wie in Abbildung 5.49 werden lassen.

Dieses Klassendiagramm gehorcht einem SQL-Profil, das die Einhaltung einiger Konventionen fordert.

Namen	Die Namen dürfen nur die Zeichen enthalten, die der SQL-Dialekt der zu verwendenden Datenbank zulässt. Daher sind Umlaute und Leerzeichen in Namen verboten.
Datentypen	Als Datentypen dürfen nur selbst definierte Aufzählungstypen und die Datentypen des verwendeten Datenbank-Produktes eingesetzt werden.

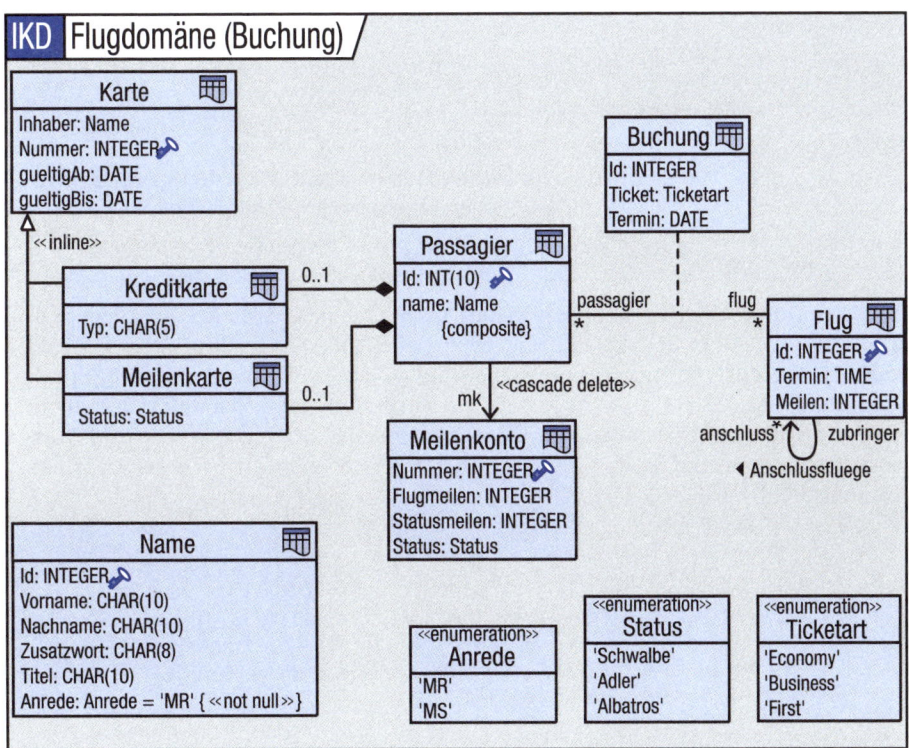

Abbildung 5.49: UML-Darstellung des SQL-DDL-Codes der Abbildungen 5.50 bis 5.53

---

10 Bezüglich der Datenbank-Terminologie, der Bedeutung des SQL-Codes usw. liefert z. B. Date (1995) eine gute Einführung.

Navigation	Assoziationen müssen in genau eine Richtung navigierbar sein, es sei denn, es handelt sich um Assoziationsklassen, in dem Fall wird eine Fremdschlüsselbeziehung von der Assoziationsklase zu allen beteiligten Klassen erzeugt.
Namen von Assoziationen	Endpunkte von Assoziationen müssen benannt sein.
Multiplizitäten	Es werden lediglich die Multiplizitäten 1, 0..1, 0..* und 1..* unterstützt, andere sind daher nicht erlaubt.

Darüber hinaus haben Sichtbarkeiten keine Bedeutung für eine Datenbankspalte und werden daher nicht benötigt. Das Gleiche gilt für abgeleitete Merkmale, Operationen/Methoden, Randbedingungen wie xor zwischen Assoziationen oder Eigenschaften wie ordered und unique von Assoziationen. Ebenso gibt es keinen Bedarf für abstrakte Klassen, Schnittstellen und Template-Klassen – diese Modellierungsmittel entfallen daher für Implementations-Klassendiagramme für Datenmodelle. Zusätzlich werden aber auch eine Reihe von Stereotypen benötigt:

«enumeration»	ist ein Standard-Stereotyp der UML und deklariert einen Aufzählungstyp;
«table»	deklariert eine Klasse als Datenbank-Tabelle;
«not null»	deklariert einen „NOT NULL"-Constraint;
«primary key»	deklariert einen Primärschlüssel (und impliziert «not null»);
«cascade delete»	deklariert Kaskadierung von Löschung auf assoziierte Instanzen (implizit für Kompositionsbeziehungen);
«inline» & «fk»	wählt zwischen alternativen Interpretationen der Generalisierung.

Mit diesen Konventionen und spezifischen Auszeichungen lässt sich das Diagramm von Abbildung 5.49 in SQL-Code übersetzen. Dabei gehen wir schrittweise vor und betrachten zunächst die Klassen „Anrede", „Status" und „Ticketart". Sie sind durch das Standard-UML-Steretoyp «enumeration» ausgezeichnet, es handelt sich also um *Aufzählungstypen*. In SQL entspricht dies einer Domäne. SQL erlaubt uns, den Wertbereich festzulegen und seine Einhaltung automatisch überprüfen zu lassen (siehe Abbildung 5.50).

```
CREATE DOMAIN STATUS CHAR(8) DEFAULT 'none' CONSTRAINT ENUM_STATUS
       CHECK ( VALUE IN ('Schwalbe', 'Adler', 'Albatros'));

CREATE DOMAIN ANREDE CHAR(2) DEFAULT 'MR' CONSTRAINT ENUM_ANREDE
       CHECK ( VALUE IN ('MR', 'MS'));

CREATE DOMAIN TICKETART CHAR(2) DEFAULT 'Economy'
       CONSTRAINT ENUM_TICKETART
       CHECK ( VALUE IN ('Economy', 'Business', 'First'));
```

Abbildung 5.50: SQL-DDL-Code zum UML-Modell von Abbildung 5.49, Teil 1: Aufzählungstypen werden zu Domänen mit Constraints.

Die übrigen Klassen sind mit dem Stereotyp «table» ausgezeichnet, hier dargestellt durch ein kleines Tabellensymbol in der rechten oberen Ecke. Diese Auszeichnung bedeutet, dass die entsprechende Klasse als Tabelle zu interpretieren ist. In SQL wird daraus je ein „CREATE TABLE"-Befehl pro Klasse (siehe Abbildung 5.51). Attribute

```
CREATE TABLE Name (
          Id            INT(10)      NOT NULL,
          Name          CHAR(20)     NOT NULL,
          Vorname       CHAR(20)     NOT NULL,
          Zusatzwort    CHAR(8),
          Titel         CHAR(10),
          Anrede        ANREDE,
          PRIMARY KEY   (Id));

CREATE TABLE Passagier(
          Id            INT(10)      NOT NULL,
          Kreditkarte   INT(16),
          Meilenkarte   INT(16),
          mk            INT(16),
          FOREIGN KEY   (Id)         REFERENCES Name
                                     ON DELETE CASCADE,
          FOREIGN KEY   (mk)         REFERENCES Meilenkonto
                                     ON DELETE CASCADE,
          PRIMARY KEY   (Id));

CREATE TABLE Buchung (
          Passagier     INT(10)      NOT NULL,
          Flug          INT(10)      NOT NULL,
          FOREIGN KEY   (Passagier)  REFERENCES Passagier
                                     ON DELETE CASCADE,
          FOREIGN KEY   (Flug)       REFERENCES Flug
                                     ON DELETE CASCADE,
          PRIMARY KEY   (Flug, Passagier));

CREATE TABLE Flug (
          Id            INT(10),
          Termin        DATE,
          Meilen        INT(6),
          PRIMARY KEY   (Id));

CREATE TABLE Anschlussfluege (
          Zubringer     INT(10)      NOT NULL,
          Anschluss     INT(10)      NOT NULL,
          FOREIGN KEY   (Zubringer)  REFERENCES Flug,
          FOREIGN KEY   (Zubringer)  REFERENCES Flug,
          PRIMARY KEY   (Anschluss, Zubringer));

CREATE TABLE Meilenkonto (
          Nummer        INT(16),
          Flugmeilen    INT(10),
          Statusmeilen  INT(10),
          Status        STATUS);
```

Abbildung 5.51: SQL-DDL-Code zum UML-Modell von Abbildung 5.49, Teil 2: Klassen werden zu Tabellen, Attribute zu Spalten und Assoziationen und gerichtete Beziehungen werden zu Fremdschlüsselbeziehungen.

sind nicht separat ausgezeichnet, wir nehmen der Einfachheit halber an, dass sie grundsätzlich als Spalten der entsprechenden Tabellen interpretiert werden. Dabei werden die Datentypen direkt übernommen, gegebenenfalls notierte «not null»-Randbedingungen ebenso.

Einige Attribute sind mit dem Stereotyp «primary key» ausgezeichnet, das durch ein kleines Schlüssel-Symbol angezeigt wird. Sie werden als Primärschlüssel interpretiert, führen zu „PRIMARY KEY"-Randbedingungen und werden ebenfalls mit einer „NOT NULL"-Randbedingung versehen.

Gerichtete Assoziationen wie „mk" werden als Fremdschlüssel-Beziehung interpretiert und erhalten als Typ den Primärschlüssel der Zielklasse. Assoziationsklassen werden in unserem Beispiel als eigene Tabellen interpretiert, als Primärschlüssel werden die Namen der Assoziationsenden in alphabetischer Reihenfolge benutzt. Aggregationen werden ebenfalls zu Fremdschlüsselbeziehungen.

Die Multiplizität 1 wird zu einer einfachen Fremdschlüsselbeziehung mit „NOT NULL"-Bedingung, bei der Multiplizität 0..1 entfällt diese Bedingung. Für andere Multiplizitäten wird eine eigene Tabelle für die Assoziation erzeugt, analog zum Vorgehen für Assoziationsklassen.

Für Generalisierungen gibt es zwei mögliche Interpretationen. Einerseits könnte eine Oberklasse als eigene Tabelle interpretiert werden und die Generalisierung als Fremdschlüsselbeziehung zu dieser Tabelle. Dies führt zu SQL-Code wie in Abbildung 5.52. Diese Interpretation wird z. B. in Date (1995, S. 645ff) vorgeschlagen.

Andererseits führt das dazu, dass mehrere Datenbankzugriffe nötig sind, um ein einziges Objekt vollständig zu laden, und zwar ein Zugriff für jede Ebene des Generalisierungsbaumes. Daher könnte es in manchen Fällen auch aus Performance-Gründen sinnvoll sein, die Spalten der Oberklasse gleich in die Unterklasse zu integrieren. Dies führt zu SQL-Code wie in Abbildung 5.53.

Da beide Interpretationen ihre Berechtigung haben, können wir uns nicht für die eine oder die andere verbindlich entscheiden und führen zwei Stereotype «inline»

```
CREATE TABLE Karte (
        Inhaber      Name     NOT NULL,
        Nummer       INT(12)  NOT NULL,
        gueltigAb    DATE,
        gueltigBis   DATE,
        PRIMARY KEY  (Nummer));

CREATE TABLE Kreditkarte (
        Nummer       INT(12)  NOT NULL,
        Typ          CHAR(5)  NOT NULL,
        FOREIGN KEY  (Id)     REFERENCES Karte
                              ON DELETE CASCADE);

CREATE TABLE Meilenkarte (
        Nummer       INT(12)  NOT NULL,
        Status       Status   NOT NULL,
        FOREIGN KEY  (Id)     REFERENCES Karte
                              ON DELETE CASCADE);
```

Abbildung 5.52: Eine alternative Interpretation für die Vererbungsbeziehung in SQL-DDL-Code für das UML-Modell von Abbildung 5.49: Oberklasse als eigene Tabelle

```
CREATE TABLE Kreditkarte (
          Inhaber        Name    NOT NULL,
          Nummer         INT(12) NOT NULL,
          gueltigAb      DATE,
          gueltigBis     DATE,
          Typ            CHAR(5) NOT NULL,
          PRIMARY KEY    (Nummer));

CREATE TABLE Meilenkarte (
          Inhaber        Name    NOT NULL,
          Nummer         INT(12) NOT NULL,
          gueltigAb      DATE,
          gueltigBis     DATE,
          Typ            CHAR(5) NOT NULL,
          Status         Status  NOT NULL,
          PRIMARY KEY    (Nummer));
```

Abbildung 5.53: Eine alternative Interpretation für die Vererbungsbeziehung in SQL-DDL-Code für das UML-Modell von Abbildung 5.49: Oberklasse aufgelöst in Spalten der Unterklassen

und «fk» ein. Jede Generalisierung muss durch genau eines der beiden Stereotype ausgezeichnet sein, im Beispiel ist «inline» gewählt.

Übungsaufgaben

Aufgabe 5.1 Die Diagramme 5.2, 5.4 bis 5.14 stellen nur einen kleinen Ausschnitt aus der Anwendungsdomäne dar. Erweitern Sie die Diagramme auf diesem Abstraktionsniveau. Partitionieren Sie Ihr Klassendiagramm anhand fachlicher Pakete.

Aufgabe 5.2 Erweitern Sie Ihr Diagramm dahingehend, dass möglichst viele verschiedene Konstrukte, die in UML-Klassendiagrammen erlaubt sind, auch tatsächlich vorkommen.

Aufgabe 5.3 Definieren Sie ein UML-Profil zur Interpretation von Klassendiagrammen in einer nicht objektorientierten Sprache Ihrer Wahl vor (Hilfestellung: Probieren Sie es mit Modula oder SML).

Aufgabe 5.4 Was bedeutet es, wenn der Name einer Klasse kursiv geschrieben ist? Welche anderen Ausdrucksmittel gibt es, um diesen Sachverhalt kenntlich zu machen?

Aufgabe 5.5 Wie viele Abteile kann eine Klasse haben und was können sie darstellen?

Aufgabe 5.6   Welche Arten von Klassen gibt es? Wie unterscheiden sie sich?

Aufgabe 5.7   Welche Arten von Klassendiagrammen gibt es? Wie unterscheiden sie sich?

Aufgabe 5.8   In den Code-Stücken von Abschnitt 5.9 sind immer wieder Auslassungen (mit drei Punkten markiert). Füllen Sie diese Auslassungen aus! Übersetzen Sie den Code auf Ihrem Rechner!

Aufgabe 5.9   Definieren Sie für die zweite Variante der Abbildung von Montagediagrammen drei weitere Verbinder, die Daten puffern, transformieren und verfälschen bzw. verschlucken. Benutzen Sie dabei das Beobachter-Muster (siehe Index).

Aufgabe 5.10   Drücken Sie die Randbedingungen der Abbildungen 5.13 bis 5.15 durch OCL-Ausdrücke aus!

Architektur und Komponenten

6

ÜBERBLICK

Skizzen von Paket- und Rechensystemstrukturen wurden schon immer intuitiv und unter verschiedenen Namen benutzt. Aber auch Montagediagramme haben viele Vorläufer, z. B. die „Blockschaltbilder" in der Elektrotechnik. Eine der ersten Verwendungen im Software-Bereich dürfte SARA sein (siehe Estrin et al. (1986)). Die dort für Architekturen benutzten Diagramme sehen den heutigen UML-Diagrammen schon recht ähnlich. Später wurden ähnliche Notationen in SDL verwendet (siehe Ellsberger et al. (1997); ITU-T (2000)), unmittelbare Vorläufer kamen dann in UML/RT und verschiedenen anderen UML-Erweiterungen zur Architekturbeschreibung (z. B. Egyed u. Medvidovic (1999); Selic (2002); Störrle (2000)). Kontextdiagramme und Facharchitekturen sind Sonderfälle hiervon, keine eigenen Diagrammtypen.

Montagediagramme sind neu in UML 2.0. Da Architekturdiagramme erst mit der Version 2.0 Eingang in den UML-Standard gefunden haben, liegen noch keine praktischen Erfahrungen mit dieser konkreten Variante vor. Zudem wird dieser wichtige Diagrammtyp im Standard recht spärlich behandelt, so dass wir bei der Pragmatik auf die Erfahrungen von Vorgänger-Notationen zurückgreifen (z. B. was die Anschluss-Varianten, ihre Namen und Notations betrifft).

Kontextdiagramme stammen in der hier behandelten Form aus den strukturierten Methoden der 80er Jahre (z. B. SADT, SSADM), sie können fast als deren Markenzeichen gelten. Das objektorientierte Paradigma hat sich teilweise auch als Gegenbewegung zu diesen Ansätzen gebildet, daher waren Kontextdiagramme in UML 1.x nur sehr rudimentär angelegt, und auch in UML 2.0 ist die Unterstützung sehr halbherzig.

6.1 Kontextdiagramm

Kontextdiagramme dienen dazu, das Umfeld eines Systems bzw. Projektes abzustecken und die Kommunikation mit allen Beteiligten zu unterstützen.

Kontextdiagramme wurden in den 80er Jahren durch die strukturierten Methoden populär gemacht. Sehr ähnliche Notation gab es aber seit den 60er Jahren (insbesondere SARA). Auch solche Ansätze, die sich mit Architektur- oder Echtzeitfragen beschäftigt haben, verwendeten ähnliche Notationen (siehe z. B. SARA, SDL, UML/RT oder UML/A, siehe Estrin et al. (1986); ITU-T (1996); Selic (2002); Störrle (2000)). In der UML 1.x wurde dieser wichtige Aspekt lange vernachlässigt.

Das System „Albatros Air Autopilot" (AAA) steht nicht isoliert im Raum, sondern ist eingebettet in eine Landschaft aus anderen Applikationen und organisatorischen Abläufen, von denen es abgegrenzt werden muss. Zu diesem Zweck benutzt man häufig ein *Kontextdiagramm* (KXD, engl.: context diagram, siehe Abbildung 6.1). Durch diese Einbettung und Abgrenzung wird eine wichtige Vorentscheidung dafür dokumentiert, welche Aufgaben automatisch (im Beispiel: von AAA) erledigt werden sollen und welche manuell.

Das Gesamtsystem heißt in Abbildung 6.1 „Automatisierter Flugbetrieb". Seine Elemente sind das *System* AAA als solches sowie Nachbarsysteme, Nutzer und Betroffene. Dabei werden Systeme grundsätzlich als „Kästchen" dargestellt und Personengruppen bzw. Rollen als Strichmännchen. In der UML-Terminologie heißen die Strichmännchen `Actor` (dt.: Aktor). Ein Aktor repräsentiert jeweils eine Rolle, also eine Personengruppe, nicht eine einzelne Person (siehe auch Abschnitt 5.7). Die Kästchen stellen Systeme dar, in UML eine Art von Klasse, also einen Spezialfall

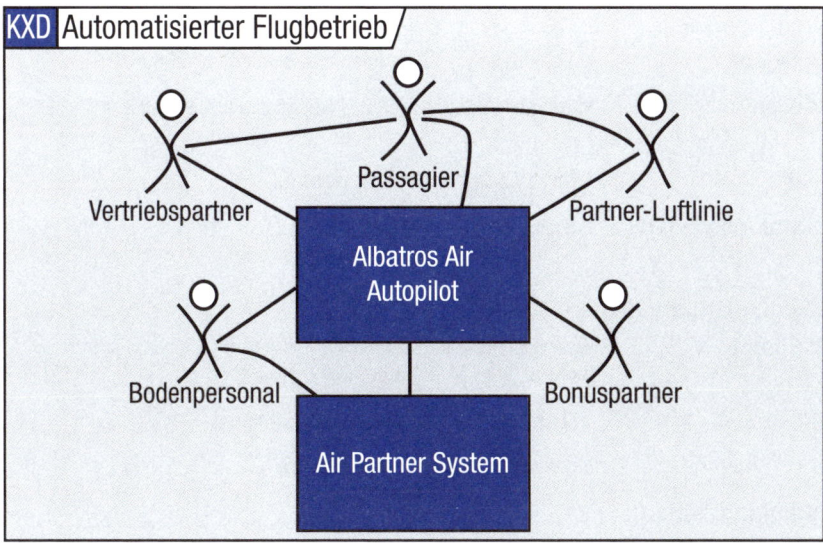

Abbildung 6.1: Der Kontext des „Albatros Air Autopilot"-Systems

von `Classifier`. Im Gegensatz zu Klassen sind Aktoren nicht verfeinerbar und ihr Verhalten wird im Modell nicht modelliert. Eine Linie zwischen Aktoren und/oder Systemen deutet an, dass es zwischen den Beteiligten eine Interaktion gibt.

In dem Kontextdiagramm aus Abbildung 6.1 haben wir also schon eine ganze Reihe wichtiger Eckpunkte festgelegt:

- Es gibt bereits ein Nachbarsystem „Air Partner System" (APS) zur Verwaltung von Stammdaten von Partnern („Partnerdaten"), das an AAA angebunden werden soll;

- das Projekt befasst sich im Weiteren nur mit den genannten Personengruppen Bodenpersonal, Vertriebspartner, Passagier, Partner-Luftlinie und Bonuspartner, nicht jedoch z. B. mit den Crews, dem Tower oder der Flughafenverwaltung;

- Passagiere werden direkten Zugriff auf (Teile des) Albatros Air Autopilot haben, z. B. um Buchungen vorzunehmen;

- abgesehen von der Interaktion von Passagieren mit Vertriebspartnern und Partner-Luftlinien sind keine direkten Interaktionen zwischen den Beteiligten vorgesehen.

Die Elemente eines Kontextdiagramms korrespondieren oft nicht unmittelbar mit Teilen des späteren konkreten Systems: Manchmal wird ein Nachbarsystem durch eine Menge von Schnittstellen repräsentiert, ein andermal sind vielleicht mehrere konzeptionell unterschiedliche Nachbarsysteme technisch in einer einzigen Applikation zusammengefasst. Um so größer ist daher die Bedeutung, die den Namen der Elemente im Kontextdiagramm zukommt. Daher ist es sehr wichtig, „gute" Namen zu vergeben. Neben der Adäquatheit und Verständlichkeit, die beide nur schwer zu reglementieren sind, ist auch die Einheitlichkeit von Namen sehr erstrebenswert. Daher gibt es Namenskonventionen, deren Einhaltung sehr zu empfehlen ist (siehe Abschnitt A.4).

Bodenpersonal

Aufgabe	Unterstützung der Passagiere bei Check-In und Boarding
Anzahl	Verhältnis Bodenpersonal zu Fluggästen im Jahresmittel bei 1:50 bis 1:80
Art	tariflich Angestellte von Albatros Air
Schulungsbedarf	halber Tag

Partner-Luftlinie

Aufgabe	wechselseitige Vermittlung von Flügen über Code-Sharing, gemeinsames Meilenprogramm
Anzahl	z.Zt. 20, bis zu 50 innerhalb von 10 Jahren
Art	Eigenständige Partnerunternehmen
Schulungsbedarf	–

Bonus-Partner

Aufgabe	Meilengutschrift und Meilennutzung
Anzahl	z.Zt. 100, bis zu 250 innerhalb von 5 Jahren
Art	eigenständige Partnerunternehmen, z. B. Kreditkarten- und Mietwagenfirmen
Schulungsbedarf	–

Abbildung 6.2: Schematische Beschreibung von Aktoren in einem Kontextdiagramm.

Die Rollen sind in der Regel durch den Anwendungskontext vorgegeben. Ihre Beschreibung erfolgt textuell, z. B. mit dem Schema, das in Abbildung 6.2 dargestellt ist. Weitere Informationen über die Rollen entstehen an anderer Stelle, z. B. ihre Aufgaben und die Systeme, mit denen sie interagieren (siehe die Nutzfallzuordnung in Abschnitt 9.5) und ihre Anzahl und die Intensität der Nutzung (siehe Abschnitt 7).

6.2 Facharchitekturdiagramm

Für große Systeme ist oft eine weitere Untergliederung erforderlich. Im Beispiel könnten sich etwa die Bereiche Buchung, Abfertigung und AlbatrosMeilen ergeben sowie eine gemeinsame zentrale Datenbank (siehe Abbildung 6.3). Diese Art der Darstellung wird manchmal als *Facharchitektur* (engl.: domain architecture) bezeichnet (siehe z. B. Coleman et al. (1994)).

Das Kontextdiagramm aus Abbildung 6.1 kann mit der Facharchitektur aus Abbildung 6.3 verfeinert werden. Natürlich müssen dann die Verbindungen zwischen Aktoren und Systemen ebenfalls angepasst werden. Beispielsweise kann durch Abbildung 6.4 jetzt festgelegt werden, dass das Bodenpersonal nur mit dem Subsystem „Abfertigung", nicht aber mit den Subsystemen „Buchung" und „AlbatrosMeilen"

Abbildung 6.3: Die Facharchitektur für Albatros Air Autopilot besteht aus den Fachdomänen Buchung, Abfertigung und AlbatrosMeilen.

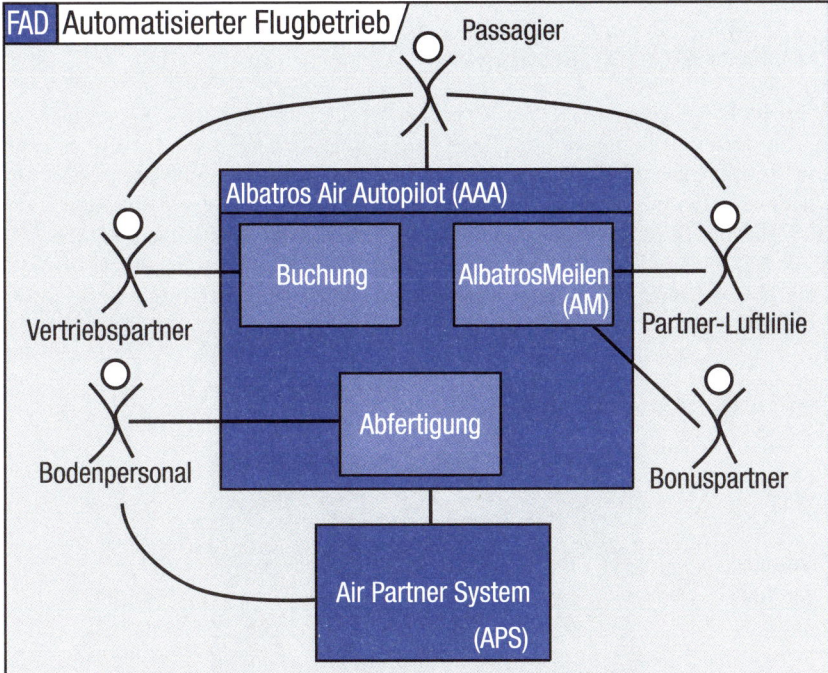

Abbildung 6.4: Die AAA-Facharchitektur in ihrem Kontext

interagiert. Das Nachbarsystem „APS" und der Aktor „Passagier" sind weiterhin direkt mit „AAA" verbunden und nicht mit seinen Subsystemen. Dies soll anzeigen, dass „Passagier" und „APS" mit *allen* Subsystemen von AAA in Verbindung stehen: Diese Verbindungen alle explizit anzugeben würde das Diagramm unnötig kompliziert machen.

Die Rollen sind in der Regel durch den Anwendungskontext vorgegeben. Ihre Beschreibung erfolgt textuell, z. B. mit dem Schema, das in Abbildung 6.2 dargestellt ist. Weitere Informationen über die Rollen entstehen an anderer Stelle, z. B. bezüglich ihrer Aufgaben und der Systeme, mit denen sie durch die Nutzfallzuordnung interagieren (Abschnitt 9.5), und bezüglich ihrer Anzahl und der Intensität der Nutzung (siehe Abschnitt 7).

6.3 Montagediagramme

In diesem Kapitel wird Struktur im Sinne des UML-Konzepts *zusammengesetzte Struktur* (engl.: composite structure) behandelt (`StructuredClassifier` im UML-Metamodell). In diesem Sinn ist eine Struktur eine Konfiguration von miteinander verbundenen Laufzeit-Elementen, die zur Erreichung eines gemeinsamen Ziels zusammenarbeiten. Ein wichtiges Ausdrucksmittel hierfür sind *Montagediagramme* (engl.: *composite structure diagrams*). Sie beschreiben den Aufbau eines Systems bzw. komplexer Klassen und werden auch als *Architekturdiagramme* bezeichnet. Vereinfachend kann man sagen, dass Montagediagramme eine Schachtelung von Klassendiagrammen in Klassen darstellen.

6.3.1 System-Montagediagramme

Abbildung 6.5 zeigt ein erstes Beispiel eines Architektur-Montagediagramms. Ausgehend vom Kontextdiagramm (Abbildung 6.1) wird hier die Struktur des Systems AAA mit Teilen, Anschlüssen und Verbindern verfeinert. Anschlüsse sind durch kleine weiße, teilweise beschriftete Quadrate auf dem Rand der Subsysteme dargestellt, Verbinder sind die Linien zwischen Anschlüssen. Der Anschluss des „Air Partner Systems" ist durch das Symbol, das er trägt, als *Relais* markiert, d. h. als ein Anschluss, der ein- und ausgehende Signale lediglich delegiert (siehe Stichwort „Delegierungsverbinder" in Abschnitt 6.6.3).

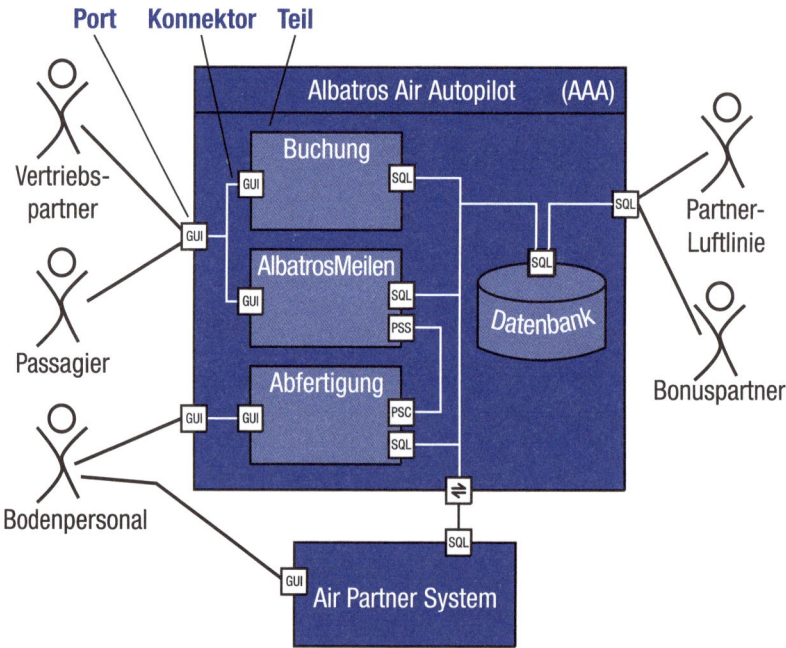

Abbildung 6.5: Verfeinerung des Kontextdiagramms zur Grobstruktur von AAA (wird in den folgenden beiden Abbildungen weiter verfeinert). Die Beziehungen zwischen Aktoren sind hier irrelevant, nur die Beziehungen zum AAA-System werden betrachtet.

Teil

In der Facharchitektur von AAA (Abbildung 6.3) sind die drei Funktionsblöcke „Buchung", „Abfertigung" und „AlbatrosMeilen" identifiziert worden. Ein guter Einstieg in die strukturelle Verfeinerung von AAA könnte darin bestehen, zunächst jeden dieser Funktionsblöcke unmittelbar als ein gleichnamiges Subsystem mit dem jeweils gleichen Namen zu realisieren. Daneben wird eine von den drei Subsystemen gemeinsam genutzte Datenbank vorgesehen. Während die Teile „Buchung", „AlbatrosMeilen", „Abfertigung" und „Datenbank" in der Standard-Notation dargestellt werden, wird für die Datenbank ein visuelles Stereotyp benutzt (siehe Anhang A.5).

Natürlich können Teile von AAA ihrerseits wieder als zusammengesetzte Strukturen aufgefasst werden, also weiter verfeinert werden (siehe Abbildung 6.6). Hier ist das Subsystem „Abfertigung" in die Module „Boarding-Terminal", „Boarding-Automat", „Check-In-Automat" und „Infrastruktur" zerlegt worden.

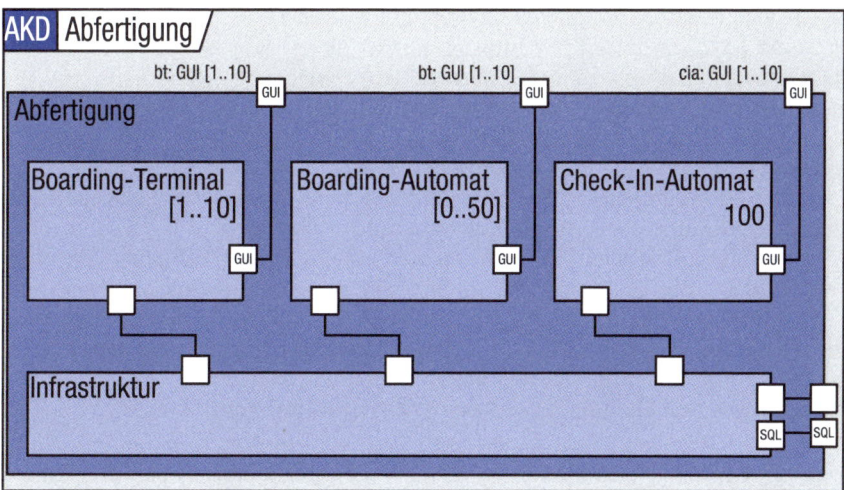

Abbildung 6.6: Verfeinerung von Abbildung 6.5

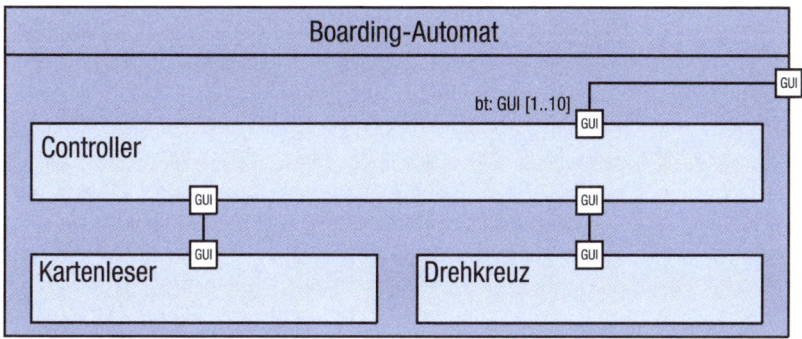

Abbildung 6.7: Verfeinerung von Abbildung 6.6

Diese Teile können ihrerseits wieder rekursiv strukturiert sein (siehe z. B. für den „Boarding-Automat" Abbildung 6.7) und könnten zunächst z. B. durch Kollaborationen beschrieben werden (siehe Abschnitt 6.4, insbesondere Abbildungen 6.26 bis 6.28).

Port [3]

Anschluss

Ein `Port` (dt.: Anschluss) ist ein Interaktionspunkt einer Klasse, er dient dazu, die gesamte Interaktion mit der Klasse zu kanalisieren, also die Klasse effektiv zu verkapseln: Die UML spricht hier bezeichnenderweise von einem `EncapsulatedClassifier` (in Vorläufern von UML 2.0 wurde ein ähnliches Konzept namens „Capsule" verwendet). Dazu müssen einerseits sämtliche Interna der Klasse versteckt, im Gegenzug dafür aber *alle* für die Erfüllung einer Rolle charakteristischen Informationen vollständig offen gelegt werden.

Daher umfasst ein Anschluss neben der gebotenen auch die genutzte Schnittstelle, das Protokoll seiner Benutzung, die von ihm repräsentierte Funktionalität und so weiter – in der UML ist ein Anschluss selbst wieder eine (unstrukturierte) Klasse. Im Gegensatz zu einer simplen Schnittstelle bietet ein Anschluss also weitaus mehr Abstraktion und daher eine sehr viel stärkere Kapselung.

Anschlüsse sind Merkmale von verkapselten Klassen, d. h., für Anschlüsse gelten alle Eigenschaften und Notationen, die für alle Merkmale gelten (siehe Abschnitt 5.3). Anschlüsse sind Merkmale von verkapselten Klassen und werden als kleine Quadrate auf dem Rand derjenigen Klasse eingezeichnet, zu welcher sie gehören. In Abbildung 6.5 verfügen sowohl das Gesamtsystem AAA über Anschlüsse (z. B. der Anschluss gegenüber „Passagier") als auch seine Teile (z. B. der Anschluss gegenüber „Bodenpersonal"). Sie können mit voll qualifizierten Namen unterschieden werden (z. B. „AAA.GUI" vs. „AAA.Abfertigung.GUI"). Da Anschlüsse Merkmale sind, besitzen sie alle Details und Notationen, die für Merkmale im Allgemeinen gelten (siehe Abschnitte 5.2 und 5.3), z. B. Multiplizitäten oder Sichtbarkeiten.

In Abbildung 6.5 tauchen mehrere Arten von Anschlüssen auf.[1]

| innerer Anschluss | Der Anschluss „GUI" von „Abfertigung" ist direkt mit dem Kontext von AAA verbunden, nämlich mit dem Aktor „Bodenpersonal". Daher wird „AAA.Abfertigung.GUI" als innerer Anschluss von AAA bezeichnet. Damit dieser innere Anschluss im Kontext überhaupt sichtbar ist, müssen sowohl „AAA.Abfertigung" als auch „Abfertigung.GUI" sichtbar sein. Dies ist zwar zulässig, aber nicht unter allen Umständen erwünscht, denn dadurch wird im Prinzip die Verkapselung von AAA durchbrochen. Dies kann man mit Relaisanschlüssen umgehen. |
| Relaisanschluss | Ein *Relaisanschluss* ist ein Anschluss, der keine Aufgabe erfüllt, außer zu verhindern, dass innere Anschlüsse nach außen sichtbar gemacht werden müssen. Relaisanschlüsse werden zusammen mit *Delegierungsverbindern* benutzt. Ein Beispiel für einen Relaisanschluss ist „AAA.SQL" in Abbildung 6.5. |

---

1 Die Differenzierung in unterschiedliche Arten von Anschlüssen wird im UML-Standard nicht explizit vorgenommen, hat sich jedoch in den Vorgänger-Notationen von Architektur-Montagediagrammen bewährt. Sie lässt sich leicht durch Stereotypisierung in der UML verankern (siehe Anhang A.5).

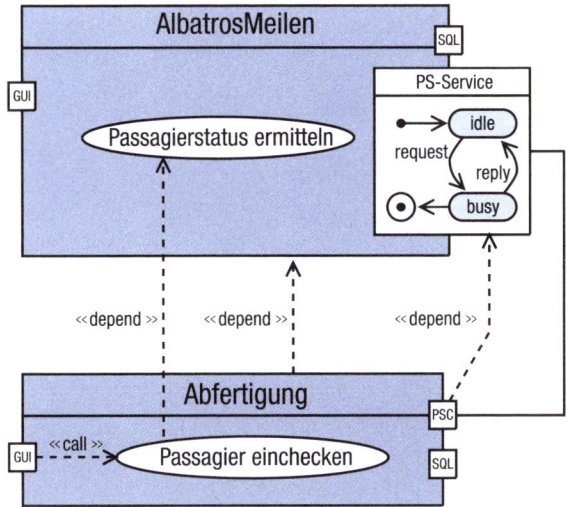

Abbildung 6.8: Schematische Darstellung des Verhaltensaspekts eines Anschlusses als Zustandsautomat in einem eigenen Abteil

Transponderanschluss	Ein *Transponderanschluss* steht wie ein Relaisanschluss zwischen Kontext und Anschlüssen der Teile, führt aber eine eigene Funktion aus (z. B. die Umkodierung, Umleitung oder Pufferung von Signalen), nennt man Transponderanschluss. Ein Beispiel für einen Transponderanschluss ist „AAA.GUI" in Abbildung 6.5, der den Zugriff auf „AAA.Buchung.GUI" und „AAA.AlbatrosMeilen.GUI" zusammenfasst.

Das Verhalten von Transponderanschlüssen kann wie jeder andere Merkmal seiner Definition in einem separaten Abteil angezeigt werden (siehe die schematische Darstellung in Abbildung 6.8). Die Verwendung von Zustandsautomaten zur Modellierung von Transponderanschlüssen und Protokollrollen wird in Abschnitt 10.4 gezeigt.[2] Im vorliegenden Beispiel könnte auch die Darstellung in Form eines Dialogablaufes angemessen sein (siehe Abschnitt 10.7).

Verbinder

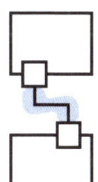

Um ihre Verkapselung zu gewährleisten, sollten Verbindungen zwischen Teilen ausschließlich über Anschlüsse hergestellt werden, die ihrerseits durch einen `Connector` (dt.: Verbinder) verbunden sind. Verbinder erscheinen in Architektur-Montagediagrammen als durchgezogene Linien ohne Anschriften.

Ob ein Verbinder zwischen zwei Teile eingefügt wird und wenn ja, welche Inhalte er transportieren soll, ist eine fachliche Entscheidung. Zum Beispiel könnte der Grund für den Verbinder zwischen „AlbatrosMeilen" und „Abfertigung" in Abbildung 6.5 darin liegen, dass der späteste zulässige Zeitpunkt des Check-In vom Passagier-Status abhängt: je niedriger der Status, desto früher der Check-In. Also muss zum Check-In

---

2 Für Anschlüsse kann nur eine Spezialform von Zustandsautomaten (Protokollzustandsautomaten) benutzt werden.

unter Umständen der Status des Passagiers abgefragt werden, wozu in diesem Beispiel nur „AlbatrosMeilen" imstande sein möge. Daher wurden die Anschlüsse „PSS" und „PSC" (für „Passagierstatus-Service" und „-Client") eingeführt.

Neben den in Abbildung 6.5 gezeigten einfachen bzw. idealen Verbindern gibt es auch noch komplexe Verbinder, die ein eigenes Verhalten haben (z. B. Pufferung, Verzögerung, Fehler usw.), das z. B. durch einen Zustandsautomaten modelliert wird. Der UML-Standard sieht für komplexe Verbinder keine unterschiedliche Notation vor.

Ein Verbinder stellt nicht notwendigerweise ein zur Laufzeit vorhandenes Konstrukt dar (z. B. die Instanz einer Assoziation in Form eines Attributs), sondern lediglich die Möglichkeit des Nachrichtenaustauschs zwischen zwei zueinander passenden Rollen. Die „Passung" von Rollen hängt von ihren Schnittstellen und ihrem Verhalten ab (siehe Abschnitt 6.6.4). Die exakte Semantik ist jedoch im Standard ausdrücklich nicht festgelegt.

Abhängigkeiten

UML unterscheidet zwei Arten von Beziehung, die (ungerichtete) `Association` (dt.: Assoziation) und die `DirectedRelationship` (dt.: gerichtete Beziehung). Mit Inklusion, Erweiterung und Generalisierung haben wir bereits einige Formen der gerichteten Beziehungen kennen gelernt. Gerichtete Beziehungen werden in der Regel durch einen gestrichelten offenen Pfeil dargestellt, optional wird die Art der Abhängigkeit in französischen Anführungszeichen („Guillemets") dazugeschrieben.

Eine andere Form der gerichteten Beziehung ist die `Dependency` (dt.: Abhängigkeit). Abhängigkeit ist ein Sammelbegriff für nicht näher spezifizierte Abhängigkeiten zwischen einem *Dienstnutzer* (engl.: client) und einem *Diensterbringer* (engl.: server) und wird dargestellt als ein gestrichelter offener Pfeil vom Dienstnutzer zum Diensterbringer.

In Abbildung 6.8 sind drei Abhängigkeits-Beziehungen dokumentiert worden. Zum einen die schon am Namen ersichtliche Abhängigkeit zwischen „PS-Client" und „PS-Service". Infolgedessen besteht die gleiche Abhängigkeit zwischen den Teilen, die diese Rollen spielen, also zwischen „Abfertigung" und „AlbatrosMeilen". Fachlich ausgelöst werden beide jedoch durch die Abhängigkeit zwischen den Nutzfällen „Passagier einchecken" und „Passagierstatus ermitteln".

Weitere Arten von Abhängigkeiten werden in ihrem jeweiligen Kontext erläutert, z. B. in den Abschnitten 5.9, 6.5, 6.6 und 6.7.2. Darüber hinaus kann ein Modellierer auch ad hoc weitere Abhängigkeitsbeziehungen durch Stereotypisierung definieren, etwa «call» in Abbildung 6.8.

6.3.2 Objekt-Montagediagramm

Montagediagramme kommen auch noch als Objekt-Montagediagramme vor. Hier geht es dann nicht um die Strukturierung von Systemen in Subsysteme, sondern um den Aufbau komplexer Klasse einer feineren Granularität.

Schnittstelle

Ausgangspunkt ist die in Abbildung 6.9 dargestellte Situation. Es gibt je eine Menge von Instanzen von „Client" und „Server". Wenn bei einem „Client" mindestens

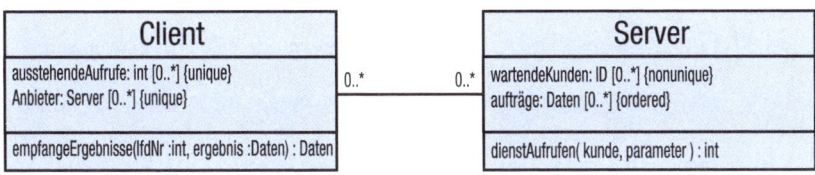

Abbildung 6.9: Eine Implementierung eines einfachen asynchronen Client/Server-Protokolls (Ausgangssituation)

ein „Server" angemeldet ist, kann in einer ersten Phase ein „Client" die Operation „dienstAufrufen" eines „Servers" aufrufen. Als Parameter wird die eigene Kennung und ein Parameter übertragen. Der „Server" nimmt den Aufruf entgegen, puffert ihn und liefert als Rückgabewert eine laufende Auftragsnummer für den Aufruf. In einer zweiten Phase wird der Auftrag aus dem Puffer entnommen, bearbeitet und das Ergebnis an den Auftraggeber durch Aufruf der Operation „empfangeErgebnisse" übertragen, zur Identifikation wird die Auftragsnummer benutzt.

Um Varianten von „Client" und „Server" herzustellen, kann man Unterklassen ableiten, die Operationen der Oberklassen nutzen und gegebenenfalls überschreiben. Allerdings könnte dies zur Folge haben, dass scheinbar harmlose Änderungen der Oberklassen verheerende Auswirkungen in den Unterklassen haben (das so genannte *fragile base class problem*). Sauberer ist es daher, das Client/Server-Protokoll durch ein Paar von Schnittstellen zu beschreiben, etwa so wie in Abbildung 6.10. Anschließend können diese Schnittstellen von verschiedensten Klassen implementiert werden, ohne dass es starke Kopplung zwischen den Implementationen gibt. Dadurch wird ein größeres Maß an Abstraktion erreicht und das *fragile base class problem* wird vermieden.

Eine *Schnittstelle* (`Interface` in UML) ist die Deklaration einer Menge von Operationen (ähnlich wie z. B. in Java). Die UML sieht vor, Schnittstllen wie eine stereotypisierte Klasse darzustellen („requireService" und „provideService" in Abbildung 6.10).

Zwischen Schnittstellen und Klassen sieht die UML zwei Arten von Beziehungen vor.

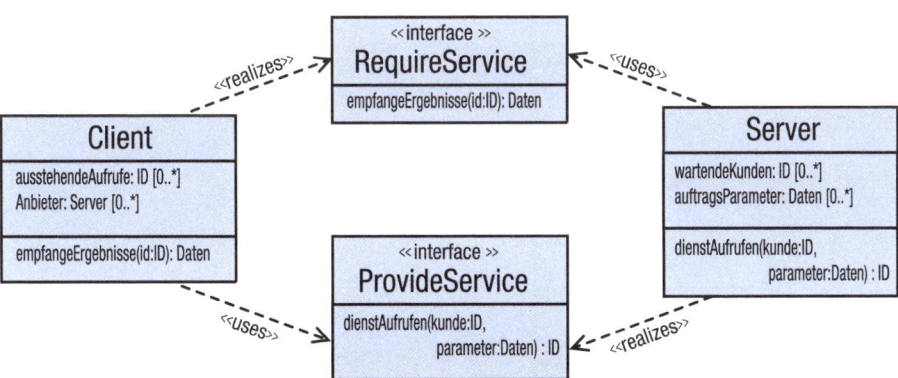

Abbildung 6.10: Verbesserte Modellierung des Client/Server-Protokolls aus Abbildung 6.9: Abtrennung der Schnittstellen „requireService" und „provideService"

Realisierung	Die Beziehung `Realization` (dt.: Realisierung) stellt den Zusammenhang zwischen einer Klasse und einer von ihr gebotenen Schnittstelle (Kreis) dar. Realisierung wird als gestrichelter Pfeil notiert, der optional das Schlüsselwort «`realize`» trägt. Um Rückwärtskompatibilität sicherzustellen, kann Realisierung auch als gestrichelter Pfeil notiert werden, also wie eine „gestrichelte Generalisierung". Realisierung kann auch zwischen zwei Schnittstellen gelten. Realisierung und Generalisierung sind zwischen Schnittstellen bedeutungsgleich.
Nutzung	Die Beziehung `Usage` (dt.: Nutzung) stellt den Zusammenhang zwischen einer Klasse und einer von ihr genutzten (bzw. geforderten) Schnittstelle dar (Halbkreis). Nutzung wird als offener gestrichelter Pfeil notiert, der das Schlüsselwort «`use`» trägt.

Eine alternative Notation für Schnittstellen, ihre Realisierung und Nutzung ist in Abbildung 6.11 dargestellt. Diese Notation ist nicht nur wesentlich kompakter, sondern auch anschaulicher: Die Dualität von realisierten und genutzten Schnittstellen ist augenfällig (siehe Abbildung 6.12).

Der traditionelle englische Name *lollipop notation* passt nur auf realisierte Schnittstellen und nicht auf die geforderte Schnittstelle. Daher wird in UML 2 der Name *ball-and-socket notation* eingeführt, was hier mit *Kopf/Fassung-Notation* übersetzt wird.

Die Definition der Passung zweier Schnittstellen ist im Standard explizit offen gelassen. Mindestens gilt jedoch, dass die Signatur einer angebotenen Schnittstelle die Signatur einer nachgefragten Schnittstelle vollständig enthalten muss, also die Namen und Typen der jeweils deklarierten Operationen.

Das oben beschriebene *Protokoll* (engl.: protocol) besteht aber nicht nur aus zwei Mengen von Operationen, sondern auch aus einer bestimmten Weise der Benutzung, also einem bestimmten Verhalten. Dieses Protokoll kann z. B. durch Kommentare oder durch Vor- und Nachbedingungen in OCL oder Prosa beschrieben werden (siehe Abbildung 6.13).

Abbildung 6.11: Bessere Darstellung des Modells aus Abbildung 6.10

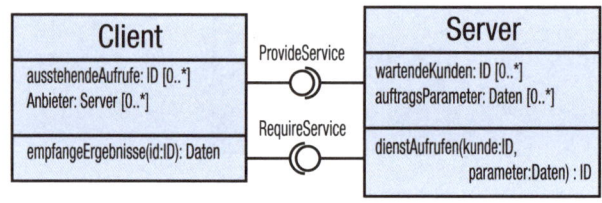

Abbildung 6.12: Bessere Darstellung des Modells aus Abbildung 6.9

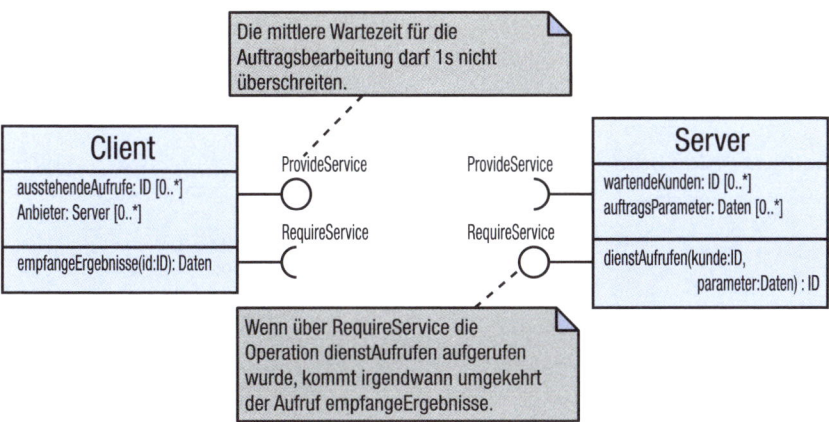

Abbildung 6.13: In der Regel wirken verschiedene Schnittstellen einer Klasse an der Erbringung einer Funktionalität zusammen.

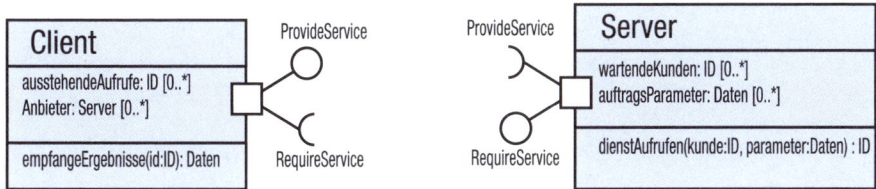

Abbildung 6.14: Weiterentwicklung des Modells aus Abbildung 6.13: Die Schnittstellen werden zu Anschlüssen zusammengefasst und verstärken so die Kapselung der Klassen „Client" und „Server".

In diesem Beispiel wirken je zwei Schnittstellen einer Klasse an der Erbringung einer Funktionalität zusammen. Um diesen übergreifenden Charakter deutlich zu machen, kann eine Menge von Schnittstellen zu einem Anschluss zusammengefasst werden (siehe Abbildung 6.14). So sind die zusammengehörigen Schnittstellen eindeutig aufeinander bezogen. Das Verhalten des Anschlusses – und damit der Schnittstellen – lässt sich durch einen Zustandsautomaten beschreiben, wie bereits in Abbildung 6.8 angedeutet. Umgekehrt zeigt diese Notation auch, wie Anschlüsse um Schnittstellen angereichert werden, auch in Architektur-Montagediagrammen.

Wenn ein Anschluss mehrere Schnittstellen nutzt bzw. fordert, kann als notationelle Vereinfachung darauf verzichtet werden, jede Schnittstelle einzeln einzuzeichnen. Stattdessen können die Namen von geforderten und gebotenen Schnittstellen jeweils als Aufzählung an ein Schnittstellensymbol geschrieben werden (siehe Abbildung 6.15).

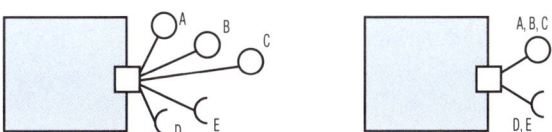

Abbildung 6.15: Zwei gleichwertige Darstellungen eines Anschlusses mit mehreren genutzten bzw. geforderten Schnittstellen

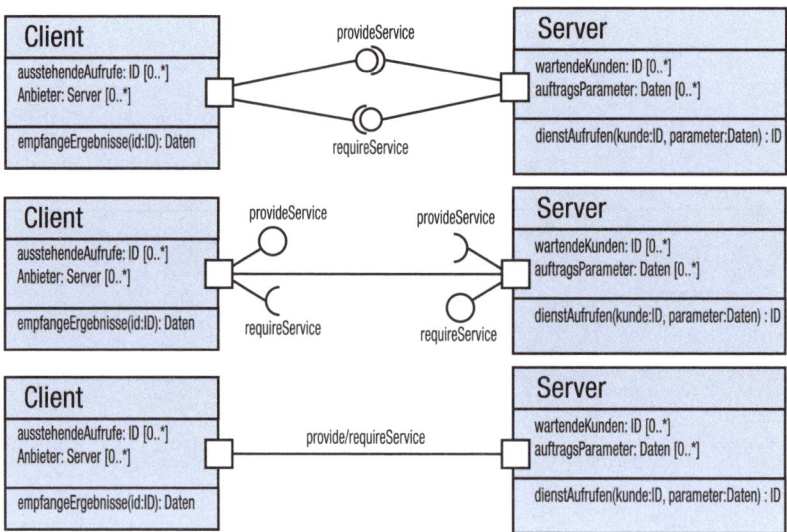

Abbildung 6.16: Ein Paar unidirektionaler Konnektoren (oben) kann der Einfachheit halber durch einen unspezifischen Konnektor ersetzt werden (Mitte) und die explizite Nennung der Schnittstellen entfällt meist (unten).

Verbinder

Wenn zwei Anschlüsse zueinander passende Schnittstellen besitzen, können sie miteinander verbunden werden (siehe Abbildung 6.16, oben). Der Übersichtlichkeit halber wird oft ein Paar unidirektionaler Verbinder durch einen einzelnen (unspezifischen) `Connector` (dt.: Verbinder) ersetzt werden (siehe Abbildung 6.16, Mitte). Verbinder werden wie Assoziationen notiert, der Name wird in der Form [[[Name]: Klasse) | Name] angegeben. Zusätzlich können Eigenschaften in der gleichen Form wie für Assoziationen angegeben werden (siehe Abbildung 5.19). Typischerweise werden dann die Schnittstellen nicht mehr eingezeichnet, nur noch der Verbinder (siehe Abbildung 6.16, unten). Eine ausführlichere Beschreibung zu Verbindern folgt in Abschnitt 6.6.3.

6.3.3 Interpretation von Anschlüssen und Verbindern in Java

Die Interpretation von UML-Klassen als Java-Klassen bzw. Datenbank-Tabellen ist recht nahe liegend. Schwieriger wird es, wenn die UML-Konstrukte keine unmittelbare Entsprechung in der gewählten Implementierungssprache besitzen. Wenn es keine augenfällige Entsprechung gibt, bestehen in der Regel mehrere Möglichkeiten der Abbildung. Im Folgenden vergleichen wir als Beispiel zwei mögliche Interpretationen von Anschlüssen und Verbindern in Java.

Interpretation 1

Abbildung 6.17 zeigt ein sehr einfaches Montagediagramm, das nach Java übersetzt werden soll. Insgesamt kann man sagen, dass der Schritt von dem Montagediagramm zu dem Java-Programm relativ groß ist. Daher ist eine unmittelbare Umsetzung von

Abbildung 6.17: Ein einfaches Montagediagramm, das nach Java übersetzt werden soll.

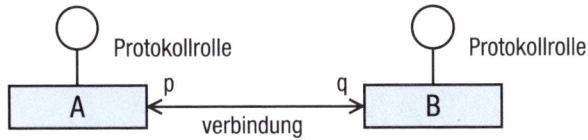

Abbildung 6.18: Zwischenschritt bei der Umsetzung des Montagediagramms von Abbildung 6.17 in das Java-Programm von Abbildung 6.19

```
interface Protokollrolle {
    public void snd(Signal s);
    public void rcv(Signal s);
}
```

Abbildung 6.19: Protokollrolle als Java-Interface

UML-Montagediagrammen in Java-Code unter Umständen schwierig und der Überblick dafür geht verloren, wie die Umsetzung eigentlich definiert ist.

Es bietet sich also an, einen Zwischenschritt einzulegen: zunächst könnte man das Montagediagramm in ein Implementations-Klassendiagramm auflösen und dann dieses Klassendiagramm nach Java übersetzen. Die erste Interpretation ist in Abbildung 6.18 dargestellt.

In Java wird zunächst eine Protokollrolle definiert (siehe Abbildung 6.19). Eine Klasse Signal wird dabei vorausgesetzt. Dann werden Komponenten als Klassen interpretiert, wobei verbundene Ports einfach zu Verweisen auf die durch den Port verbundene Komponente werden (siehe Abbildung 6.20).

Interpretation 2

Eine andere mögliche Interpretation zeigt Abbildung 6.21. Hier werden Anschlüsse und Verbinder als eigenständige Objekte realisiert. Abbildung 6.23 zeigt zunächst eine Möglichkeit, Komponenten und Anschlüsse zu realisieren. Nach diesem Schema kann das Montagediagramm aus Abbildung 6.17 als das Objektdiagramm aus Abbildung 6.22 interpretiert werden.

Abbildung 6.24 definiert zusätzlich eine Klasse BinärVerbinder und definiert darauf aufbauend eine Klasse System. Offenbar ist diese zweite Variante schon recht komplex. Es gibt zahlreiche Details, die anders hätten gelöst werden können, und es sind auch gänzlich andere Abbildungen denkbar, z. B. könnte man hier auch das Beobachter-Muster einsetzen, wobei der Verbinder dem Subjekt entspräche.

Ohne den Zwischenschritt über das Klassendiagramm aus Abbildung 6.21 würde zumindest für die zweite Interpretation der Übergang vom Montagediagramm zum

```
public class A implements Protokollrolle {
  B q;
  Signal buffer;

  public void snd(Signal s) {
    q.rcv(s);
  }

  public void rcv(Signal s) {
    buffer = s;
  }
  ...
}

public class B implements Protokollrolle {
  A p;
  final static int bufsize = 9;
  int pos = 0;
  Signal [] buffer = new Signal[bufsize];

  public void snd(Signal s) {
    q.rcv(s);
  }

  public void rcv(Signal s) {
    buffer[pos] = s;
    pos = pos++ % bufsize;
  }
  ...
}
```

Abbildung 6.20: Anschlüsse und Verbinder in Java (Interpretation 1)

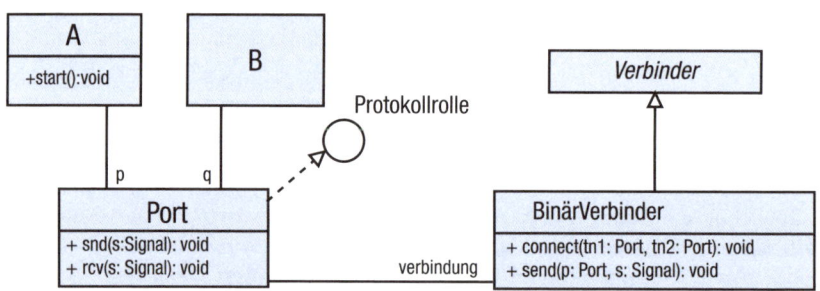

Abbildung 6.21: Zwischenschritt bei der Umsetzung des Montagediagramms von Abbildung 6.17 in das Java-Programm der Abbildungen 6.23 und 6.24

Java-Code sehr schwierig werden. Viel einfacher ist es, die Code-Generierung aus Implementations-Klassendiagrammen zu automatisieren und die Übersetzung von Montagediagrammen in Klassendiagrammen nur teilweise zu automatisieren oder ganz manuell vorzunehmen.

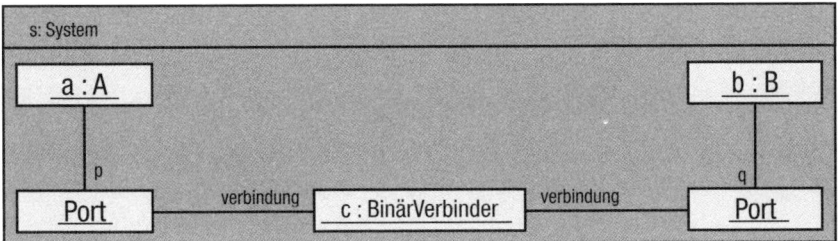

Abbildung 6.22: Instantiierung des Systems aus Abbildung 6.21.

```
public class A {
  Protokollrolle p;

  public void start() {
    new Signal("hallo!") s;
    p.snd(s);
    ...
  }
  ...
}

public class Port implements Protokollrolle {
  private Verbinder verbindung;
  public void connect (Verbinder verbinder) {
    verbindung = verbinder;
  }
  public void snd(Signal s) {
    verbindung.send(self, Signal s);
  }
  ...
}

public class B {
  Protokollrolle q;
  ...
}

class BinärVerbinder {
  private Port[1] teilnehmer;

  public void connect(Port tn1, Port tn2) {
    teilnehmer[0] = tn1;
    tn1.connect(self);
    teilnehmer[1] = tn2;
    tn2.connect(self);
  }

  public void send(Port p, Signal s) {
    if (p == teilnehmer[0])
        {teilnehmer[1].rcv(s);}
    else {teilnehmer[0].rcv(s);}
  }
  ...
}
```

Abbildung 6.23: Komponenten, Anschlüsse und Verbinder in Java (Interpretation 2)

```
public class System {
  A a;
  B b;
  BinärVerbinder c;

  c.connect(a,b);

  a.start().
}
```

Abbildung 6.24: Instantiierung des Gesamtsystems (Interpretation 2)

6.4   Kollaborationen

Eine Kollaboration beschreibt ein System von Teilnehmern, die zur Erreichung eines gemeinsamen Ziels bzw. zur gemeinsamen Erbringung einer Funktionalität zusammenwirken. Dabei nimmt jeder der kooperierenden Teilnehmer eine oder mehrere spezifische Rollen gleichzeitig oder nacheinander wahr. Eine Rolle stellt einen isolierten Aspekt eines Teilnehmers dar, ähnlich wie eine Schnittstelle.

Eine Kollaboration ist lediglich eine Sicht, eine Verengung des Modells auf diejenigen Features (dt.: Merkmale) der teilnehmenden Rollen, die für die Kollaboration relevant sind. Alle anderen Aspekte werden abstrahiert, um die Essenz der Kollaboration stärker hervorzuheben. Daher ist ein Rollen-Diagramm weder ein Klassendiagramm noch ein Objektdiagramm: Ein Klassendiagramm enthält alle Merkmale der dargestellten Klassen, ein Objektdiagramm würde statt einer variablen Rollenzuordnung eine fixe Bindung jeder Rolle an genau eine konkrete Ausprägung einer beteiligten Klasse ausdrücken.

UML-Kollaborationen kommen im Wesentlichen zur Beschreibung von drei Dingen in Frage: für Entwurfsmuster, Architekturstile und Kontextkollaboration. Ein typisches Muster ist das Beobachter-Muster. Man kann es je nach Ausprägung sowohl als *Entwurfsmuster* (engl.: design pattern) wie als Architekturstil einsetzen. Der Zweck des Beobachter-Musters ist es, mehrere voneinander unabhängige Teilnehmer auf einem konsistenten, von allen geteilten Informationsstand zu halten.

6.4.1   Entwurfsmuster

Das klassische Anwendungsbeispiel für das *Beobachter-Muster* ist eine Tabellenkalkulation: Der Inhalt eines Arbeitsblattes kann z. B. in der normalen Tabellendarstellung angezeigt werden oder als Balkengrafik oder als Tortengrafik und so weiter. Wenn eine dieser Darstellungen verändert wird, sollen alle anderen automatisch aktualisiert werden.

Das Beobachter-Muster schlägt eine Struktur vor, mit der dies erreicht werden kann, ohne zwischen allen Teilnehmern paarweise Verbindungen herzustellen, bzw. ohne die Implementation der Teilnehmer mit den Details der wechselseitigen Kommunikation zu belasten. Dieses Muster ist an vielen Stellen und unter verschiedenen Namen detailliert beschrieben worden, siehe z. B. Gamma et al. (1995, S. 257).

Abbildung 6.25 (links) stellt das allgemeine Schema des Beobachter-Musters dar: Hier werden lediglich die beteiligten Rollen und der Name der Kollaboration festgelegt. Eine weiter ausgearbeitete Beschreibung des Beobachter-Musters ist rechts dane-

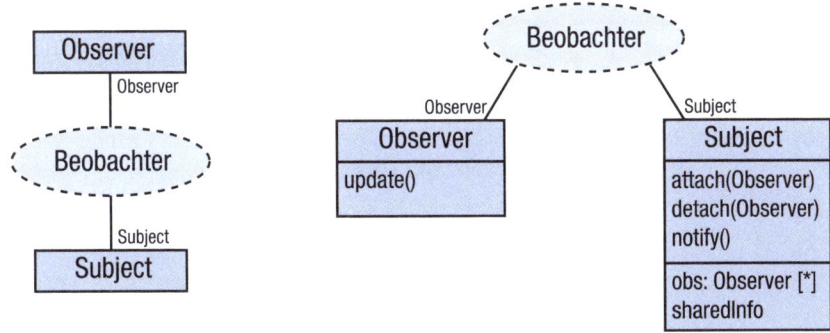

Abbildung 6.25: Das Beobachter-Muster

ben zu sehen: Die Rollen sind hier noch um Aspekte wie Operationen und Attribute erweitert, die in der Kollaboration zum Tragen kommen.

Ein „Observer" (Beobachter) verfügt nach diesem Diagramm über die Operation „update", um gegebenenfalls auf den neuesten Stand gebracht zu werden. Ein „Subject" (Subjekt) verfügt zum einen über ein Attribut „sharedInfo", das hier die beobachtete Information darstellt. Zum anderen gibt es das Attribut „obs" um die angemeldeten Beobachter zu speichern, also diejenigen, die „sharedInfo" teilen. Das „Subject" verfügt auch noch über die Operationen „attach" und „detach", um Beobachter an- und abzumelden. Schließlich gibt es noch die Operation „notify", mit der das „Subject" alle angemeldeten Beobachter über eine Zustandsänderung von „sharedInfo" benachrichtigt. Dieses Verhalten läßt sich anschaulicher mit Interaktionsdiagrammen darstellen (siehe Kapitel 12, insbesondere Abbildung 12.7).

Ein Auftreten einer Kollaboration in einem konkreten Fall wird durch ein `CollaborationOccurrence` (dt.: Kollaborationsvorkommnis) angezeigt. Es bindet alle Rollen der Kollaboration an konkrete Teilnehmer. In Abbildung 6.26 sind die Datenstrukturen „Bordkarte" und „Boardingliste" in der Rolle „Observer" mit dem „Subject" „Flugliste" in der Kollaboration „Abfertigung" verbunden. Damit wird ausgedrückt, dass „Bordkarte" und „Boardingliste" von der „Flugliste" auf dem gleichen Informationsstand gehalten werden.

Abbildung 6.26 zeigt zwei alternative Notationen für Kollaborations-Vorkommnisse (analog für Kollaborationen). Die Darstellung unterscheidet sich von einer Kollabora-

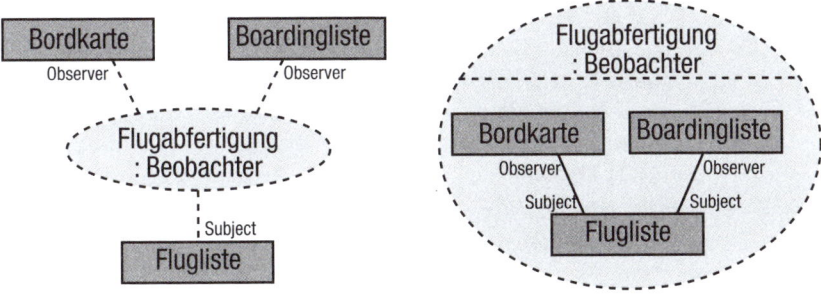

Abbildung 6.26: Ein Vorkommnis des Beobachter-Musters in zwei gleichwertigen Darstellungen

tion dadurch, dass vor den Namen der Kollaboration noch der Name des Kollaborationsvorkommnis gesetzt wird, getrennt durch einen Doppelpunkt. Außerdem werden die Verbindungen zwischen dem Kollaborationsvorkommnis und den Teilnehmern gestrichelt gezeichnet. Gegebenenfalls müssen die Bindungen zwischen den in der Kollaboration vorgesehenen Merkmalen und ihren Umsetzungen im Kollaborationsvorkommnis separat festgehalten werden. Die UML sieht hier keine spezielle Syntax vor, es empfiehlt sich eine Kommentarbox.

In der Regel erfolgt die Beschreibung eines Entwurfsmusters noch durch weitere Diagramme oder Texte, z. B. durch Entwurfs-Klassendiagramme, Klassen- oder Kontext-Interaktionen (siehe Abschnitt 12) und so weiter. Der Standard sieht hier sämtliche weiteren Ausdrucksmittel der UML vor.

6.4.2   Architekturstil

Ein *Architekturstil* (engl.: *architectural style*, auch: *Architekturmuster*, engl.: *architectural pattern*, siehe Abowd et al. (1995); Garlan et al. (1994); Monroe et al. (1997); Shaw (1995); Shaw u. Clements (1996)) ist im Prinzip genau wie ein Entwurfsmuster aufgebaut, daher können Kollaborationen auch für die abstrakte Darstellung von Architekturmustern verwendet werden. Der Unterschied besteht lediglich in der höheren Granularität der Teilnehmer, die eine etwas variierte Form der Beschreibung erfordert. So nehmen nicht Klassen, Schnittstellen und Beziehungen an der Kollaboration teil, sondern Teile, Anschlüsse und Verbinder. Eine Anwendung auf den AAA-Kontext ist in Abbildung 6.27 dargestellt.

In diesem Kollaborationsvorkommnis gibt es ein Subject und drei Observer.

Flugdaten	In den Flugdaten sind alle eingebuchten Passagiere mit ihrem aktuellen Status gespeichert.
Check-In-Automat	Ein Check-In-Automat verändert den Status eines Passagiers von „gebucht" auf „angemeldet", wenn sich dieser an dem Automaten anmeldet bzw. den vorbelegten Sitzplatz umbucht. Diese Rolle kann gleichermaßen von den verschiedenen konkreten Automaten im Terminal ausgefüllt werden, z. B. die Automaten am traditionellen Check-In-Schalter und die Selbstbedienungsautomaten mit und ohne Gepäckaufgabe.
Boarding-Automat	Ein Boarding-Automat verändert den Status eines Passagiers von „angemeldet" auf „eingestiegen", wenn die Bordkarte des Passagiers eingelesen wird. Diese Rolle kann sowohl vom Terminal des Bodenpersonals als auch von dem Drehkreuz am Eingang zum Flugzeug wahrgenommen werden.
Boarding-Terminal	Das Boarding-Terminal zeigt alle angemeldeten, aber noch nicht eingestiegenen Passagiere an sowie Anzahl und Identifikator ihrer aufgegebenen Gepäckstücke. Wenn der Flug geschlossen wird, aber noch Passagiere ausstehen, muss das Bodenpersonal veranlassen, dass deren Gepäck wieder ausgeladen wird.

Es sind jeweils nur die Anschlüsse dargestellt, die an der Kollaboration teilnehmen – das heißt natürlich nicht, dass die konkreten Objekte, die die Rollen wahrnehmen, nicht noch andere Anschlüsse hätten.

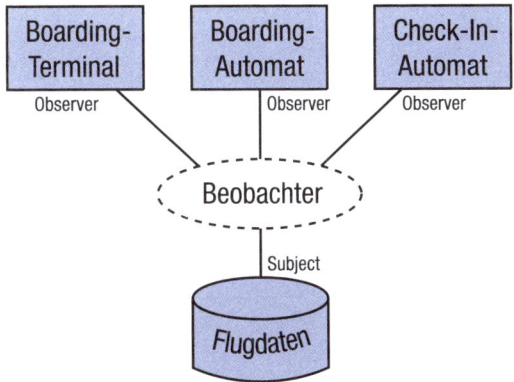

Abbildung 6.27: Das Beobachter-Muster lässt sich Architekturstil verwenden.

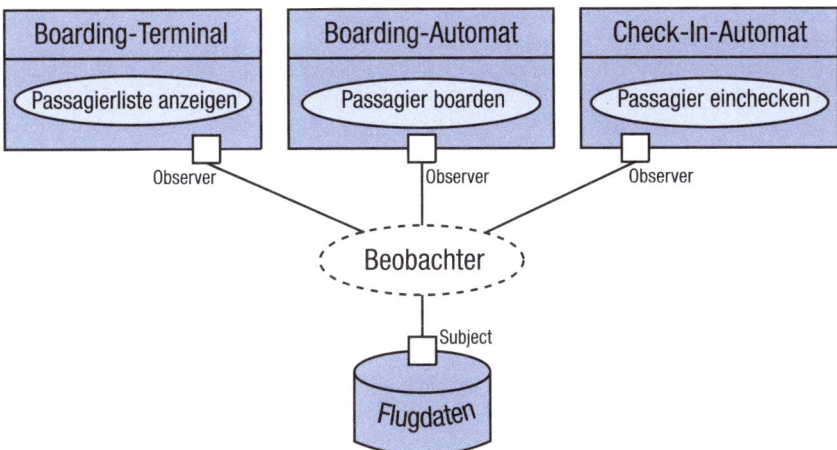

Abbildung 6.28: Gegenüber Abbildung 6.27 wird in dieser Darstellung deutlich gemacht, dass es die Anschlüsse sind, die die Rollen der Kollaboration spielen. Außerdem wird durch Angabe einiger Nutzfälle angedeutet, in welchen Funktionalitäten das Beobachter-Muster relevant ist.

6.4.3 Kontextkollaboration

Vielleicht am deutlichsten wird der Charakter von Kollaborationen, wenn man noch eine Abstraktionsebene höher geht und an Stelle von Objekten, Klassen oder Teilen Aktoren und Systeme setzt, also Kollaborationen im Systemkontext betrachtet, z. B. eine Buchung (siehe 6.29).

Ein Teilnehmer kann an mehreren verschiedenen Kollaborationen beteiligt sein und auch simultan mehrere Rollen spielen (siehe Abbildung 6.30). Kollaborationen können auch abstrahiert werden (siehe Abbildung 6.31).

Abbildung 6.29: Eine Kontextkollaboration bezieht sich auf den Systemkontext.

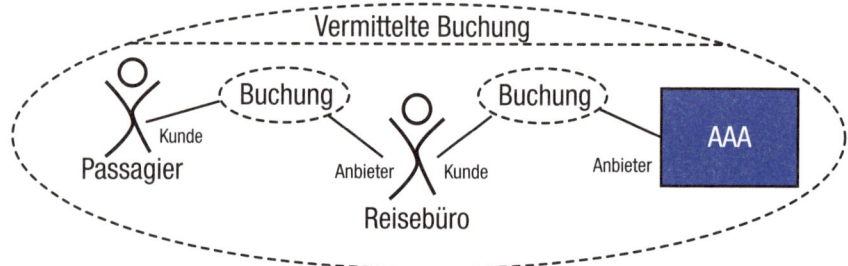

Abbildung 6.30: Kollaborationen können aggregiert und abstrahiert werden: Zwei verkettete Vorkommnisse der Kollaboration „Buchung" werden zur Kollaboration „Vermittelte Buchung" zusammengefasst.

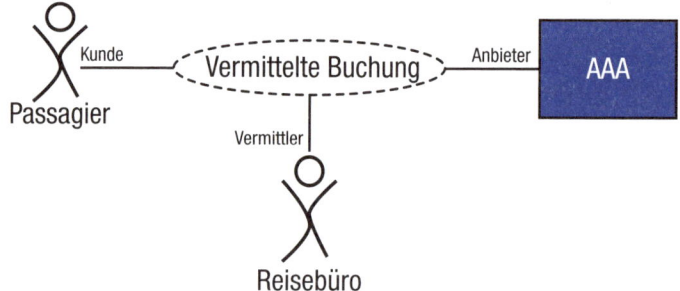

Abbildung 6.31: Die innere Struktur der Kollaboration „Vermittelte Buchung" kann verborgen werden.

6.5   Paketdiagramm

6.5.1   Pakete

Paketdiagramme (engl.: *package diagrams*) werden benutzt, um Elemente zu gruppieren, zu einem gemeinsamen Namensraum zu vereinen und in einer Baumstruktur zu gruppieren. Sehr ähnliche Strukturen finden sich z. B. im UNIX-Dateisystem, in Konfigurationsverwaltungssystemen, in Java-Programmen oder in eben in Modellen.

Packages (dt.: Pakete) werden als stilisierte Hängeregistermappen dargestellt (siehe Abbildung 6.32). Im Standard wird eine sehr spartanische Darstellung benutzt („Analyse" in Abbildung 6.32), aus rein ästhetischen Gründen benutzen wir eine etwas aufwändigere Notation. Der Name eines Pakets wird auf der Mappe selbst dargestellt. Falls manche Bestandteile eines Pakets dargestellt werden sollen, können sie entweder direkt auf der Mappe oder separat mit einer Besitzt-Verbindung notiert

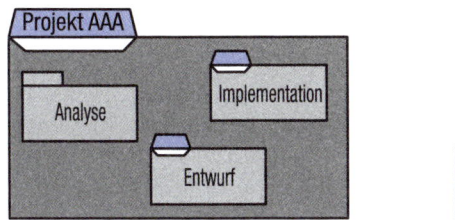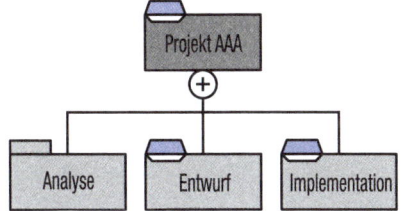

Abbildung 6.32: Bestandteile von Paketen können entweder innerhalb oder außerhalb der Mappe dargestellt werden.

werden (ähnlich Komposition, jedoch mit ⊕ statt Raute). Wenn die Bestandteile des Pakets auf der Mappe dargestellt werden, wird der Name auf dem *Namensschild* (engl.: tab) dargestellt. Da Pakete eher Instanzen als Typen sind, werden sie grau dargestellt.

6.5.2 Pakethierarchien und qualifizierte Namen

Eine Darstellung in Form einer Aggregationshierarchie wie in Abbildung 6.33 bietet sich für sehr große Pakethierarchien oder für Werkzeuge an. Eine solche Paketstruktur ist für UML-Modelle das, was hierarchische Dateisysteme für ein UNIX-artiges Betriebssystem sind.

Durch diese Baumstruktur ist für jedes Element in einem der Pakete innerhalb der Struktur ein `QualifiedName` (dt.: qualifizierter Name) definiert, der das Element

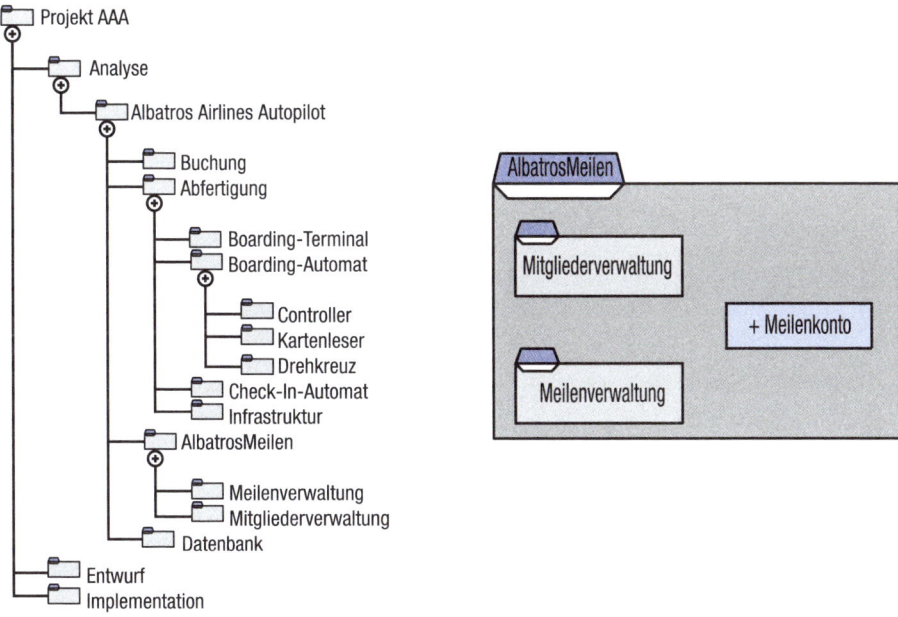

Abbildung 6.33: Eine Aggregationshierarchie von Paketen (links), das Paket „AlbatrosMeilen" im Detail

eindeutig identifiziert. Das Äquivalent zu qualifizierten Namen in Pakethierarchien sind absolute Pfadnamen für hierarchische Dateisysteme. Ein qualifizierter Name hat die Form

$$Wurzelpaket::(Paketname::)^* Elementname,$$

wobei *Wurzelpaket* der Name des Pakets ist, das die Wurzel der Hierarchie bildet (also alle anderen enthält). Der qualifizierte Name der Klasse „Meilenkonto" vom Paket „AlbatrosMeilen" (Abbildung 6.33, rechts) ist also

Projekt AAA::Analyse::Albatros Airlines Autopilot::AlbatrosMeilen::Meilenkonto.

Allgemein gilt für einen qualifizierten Namen „...p_i :: p_{i+1}...", dass p_{i+i} für alle i unmittelbar in p_i enthalten ist.

6.5.3   Import

Elemente in Paketen können mit einem Sichtbarkeitswert versehen werden. Er wird dem Namen des Elementes vorangestellt, (wie bei einem Merkmal einer Klasse, siehe Abschnitt 5.3.1), es sind jedoch nur die Werte `public` und `private` vorgesehen. Falls keine Sichtbarkeit angegeben ist, gilt ein Element als öffentlich. Auf alle öffentlichen Elemente eines Pakets kann von jedem anderen Namensraum mit einem voll qualifizierten Namen zugegriffen werden.

Die Verwendung voll qualifizierter Namen ist aber oft unpraktisch. Einerseits sind diese Namen unter Umständen sehr lang und damit unhandlich. Andererseits wird damit die Struktur der Pakethierarchie in jedem Namen festgeschrieben, was die Umstrukturierung einer Pakethierarchie sehr behindert. Daher ist es wünschenswert, auch über eine Art relativer Pfade verfügen zu können. Dies kann durch verschiedene Abhängigkeiten erreicht werden, die unter dem Namen „Importbeziehungen" zusammengefasst werden. Abbildung 6.34 zeigt ein Beispiel.

Die Importbeziehungen werden notiert als ein gestrichelter offener Pfeil vom importierenden Paket auf das exportierende Paket bzw. auf das exportierte Element. Der Pfeil trägt als Anschrift die Art der Abhängigkeit. Zwei verschiedene Abhängigkeiten werden unterschieden: Einzelimport und Pauschalimport.

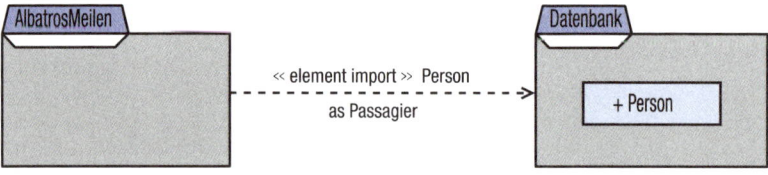

Abbildung 6.34: „AlbatrosMeilen" importiert „Person" von „Datenbank", benennt dabei die Klasse nach „Passagier" um und erlaubt den Weiterexport aus „AlbatrosMeilen" heraus.

Einzelimport

Mit einem `ElementImport` (dt.: Einzelimport) ist es möglich, selektiv einzelne Elemente aus einem Paket zu importieren. Dies ist der Regelfall, daher wird statt korrekt „Einzelimport'" auch vereinfachend von „Import'" gesprochen. Ein Import kann in drei verschiedenen Notationen ausgedrückt werden (siehe Abbildung 6.35):

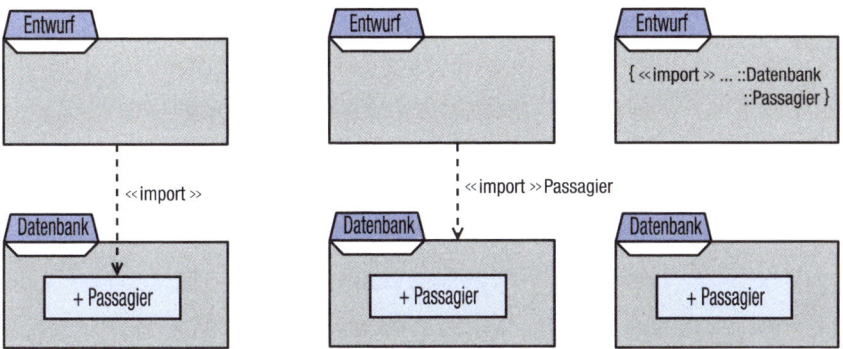

Abbildung 6.35: Gleichwertige notationelle Varianten (analog auch für privaten Import und Pauschalimport zulässig)

- gestrichelter Pfeil auf das importierte Element;
- gestrichelter Pfeil auf das exportierende Paket unter Angabe des Namens des importierten Elements;
- als Importklausel in geschweiften Klammern innerhalb des importierenden Pakets.

Ein Einzelimport kann öffentlich oder privat erfolgen, d. h.

öffentlich   der gestrichelte Pfeil trägt die Anschrift „«import» *ElementName*" und

privat   der gestrichelte Pfeil trägt die Anschrift „«access» *ElementName*".

Es ist möglich, eine explizite Umbenennung des importierten Elements beim Import durchzuführen. Dazu wird jeweils an die Abhängigkeit bzw. die Importklausel der Ausdruck „as *NeuerName*" angehängt. Wenn eine Umbenennung an einer Abhängigkeit deklariert wird, kann sie unter der Klausel stehen (siehe Abbildung 6.34). Eine implizite Umbenennung, insbesondere eine Auflösung von Namenskonflikten findet nicht statt. Gegebenenfalls muss also indirekt, über einen (relativen) qualifizierten Pfad auf ein Element zugegriffen werden.

Die Sichtbarkeit eines importierten Elements wird durch die Sichtbarkeit des Imports bestimmt, es sei denn, es ist keine Sichtbarkeit für den Import angegeben, dann gilt die Sichtbarkeit, die das Element im exportierenden Paket hat. Für Beispiele siehe Abbildung 6.36. Tabelle 6.37 enthält die jeweiligen Namensräume der Pakete (unter der Annahme, dass alle Elemente dargestellt sind) sowie die Begründung für die jeweilige Sichtbarkeit.

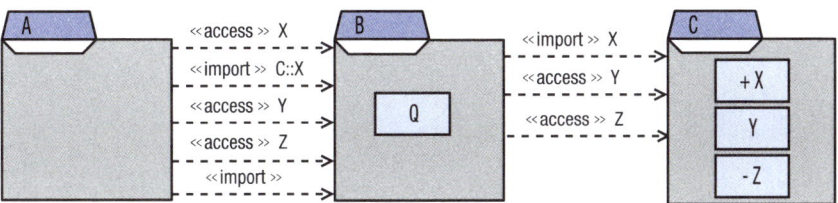

Abbildung 6.36: Die Namensräume in diesem Modell werden in Abbildung 6.37 beschrieben.

Paket	Element	Sichtbarkeit	Begründung
A	X	öffentlich	«import» definiert öffentliche Sichtbarkeit
A	C::X	öffentlich	«import» definiert öffentliche Sichtbarkeit
A	Y	nicht sichtbar	Y ist in B privat, kann also nicht exportiert werden
A	Q	öffentlich	Pauschalimport von B macht Q sichtbar, «import» definiert öffentliche Sichtbarkeit
B	Q	öffentlich	mangels expliziter Deklaration gilt die Voreinstellung
B	X	öffentlich	«import» definiert öffentliche Sichtbarkeit
B	Z	nicht sichtbar	Z ist in C privat, kann also nicht exportiert werden
C	Y	öffentlich	mangels expliziter Deklaration gilt die Voreinstellung
C	Z	privat	explizite Deklaration

Abbildung 6.37: Die Namensräume der Pakete aus Abbildung 6.36 (Auswahl).

Pauschalimport

Wenn nicht einzelne, sondern alle Elemente eines Pakets importiert werden sollen, kann auch ein PackageImport (dt.: Pauschalimport) ausgeführt werden. Ein Pauschalimport eines Pakets ist gleichbedeutend zum Einzelimport aller Elemente des Pakets ohne Umbenennung. Ein Pauschalimport wird durch einen gestrichelten offenen Pfeil auf ein exportierendes Paket ausgedrückt, der die Anschrift «import» trägt.

Alternativ kann auch ein Pauschalimport als Importklausel in geschweiften Klammern innerhalb eines Pakets ausgedrückt werden. Die Syntax von Importklauseln und Anschriften an Importbeziehungen ist in Abbildung 6.38 zusammengefasst.

Bei der letzten Regel in Abbildung 6.38 ist zu beachten, dass Pakete natürlich auch Elemente sind. In diesem Fall kann «import» der Deutlichkeit halber durch «element import» ersetzt werden, sinngemäß für «access» (siehe Abbildung 6.34).

ElementImport	::=	[element] ImportArt [*Element* [as *Alias*]]
ImportArt	::=	«import» | «element import»
		| «access» | «element access»
PaketImport	::=	ImportArt QualifizierterName
Paketsichtbarkeit	::=	[public | private]
ImportKlausel	::=	{ (PaketImport | ElementImport)* }
QualifizierterName	::=	*Paket*::(*Paket*::)* *Element*

Abbildung 6.38: Die Grammatik von Importbeziehungen. Die Regel ImportKlausel gilt für die rein textuelle Darstellung innerhalb von Paketen. Die Stereotype «element import» und «element access» sind nur für den Zugriff auf Pakete vorgesehen.

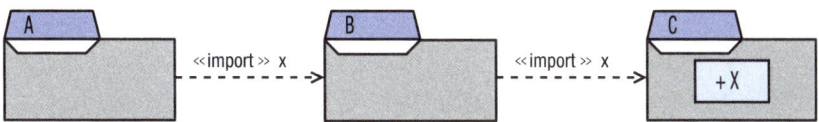

Abbildung 6.39: Öffentlich importierte Elemente dürfen weiterexportiert werden.

Jeder Namensraum ist in zwei Segmente gespalten: die eigenen und die importierten Namen. Nur die als öffentlich deklarierten Namen sind außerhalb des Pakets sichtbar und exportierbar. Innerhalb eines Pakets P sind alle diejenigen Elemente sichtbar, die

- entweder zu P selbst gehören oder
- in einem Paket sichtbar sind, zu dem P (transitiv) gehört, oder
- nach P importiert werden.

Im Gegensatz zu eigenen Elementen sind importierte Elemente nur referenziert, d. h., wenn das importierende Paket gelöscht wird, ist das exportierte Element nach wie vor vorhanden.

Der Standard macht leider keine direkten Aussagen dazu, wie Ketten-Importe oder zyklische Abhängigkeiten zu deuten sind (siehe Abbildung 6.39). Es erscheint aber sinnvoll, zyklische Importe auszuschließen und für die Importbeziehung Rechtsassoziativität anzunehmen. Das heißt, wenn A, B und C Paketnamen sind, X der Name eines in C sichtbaren Elements und _imports _ from ein dreistelliger Operator, der eine Importbeziehung wie oben beschrieben realisiert, dann gilt:

A imports X from B imports X from $C = A$ imports X from (B imports X from C).

6.5.4 Verschmelzung

Eine weitreichende Transformation eines Pakets wird durch eine `PackageMerge` (dt.: Paketverschmelzung) erreicht. Hierbei wird nicht nur ein Namensraum zugänglich gemacht wie beim Import, sondern es werden komplexe Beziehungen zwischen bestehenden und importierten Elementen hergestellt.

Allerdings ist die exakte Bedeutung der Verschmelzung unklar, da für die Semantik definiert wird, dass sie von elementspezifischen Transformationsregeln abhängt. Solche Regeln werden aber nur für Vererbung und dort nur beispielhaft angegeben.

Die Verschmelzungsbeziehung wird notiert als ein gestrichelter offener Pfeil vom verschmelzenden Paket zum exportierenden Paket. Der Pfeil trägt als Anschrift «merge» (siehe Abbildung 6.40).

Die Pakete „R" und „S" aus den Diagrammen in Abbildung 6.40 und Abbildung 6.41 sind gleichwertig. Die Verschmelzungsbeziehung ist ein Konstrukt, dass in der Version 2.0 neu in die UML gekommen ist. Sie wird zwar in der Definition der UML intensiv genutzt, ihr Nutzen für praktische Anwendungen ist aber unklar.

6.6   Komponentendiagramm

Die Idee der komponentenorientierten Herstellung von Software ist zwar nicht neu (siehe McIllroy (1969)), aber trotzdem noch aktuell. Die UML trägt diesem Umstand mit den stark überarbeiteten Komponentendiagrammen Rechnung.

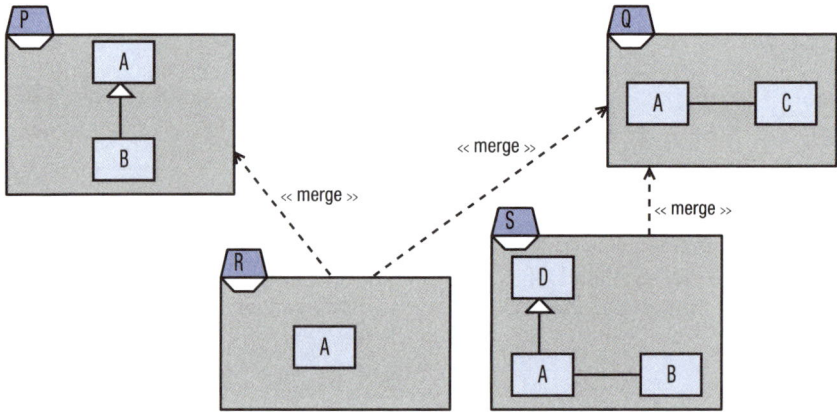

Abbildung 6.40: Verschmelzung von Paketen (das Resultat ist in Abbildung 6.41 beschrieben)

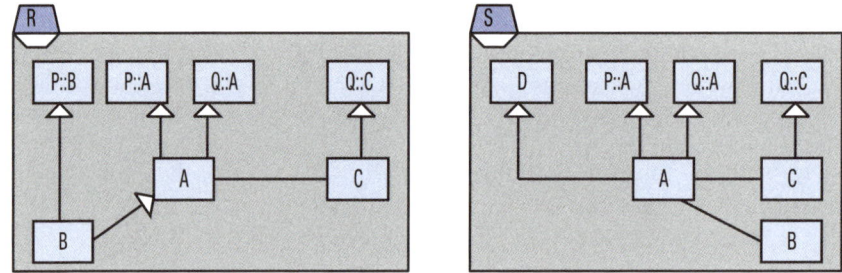

Abbildung 6.41: Ergebnis der Paketverschmelzung aus Abbildung 6.40

6.6.1　Komponenten

Komponenten in UML sind sehr universelle Einheiten:

Granularität	Komponenten können Einheiten beliebiger Granularität darstellen, von EJBs und Corba-Komponenten bis zu fachlichen Subsystemen wie die Subsysteme von AAA (siehe Abbildungen 6.3 oder 6.5);
Lebensabschnitt	sie existieren in allen Phasen des Software-Lebenszyklus, d. h., es wird im Entwurf mit Komponenten operiert, während dem Übersetzen und Binden, genauso wie zur Laufzeit;
Durchgängigkeit	sie können Komponenten sowohl logische wie physische Einheiten jeder denkbaren Art darstellen.

Damit soll sichergestellt werden, dass der Komponentenbegriff der UML auf jede vorhandene oder künftige Art von Komponenten passt und dass es keine technischen Hindernisse für die komponentenbasierte Modellierung und Herstellung von Software gibt.

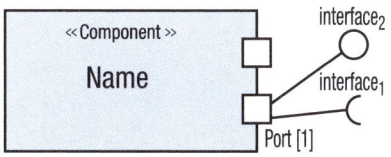 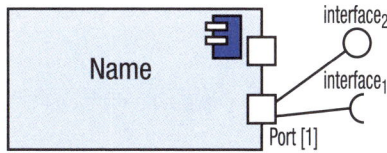

Abbildung 6.42: Zwei gleichwertige Darstellungen der Komponente „K"

In der UML ist eine Komponente definiert als eine verkapselte, eigenständige, vollständige („self-contained") und somit austauschbare Einheit, die unabhängig betrieben, verteilt und mit anderen Komponenten verknüpft werden kann. Die Austauschbarkeit einer Komponente basiert auf der *vollständigen* Spezifikation ihrer Interaktionen mit dem Kontext, inklusive ihres Verhaltens.[3]

Komponenten sind im UML-Metamodell eine Unterklasse von Klassen, verfügen also über alle ihre Merkmale und insbesondere diejenigen einer zusammengesetzten Struktur (siehe `StructuredClassifier`). Komponenten haben also Abteile mit Teilen, Attributen und Methoden, Anschlüssen, Schnittstellen und so weiter.

Folgerichtig können Komponenten auch wie stereotypisierte Klassen dargestellt werden. Zur Auszeichnung des Stereotyps kann entweder die Anschrift «`Component`» oder das Komponenten-Symbol aus UML 1.x in der rechten oberen Ecke markiert werden (siehe Abbildung 6.42). Komponenten können Anschlüsse haben, die ihrerseits durch Schnittstellen beschrieben werden können.

Offensichtlich gibt es eine starke Ähnlichkeit zwischen Klassen und Komponenten in der UML, angefangen bei der Idee der Kapselung. Tatsächlich definiert das Metamodell `Component` als Unterklasse von `Class`. Nach gängiger Interpretation sollte also überall dort, wo eine Klasse verwendet werden kann, auch eine Komponente verwendet werden können. In der Tat hätten das AAA-System, seine Fachkomponenten, deren Subsysteme usw. durchaus auch als Komponenten modelliert werden können (siehe Abbildung 6.43), vielleicht wäre das sogar besser gewesen.

Das wirft natürlich die Frage auf, wie Klassen und Komponenten in der UML abzugrenzen sind bzw., ob nicht auch eines der Konzepte ausgereicht hätte. Darauf gibt es aktuell keine zufrieden stellenden Antworten. Der Verweis auf die tendenziell geringere Granularität von Klassen reicht hier nicht aus. Möglicherweise hat diese Parallelität (nicht die einzige übrigens) lediglich historische Gründe und wird in kommenden Versionen der UML eingeschränkt, um die Konzepte stärker gegeneinander abzuheben.

6.6.2   Arten von Komponenten

Die UML unterscheidet informell zwischen einer ganzen Reihe von Komponenten. Wir betrachten hier nur die wichtigsten Varianten.

---

3 Auch diese Ideen sind nicht wirklich neu, siehe z. B. den Begriff der „Software Engineering Component" in Störrle (1999).

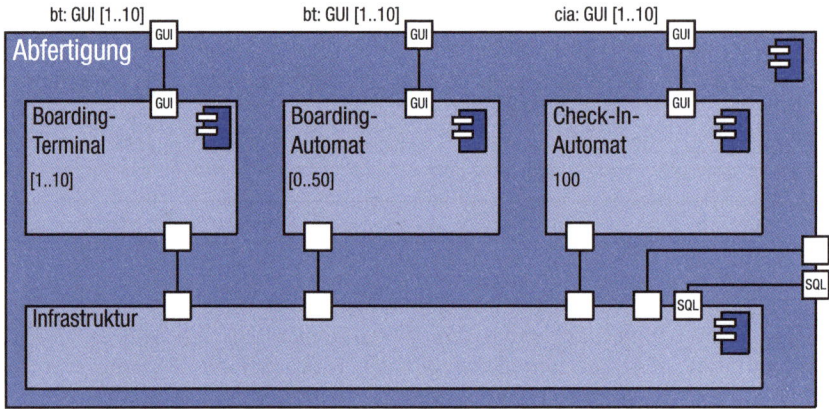

Abbildung 6.43: Abbildung 6.6 mit Komponenten statt Klassen

Laufzeitkomponenten

Zunächst gibt es Laufzeitkomponenten („basic components"), das sind funktional kleine, fachlich unspezifische Einheiten, die zur Laufzeit existieren. Solche Komponenten werden umgesetzt als Klassen einer Programmiersprache mit speziellen Erweiterungen und Einschränkungen. Laufzeitkomponenten sind Klassen sehr ähnlich, dienen aber dazu, eine Menge von Klassen zusammenzufassen. Dies entspricht im Wesentlichen einem Komponentenbegriff wie er in J2EE, .NET, Corba usw. herrscht.

Entwurfskomponenten

Daneben gibt es Entwurfskomponenten („packaging components"). Das sind potentiell sehr große Bausteine in der Systementwicklung, die verschiedene Sichtweisen auf eine Komponente zusammenbinden, z. B. ihre Spezifikation in Form von Nutzfällen, ihre Realisierung als lauffähiger Code, Installationsinformation und so weiter. Es steht daher der Aspekt des Namensraums wie bei einem Paket im Vordergrund (siehe z. B. Sims (1994)).

Implementierungskomponenten

Im Gegensatz dazu stehen Implementierungskomponenten, die speziell den Realisierungsaspekt herausgreifen. Für Implementierungskomponenten sind keine Spezifikationen vorgesehen, sie können benutzt werden, um andere Komponenten zu implementieren, die als «specification» ausgezeichnet sind (z. B. ein .exe unter Windows).

Subsysteme

Schließlich sieht die UML auch noch das Stereotyp «subsystem» vor, mit dem Komponenten ausgezeichnet werden können, die große fachliche Einheiten wie die Teile der Facharchitektur von AAA darstellen.

Daneben werden noch die Stereotype «buildComponent», «entity», «service» und «process» definiert, die ebenfalls Varianten von Komponenten darstellen.

6.6.3 Verbinder

Eine Verbindung zwischen Komponenten wird durch einen `Connector` (dt.: Verbinder) hergestellt. Es gibt zwei Formen von Verbindern, je nachdem, ob eine Verbindung zwischen gleichgeordneten Komponenten oder zwischen untergeordneten Komponenten bzw. Klassen hergestellt wird.

Verbinder zwischen gleichgeordneten Komponenten

Verbinder zwischen gleichgeordneten Komponenten werden als `assembly Connector` (dt.: Montageverbinder) bezeichnet. Ein Montageverbinder definiert eine Nutzungsbeziehung zur Laufzeit, d. h., ein Dienst wird von einer Komponente angeboten und von einer anderen genutzt. Montageverbinder werden in der *Kopf/Fassung-Notation* dargestellt (siehe Abbildung 6.44), die schon in Abschnitt 6.3.2 eingeführt wurde. Diese Notation ist insofern ungünstig, als sie nahe legt, dass es sich lediglich um zwei (passende) Schnittstellen handelt, obwohl darüber hinaus ein Modellelement vorhanden ist (eben der Verbinder), das die Verbindung herstellt. Dies wird z. B. dann bemerkbar, wenn der Verbinder ein *Protokoll* implementiert.

Wenn mehrere Verbinder am gleichen Anschluss andocken, dürfen sie notationell zusammengefasst werden, ähnlich wie bei Kompositions- und Generalisierungsbeziehungen. Allerdings besteht dann die Gefahr der Verwechslung mit n-ären Verbindern. In Abbildung 6.45 ist zwischen den Komponenten „A", „B" und „C" ein n-ärer Verbinder eingezeichnet. Hier wird ein Dienst von „C" von „A" und „B" gleichzeitig genutzt. Auf der rechten Seite sind hingegen *zwei* Verbinder eingezeichnet, die beide am gleichen Anschluss von „C" andocken. Die zusammenfassende Darstellung ist gleichzeitig übersichtlicher und eröffnet die Möglichkeit der Fehlinterpretation. Wenn in diesem Diagramm nicht unidirektionale, sondern unspezifische Vebinder dargestellt würden, könnte man die beiden Fälle nicht unterscheiden!

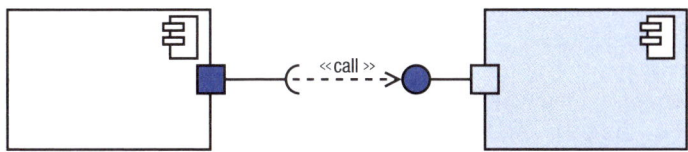

Abbildung 6.44: Gleichgeordnete Komponenten werden mit Montageverbindern verbunden.

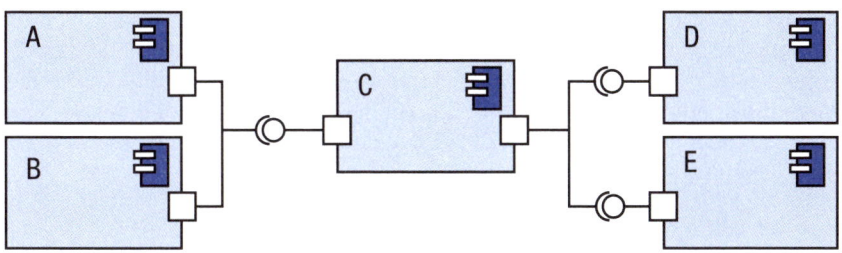

Abbildung 6.45: Die Notation für einen n-ären Verbinder (links) ist leicht zu verwechseln mit der zusammenfassenden Notation für zwei binäre Verbinder am gleichen Anschluss (rechts).

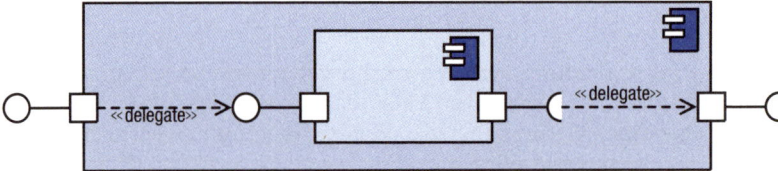

Abbildung 6.46: Untergeordnete Komponenten werden mit Delegierungsverbindern verbunden. Delegierungsverbinder leiten lediglich Signale von Relaisanschlüssen weiter oder existieren gar nicht zu Laufzeit (sondern drücken lediglich im Modell eine Bindung aus).

Verbinder zwischen ungeordneten Komponenten

Komponenten können aus Teilen aufgebaut sein, wobei als Teile wiederum Komponenten oder aber Klassen in Frage kommen. Die Dienste der Gesamtkomponenten sollen letztlich durch Dienste der Teile erbracht werden. Um die Verbindung zwischen diesen beiden Aggreagtionsebenen herzustellen, werden `delegation Connector` (dt.: Delegierungsverbinder) benutzt (siehe Abbildung 6.46). Sie leiten Dienstaufrufe an eine Komponente an deren Teile weiter und erlauben umgekehrt den Teilen, Aufrufe als Aufrufe der Gesamtkomponente abzusetzen. In beiden Fällen ist der sendende bzw. empfangende Teil für die Handhabung des Aufrufes verantwortlich und nicht die Gesamtkomponente. Ein Delegierungsverbinder hat kein eigenes Verhalten, er ist lediglich eine Art „Verlängerungsschnur".

Wenn ein Aufruf von einem Teil verarbeitet wird und dieser Teil ist eine Klasse, besteht eine Implementierungsbeziehung zwischen dem Anschluss bzw. der gebotenen Schnittstelle und der Klasse. Delegierungsverbinder haben beliebige Multiplizitäten, können also sowohl einen einzelnen Anschluss einer Gesamtkomponente mit einer Menge von Anschlüssen von Unterkomponenten verbinden als auch umgekehrt (letzterer Fall dürfte allerdings selten sein).

6.6.4 Verhaltenskonformität

Das entscheidende Merkmal von Komponenten ist ihre Komponierbarkeit, also die Fähigkeit, miteinander verbunden zu werden. Es stellt sich daher die Frage, wann zwei Komponenten zueinander passen. Da die Verbindungen zwischen Komponenten über Anschlüsse, gebotene und geforderte Schnittstellen hergestellt werden, zerfällt die Frage der Passung in eine Reihe von Teilfragen.

Schnittstelle vs. Schnittstelle

Die einfachste Frage ist wohl „Passen eine gebotene und eine geforderte Schnittstelle zusammen?" Wir haben oben schon festgehalten, dass der UML-Standard für die Passung zweier Schnittstellen ausdrücklich keine Definition vorgibt, außer dass alle Operationen einer nachgefragten Schnittstelle in einer passenden angebotenen Schnittstelle enthalten sein müssen. Dies ist offenbar eine rein syntaktische Bedingung, ihre Überprüfung ist also einfach.

Anschluss vs. Verbinder/Protokoll/Anschluss

Etwas komplizierter liegt der Fall bei der Frage „Passt ein Anschluss zu einem Verbinder und dessen Protokoll?" bzw. im Fall eines Verbinders ohne Protokoll „Passt ein Anschluss zu dem Anschluss am anderen Ende des Verbinders?" Diese Fragen stellen sich gleichermaßen für binäre und *n*-äre Verbinder. Wenn keine Schnittstellen für einen Anschluss definiert sind, lässt sich kein Aussage machen.

Wenn Schnittstellen definiert sind, ist sicherlich zu fordern, dass sie jeweils zueinander passen. Für Montageverbinder ist dies ja schon aus der Notation ersichtlich. Wenn aber für einen Anschluss auch ein Verhalten definiert ist, stellt sich die Frage, ob ein Verhalten zu einem anderen passt. Die Beantwortung solcher Fragen, insbesondere für UML-Modelle ist ein aktueller Forschungsgegenstand und kann daher hier nicht angemessen behandelt, geschweige denn abschließend beantwortet werden. Eine nahe liegende Definition von „zueinander passen" könnte sein, dass man sich die Automaten der beteiligten Anschlüsse und Protokolle als parallel ablaufend vorstellt und dass dieses Ensemble dann passt, wenn alle zusammen immer ihren jeweiligen Endzustand erreichen.

Teil/Komponente vs. Teil/Komponente

Diese Fragen führen uns zur eigentlichen Hauptfrage, nämlich zur Frage der Verhaltenskonformität, die sich formulieren lässt als „Kann man einen Teil bzw. eine Komponente eines Systems durch einen anderen Teil oder eine andere Komponenten ersetzen, ohne dass sich das System dadurch anders verhält?"[4]

Die UML stellt verschiedene Ausdrucksmittel bereit, um diesen Sachverhalt auszudrücken. Zum einen lassen sich alle `Classifier` (also auch Subsysteme, Klassen und Komponenten) mit den Stereotypen «`specification`», «`realization`» und «`implementation`» auszeichnen. Zum anderen gibt es eine Reihe von Beziehungen zwischen Spezifikationen und Realisierungen.

Spezifikation	Das Stereotyp «`specification`» markiert ein logisches Modell, das keine Implementierungsaspekte enthält. Eine Komponente, die mit «`specification`» markiert ist, besitzt z. B. nur Schnittstellen bzw. Anschlüsse, aber keine interne Struktur. Eine Darstellung dieser Art wird auch als *Black-Box-Sicht* bezeichnet.
Implementierung	Das Stereotyp «`implementation`» markiert im Gegensatz dazu ein physisches Modell, das eine Spezifikation erfüllen soll. Eine Komponente, die mit «`implementation`» markiert ist, enthält keinerlei Spezifikationsaspekte, dafür aber eine Implementierungsbeziehung zu einer anderen Komponente, welche mit «`specification`» markiert ist und die entsprechenden Merkmale aufweist.
Realisierung	Das Stereotyp «`realization`» markiert eine Komponente, die sowohl die Merkmale einer Spezifikation als auch die Merkmale einer Implementierung besitzt. Eine Darstellung dieser Art wird auch als *White-Box-Sicht* oder *Glas-Box-Sicht* bezeichnet.

Diese Stereotype lassen sich wie gesagt auch auf alle anderen `Classifier` anwenden, selbst wenn in diesem Zusammenhang vorrangig Komponenten von Interesse sind. Zwischen so gekennzeichneten Elementen gibt es einige interessante Abhängigkeitsbeziehungen.

---

4 Ein klassischer Vorschlag zur Umsetzung von Verhaltenskonformität ist die *Verhaltenssubtypisierung* (engl.: behavioral subtyping, siehe Liskov u. Wing (1994)).

Abstraktion   Eine `Abstraction` (dt.: Abstraktion) ist ein Zusammenhang zwischen Elementen eines Modells, die auf verschiedenen Abstraktionsebenen existieren oder die unterschiedliche Sichten wiedergeben. Sie wird ausgedrückt durch einen gestrichelten Pfeil vom Konkreten zum Abstrakten, der die Anschrift «`refine`» tragen kann (und nicht etwa, wie man meinen könnte, «`abstract`»). Für Abstraktion sind die Stereotype «`derive`» und «`trace`» vorgesehen, die die Arten der Abstraktion genauer charakterisieren. Abbildung 6.49 zeigt eine Abstraktionsbeziehung zwischen der Entwurfs- und der Analysesicht auf einen Ausschnitt eines Klassenmodells.

Realisierung   Die `Realization` (dt.: Realisierung) ist ein Spezialfall von Abstraktion. Sie stellt einen methodischen bzw. technischen Zusammenhang zwischen (Mengen von) Modellelementen dar. Typischerweise erzeugen methodische oder automatische Ableitungen solche Abhängigkeiten. Im Gegensatz zu den meisten gerichteten Beziehungen wird Realisierung durch einen gestrichelten Pfeil mit *weißer* Spitze angezeigt, der die Anschrift «`realize`» trägt. Damit wird schon von der Notation her die Verwandtschaft zur Generalisierungsbeziehung angedeutet. Eine Realisierungsbeziehung besteht z. B. zwischen einer «`implementation`»-Komponente und einer «`specification`»-Komponente, aber auch zwischen den Teilergebnissen schrittweiser Verfeinerung. In Kapitel 5.2 wurde z. B. ein Klassendiagramm in mehreren Zwischenschritten entwickelt. Abbildung 6.47 zeigt beide Arten der Realisierungsbeziehung: zwischen einer Komponente „Flugbuchung" und einer Reihe von Klassen und Assoziationen, die sie realisieren einerseits und zwischen verschiedenen Detaillierungsstufen der Klasse „Buchung" andererseits.

Substitution   `Substitution` (dt.: Substitution) ist ein Spezialfall von Realisierung und wird durch einen gestrichelten Pfeil mit der Anschrift «`substitute`» ausgedrückt. Eine Substituierungsbeziehung zeigt an, dass ein Modellelement während der Modellierung oder zur Laufzeit durch ein anderes ersetzbar ist. Im Gegensatz zur Generalisierung besteht zwischen den Teilnehmern einer Substitutionsbeziehung keine strukturelle Verwandtschaft, es geht lediglich um die Erfüllung der Spezifikation. Wenn eine Generalisierung ohne Überschreiben bzw. Redefinition von Merkmalen auskommt, impliziert Generalisierung Substitution. Im Allgemeinen gilt der Zusammenhang von Abbildung 6.50 (links).

6.7   Installation und Verteilung

Jedes modellierte Softwaresystem wird letzten Endes von einem Rechner bzw. von einem Netz von Rechensystemen ausgeführt. Mit Software sind nicht nur ausführbare Programme, sondern z. B. auch zugehörige Daten und Einstellungen gemeint, Rechensysteme umfassen sowohl konkrete Hardware als auch ausführende Software (z. B. eine JVM oder ein Applikationsserver).

Die Struktur der Software und die Struktur des Rechners hängen natürlich sehr stark voneinander ab, daher muss einerseits die Systemstruktur, andererseits die Zuordnung von Teilen der auszuführenden Software auf Teile der ausführenden Rechner ebenfalls modelliert werden. Dazu stellt die UML das *Einsatzdiagramm* (ED, engl.: deployment diagram) bereit.

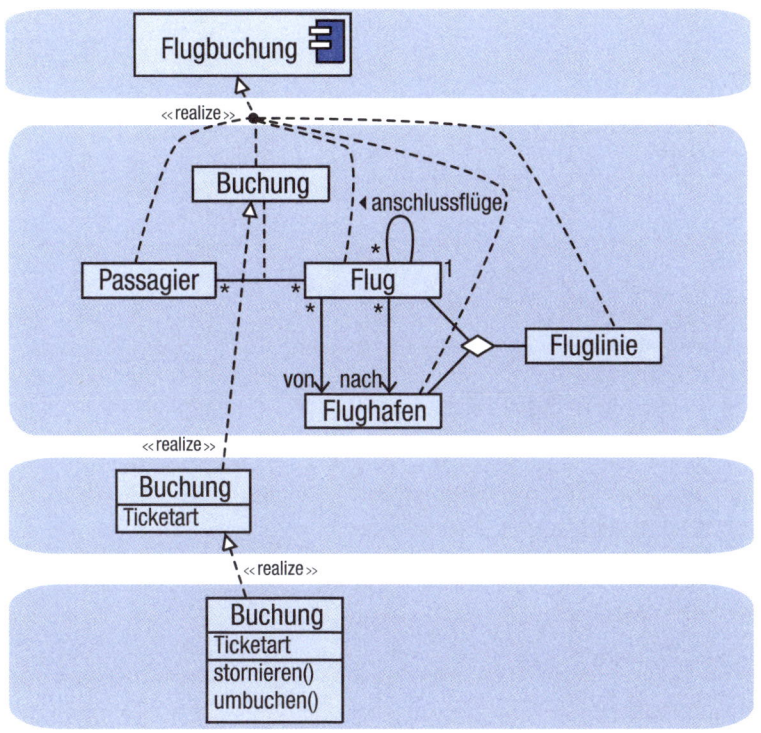

Abbildung 6.47: Die Realisierungsbeziehung besteht entweder zwischen einer Komponente (hier: „Flugbuchung")
und einer Reihe von Klassen und Assoziationen, die sie realisieren, oder zwischen verschiedenen Detaillierungsstufen
einer Klasse (hier: „Buchung").

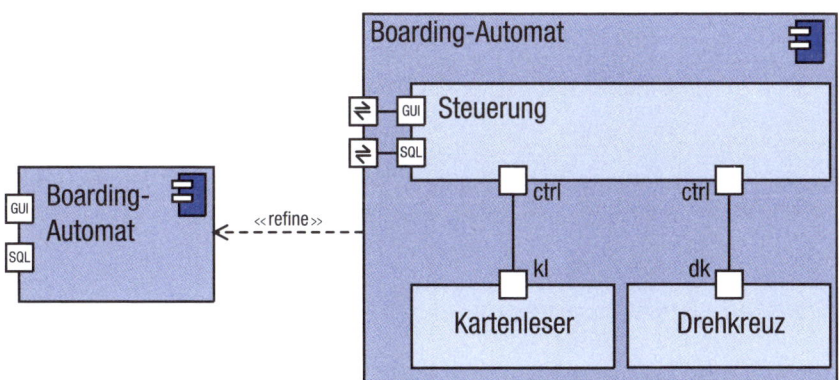

Abbildung 6.48: Die Abstraktionsbeziehung besteht zwischen Elementen eines Modells auf verschiedenen Abstraktionsebenen im Sinne von Verfeinerung.

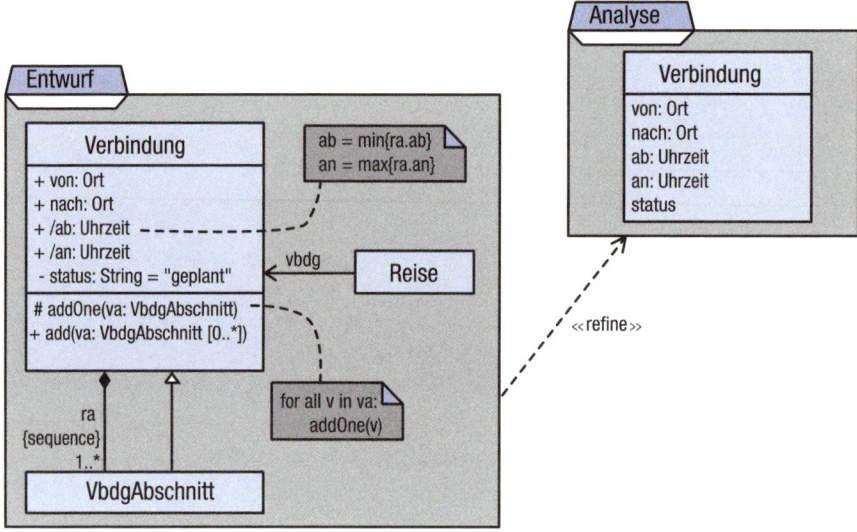

Abbildung 6.49: Die Abstraktionsbeziehung besteht ebenfalls zwischen Modellen auf verschiedenen Fertigstellungsstufen im Verlauf eines Projekts.

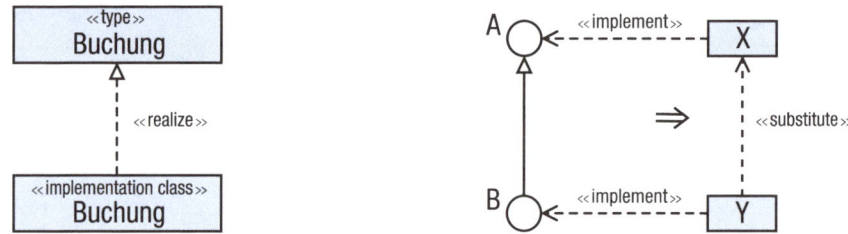

Abbildung 6.50: Die Realisierungsbeziehung besteht zwischen methodisch zusammenhängenden Elementen, z. B. Spezifikation und Implementation (links). Die Substitutionsbeziehung drückt die Ersetzbarkeit zur Laufzeit aus, erfordert also z. B. die Implementation aller Schnittstellen des zu ersetzenden Elements.

Es lassen sich drei Varianten unterscheiden, die den Schwerpunkt jeweils auf die Systemstruktur, die Verteilung der Software darauf und die Details der Installation legen.

6.7.1 Systemstrukturdiagramm

Die erste Art von Einsatzdiagramm, die wir kennen lernen, ist das Systemstrukturdiagramm. Mit diesem Diagrammtyp lassen sich die Recheneinheiten eines Systems und die Leitungen zwischen ihnen spezifizieren.

Das Hauptgestaltungselement in Systemstrukturdiagrammen ist der Node (dt.: Knoten), der eine Recheneinheit bzw. einen Typ einer Recheneinheit repräsentiert. Knoten werden durch eine besondere Art von Assoziation, die CommunicationPath (dt.: Leitung), verbunden. Knoten können geschachtelt und in Taxonomien angeordnet sein.

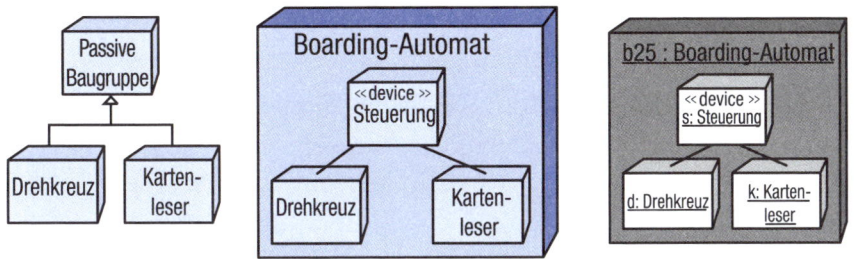

Abbildung 6.51: Knoten sind generalisierbar (links); ein Boarding-Automat besteht aus drei Geräten und zwei Leitungen, die sie verbinden (Mitte); Knoten sind instantiierbar (rechts).

Einige Beispiele für Einsatzdiagramme zeigt Abbildung 6.51. Links ist eine Vererbungsbeziehung zwischen Knotentypen dargestellt. In der Mitte wird gezeigt, dass ein „Boarding-Automat" aus den Baugruppen „Drehkreuz", „Kartenleser" und „Steuerung" besteht, wobei zwischen der Steuerung und den beiden anderen Baugruppen Leitungen bestehen. Rechts daneben ist der „Boarding-Automat" „b25" gezeigt.

Die UML sieht als Untertyp von Knoten auch das Konzept `Device` (dt.: Gerät) vor. Geräte sind physische Ressourcen („physical computation resources"). Im vorliegenden Beispiel ist die „Steuerung" als Gerät ausgezeichnet. Weitere speziellere Arten von Knoten können durch Stereotypisierung definiert werden.

In Abbildung 6.52 wird die gesamte Systemarchitektur des Flugbetriebs von Albatros Air mit einem Systemstrukturdiagramm beschrieben. Diese Darstellung ist natürlich noch sehr abstrakt und muss entsprechend verfeinert werden. Zum einen geschieht dies, indem noch mehr Details über die Knoten und Leitungen hinzugefügt werden, z. B. bezüglich ihrer Zuverlässigkeit und Leistungsfähigkeit. In Abbildung 6.52 sind hier nur wenige Informationen dargestellt.

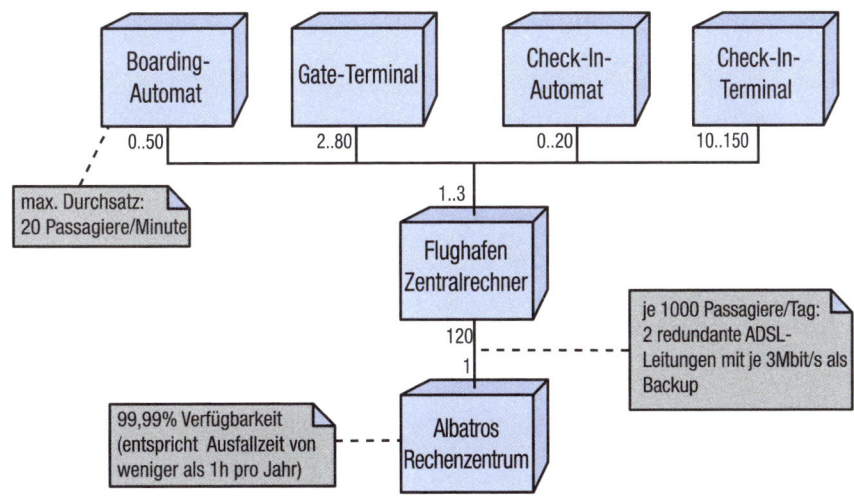

Abbildung 6.52: Die generische Flughafen-Rechnerinfrastruktur („Systemstruktur") der Albatros Air

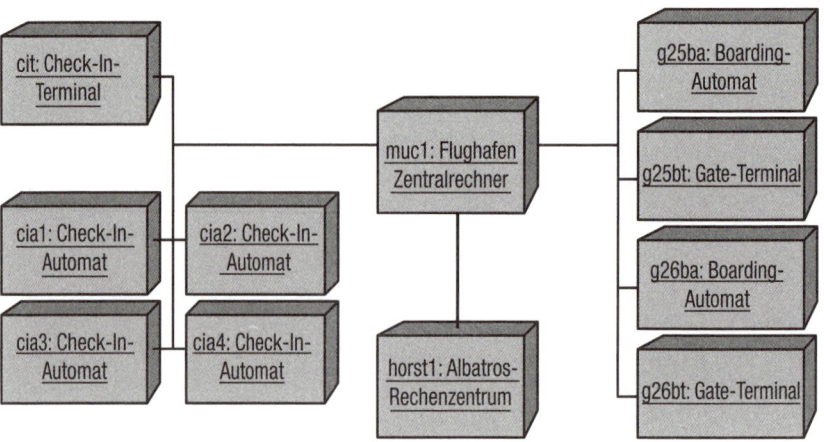

Abbildung 6.53: Die Systemstruktur der Albatros Air an einem bestimmten (sehr kleinen) Flughafen

Zum anderen kann die Spezifikation auch dahingehend konkretisiert werden, dass man die tatsächlichen Knoten und Leitungen mit ihrem jeweiligen physischen Ort darstellt. Nehmen wir an, dass die Albatros Air am Flughafen München nur wenige Passagiere abfertigt und infolgedessen lediglich zwei Gates und ein Check-In-Terminal besitzt. Diese Komponenten seien nach Maßgabe der Spezifikation in Abbildung 6.52 miteinander verbunden. In Abbildung 6.53 wird das entsprechende Netz als Konkretisierung (eines Teils) von Abbildung 6.52 in Form eines Einsatzdiagramms dargestellt.

Schließlich können auch Ausschnitte strukturell verfeinert werden. So wird z. B. der „Flughafen-Zentralrechner" der Albatros Air nicht ein einziger monolithischer Rechner sein, sondern vielmehr ein Netz aus verschiedenen Servern, Speichersubsystemen, Netzwerkkomponenten und so weiter. Möglicherweise handelt es sich also bei „horst1" um ein *Client/Server-System* wie in Abbildung 6.54 skizziert.

An dieser Stelle sollte auffallen, dass es einen starken Bezug zu Aspekten der nichtfunktionalen Anforderungen gibt, insbesondere Performanz, Zuverlässigkeit und Sicherheit. Während in Abschnitt 7 die Anforderung z. B. nach Verfügbarkeit einer Applikation aufgestellt wurde, wird hier die Verfügbarkeit des zugrunde liegenden Rechensystems spezifiziert. Natürlich ist die Verfügbarkeit des Rechners nur die notwendige, aber keine hinreichende Voraussetzung für die Verfügbarkeit der darauf laufenden Appliktionen.

Für eine andere Applikation als den Flugbetrieb sieht die Systemarchitektur möglicherweise etwas anders aus. Zum Beispiel könnte das Subsystem „Buchung" teilweise auf diesen Systemen aufsetzen, benötigt jedoch noch andere zentrale Rechner, um den öffentlichen Internet-Zugang herzustellen, entsprechende Sicherheitsdienste bereitzustellen und die Benutzerschnittstelle und Dialogführung zu realisieren (siehe Abbildung 6.55).

Selbstverständlich kann man auch für Einsatzdiagramme die Ausdrucksmittel der Rollenmodellierung verwenden. Dies könnte z. B. dann nützlich sein, wenn ein physischer Rechner in mehrere logische Partitionen aufgespalten wird, die unterschiedliche Rollen in einer Architektur wie in Abbildung 6.54 spielen – heutige Großrechner und Server verfügen über entsprechende Funktionen.

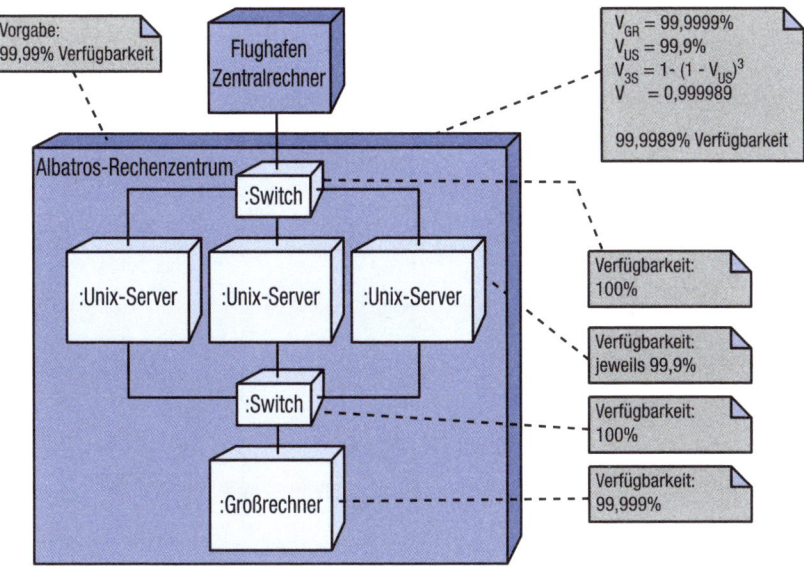

Abbildung 6.54: Aufbau des zentralen Rechenzentrums bei der Albatros Air und Berechnung der Verfügbarkeit (siehe auch Abbildung 7.3)

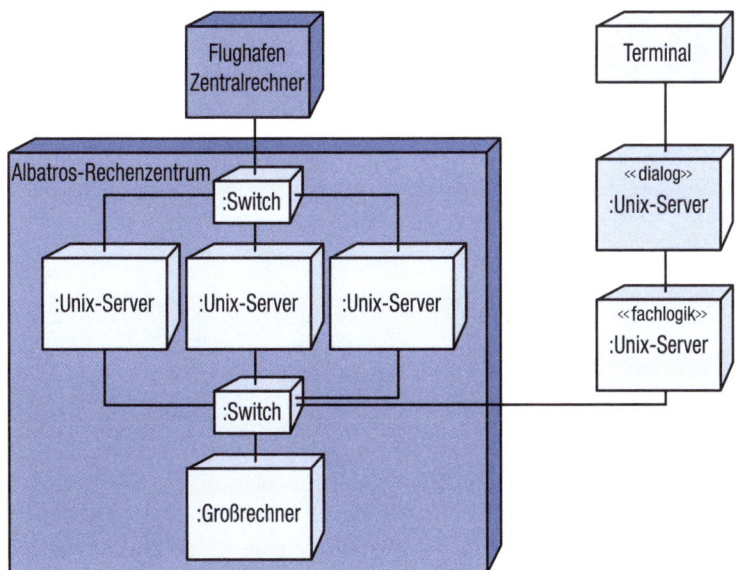

Abbildung 6.55: Die Systemstruktur für das Buchungs-Subsystem kann Teile der allgemeinen Infrastruktur nutzen.

Häufig werden für die Darstellung komplexerer Systemarchitekturen zwecks besserer Übersichtlichkeit visuelle Stereotype eingeführt (Abbildung 6.56, rechts). Im Flughafenbeispiel könnte ein Diagramm wie in Abbildung 6.56 (links) entstehen. Diese Art

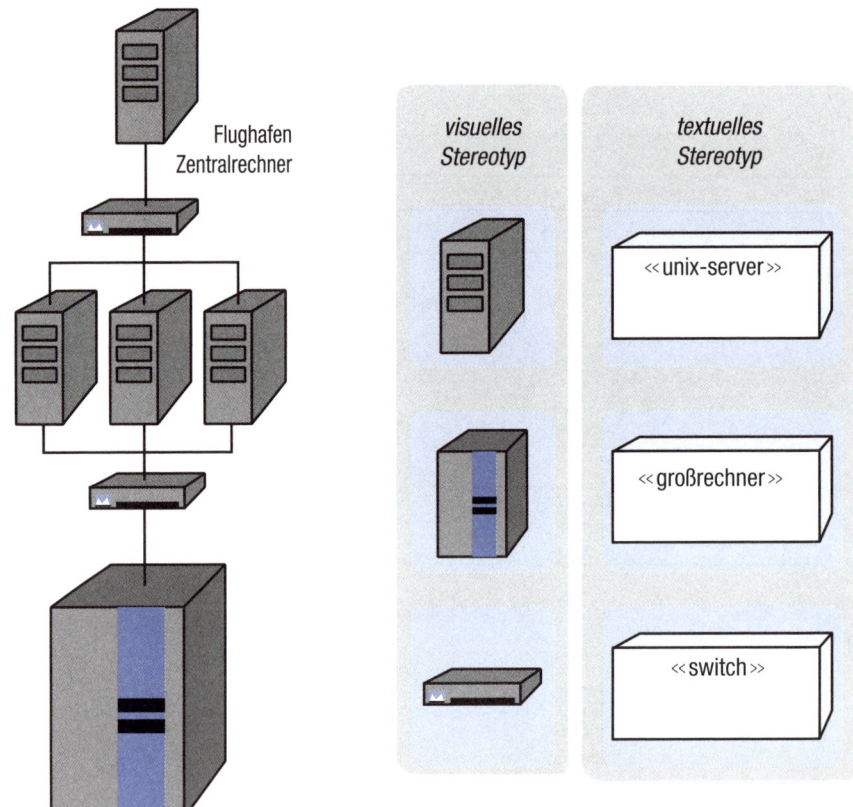

Abbildung 6.56: Die Systemstruktur aus Abbildung 6.54 mit visuellen Stereotypen (links); die verwendeten visuellen (und textuellen) Stereotypen (rechts)

von Abbildung sieht sehr anders aus als ein gewöhnliches Systemstrukturdiagramm, stellt aber im Kern nichts anderes dar.

6.7.2 Verteilungsdiagramm

Ein Artifact (dt.: Artefakt) spezifiziert ganz allgemein ein physisches Stück Information wie Dateien, Datenstrukturen zur Laufzeit im Speicher, Datenbanktabellen, EMails, Schriftstücke und so weiter. Innerhalb eines Modells manifestiert sich in einem Artefakt ein Teil eines Modells, der auf einen bestimmten Knoten verteilt werden kann. Dementsprechend hat Artefakt die beiden Attribute element und location, die die implementierten Elemente und den Ort (d. h. Knoten) der Verteilung angeben. Artefakt entspricht somit in etwa dem, was Component in UML 1.x war. Artefakte werden als Rechtecke mit Stereotyp dargestellt, entweder «artifact» oder ein Dokumenten-Symbol rechts oben (siehe Abbildung 6.51). Für Instanzen von Artefakten gilt die übliche Notation für Instanzen.[5]

---

5 Laut Standard darf die Unterstreichung des Namens bei Artefakt-Instanzen entfallen. Von dieser Möglichkeit sollte nicht Gebrauch gemacht werden, um Verwirrung zu vermeiden.

Manifestation	`Manifestation` (dt.: Manifestation) wird durch die Anschrift «`manifest`» ausgezeichnet. Manifestation ist ein Spezialfall von Abstraktion (siehe Abschnitt 6.6.4). Manifestation ist die Beziehung zwischen einem Artefakt und dem Teil eines Modells, dessen Realisierung in diesem Artefakt auf einem Knoten physisch installiert wird.
Verteilung	`Deployment` (dt.: Verteilung) ist die Zuordnung von Artefakten zu Knoten. Die UML sieht zwei Notationen vor (siehe Abbildung 6.51). Zum einen kann ein Artefakt-Element auf einem Knoten platziert werden, zum anderen kann eine Liste mit den Namen der zu verteilenden Artefakte auf dem Knoten platziert werden.

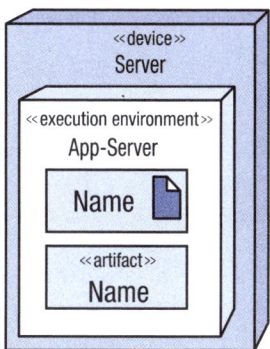 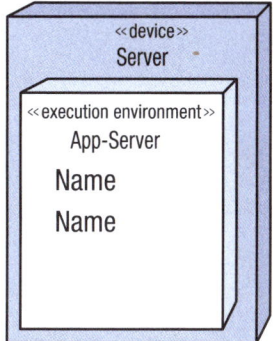

Abbildung 6.57: Zwei gleichwertige Darstellungen der Verteilung von Artefakten auf Knoten: visuell (links); textuell (rechts)

Zur praktischen Verwendung von Artefakten ist es sinnvoll, Spezialisierungen zu definieren. Im Anhang des UML-Standards werden als Beispiele das Stereotyp «`file`» mit den Spezialfällen «`script`», «`document`», «`library`», «`source`» und «`executable`» angeführt.

Bei der Verteilung wird ein Spezialfall von Knoten wichtig, den wir bislang nicht betrachtet haben, die `ExecutionEnvironment` (dt.: Ausführungsumgebung). Eine Ausführungsumgebung ist eine Infrastruktursoftware, die andere Software ausführt bzw. deren Ausführung erlaubt. Beispiele sind etwa virtuelle Maschinen, Transaktionsmonitore, Applikationsserver und Ähnliches. Eine Ausführungsumgebung wird dargestellt als ein Knoten mit dem Stereotyp «`execution environment`».

Ein Spezialfall von Artefakt ist die `DeploymentSpecification` (dt.: Verteilungseigenschaft). Sie wird wie andere Artefakte auch verteilt und enthält Parameter zur Ausführung einer Menge von verteilten Artefakten.

Übungsaufgaben

Aufgabe 6.1   In Abbildung 6.37 sind nur 9 von 13 Fällen aus Abbildung 6.36 behandelt. Finden Sie die restlichen 4 und ergänzen Sie sie in der Tabelle!

Aufgabe 6.2   Betrachten Sie ein Softwaresystem zur Automatisierung wesentlicher Geschäftsprozesse einer Bahnlinie.

1   Erstellen Sie ein Kontextdiagramm für das System.

2   Erstellen Sie eine Facharchitektur für das System.

3   Verfeinern Sie Ihre Facharchitektur mit Anschlüssen, Verbindern und Subsystemen.

Aufgabe 6.3   Erstellen Sie ein Systemstrukturdiagramm Ihres privaten Rechners/Netzes inklusive aller Peripheriegeräte.

Aufgabe 6.4   Recherchieren Sie nach dem Composite-Muster. Stellen Sie es als Kollaboration dar. Ist für dieses Muster die Darstellung als Kollaboration hilfreich?

Aufgabe 6.5   Recherchieren Sie nach dem Business-Delegate-Muster. Stellen Sie es als Kollaboration dar. Ist für dieses Muster die Darstellung als Kollaboration hilfreich? Reicht diese Darstellung aus?

Aufgabe 6.6   Modellieren Sie den Kontext und die wesentlichen fachlichen Subsysteme eines Buchungs- und Kontrollsystems analog zu AAA für einen regionalen Bahnanbieter. In welchen Bereichen finden Sie Parallelen zu AAA, wo unterscheiden sich AAA und Ihr System?

Nichtfunktionale Anforderungen

7

ÜBERBLICK

> Neben den funktionalen Anforderungen, also der eigentlich gewünschten Funktion eines Systems, spielen die *nichtfunktionalen Anforderungen* (NFA, engl.: non-functional requirement) eine große Rolle.

7.1 Arten von Anforderungen

Die Anforderungen werden oft anhand der gewünschten Qualitätsmerkmale von Softwaresystemen kategorisiert. Maßgeblich ist hier die Norm [ISO 9126 (1991)]. Zu den Qualitätsmerkmalen zählen insbesondere folgende:

F unktionalität	die eigentlichen Aufgaben, so wie in Kapitel 9 beschrieben;
U sability	die *Benutzbarkeit* eines Systems, z. B. gemäß [ISO 9241 (1997)] (siehe auch Nielsen (1994));
R eliabilität	die Zuverlässigkeit und Verfügbarkeit eines Systems und die Korrektheit seiner Ergebnisse bzw. seines Agierens;
P erformanz	die Leistung des Systems (z. B. Durchsatz, Verhalten unter Last), Antwortzeiten;
S icherheit	einerseits Datenschutz und Datensicherung, andererseits die Sicherheit gegenüber Angriffen jeder Art.

Diese Anforderungen werden nach den Anfangsbuchstaben mit dem Akronym *FURPS* zusammengefasst. Daneben gibt es aber noch zahlreiche weitere Anforderungen.

Portierbarkeit	Mit Portierbarkeit ist der Grad an Unabhängigkeit von konkreter Infrastruktur (spezielle Rechner, Betriebssysteme, Protokolle, Middleware, Werkzeuge etc.) gemeint. Die Portierbarkeit ist einerseits bei sehr langlebigen, andererseits bei Multi-Plattform-fähigen Systemen wichtig und steht oft in engem Zusammenhang mit der Wartbarkeit.
Wartbarkeit	Eine gute Wartbarkeit bedeutet, dass ein System auf Dauer erlaubt, funktionale und technische Änderungen und Ergänzungen einzuarbeiten (die z. B. aufgrund neuer Anforderungen oder veränderter Randbedingungen nötig werden), ohne dabei unverhältnismäßigen Aufwand zu verursachen. In der Regel steht und fällt die Wartbarkeit mit einer vorausschauend entworfenen Architektur und einer adäquaten Dokumentation.[1]
Wiederverwendung	Das Thema Wiederverwendung umfasst die unmittelbare erneute Verwendung schon zuvor existierender Systemteile sowie die Konstruktion neuer Systemteile zur späteren Wiederverwendung. Beides kann als Anforderung in eine Systementwicklung einfließen.
Skalierbarkeit	In manchen Fällen ist schon zu Beginn eines Entwicklungsprojektes klar, dass ein System einen wesentlichen Anstieg im Durchsatz verkraften liegen, dass sich können soll. Im AAA-System könnte z. B. dem Projekt

---

1 In diesem Zusammenhang sind die Gesetze von Lehmann interessant: „*Ein System, das benutzt wird, wird geändert*" (siehe Endres u. Rombach (2003, S. 163)) und „*Veränderungen eines Systems erhöhen seine Komplexität, sofern nicht Gegenmaßnahmen ergriffen werden*" (siehe Endres u. Rombach (2003, S. 165)).

	die Prognose zugrunde das Passagieraufkommen durch Fusionen und organisches Wachstum innerhalb von 5 Jahren verdreifacht. Diese Art von Anforderungen erwächst zumeist aus den geschäftlichen Randbedingungen und ist oft der eigentliche Auslöser für Automatisierungsprojekte wie AAA.
Lokalisierung	Manchmal ist es auch wichtig, ein System an lokale Gegebenheiten anpassen zu können, z. B. Sprache, Währung, Feiertage, nationale rechtliche Bestimmungen, Steuersätze usw. Dieser Fall tritt z. B. bei der Entwicklung von Standardsoftware auf, aber auch wenn innerhalb eines Konzerns oder bei ausländischen Tochter- und Partnerfirmen eine einheitliche Software verwendet werden soll.
Architektur	Viele Unternehmen fordern für Neuentwicklungen die Einhaltung einer vorgegebenen Standard-Architektur, was von globalen Vorgaben wie „Client/Server" oder „serviceorientierte Architektur" bis zu detaillierten technischen Vorgaben bezüglich der Plattform, Middleware und Werkzeuge reichen kann. Eine ebenfalls sehr häufig anzutreffende Anforderung ist die Einbindung von Alt- oder Nachbarsystemen.

Grundsätzlich kann man auch noch weitere technische Randbedingungen zu den nichtfunktionalen Anforderungen hinzuzählen, also etwa ein zu beachtendes Unternehmens-Datenmodell, Nutzung der vorhandenen (i. d. R. heterogenen) IT-Architektur und Interoperabilität mit vorhandenen *Altsystemen*. Die einzusetzenden Werkzeuge (Compiler, Versionsverwaltung, CASE-Tool etc.) sowie organisatorische und finanzielle Anforderungen werden hingegen oft dem Projektaufbau zugerechnet. Eine allgemeine Einführung in das Thema Anforderungen leisten z. B. Rupp (2001) und Robertson u. Robertson (1997).

Darüber hinaus gibt es verschiedene Klassifizierungen, und manche der genannten Aspekte können (und werden) bisweilen zusammengefasst (z. B. könnte man Skalierbarkeit unter Performanz einordnen und Portierbarkeit unter Wartbarkeit).

7.2   Bedeutung nichtfunktionaler Anforderungen

Die Bedeutung funktionaler Anforderungen ist offensichtlich und wird vom Kunden jederzeit akzeptiert. Die Bedeutung der nichtfunktionalen Anforderungen ist jedoch ebenfalls sehr groß, wird aber leicht unterschätzt. Oft werden sie gegenüber den funktionalen Anforderungen vernachlässigt (zur Abwägung und relativen Einstufung von funktionalen und nichtfunktionalen Anforderungen siehe z. B. Davis (2003)).

- Bei sehr großen Systemen sind häufig Aspekte wie Interoperabilität und Skalierbarkeit entscheidend. Zur Erreichung dieser Ziele ist zur Zeit die SOA modern. Allerdings wird auch gesagt, dass bei SOA die Infrastruktur einen Großteil der Systemressourcen verbrauche (in der Computer Zeitung 8.11. (2004) werden Zahlen von bis zu 80-98% genannt).

- Aber auch bei vielen kleineren Informationssystemen sind vielfach die NFA von entscheidender Bedeutung, man denke nur an Benutzungsfreundlichkeit und Antwortzeit bei Direct-Banking-Software. Wenn der Kunde mit der Schnittstelle nicht zurechkommt oder die Antwortzeiten zu groß sind, wird die Lösung unter Umständen nicht akzeptiert und verfehlt damit ihren eigentlichen Zweck.

- Für eingebettete Systeme und Echtzeitsysteme schließlich sind NFA in der Regel sogar die eigentlichen Kernanforderungen. Für eine Airbag-Steuerung z. B. ist nicht nur entscheidend, dass sich der Airbag öffnet, sondern auch, wann (und wann nicht).

Daher wird auch in vielen Applikationen ein großer Teil des Herstellungsaufwandes darauf verwendet, nichtfunktionale Anforderungen zu erfüllen (Wiebel (2003) spricht z. B. von ca. 80%). Die funktionalen Anforderungen sind dagegen häufig vergleichsweise einfach zu beherrschen. Die Erfahrung zeigt allerdings auch, dass die jeweils Betroffenen („stakeholder") oft ganz unterschiedliche Sichten darauf haben, ob und welche (nichtfunktionalen) Anforderungen zu erfüllen sind, bzw. teilweise gelten sie schlicht als selbstverständlich und werden nicht als Anforderungen im eigentlichen Sinn betrachtet. Es ist die Aufgabe (und im Interesse) des Informatikers, trotzdem *alle* wichtigen Anforderungen zu erheben.

7.3   Nichtfunktionale Anforderungen in der UML

Unglücklicherweise manifestiert sich die Unterschätzung nichtfunktionaler Anforderungen auch in der UML – es gibt dort nur sehr wenige Mittel, um nichtfunktionale Anforderungen auszudrücken. Der übliche Weg führt über die UML-Erweiterungsmecha-

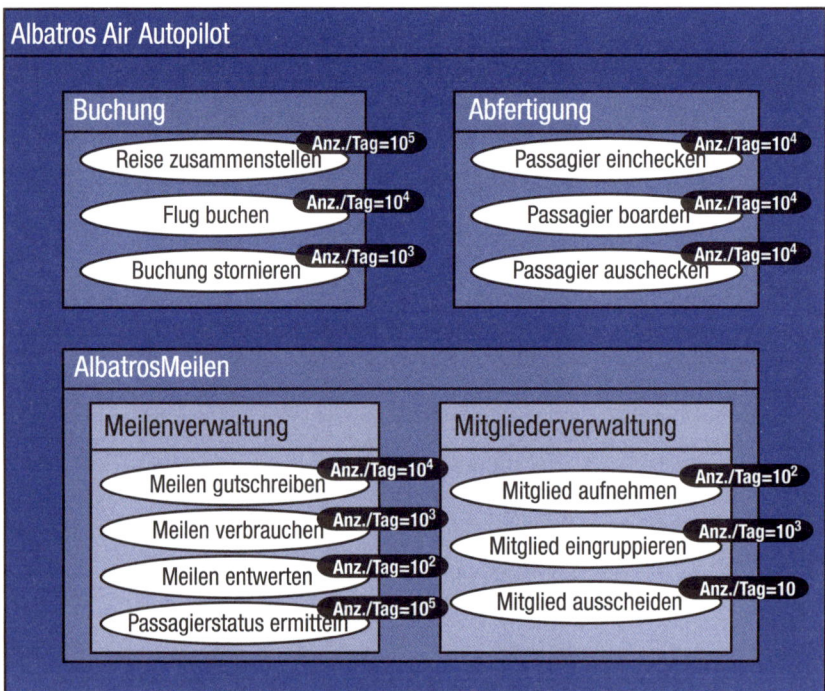

Abbildung 7.1: Erfassung von Aspekten der nichtfunktionalen Anforderung „Performanz" in einem Nutzfalldiagramm von AAA (siehe auch Abbildung 6.54, die Ellipsen stellen Geschäftsprozesse dar)

nismen, jedoch kann die Lösung nicht darin liegen, für jeden einzelnen Aspekt ein eigenes Profil zu definieren (z. B. Jürjens (2004) für Sicherheits-Anforderungen).

Im Wesentlichen werden daher nichtfunktionale Anforderungen in UML-Modellen nur informell erfasst, mit strukturiertem Text, informellen Annotationen und Kommentaren. Hierbei geht jedoch leicht die Übersicht und der Zusammenhang zwischen den Anforderungen verloren. Im Rahmen von Kapitel 9 werden wir weiteren Spuren von nichtfunktionalen Anforderungen an Geschäftsprozesse bzw. Nutzfälle begegnen, nämlich ihre Häufigkeit bzw. Dauer, die über die Dimensionierung des Systems Aufschluss geben können.

Neben der rein textuellen Darstellung können aber auch einige Aspekte von nichtfunktionalen Anforderungen elegant in Kontextdiagramme integriert werden, die in den vorangegangenen Abschnitten vorgestellt wurden. Zum Beispiel lassen sich Nutzfalldiagramme ganz einfach durch geeignete Anschriften um den Aspekt Häufigkeit erweitern (siehe Abbildung 7.1), der auch in den Tabellendarstellungen von Prozessen und Nutzfällen auftaucht (siehe Abbildung 9.12).

Auf die gleiche Art lassen sich natürlich alle Eigenschaften visualisieren, die als *Eigenschaftswert* (engl.: tagged value) oder Stereotyp definiert sind (siehe Anhang A.5). Diese Darstellungsform ist von der UML nicht vorgesehen, lässt sich aber leicht durch ein visuelles Stereotyp für Eigenschaftswerte realisieren. Eine UML-konforme Darstellung ohne Erweiterungen könnte Kommentarboxen benutzen (siehe Abbildung 7.2).

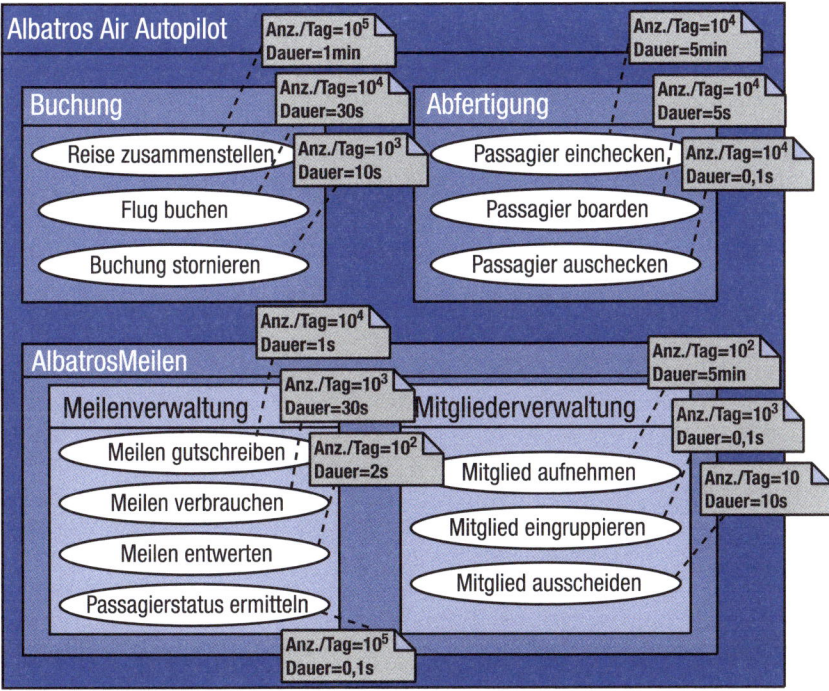

Abbildung 7.2: Teilweise Dokumentation der nichtfunktionalen Anforderung „Performanz" anhand des Nutzfallinventars aus Abbildung 9.8

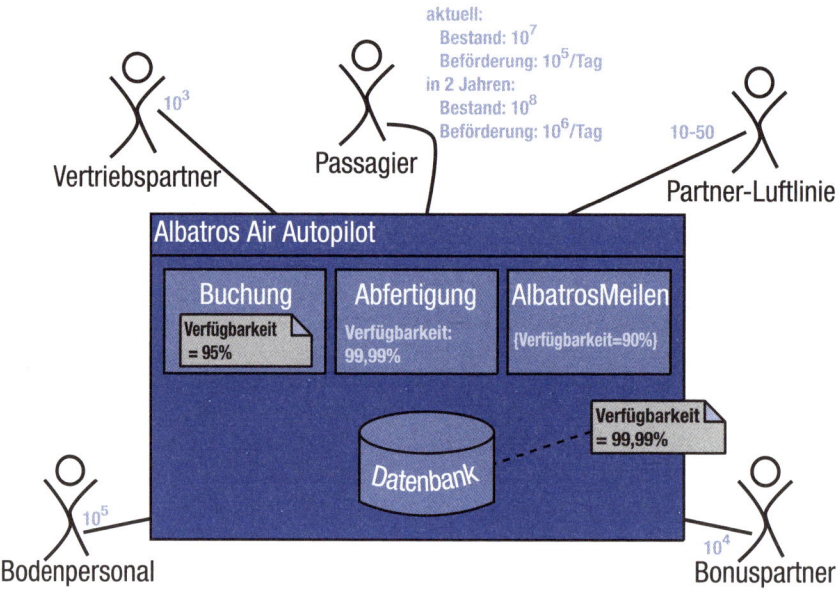

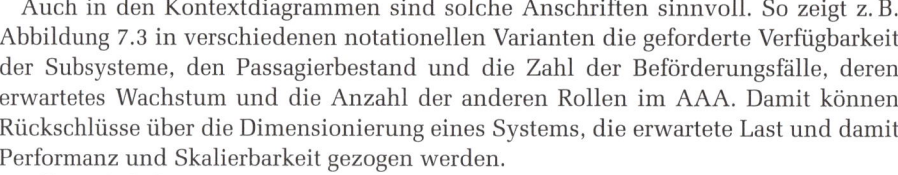

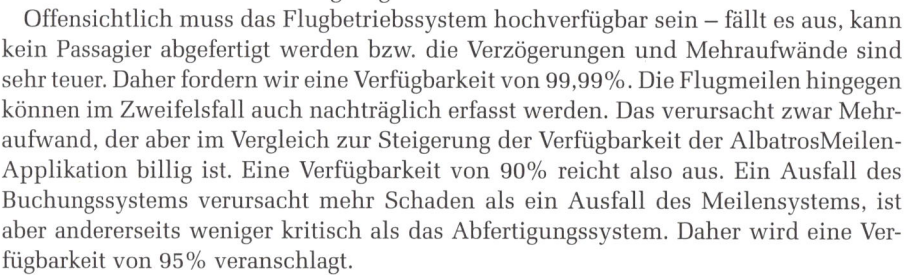

Abbildung 7.3: Erfassung von Aspekten der nichtfunktionalen Anforderungen Zuverlässigkeit/Verfügbarkeit, Performanz und Skalierbarkeit im Kontextdiagramm von AAA (verschiedene Notationsvarianten)

Auch in den Kontextdiagrammen sind solche Anschriften sinnvoll. So zeigt z. B. Abbildung 7.3 in verschiedenen notationellen Varianten die geforderte Verfügbarkeit der Subsysteme, den Passagierbestand und die Zahl der Beförderungsfälle, deren erwartetes Wachstum und die Anzahl der anderen Rollen im AAA. Damit können Rückschlüsse über die Dimensionierung eines Systems, die erwartete Last und damit Performanz und Skalierbarkeit gezogen werden.

Offensichtlich muss das Flugbetriebssystem hochverfügbar sein – fällt es aus, kann kein Passagier abgefertigt werden bzw. die Verzögerungen und Mehraufwände sind sehr teuer. Daher fordern wir eine Verfügbarkeit von 99,99%. Die Flugmeilen hingegen können im Zweifelsfall auch nachträglich erfasst werden. Das verursacht zwar Mehraufwand, der aber im Vergleich zur Steigerung der Verfügbarkeit der AlbatrosMeilen-Applikation billig ist. Eine Verfügbarkeit von 90% reicht also aus. Ein Ausfall des Buchungssystems verursacht mehr Schaden als ein Ausfall des Meilensystems, ist aber andererseits weniger kritisch als das Abfertigungssystem. Daher wird eine Verfügbarkeit von 95% veranschlagt.

In der Praxis wird für entsprechende Systeme das hier spezifizierte Maß an Ausfallsicherheit allerdings nicht immer erreicht. So fiel kürzlich das Abfertigungssystem einer namhaften deutschen Fluglinie für einen halben Tag aus. In dieser Zeit konnten elektronische Tickets nicht abgefertigt werden – das Bodenpersonal konnte lediglich das Buchungssystem benutzen, um Passagierdaten zu überprüfen. Inwieweit dabei die Sicherheitsstandards eingehalten wurden, ist nicht bekannt.

Object Constraint Language

8

ÜBERBLICK

In Kapitel 5 sind sukzessive komplexere Modellierungsmittel zur Beschreibung von Objekt-geflechten durch Klassendiagramme eingeführt worden. Manche Randbedingungen und Einschränkungen statischer Strukturen lassen sich aber nur sehr mühsam oder gar nicht mehr diagrammatisch darstellen.

Die UML schlägt hierfür die *Object Constraint Language* (OCL) vor (siehe Richters (2001); Richters u. Gogolla (2002); Ziemann u. Gogolla (2003) und vor allem OMG (2003b)). OCL ist eine Sprache, die auf der Prädikatenlogik basiert. Mit OCL lassen sich einfache Rand-bedingungen, Invarianten sowie Vor- und Nachbedingungen formulieren. Die OCL ist im technischen Sinn kein Teil von UML, sondern lediglich der Vorschlag der OMG für *eine mögli-che* Anschriftensprache: Prinzipiell ist auch jede andere Sprache zulässig, inklusive Deutsch und Java. Diese Sprachen haben alle ihren Platz: In Analyse-Klassendiagrammen werden Randbedingungen oft in natürlicher Sprache ausgedrückt, in Implementationsdiagrammen wird man eher zu einer Implementierungssprache greifen. OCL hingegen passt immer dann, wenn ein natürlichsprachlicher Kommentar zu informell ist, eine Implementierungssprache aber zu detailliert oder zu speziell ist.

OCL ist prinzipiell für Annotationen in allen Arten von Modellen geeignet, wird aber fast ausschließlich für Klassendiagramme verwendet. Pragmatisch und notationell lassen sich drei Arten der Verwendung unterscheiden, einfache Randbedingungen, formale Invarianten und Vor-/Nachbedingungen.

8.1   Typen

OCL definiert eine Reihe von Basistypen und Operationen darauf (siehe Abbildung 8.1). Die Präzendenzregeln für die Operatoren sind in Abbildung 8.2 dargestellt.

Neben den Basistypen können auch strukturierte Typen definiert werden. Die ein-fachste Art von strukturiertem Typ ist ein Tupel (Verbund). Außerdem gibt es die drei *Kollektionstypen* (engl.: *collection types*) *Menge* (engl.: *set*), *Sack* (engl.: *bag*) und *Liste* (engl.: *sequence*). Beispiele und Operationen für Kollektionstypen zeigt Abbil-dung 8.1. Eine vollständige Referenz findet man in OMG (2003b, Kapitel 11). Die wichtigeren Operationen für Kollektionstypen werden in Abschnitt 8.3.2 vorgestellt. Die Argumente der Typkonstruktoren von strukturierten Typen können beliebige Ty-pen sein, insbesondere wieder strukturierte Typen.

Auch auf die Werte von Aufzählungstypen kann in OCL-Ausdrücken zugegriffen werden. Wenn man z. B. den Aufzählungstyp „Ticketart" aus Abbildung 5.49 be-trachtet, lässt sich der erste Wert als `Ticketart::Economy` notieren. In folgender Bedingung wird z. B. geprüft, ob das Attribut „ticketart" von „Buchung" den Wert „Economy" hat.

```
ticketart=Ticketart::Economy
```

Das Gleichheitszeichen dient als Gleichheitstest, nicht als Zuordnungsoperator. Wenn der Typ eindeutig ist, ist die vereinfachende Schreibweise `#Economy` zulässig. Dies ist z. B. in der folgenden Bedingung der Fall.

```
ticketart:Ticketart=#Economy
```

Typ	Beispielwerte	Operationen
Void	oclIsUndefined	–
Boolean	true, false	and, or, xor, not, implies, if-then-else
Integer	1, −5, 2, 34, 26524, …	*, +, −, /, abs(), <, >, >=, <=, =, <>, …
Real	1.5, 3.14, …	*, +, −, /, floor(), <, >, >=, <=, =, <>, …
String	'Albatros Air'	concat(), size(), substring(), …
Tupel	Tuple { flugnummer = 'NZ2', boarding = 15:55}	–
Set	Set {}, Set {2,3,1}	asSequence(), size(), union(), intersection(),…
OrderedSet	OrderedSet {}, OrderedSet {2,3,1}	asSet(), size(), union(), intersection(),…
Bag	Bag {}, Bag {1,2,2,3,3,3}	asSet(), size(), union(), intersection(),…
Sequence	Sequence {}, Sequence {1,2,3}	asBag(), size(), concat(), first(), rest(),…

Abbildung 8.1: OCL-Typen, Beispielwerte und einige vordefinierte Operationen.

$$@pre \rangle \begin{matrix} . \\ -> \end{matrix} \rangle \begin{matrix} not \\ - \\ (unär) \end{matrix} \rangle \begin{matrix} * \\ / \end{matrix} \rangle \begin{matrix} + \\ - \\ (binär) \end{matrix} \rangle \begin{matrix} if \\ then \\ else \\ endif \end{matrix} \rangle \begin{matrix} <, <= \\ >, >= \\ =, <> \end{matrix} \rangle \begin{matrix} and \\ or \\ xor \end{matrix} \rangle implies$$

Abbildung 8.2: Präzedenzregeln der OCL-Operatoren

8.2 Einfache Randbedingungen

In den Abbildungen 5.13 bis 5.20 und 5.27 sind bereits einige einfache Randbedingungen für Klassendiagramme definiert worden. Abbildung 8.3 zeigt einen Ausschnitt aus Abbildung 5.4, auf den sich die folgende Diskussion bezieht.

8.2.1 Navigation

Die Punkt-Notation ermöglicht den Zugriff auf Attribute, Assoziationen und Operationen. Nehmen wir als Beispiel an, ein OCL-Ausdruck an „Passagier" in Abbildung 8.3 enthalte den Teilausdruck `Passagier.name`. Damit greift man dann auf das Attribut „name" der Klasse „Passagier" zu. Genauer gesagt legt `Passagier.name` das Objekt fest, das für ein noch unspezifiziertes Objekt der Klasse „Passagier" den Wert des Attributs „name" ausfüllt.

x.y

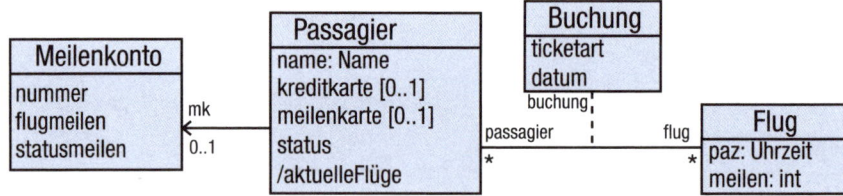

Abbildung 8.3: Ausschnitt von Abbildung 5.4

8.2.2 Logik, Arithmetik

if
then
else
endif

Der folgende Ausdruck prüft, ob die Zahl der Flugmeilen um den Faktor 100 größer als die Zahl der Statusmeilen ist, sofern der Passagier passagier ein Meilenkonto hat.

```
if    passagier.mk <> oclIsUndefined
then passagier.mk.statusmeilen =
         passagier.mk.flugmeilen * 1000
```

x = y

>, <,
>=, <=,
=, <>

Das if-then-else-endif von OCL kann auch teilweise benutzt werden, d. h. ohne den else-Zweig.

In OCL können auch die üblichen arithmetischen und logischen Operatoren verwendet werden, um komplexere Ausdrücke aufzubauen. Um auszudrücken, dass jeder Passagier mit Meilenkonto eine Meilenkarte besitzt, könnte man folgenden OCL-Ausdruck benutzen.

and, or,
xor, not,
implies

```
passagier.mk <> oclIsUndefined implies
passagier.meilenkarte <> oclIsUndefined
```

Der folgende Ausdruck erscheint auf den ersten Blick nicht wohldefiniert zu sein: Wenn ein Passagier kein Meilenkonto hat (d. h. wenn mk=oclIsUndefined), hat der zweite Teil keinen Sinn, so dass der Wahrheitswert des gesamten Ausdrucks nicht berechnet werden kann. Kommentare werden in OCL-Ausdrücken übrigens mit zwei Bindestrichen eingeleitet und gelten bis zum nächsten Zeilenumbruch.

--

```
-- Dieser Ausdruck ist nur dank der
-- shortcut-evaluation wohldefiniert

     passagier.mk <> oclIsUndefined
and passagier.mk.statusmeilen < 0 implies FEHLER
```

Tatsächlich ist dieser Ausdruck ein wohldefinierter OCL-Ausdruck, da logische Operatoren wie and mit der *Abkürzungssemantik* (engl.: shortcut evaluation) ausgewertet werden. Das heißt, dass die Auswertung eines Ausdrucks abgebrochen wird, sobald das Gesamtergebnis feststeht: Nicht alle Teilausdrücke werden zwangsläufig ausgewertet. Dabei gelten folgende Regeln.

- true or ? wird zu true
- false and ? wird zu false

Statusmeilen des Passagiers	Mindeststatus des Passagiers
0 bis 9999	Schwalbe
10.000 bis 99.999	Adler
0 ≥ 100.000	Albatros

Abbildung 8.4: Bei Albatros Air wird man erst ab 100.000 Meilen zum Albatros.

- `false implies ?` wird zu `true`
- `? implies true` wird zu `true`

Als weiteres Beispiel dient die Festlegung des Passagierstatus anhand des Kontostandes des Meilenkontos des Passagiers. Zum Beispiel könnte bei Albatros Air die Zuordnung aus Abbildung 8.4 getroffen werden.
Diese Regel lässt sich z. B. wie folgt mit OCL ausdrücken.

```
        passagier.status = Status::Adler
                implies passagier.mk.statusmeilen >= 10.000
and passagier.status = Status::Albatros
                implies passagier.mk.statusmeilen >= 100.000
and passagier.mk.statusmeilen < 10.000
                implies passagier.status = Status::Schwalbe
```

Wenn man ausdrücken will, dass diese Regel ständig gelten soll (d. h., die Formel wird ständig zu `true` evaluiert), muss man den oben genannten Ausdruck als eine Invariante deklarieren.

8.3   Invarianten

Eine Invariante ist eine Integritätsbedingung eines `Classifiers`, die für alle Instanzen des `Classifiers` gilt. Daher wird die Regel jetzt nicht mehr für eine spezielle Instanz `passagier` formuliert, sondern für die Klasse `Passagier` (also großgeschrieben). Invarianten gelten für (alle) Instanzen, solange diese existieren. Wenn diese Bedingung verletzt wird, kann keine Aussage mehr über den Zustand und das Verhalten gemacht werden.

Um aus dem vorangegangenen Ausdruck eine Invariante zu machen, muss er mit dem Schlüsselwort `inv` eingeleitet werden und z. B. durch eine Kommentarbox auf „Passagier" bezogen werden.

```
inv:
    Passagier.status = Status::Adler
            implies Passagier.mk.statusmeilen >= 10.000
 and Passagier.status = Status::Albatros
            implies Passagier.mk.statusmeilen >= 100.000
 and Passagier.mk.statusmeilen < 10.000
            implies Passagier.status = Status::Schwalbe
```

Jede Invariante hat einen Kontext, innerhalb dessen sie gilt. Dieser Kontext wird z. B. durch eine Kommentarbox an einer Klasse (bzw. allgemein `Classifiers`) festgelegt

$$
\begin{array}{rcl}
\text{Invariante} & ::= & \text{Kontext } \texttt{inv:} \textit{ Expr} \\
\text{Kontext} & ::= & \texttt{context } \text{Typ} \\
\text{Typ} & ::= & \textit{Klasse} \mid \textit{Variable:Klasse} \\
\text{VorNachbedingung} & ::= & \text{Kontext } \textit{Typ} \texttt{ pre:} \textit{ Expr Aktion } \texttt{post:} \textit{ Expr}
\end{array}
$$

Abbildung 8.5: Grammatik für Invarianten und Vor-/Nachbedingungen in OCL

oder explizit durch eine `context`-Klausel. Die vollständige Syntax einer Invariante ist in der Grammatik in Abbildung 8.5 wiedergegeben.

context

Der Kontext eines Ausdrucks kann explizit durch das Schlüsselwort `context` festgelegt werden. Als Kontext dient z. B. ein Typ (d. h. eine Klasse). Die Angabe des Typs kann mit oder ohne expliziten Parameter erfolgen. Um einen expliziten Parameter in einem Ausdruck zu ersetzen, kann das Schlüsselwort `self` verwendet werden. Die folgenden beiden Ausdrücke sind gleichwertig.

```
context p:Passagier inv: p.status <> oclIsUndefined
context Passagier: self.status <> oclIsUndefined
```

Der Kontext lässt sich auch auf beliebige Teile eines `Classifiers` festlegen, z. B. auf Attribute, Assoziationen oder Operationen. Dazu wird die gleiche Notation wie bei qualifizierten Namen von Paketen benutzt: `context Passagier::status` legt z. B. das Attribut „status" von „Passagier" als Kontext fest.

8.3.1 Definitionen

let
in

Die Invariante zu Beginn dieses Abschnitts ist sehr groß und enthält sich wiederholende Teile. Daher ist er schwer lesbar und fehleranfällig. Mit dem `let-in`-Konstrukt lassen sich Teilausdrücke lokal abkürzen.

```
context: Passagier
inv: let
        meilen = self.mk.statusmeilen
    in
            self.status = #Adler    implies meilen >= 10.000
        and self.status = #Albatros implies meilen >= 100.000
        and meilen < 10.000 implies self.status = #Schwalbe
```

def

Mit `let-in` lassen sich Abkürzungen für einen einzelnen OCL-Ausdruck definieren. Soll eine Abkürzung für einen ganzen `Classifier` gelten, kann man dies mit `def` erreichen.

```
context: Passagier
def:    ktonr = if   mk <> oclIsUndefined
                then mk.nummer
                else 0
                endif
```

Auf diese Weise können Hilfsattribute und -operationen definiert werden.

8.3.2 Kollektionsoperationen

Auf kollektionswertige Attribute und Assoziationen wird nicht mit dem Punkt-Operator, sondern mit dem Pfeil-Operator `->` zugegriffen. Die Zahl der Buchungen eines Passagiers wäre z. B. mit `Passagier.buchung->size()` bestimmt.

`x->y`

Es gibt eine Reihe von Kollektionsoperationen. Mit `select(BEDINGUNG)` wird ein Teil ausgewählt, die der angegebenen logischen Bedingung genügt. Gleichbedeutend ist `reject(not BEDINGUNG)` (siehe folgenden Ausdruck).

`size()`
`select`

`reject`

```
Passagier.buchung->select(datum = HEUTE) =
Passagier.buchung->reject(not datum = HEUTE) =
Passagier.buchung->reject(datum <> HEUTE)
```

Es gibt verschiedene alternative Notationen für einen `select`-Ausdruck. Die folgenden Ausdrücke sind gleichwertig.

```
Passagier.buchung->select(b:Buchung | b.datum = HEUTE) =
Passagier.buchung->select(b | b.datum = HEUTE) =
Passagier.buchung->select(datum = HEUTE)
```

Diese Notationsvarianten gelten analog auch für alle anderen Kollektionsoperationen, die im Folgenden beschrieben werden.

Während mit `select` einzelne Objekte (mit allen ihren Teilen) aus einer Kollektion gesammelt werden, extrahiert die `collect`-Operation einzelne Teile aus allen Objekten einer Kollektion. Der Ausdruck `p:Passagier->collect(buchung)` sammelt z. B. alle Buchungen eines Passagiers. Da dieser Fall sehr häufig auftritt, ist auch eine vereinfachende Syntax definiert: `p:Passagier->collect(buchung) = p:Passagier.buchung`.

`collect`

Neben den Auswahloperatoren gibt es noch die üblichen logischen Quantoren. Der Ausdruck

`forAll`
`exists`

```
Passagier.buchung->exists( datum = HEUTE)
```

wird wahr, wenn ein Passagier eine Buchung für den heutigen Tag besitzt.

Alle bisher vorgestellten Kollektionsoperationen sind letztlich nur Spezialfälle der `iterate`-Operation. Die allgemeine Form ist

`iterate`

```
COLLECTION->iterate(elem: Typ, akk: Typ = EXPR1 | EXPR2),
```

wobei `elem` die Laufvariable und `akk` die Akkumulator-Variable ist, ähnlich der Definition einer endrekursiven Funktion. So lässt sich z. B. die vorangegangene `exists`-Formel auch wie folgt ausdrücken.

```
Passagier.buchung
  ->iterate(b:Buchung,
            acc:Boolean=false | acc or b.datum = HEUTE)
```

8.3.3 Initialwerte, abgeleitete Werte

Die Definition von Anfangswerten und abgeleiteten Werten wird durch die Schlüsselworte `init` bzw. `derive` eingeleitet. Um z. B. die aktuellen Flüge eines Passagiers beim Einchecken am Automaten zu bestimmen, könnte folgender OCL-Ausdruck verwendet werden.

`init`

`derive`

```
context Passagier::aktuelleFlüge: Flug Vector
derive: self->collect(buchung)->select(datum=HEUTE)
        .flug->select(f|f.von=HIER)

context CheckInAutomat::einchecken(p:Passagier)
if self.aktuelleFlüge->size()>1 then  FLUG AUSWÄHLEN endif

context Passagier::status
init:   'schwalbe'
```

8.4 Vor- und Nachbedingungen

Vor- und Nachbedingungen können für Operationen von Klassen, Schnittstellen, Transitionen, Nutzfälle und ähnliche Elemente definiert sein (siehe Gries (1981)). Betrachten wir als Beispiel die Klasse „Passagier". In Abbildung 8.6 ist ein Ausschnitt von Abbildung 5.12 wiedergegeben, in dem die Methoden von „Passagier" um Vor- und Nachbedingungen in Kommentarboxen ergänzt sind.

Da die Vor-/Nachbedingungen aus 8.6 durch die Kommentarboxen unmittelbar in einem Kontext definiert werden, kann die Kontextklausel entfallen. Die Syntax von Vor-/Nachbedingung ist in Abbildung 8.5 allgemein dargestellt.

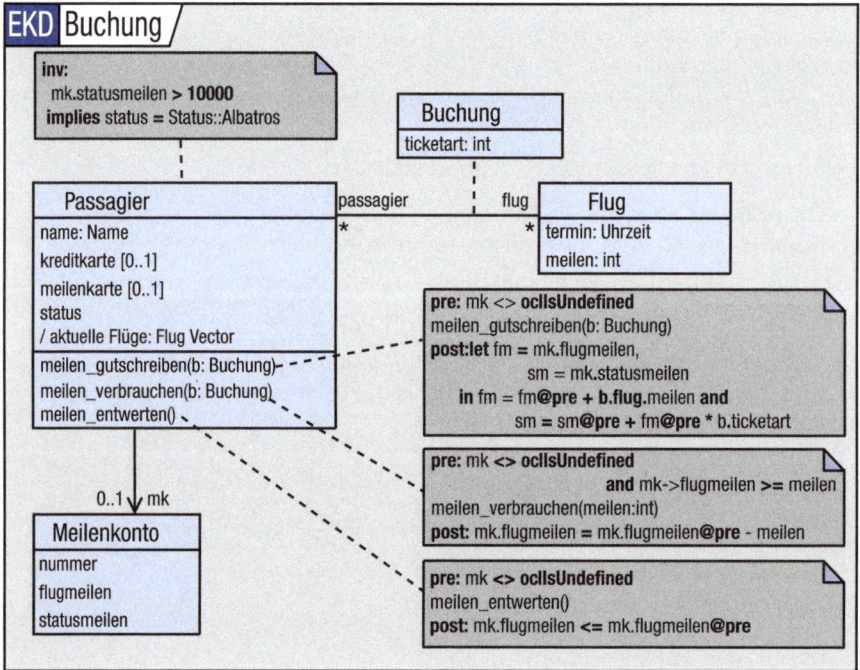

Abbildung 8.6: Ausschnitt aus Abbildung 5.12 mit Vor- und Nachbedingungen für die Operationen und einer Invarianten

Nehmen wir als Beispiel an, dass die Operation „meilen_gutschreiben" nur dann aufgerufen werden darf (also: einem Passagier können nur dann Meilen gutgeschrieben werden), wenn er über ein Meilenkonto verfügt. Nach der Gutschrift hat sich die Zahl der Flugmeilen erhöht, gegebenenfalls auch die Zahl der Statusmeilen. Die Zahl der Statusmeilen berechnet sich aus der Zahl der Flugmeilen und der Art des Tickets: So zählen vielleicht First-Class-Flüge dreifach, Schnäppchen-Flüge dagegen gar nicht. In der Nachbedingung wird angenommen, dass „Ticketart" kein Aufzählungstyp ist, sondern als int kodiert wird, wobei First-Class-Tickets als ticketart=3 kodiert sein sollen.

Wenn man den Aufzählungstyp aus den Abbildungen 5.44 bzw. 5.49 beibehalten will, müsste die Nachbedingung etwa wie folgt deklariert sein.

```
context Passagier:
post:   let fm = mk.flugmeilen
            sm = mk.statusmeilen
            ta = buchung.ticketart
            tf = if ta=#First    then 3
            else if ta=#Business then 2
            else if ta=#Economy  then 1
            else                     0 endif
        in
            fm = fm@pre + buchung.flug.meilen and
            sm = sm@pre + fm@pre * tf
```

Um auf den Wert vor Ausführung der Operation zuzugreifen, gibt es das @pre-Konstrukt.

val@pre

Ein Passagier kann mit der Operation „meilen_verbrauchen" Meilen von seinem Guthabenkonto anderweitig verwenden. Voraussetzung ist, dass der Saldo des Meilenkontos höher ist als die zu verbrauchenden Meilen. Nach dem Verbrauch ist die Zahl der Flugmeilen um die verbrauchten Meilen reduziert.

Die Überprüfung, ob die Zahl der Statusmeilen reduziert wird, erledigt die Operation „meilen_entwerten". Die Details dieser Operation sind an dieser Stelle nicht sichtbar, so dass die Spezifikation durch die Nachbedingung lediglich aussagen kann, dass das Entwerten die Zahl der Statusmeilen reduzieren kann.

TEIL III

Verhalten

Nutzfälle

9

ÜBERBLICK

Nutzfälle (auch als Szenarios bekannt) bieten sich in der UML vor allem zur Erfassung von Funktionalität an. Das *Nutzfalldiagramm* (NFD, engl.: use case diagram) in seiner heutigen Form stammt schon aus den 70er Jahren und wurden seitdem maßgeblich von Ivar Jacobson popularisiert, zunächst mit dem Softwareprozess „Objectory", später mit dessen Nachfolger *Rational Unified Process* (engl.: *RUP*, zur Geschichte siehe auch Jacobson (2000)).

9.1 Arten von Funktionalität

IT-Systeme dienen immer einem Zweck, es liegt ihnen immer ein Problem zugrunde, das gelöst werden soll. Eine Anforderung ist eine Einschränkung des Lösungsraumes. Man unterscheidet grundsätzlich zwischen funktionalen Anforderungen (also der eigentlichen Aufgabe, „was das System tun soll") und nichtfunktionalen Anforderungen (also alle anderen Randbedingungen).

Bei den funktionalen Anforderungen unterscheidet man zwischen Prozessen und Nutzfällen[1]. Prozesse untergliedern sich in Geschäfts- und Systemprozesse: Im Bereich klassischer Informationssysteme spricht man von Geschäftsprozess (manchmal findet man auch den Ausdruck Geschäftsvorfall), wenn es dagegen um einen technischen Bereich wie Steuerung und Regelung geht, würde man eher von Systemprozess sprechen. Prozesse werden manchmal rekursiv durch *Teilprozesse* verfeinert. Abbildung 9.1 verdeutlicht die Beziehung zwischen den Begriffen.

Abbildung 9.1: Verschiedene Arten von Beschreibungen für Funktionalität von Systemen

Die einzelnen Arbeitsschritte von Prozessen können durch Nutzfälle beschrieben werden. Nutzfälle untergliedern sich analog in Funktionen und Dienste für eher anwendungsfachliche und eher technische Nutzfälle. Funktionen sind bisweilen durch andere Nutzfälle verfeinert, Dienste in der Regel nicht.

Geschäftsprozesse und Nutzfälle sind sich strukturell sehr ähnlich. Daher werden sie im Wesentlichen mit den gleichen Mitteln beschrieben, insbesondere mit dem UML-Konstrukt UseCase, das in Diagrammen als Ellipse erscheint, und häufig mit einem Aktor verbunden ist. Es ist aber wichtig, gleichzeitig den Unterschied zwischen Geschäftsprozessen und Nutzfällen deutlich zu machen: Sie haben verschiedene Cha-

---

1 In der deutschsprachigen Literatur wird stattdessen oft der Begriff „Anwendungsfall" benutzt. Dieser Name ist aber einerseits unhandlich, andererseits werden technische Nutzfälle damit schon begrifflich ausgeschlossen. „Nutzfall" auf der anderen Seite ist kürzer, allgemeiner und entspricht auch der unmittelbaren Übersetzung. Und schließlich ist „Nutzfall" auch wesentlich kürzer als „Anwendungsfall".

rakteristika und Anwendungsgebiete und sich daraus ergebende kleine, aber wichtige Detail-Unterschiede auch in der Darstellungsform.

Geschäftsprozesse sind systemübergreifend, während sich Nutzfälle auf ein System beziehen. Nutzfälle werden in der Regel „in einem Rutsch", in kurzer Zeit und ohne große Interaktionen während des Ablaufes bearbeitet. Geschäftsprozesse sind inhärent unterbrechbar, dauern oft Tage und Wochen (oder sogar Jahre) und erfordern fortlaufende Interaktion. Tabelle 9.2 charakterisiert und vergleicht Prozesse und Nutzfälle nach verschiedenen Gesichtspunkten. Diese Kriterien sind als Faustregel zu verstehen: Es ist durchaus möglich, dass sie nicht alle eindeutig erfüllt sind. Letztlich ist es eine Entscheidung des Modellierers, ob ein Prozess oder ein Nutzfall modelliert wird.

Kriterium	Geschäfts-/Systemprozess	Nutzfall
Inhalt	komplexer fachlicher/technischer Ablauf	Funktion: einzelner fachlicher Arbeitsschritt Dienst: einzelner technischer Arbeitsschritt
Maßgrößen	von messbarem Wert oder Kosten, für einen Aktor, von außen sichtbar	verursacht Aufwand und verbraucht Ressourcen (z. B. Rechenzeit)
Verhältnis zueinander	benutzt/enthält Funktionen und Dienste	Bestandteil von Geschäftsprozessen
Verfeinerbar	ja, durch Funktionen und Dienste	Funktion: ja, durch Funktionen und Dienste Dienst: nein
Erbringer	einer Organisation, also ggf. mehrere Systeme und Personen	einer einzigen Appliaktion
Dauer	eher lang (bis zu Wochen oder sogar Monaten)	kurz (einige Sekunden, bestenfalls Minuten)
Unterbrechung	kann (leicht) unterbrochen werden	läuft atomar in einem Zeitintervall und ohne Medienbruch ab
System- bzw. Applikationsgrenzen	werden überschritten	werden definiert
Ablauf	möglicherweise nur teilweise automatisch	wird vollautomatisch von einem System erbracht, umfasst keine manuellen Zwischenschritte
Zielgruppe	Fachabteilung, Domänenexperten	DV-Abteilung, Techniker/Entwickler
Sichtweise	in das System aus Aktoren und Applikationen hinein (*White-Box-Sicht*)	von außen auf ein System bzw. eine Applikation (*Black-Box-Sicht*)

Abbildung 9.2: Gegenüberstellung von Geschäftsprozessen und Nutzfällen.

Ob man einen Geschäftsprozess oder einen Nutzfall modelliert, hängt also neben den Charakteristika des Prozesses auch davon ab, welches Ziel der Modellierer gerade verfolgt, an welche Zielgruppe er sich mit dem Modell wenden will und auf welcher Abstraktionsebene das Modell stehen soll. Weitere Hinweise für den praktischen Einsatz von Nutzfällen bieten Berard (1995) und Schneider u. Winters (1998). Ebenfalls interessant in diesem Zusammenhang ist die Darstellung der historischen Entwicklung von Nutzfällen in Jacobson (2000).

9.2 Prozessinventar

Ausgehend von einem Kontextdiagramm wie in Abbildung 6.1 kann die Abgrenzung des Funktionsumfanges eines Systems durch Aufzählung aller zu betrachtenden Geschäftsprozesse vorangetrieben werden. Gleichzeitig lässt sich so auch eine Rollenzuweisung vornehmen, d. h., man kann festlegen, welche Aktoren an welchen Prozessen beteiligt sind. Eine solche Aufzählung wird als *Prozessinventar* (engl.: process inventory) bezeichnet (siehe Abbildung 9.3). Ein Prozessinventar gibt einen vollständigen Überblick über alle betrachteten Geschäftsprozesse und die Benutzer und Nachbarsysteme, die sie nutzen. Verbindungen zwischen Aktoren sind in diesem Kontext in der Regel nicht interessant. Neben der Übersicht dient es vor allem als methodischer Einstieg in die Detail-Spezifikation der einzelnen Prozesse.

Bei sehr großen Prozessinventaren kann es sinnvoll sein, die Prozesse zusätzlich durch Taxonomien zu untergliedern (siehe Abbildung 9.4), man spricht hier auch von *Prozesslandkarte*. Für Rollen ist im Prinzip eine ähnliche Unterteilung mög-

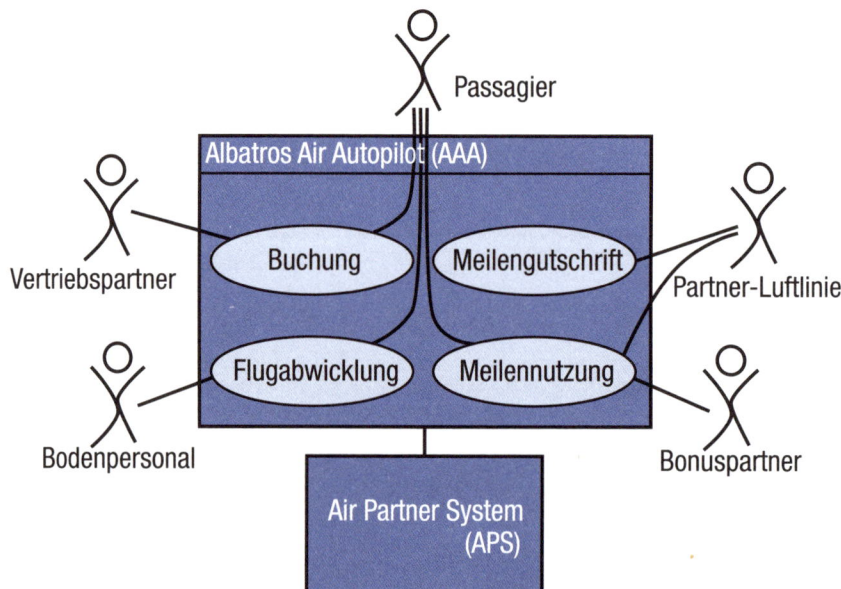

Abbildung 9.3: Ein Prozessinventar gibt einen vollständigen Überblick über alle betrachteten Geschäftsprozesse und die Benutzer und Nachbarsysteme, die sie nutzen. Hier ist es nicht erforderlich, Verbindungen zwischen Aktoren anzugeben.

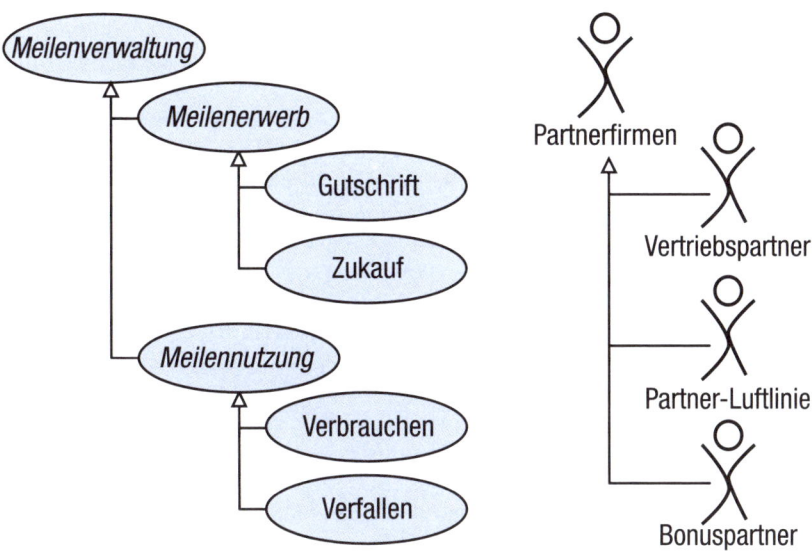

Abbildung 9.4: Taxonomien von Geschäftsprozessen (links) und Aktoren (rechts)

lich, dies sollte jedoch eine Ausnahme sein. Die Generalisierungsbeziehung sollte lediglich der begrifflichen Gliederung dienen, d. h., die generalisierten Geschäftsprozesse sollten abstrakt, also nicht instantiierbar sein. Dadurch wird verhindert, dass die UML-Generalisierungsbeziehung fälschlich wie ein `extends` in Java oder ähnlich interpretiert wird.[2] Zur Definition von Varianten gibt es andere, besser geeignete Konzepte, die in Abschnitt 9.6 behandelt werden.

9.3 Textuelle Ablaufbeschreibung

In der Regel liegen Beschreibungen von Geschäftsprozessen als Prosa vor, z. B. aus Interviews mit den Fachleuten. Die Zusammenfassung eines fiktiven Interview für den Geschäftsprozess „Flugreise" ist umseitig wiedergegeben.

Solch ein Text sollte zunächst textuell bzw. tabellarisch aufbereitet und gegliedert werden, z. B. wie in Abbildung 9.5 geschehen. Dort sind die einzelnen Arbeitsschritte hierarchisch angeordnet worden und um die Informationen ergänzt worden, wer sie wie oft ausführt. Diejenigen Vorgänge, an denen Rollen von außerhalb des geltenden Kontextes (siehe Abbildung 6.1) beteiligt sind, entfallen.

9.4 Prozesstabelle

Nachdem die zu betrachtenden Geschäftsprozesse[3] z. B. in einem Prozessinventar (siehe Abschnitt 9.2) festgelegt wurden, muss jeder einzelne von ihnen im Detail spezifiziert werden.

---

2 Das Konzept der Subklassifizierung, wie sie in objektorientierten Programmiersprachen vorkommt, hat in der Regel eine andere Semantik als Subtypisierung, Spezialisierung und die Teilmengenbeziehung.

3 Die Beschreibung in diesem Abschnitt gilt gleichermaßen für alle Arten von Prozessen. Da das gewählte Beispiel ein Geschäftsprozess ist, wird aber nur dieser Fall explizit genannt.

Eine Flugreise besteht aus drei Schritten: der Buchung, dem eigentlichen Flug, gegebenenfalls inklusive Anschluss- und Rückflug, und der Nachbearbeitung durch das Meilensystem.

Um eine Buchung durchzuführen ruft der Benutzer die Buchungsseite im WWW auf und meldet sich mit Login und Passwort an. Zunächst muss er Datum, Zeit, Ausgangspunkt und Zielflughafen seines Reisewunsches eingeben. Das System zeigt die verfügbaren Verbindungen an und der Benutzer wählt eine aus, deren Verfügbarkeit geprüft wird. Falls keine Plätze mehr frei sind, sollte dem Benutzer eine Alternative angeboten werden. Der Benutzer muss noch einige weitere Angaben machen, z. B. elektronisches Ticket („ETIX") oder Papierticket (sofern die Wahl besteht) und so weiter. Am Ende muss der Benutzer die Buchung bestätigen und kommt zur Zahlseite. Dort kann er Zahlungsmodi wählen (z. B. auf Kreditkarte oder auf Rechnung) und muss entsprechende Daten bereitstellen (z. B. Kreditkartennummer), falls diese nicht im System vorhanden sind. Das System stößt die Rechnungsstellung und Abbuchung an, gegebenenfalls auch den Ausdruck und die Zustellung des Tickets.

Der Flug als solcher fängt damit an, dass sich der Passagier am Check-In-Automaten mit seiner Meilen- oder Kreditkarte anmeldet. Der Ablauf für das Einchecken am Schalter ist im Prinzip der gleiche, nur dass nicht der Passagier die Arbeitsschritte vollzieht, sondern jemand vom Bodenpersonal. Das System findet als Erstes heraus, auf welche Flüge der Passagier gebucht ist und zeigt die nächsten Flüge an. Der Passagier wählt einen aus, das System zeigt die freien Plätze an, der Passagier wählt wieder aus. Der Benutzer kann jetzt Gepäck aufgeben, d. h., er stellt ein Gepäckstück auf das Förderband. Der Automat prüft das Gewicht – je nach Flugziel/Entfernung und Status des Passagiers wird das Gepäckstück akzeptiert und ein Gepäckstreifen gedruckt und ausgegeben. Der Passagier befestigt den Gepäckstreifen, bestätigt den Vorgang und das Gepäckstück kann vom Förderband abtransportiert werden. Zuletzt wird noch die Bordkarte gedruckt und ausgegeben. Im System ist der Passagier für den gebuchten Flug jetzt mit einer Boardingnummer gespeichert. Der Passagier muss dann durch die Sicherheitskontrolle, sein Gepäck wird durchleuchtet und eingeladen. Der Passagier wiederum kommt an den Ausgang zum Flugzeug (das Gate) und passiert mit seiner Bordkarte die Einsteigekontrolle (Boarding-Automat bzw. Bodenpersonal mit Terminal). Dabei wird jeweils die Boardingnnummer erfasst, so dass man am Ende des Boardings feststellen kann, ob alle Passagiere an Bord sind, die Gepäck aufgegeben haben. Wenn einer von diesen fehlt, muss der Ramp-Agent dessen Gepäckstücke wieder entladen lassen. Manchmal muss auch nachträglich ein Passagier von Bord genommen werden, z. B. bei akuten medizinischen Notfällen. Ein Passagier, der nicht rechtzeitig erscheint, aber auch kein Gepäck hat, wird einfach vom Flug ausgeschlossen und fertig. Die Passagiere gehen zum Flugzeug oder werden dorthin transportiert, fliegen zum Zielort, steigen aus und gehen zum Terminal. Derweil wird ihr Gepäck ausgeladen und zum Gepäckfördersystem transportiert.

Je nach Art des Fluges, nach Entfernung und gebuchter Klasse werden dem Passagier Meilen auf sein Konto gutgeschrieben. Unter Umständen erreicht der Passagier einen Schwellenwert und sein Status wird hochgestuft.

Zusammenfassung eines fiktiven Interviews zum Geschäftsprozess „Flugreise"

Wer	Wie oft	Was (Vorgang)	Anmerkung
div.	1	Flugreise	
div.	1	Buchen	Online
P, AAA	1	Nutzer anmelden	Login, Passwort
P, AAA	1..n	Flug wählen	
P	1	Flugdaten festlegen	Datum/Zeit, Abflug- & Zielort, Klasse. Konsistenzprüfung
AAA	1	Flüge anzeigen	sortiert nach Preis, billigster zuerst
P	1	Flug auswählen	
AAA	1	Verfügbarkeit prüfen	
AAA	1	Flug anzeigen	ggf. Alternative anzeigen
P	1	Weitere Angaben machen	Ticketart (ETIX, Papier)
P	1	Buchung bestätigen	
P, AAA	1	Flug bezahlen	
P	1	Bezahlart wählen	Kreditkarte, Rechnung
P	1	Bezahldaten eingeben	
P	1	Bezahlung bestätigen	
AAA	1	Abbuchung anstoßen	
AAA	0..1	Ticket drucken	
div.	1..n	Flugabwicklung	
BP/P, CIA	1	Anmeldung („Check In")	Automat oder Schalter
BP/P, CIA	1	Passagier identifizieren	Kredit- oder Meilenkarte
CIA	1	Flug identifizieren	anhand von Passagier, Ort und Datum/Uhrzeit
BP/P	1	Sitz wählen	
BP/P, CIA	0..n	Gepäck aufgeben	
BP/P	1	Gepäckstück aufladen	
CIA	1	Gepäckstück prüfen	Gewicht vs. Flug & Passagier Status
CIA	1	Gepäckstreifen drucken	
BP/P	1	Gepäckstreifen befestigen	
CIA	1	Gepäckstück verladen	auf Gepäckfördersystem
CIA	1	Bordkarte drucken	
div.	1	Einsteigen („Boarding")	
P, BP/BA	1	Drehkreuz passieren	
AAA	1	Meilengutschrift	
AAA	0..1	Meilen gutschreiben	
AAA	0..1	Passagier hochstufen	

P	Passagier	AAA	Albatros Air Autopilot	BA	Boarding-Automat
BP	Bodenpersonal			CIA	Check-In-Automat

Abbildung 9.5: Aufbereitung der ursprünglichen Beschreibung für „Flugreise" aus Abschnitt 4 in strukturierten Text. Aktionen von Aktoren außerhalb des durch Abb. 6.1 definierten Kontexts wurden entfernt (z. B. der Flug als solches, Ein- und Ausladen des Gepäcks).

Ein Geschäftsprozess ist ein komplexer fachlicher Ablauf, der für einen Aktor einen messbaren Wert oder Kosten verursacht. Er wird im Zusammenspiel mehrerer Systeme und Aktoren erbracht. Diejenigen seiner Arbeitsschritte, die automatisch erbracht werden, heißen Nutzfälle. Nutzfälle untergliedern sich in Funktionen und Dienste, siehe Abschnitte 9.5 und 9.7).

Für Geschäftsprozesse gibt es keinen allgemein durchgesetzten englischen Namen. Der Rational Unified Process (siehe Jacobson et al. (1999); Kruchten (2004); Rational RUP (1999)) sieht den Begriff *business use case* vor, vereinzelt trifft man auf „business process" (insbesondere im betriebswirtschaftlichen Umfeld, z. B. Hammer u. Champy (1993), aber auch im eher technischen Umfeld, siehe Jacobson et al. (1995)).

Betrachten wir als Beispiel eines Geschäftsprozesses eine Flugreise mit ihrem gesamten Verlauf von dem Moment, da sich ein Kunde zur Reise entschließt, bis zu dem Zeitpunkt, an dem er sein Reiseziel erreicht hat und alle Nachbearbeitungen seitens der Fluglinie abgeschlossen sind. Auf den ersten Blick erkennt man, dass es sich um einen Geschäftsprozess handelt.

- Offensichtlich sind mehrere Abschnitte oder Arbeitsschritte involviert.
- Der Prozess wird standardmäßig unterbrochen (z. B. zwischen Buchung und Flugabwicklung) und dauert dadurch in der Regel einige Tage, wenn nicht sogar Wochen oder Monate.
- Der Prozess involviert mehrere Beteiligte aus dem oben festgelegten Kontext: auf jeden Fall einen Passagier, das Bodenpersonal und mindestens die Subsysteme Buchung und Abfertigung von AAA, wahrscheinlich auch das Subsystem AM von AAA sowie möglicherweise einen Vertriebspartner und eine Partner-Luftlinie.
- Teile dieses Prozesses werden automatisch abgewickelt (dazu unten mehr), aber mindestens der Flug als solcher ist nicht „automatisierbar".
- Sowohl für den Passagier als auch für die Fluglinie hat der Prozess jeweils konkreten und quantifizierbaren Nutzen bzw. Kosten: Der Passagier hat sein Reiseziel erreicht und dafür einen Preis entrichtet, die Fluglinie hat dieses Geld eingenommen und für die Erbringung der Leistung einen Teil davon wieder ausgegeben.

Eine solche verbale Beschreibung muss aufbereitet und in eine einheitliche Form gebracht werden, mit dem Ziel, folgende Qualitätskriterien zu gewährleisten.

V erständlichkeit	Durch die Standardisierung und Vereinheitlichung wird es einfacher, den Kern eines Prozesses schnell und fehlerfrei zu verstehen.
V ollständigkeit	Kein wichtiger Aspekt wird übersehen (absichtliche, begründete Auslassungen sind natürlich möglich).
V ergleichbarkeit	Verschiedene Prozesse werden vergleichbar, nicht nur inhaltlich, sondern auch hinsichtlich der Abstraktionsebene und Qualität der einzelnen Prozessbeschreibungen.

Zur Erreichung dieser „drei V's" haben sich tabellarische Formulare bewährt. Ein Beispiel für ein ausgefülltes Formular ist in Abbildung 9.6 zu sehen. Diese Art Formular gehört nicht zur UML, es ist aber sehr weit verbreitet und die UML bietet kein Pendant. Methodisch ist dieses Formular der Anknüpfungspunkt für verschiedene andere UML-Notationen.

Identifier	Name
GP-AF-1	Flugreise

Kurzbeschreibung
Kompletter Ablauf einer Flugreise von Buchung bis Nachbearbeitung

Beteiligte Akteure
1. Passagier, 2. AAA

Auslöser
Kunde entscheidet sich zu Flugreise

Vorbedingung
keine

Standardablauf	Ausnahmen und Varianten

1. Buchung
2. Flugabwicklung
3. Meilengutschrift
	a) Flug wird mit Meilen-
	    Guthaben bezahlt:
	      Schritt 3 entfällt
	
	b) Meilenkonto übersteigt
	    Schwelle:
	      Passagier hochstufen

Nachbedingung
Konjunktion der Nachbedingungen aller drei Teilprozesse

Ergebnis
Passagier ist am Ziel; Albatros Air hat Gewinn gemacht

Häufigkeit
10.000 pro Tag weltweit

Verweise
siehe wirtschaftliche Vorgaben aus dem Businessplan

Anmerkungen, offene Punkte
keine

Abbildung 9.6: Ein Beispiel für einen Geschäftsprozess in tabellarischer Beschreibung

Die Formularfelder haben folgende Bedeutung.

Identifier	Oft verweisen andere Dokumente auf einen Geschäftsprozess. Wenn diese Dokumente von Hand gepflegt werden und sich der Name des Geschäftsprozesses ändert, werden Verweise inkonsistent. Daher sollte sich ein Verweis nicht auf einen Namen, sondern auf einen eindeutigen Bezeichner beziehen, der in dieses Feld eingetragen wird (zu Namenskonventionen für eindeutige Bezeichner siehe Abschnitt A.4).
Name	Der Name des Geschäftsprozesses (zu Namenskonventionen für Geschäftsprozesse siehe Abschnitt A.4).

Kurzbeschreibung	Eine sehr knappe Beschreibung des wesentlichen Inhalts des Prozesses.
Beteiligte	Die Aktoren und Randsysteme, die an einem Prozess beteiligt sind. Dabei wird unterschieden zwischen primären Aktoren, die den Geschäftsprozess anstoßen können, und sekundären Aktoren, die in die Erbringung eines Geschäftsprozesses involviert sind ohne ihn anzustoßen.
Auslöser	Ein Ereignis, dass den Prozess auslöst. Bei Dialogprozessen sind dies typischerweise Aktionen von Benutzern, etwa „Passagier ruft Funktion auf Webseite auf", oder Ereignisse, die mittelbar von Benutzern ausgelöst oder aufgenommen werden, etwa „Schreiben mit Bitte um nachträgliche Meilengutschrift trifft ein". Stapelprozesse werden in der Regel turnusgemäß bearbeitet, d. h., der Auslöser ist ein Zeitpunkt, z. B. der Anfang des Monats für eine Abrechnung des Vormonats oder eine bestimmte Uhrzeit für einen Sicherungslauf und so weiter.
Vorbedingung	Eine Bedingung über den Systemzustand, die erfüllt sein muss, damit der Geschäftsprozess erfolgreich ablaufen kann. Wenn diese Bedingung nicht erfüllt ist, der Prozess aber trotzdem gestartet wird, kann über die Erfüllung der Nachbedingung und eventuell auftretende Fehler keine Aussage getroffen werden.
Standardablauf	Der Standardablauf wird auch als *Primärszenario* (engl.: *primary scenario*, manchmal auch *happy day scenario*) bezeichnet. Er stellt den Normalfall dar, also in der Regel den häufigsten Fall, oder auch den einfachsten oder ursprünglichen Fall.
Ausnahmen und Varianten	In dieser Rubrik werden Abweichungen vom Primärszenario festgehalten, daher auch der Name *Sekundärszenario* (engl.: *secondary scenario*). Für jeden Abweichungsfall wird festgehalten, unter welchen Umständen er auftritt und wie der Ablauf dann aussieht.
Nachbedingung	Wenn die Vorbedingung erfüllt war und entweder das Primärszenario oder eines der Sekundärszenarien stattfand, wird diese Nachbedingung über den Systemzustand anschließend garantiert.
Ergebnis	Die Ergebnisse des Prozesses für die Beteiligten.
Häufigkeit	Das Festhalten der Häufigkeit gibt einen Anhaltspunkt für die Priorisierung von Geschäftsprozessen in der Umsetzung. Oft ist es auch sinnvoll, für die erwartete Häufigkeit der Ausnahmen und Varianten Werte eizutragen.
Verweise	In der Regel beziehen sich Prozesse auf andere Dokumente wie z. B. einen Oberflächenentwurf, betriebswirtschaftliche Vorgaben, *Plausibilitäten*, Testszenarien, gesetzlich vorgeschriebene Algorithmen und so weiter. Manchmal werden für einige dieser Aspekte (z. B. Plausibilitäten oder Tests) auch eigene Tabellenzeilen reserviert.
Anmerkungen, offene Punkte	Dieses Formularfeld kann für alles genutzt werden, was in den anderen Feldern keinen Platz findet. Nützlich ist dieses Feld z. B., um offene Punkte und Fragen festzuhalten. Ein Qualitätsmerkmal für ein Formular kann dann etwa die Zahl der offenen Punkte sein.

In der Literatur gibt es zahlreiche, leicht unterschiedliche Schemata dieser Art und im Wesentlichen ist es egal, welches verwendet wird. Im konkreten Einsatz werden in der Regel ohnehin noch Anpassungen an spezielle Gegebenheiten vorgenommen.

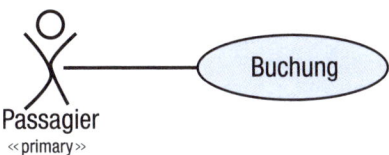

Abbildung 9.7: Auszug aus dem Prozessinventar aus Abbildung 9.3 bzw. Visualisierung der dritten Zeile der Tabelle in Abbildung 9.6

Zusätzlich zu dieser tabellarischen Darstellung lohnt es sich oft, die Abläufe mit einem Aktivitätsdiagramm oder einer Nutzfallkarte darzustellen (siehe Abschnitte 11.2 bzw. 11.3). Manchmal sind hierfür auch Sequenzdiagramme geeignet (siehe Abschnitt 12).

Zur Auflockerung und Strukturierung großer Anforderungsdokumente ist es auch oft nützlich, Ausschnitte aus einem Prozessinventar hinzuzufügen (siehe Abbildung 9.7). Aus diesem Diagramm geht lediglich hervor, dass der Geschäftsprozess „Buchung" die Aktoren „Passagier" und „AAA" hat, wobei „Passagier" der primäre Aktor ist. Damit wird lediglich ein Teil der Tabelle visualisiert, aber auch das kann schon den Überblick entscheidend steigern. Das Stereotyp «primary» ist nicht Teil des UML-Standards.

9.5 Nutzfallinventar

Nutzfälle sind die Einzelschritte von Geschäftsprozessen (siehe oben) und werden von jeweils einem System automatisch in einem ununterbrechbaren Ablauf erbracht, während Prozesse mehrere Systeme und/oder Rollen einbeziehen und unterbrochen werden können. In Abbildung 9.2 werden Geschäftsprozesse mit Nutzfällen verglichen.

Nutzfälle unterteilen sich in Dienste und Funktionen, die sich lediglich dadurch unterscheiden, dass man traditionell von einer Funktion spricht, wenn es um fachliche Inhalte geht (z. B. Einchecken, Buchen), und von einem Dienst, wenn es sich eher um eine technische Funktionalität handelt (z. B. Benutzeranmeldung, Fehlermeldung). Eine hierarchische Anordnung gibt es nicht, wenn auch in der Regel eher Funktionen Dienste aufrufen als umgekehrt.

Betrachten wir als Beispiel das Einchecken, also einen Arbeitsschritt im Geschäftsprozess „Flugreise" (siehe Abschnitt 9.4). Wir gehen für dieses Beispiel davon aus, dass das entstehende Modell ein Teil der Spezifikation eines Check-In-Automaten sein soll, an dem sich ein Passagier in Selbstbedienung für einen Flug anmeldet und dabei unter Umständen auch Gepäck aufgibt. Folgende Schritte gehören zum Einchecken.

1 Passagier anmelden: Der Passagier meldet sich am Automaten per Kredit- oder Meilenkarte an, eventuell tut dies auch ein Mitglied des Bodenpersonals für ihn.

2 Platz wählen: Die verfügbaren Plätze werden angezeigt und der Passagier wählt einen davon aus.

3 Gepäckstreifen erstellen: Das System bedruckt einen Klebestreifen zur Befestigung am Gepäckstück (eben den „Gepäckstreifen") und gibt ihn aus.

4 Der Passagier bringt diesen Streifen am Gepäckstück an und legt das Gepäckstück auf das Förderband („Rollband" in Flughafen-Terminologie).

5 Gepäck aufgeben: Wenn der Passagier bereit ist, wird das Gepäckstück durch das Förderband in das Gepäckfördersystem transportiert.

Zunächst muss geprüft werden, ob es sich hierbei um einen Nutzfall oder um einen Geschäftsprozess handelt. Dazu werden die oben aufgestellten Kriterien abgeprüft.

- Offensichtlich umfasst dieser Vorgang mehrere Arbeitsschritte (z. B. Anmelden, Platz wählen, Gepäckstreifen erstellen, Gepäck aufgeben), was eher auf einen Geschäftsprozess hindeutet. Allerdings können durchaus auch Nutzfälle verfeinert werden, und der Vorgang läuft in der Regel ohne Unterbrechung durch und dauert nicht sehr lang.

- Der Prozess involviert in der Regel lediglich einen Beteiligten aus dem oben festgelegten Kontext: den Passagier (bei Self-Check-In) oder ein Mitglied des Bodenpersonals, welches das Einchecken für den Passagier übernimmt. Von AAA ist nur das Subsystem Abfertigung involviert.

- Abgesehen von den Benutzereingaben (Identifikation, Platzwahl, Gepäckstücke) kann (und soll) dieser Prozess automatisch abgewickelt werden.

- Das Ergebnis des Vorgangs kann zwar durchaus als konkreter Nutzen beschrieben werden, aber eine Quantifizierung der „Kosten" des Passagiers (d. h. seiner Zeit) erscheint nicht sinnvoll.

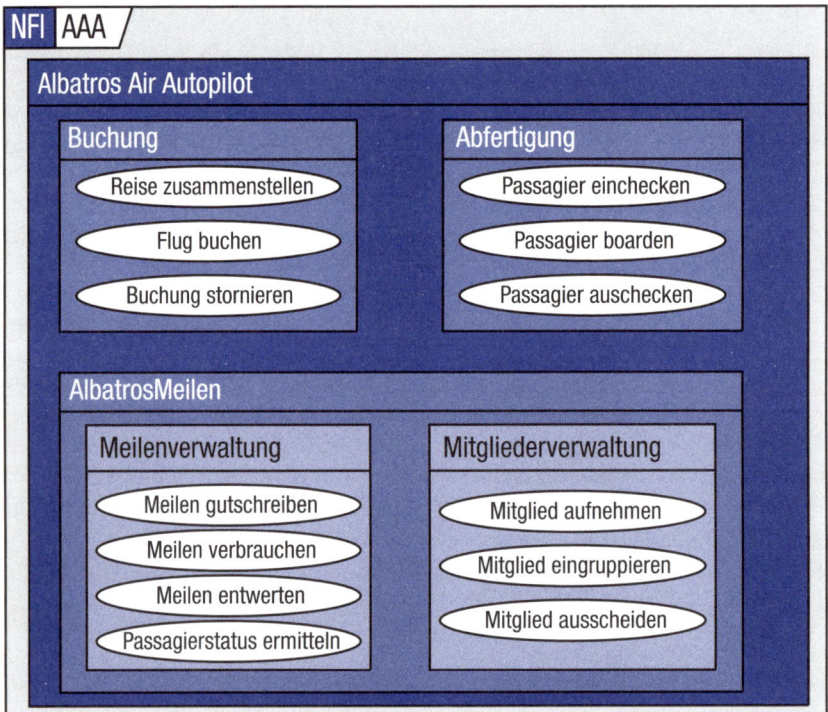

Abbildung 9.8: In einem Nutzfallinventar werden Nutzfälle jeweils dem Subsystem zugeordnet, das sie erbringt. Dadurch werden die Subsysteme voneinander abgegrenzt und funktional charakterisiert.

Es gibt also mehrere Gesichtspunkte, die klar auf einen Nutzfall schließen lassen, und zwei Kriterien, die beide Deutungen zulassen – damit ist der Fall klar und es handelt sich um den Nutzfall „Einchecken".

Analog zu einem Prozessinventar (Abschnitt 9.2) kann auch ein Nutzfallinventar aufgestellt werden. Es dient mehreren Zwecken. Zum Beispiel kann man so die Funktionalität eines existierenden Systems übersichtlich dokumentieren, was z. B. bei der Bestandsaufnahme für ein Altsystem wichtig ist.

Die gleiche Verwendung kommt auch bei der Herstellung von Neusystemen vor, z. B. wenn man nach der Definition von Geschäftsprozessen daran geht, die einzelnen Funktionalitäten (also elementaren Arbeitsschritte) von Geschäftsprozessen den jeweiligen sie erbringenden fachlichen Subsystemen zuzuordnen. Die Systeme werden dadurch ihrerseits voneinander abgegrenzt. Daneben wird auch die Beschreibung der Rollen vertieft, die durch ein Prozessinventar ja nur sehr oberflächlich beschrieben werden.

Ausgangspunkt für ein Nutzfallinventar ist eine Facharchitektur (Abschnitt 6.2), eine Menge von Prozessabläufen (Abschnitt 11.2) oder ein Funktionsbaum (Abschnitt 9.8). Ein Nutzfallinventar kann unter anderem auch als Ausgangspunkt für eine Nutzfallkarte (siehe Buhr u. Casselman (1996)) verwendet werden.

9.6 Abhängigkeiten zwischen Funktionalitäten

In großen Systemen gibt es oft zahlreiche Abhängigkeiten zwischen verschiedenen Geschäftsprozessen, Teilprozessen und Nutzfällen. Prozess- und Nutzfallinventare (Abschnitte 9.2 und 9.5) geben lediglich an, welche Prozesse und Nutzfälle betrachtet werden, stellen aber nicht ihre Abhängigkeiten dar. In umfangreichen textuellen Beschreibungen von Abläufen (Abschnitt 9.3) und Details der Geschäftsprozesse und Nutzfälle (Abschnitte 9.4 und 9.7) geht die Übersicht für diese oft komplexen Zusammenhänge leicht verloren.

Es kann sich daher lohnen, diese Abhängigkeiten durch separate Diagramme zur Beschreibung der Abhängigkeiten zu illustrieren. Die UML unterscheidet zwischen zwei Arten von Abhängigkeiten, Includes (dt.: Inklusion) und Extends (dt.: Erweiterung).

9.6.1 Inklusion

Abbildung 9.9 zeigt eine Inklusionsbeziehung zwischen Geschäftsprozessen bzw. Nutzfällen. Inkludierte Funktionalitäten sind oft auch für sich genommen vollständig und sinnvoll und können von mehreren verschiedenen Funktionalitäten in Anspruch genommen werden. Im Beispiel wird etwa der Nutzfall „Datum wählen" sicher an verschiedenen Stellen zum Einsatz kommen. Inkludierte Funktionalitäten werden beliebig oft eingebunden, mindestens jedoch einmal. Zum Beispiel kommen „Datum wählen" und „Ort wählen" jeweils zweimal in „Flugdaten festlegen" vor, für Hin- und Rückflug bzw. Start und Ziel einer Reise.

9.6.2 Erweiterung

Abbildung 9.10 zeigt, wie der Nutzfall „Flug wählen" vom Nutzfall „Alternative ermitteln" erweitert wird, wenn bei der Verfügbarkeitsprüfung festgestellt wird, dass der Flug bereits voll ausgebucht ist. Die Angabe des Erweiterungspunktes in einem

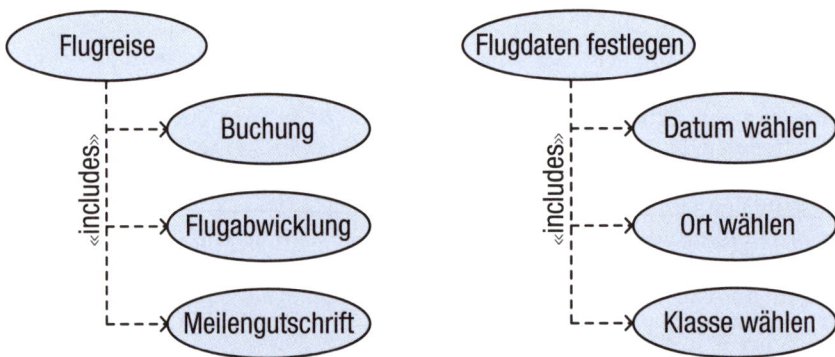

Abbildung 9.9: Die «includes»-Beziehung verbindet Prozesse und Nutzfälle mit Unterprozessen bzw. Unternutzfällen (quasi ein Unterprogrammaufruf), siehe auch Abbildung 9.15

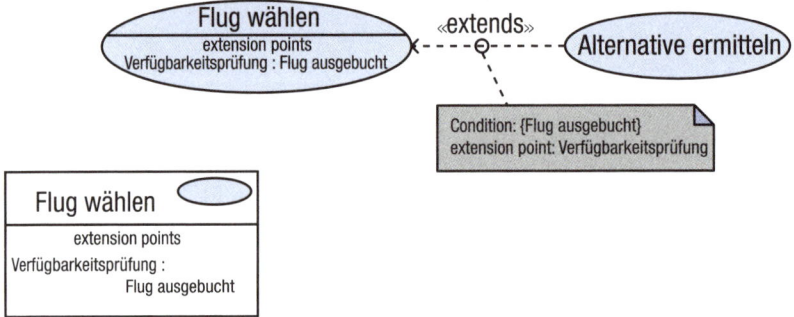

Abbildung 9.10: Zwei alternative Darstellungsweisen für Nutzfälle mit Erweiterungspunkten: die traditionelle Darstellung (oben), eine platzsparendere Variante (links unten)

Abteil des Nutzfalles ist optional. Wenn er angegeben wird, kann er optional mit einer Erläuterung versehen werden (hier „Flug ausgebucht"), die vom Namen des Erweiterungspunktes durch einen Doppelpunkt getrennt wird. Ebenfalls optional ist die Kommentierung der Erweiterungsbeziehung. Die Syntax des Kommentars im Beispiel ist vom Standard vorgegeben.

Ein erweiternder Nutzfall ist optional, d. h., er kann auftreten oder auch nicht, aber höchstens einmal. Der erweiternde Nutzfall ist in der Regel ein Fragment, d. h., er kann nicht für sich alleine ausgeführt werden. Nutzfälle können andere Nutzfälle oder Geschäftsprozesse erweitern, Geschäftsprozesse können keine Erweiterungsfälle sein (siehe Abbildung 9.11). Erweiterungsfälle können wiederum erweitert werden, wobei man sich die Erweiterungsbeziehung als assoziativ vorstellen kann: Für Nutzfälle NF, NF' und NF" sind `NF'' extends NF' extends NF` und `NF'' extends (NF' extends NF)` gleichbedeutend.

9.7 Nutzfalltabelle

Nach der Katalogisierung und Übersichtsbeschreibung in einem Nutzfallinventar müssen die Details jedes einzelnen Nutzfalls mittels einer Nutzfalltabelle definiert

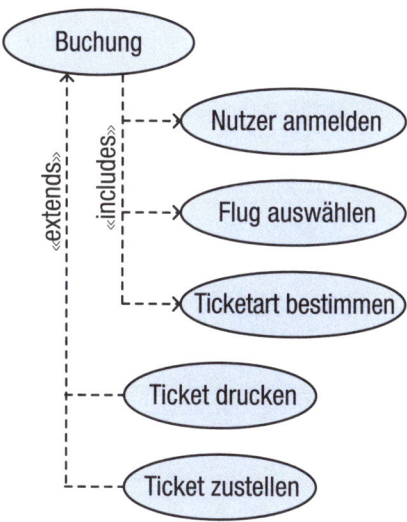

Abbildung 9.11: Eine Buchung umfasst immer mindestens einmal die inkludierten Funktionen „Nutzer anmelden", „Flug auswählen" und „Ticketart bestimmen". Nur in Ausnahmefällen werden auch die Dienste „Ticket drucken" oder „Ticket zustellen" in Anspruch genommen, im Normalfall wird ein elektronisches Ticket (ETIX) ausgestellt.

werden. Ausgangspunkt ist entweder (genau wie bei Prozessen) eine verbale Beschreibung, die aufbereitet und in eine einheitliche Form gebracht werden muss. Es gelten analoge Qualitätskriterien und man verwendet ein sehr ähnliches tabellarisches Schema wie für Geschäftsprozesse. Eine andere Möglichkeit ist die Bestandsaufnahme von Diensten eines existierenden Systems: Hierbei kommt als Ausgangspunkt die vorliegende Dokumentation in Frage (z. B. Schnittstellenbeschreibungen) oder das laufende System.

Die Nutzfalltabelle ähnelt der Prozesstabelle. Daher wird ebenfalls ein Formular zu Beschreibung benutzt. Im Folgenden werden nur die Unterschiede zu Geschäftsprozessen dargestellt. Ein Beispiel für ein ausgefülltes Formular ist in Abbildung 9.6 zu sehen.

Die Formularfelder haben folgende Bedeutung.

Name	Analog Geschäftsprozess (siehe Abschnitt A.4).
Ergebnis	Anders als bei Geschäftsprozessen sind die Ergebnisse von Nutzfällen in der Regel nicht das eigentliche Ziel für einen Akteur – das wäre im Beispiel das Erreichen des Reiseziels. Die Ergebnisse sind hingegen für den Akteur unwichtig oder von mittelbarem Interesse, z. B. eine Datenstruktur (im Beispiel etwa ein Gepäckdatensatz) oder ein materielles Ergebnis (im Beispiel etwa der Gepäckstreifen, das Gepäckstück oder die Bordkarte).
Dauer	Anders als bei Geschäftsprozessen ist für Nutzfälle nicht so sehr ihre Häufigkeit bzw. relative Häufigkeit von Interesse, sondern ihre Dauer. Da sie automatisch erbracht werden, kann man aus solchen Zahlen auf Antwortzeiten, Mindestdurchlaufzeiten von Geschäftsprozessen und andere quantitative Leistungsmerkmale schließen.

Parameter   Da ein Nutzfall eine (automatisch) ausführbare Funktion darstellt, werden in der Regel Parameter benötigt. Im Beispiel ist es vor der Flugbuchung erforderlich, den Passagier zu identifizieren, z. B. bei der Anmeldung an das System.

Identifier NF-AAA.CIA-2	Name Passagier einchecken (Automat)
Kurzbeschreibung Passagier checkt am Automaten selber ein	
Beteiligte Akteure 1. Passagier, 2. AAA.Buchung	
Auslöser Kunde führt Karte in Automaten ein	
Parameter Datum, Flughafen	
Vorbedingung Im Flugzeug ist noch ein Platz frei, Check-In-Zeit noch nicht abgelaufen	

Standardablauf	Ausnahmen und Varianten
1. Nutzer anmelden 2. Platz wählen 3. Bordkarte erstellen	a) Passagier hat mehr als einen gebuchten Flug: neuer Schritt "Flug auswählen" b) Passagier hat Gepäck: neuer Schritt "Gepäck aufgeben"

Nachbedingung Zahl der freien Plätze im Flugzeug um eins reduziert, Passagier für Flug gemeldet
Ergebnis Bordkarte gedruckt, ggf. Gepäck aufs Förderband transportiert
durchschnittliche Dauer 5 Minuten
Verweise wird benutzt in GP-AF-1, Oberfläche: GUI-B-1..4
Anmerkungen, offene Punkte keine

Abbildung 9.12: Ein Beispiel für einen Nutzfall

In der Literatur gibt es zahlreiche, leicht unterschiedliche Schemata dieser Art, und im Wesentlichen ist es egal, welches verwendet wird, im konkreten Einsatz werden in der Regel ohnehin noch Anpassungen an spezielle Gegebenheiten vorgenommen. In jedem Fall ist es erforderlich, die Schemata für Nutzfälle und Geschäftsprozesse voneinander abzugrenzen.

Zusätzlich zu dieser tabellarischen Darstellung lohnt es sich oft, die Abläufe mit einem Aktivitätsdiagramm darzustellen (siehe Abschnitt 11.3). Manchmal ist es nützlich, die Interaktion zwischen Aktor und System durch ein (Kontext-)Interaktionsdiagramm darzustellen (siehe Abschnitt 12.3).

Sobald das zu beschreibende System mehr als nur eine Handvoll Geschäftsprozesse hat oder wenn Geschäftsprozesse mehrere Sekundärszenarien haben, sollten auf jeden Fall weitere Diagramme für ein Geschäftsprozessinventar erstellt werden (siehe Abschnitt 9.2).

Wie schon bei Prozessen neigen auch Dokumente zur Beschreibung von Nutfällen dazu, groß und schwer lesbar zu werden. Auch hier bieten sich zur Auflockerung und Strukturierung Diagramme wie in Abbildung 9.13 an. Aus diesem Diagramm geht lediglich hervor, dass der Geschäftsprozess „Einchecken (Automatisch)" die Aktoren „Passagier" und „AAA.Buchung" hat, wobei „Passagier" der primäre Aktor ist. Sonderfälle werden durch die Erweiterungsfälle „Gepäck aufgeben" und „Flug auswählen" behandelt. Damit wird lediglich ein Teil der Tabelle visualisiert, aber auch das kann schon den Überblick steigern. Das Stereotyp «`primary`» ist nicht Teil des UML-Standards. Die Variante in Abbildung 9.14 zeigt außerdem noch das System, das den Nutzfall ausführt, als Bezugsrahmen mit an.

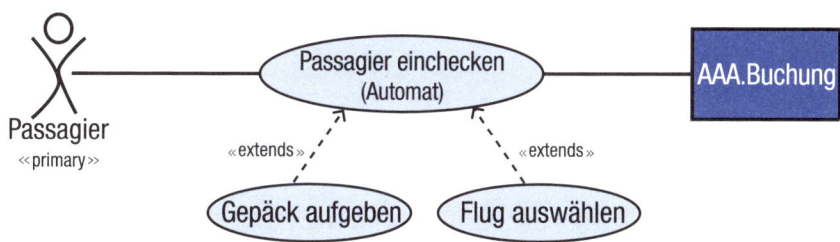

Abbildung 9.13: Auszug aus dem Prozessinventar aus Abbildung 9.3 bzw. Visualisierung der dritten Zeile der Tabelle in Abbildung 9.6

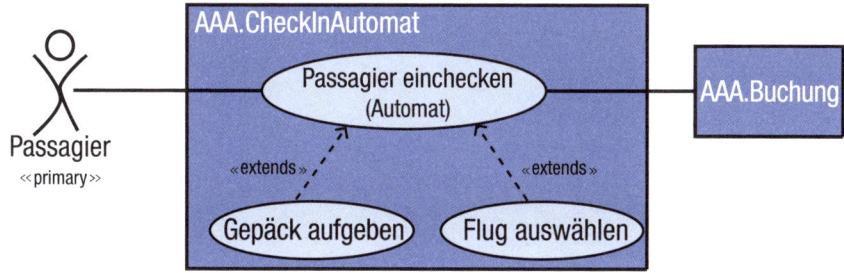

Abbildung 9.14: Variante von Abbildung 9.13

9.8   Funktionsbaum

In den *Strukturierten Methoden* (engl.: *structured methods*) der 70er und 80er Jahre (siehe z. B. Yourdon (1989)) war die *funktionale Zerlegung* (engl.: functional decomposition) ein wesentliches Paradigma im Entwurf. Es entstand eine hierarchische Zerlegung aller Funktionen in Teilfunktionen, Teil-Teilfunktionen und so weiter, der so genannte *Funktionsbaum* (siehe Abbildung 9.15). Einen ähnlichen Ansatz verfolgte seit den frühen 70er Jahren IBM mit den *Hierarchical Input/Processing/Output-Diagrams* (*HIPO-Diagramme*), die wegen der daraus entstandenen *Function-Point*-Schätzmethode berühmt wurden.

Dieser strikte Top-Down-Ansatz von Funktionalität steht jedoch der objektorientierten Strukturierung von Systemen entgegen. In Altsystemen trifft man entsprechende

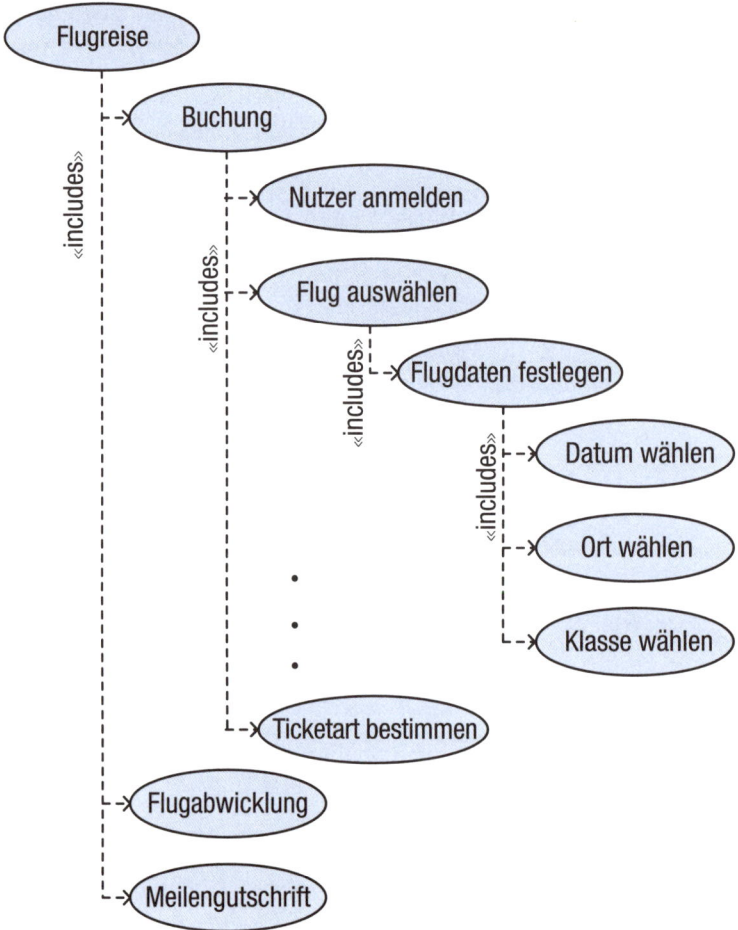

Abbildung 9.15: Ein Funktionsbaum ist eine Inklusionshierarchie von Nutzfällen. In diesem Beispiel sind die oberen beiden Ebenen Geschäftsprozesse, während die unteren beiden Ebenen Nutzfälle sind (siehe hierzu auch Abschnitt A.4).

Strukturen jedoch oft an und teilweise auch bei neuen Systemen, die der SOA folgen. Daher lohnt sich die Beschäftigung mit dieser Diagrammform.

Die Darstellungsform des Funktionsbaums ist aber auch im objektorientierten Umfeld nützlich, um die statischen Aufrufbeziehungen zu dokumentieren – nur für den Entwurf ist diese Darstellung weniger geeignet, da es sehr aufwändig ist, sie konsistent zu halten.

Diese Schwäche kann man umgekehrt allerdings auch als Stärke benutzen, um z. B. eine Untersuchung der *Auswirkungen von Änderungen* (engl.: change impact) durchzuführen: Wenn man sich den Funktionsbaum automatisch errechnen und darstellen lassen kann, sieht man sehr schön die Veränderungen in der Aufrufstruktur, die eine Umstrukturierung mit sich bringt.

Ein Funktionsbaum kann nützlich sein, wenn es darum geht die Abhängigkeiten eines Systems zu dokumentieren, hat aber den entscheidenden Nachteil, keine objektorientierte Struktur darzustellen. Ein objektorientiertes Vorgehen in der Systemanalyse wird deshalb danach trachten, höchstens eine oder zwei Ebenen der Verfeinerung zu erzeugen, um dann die Sicht zu wechseln, eine strukturelle Verfeinerung vorzunehmen und eventuell innerhalb dieser Teile wiederum Funktionen zu entdecken und ein Stück weit zu verfeinern.

Übungsaufgaben

Aufgabe 9.1 Worin unterscheiden sich Nutzfälle von Geschäftsprozessen?

Aufgabe 9.2 Definieren Sie den Nutzfall „Meilen gutschreiben" analog zum Nutzfall „Passagier Einchecken (Automat)". Schreiben Sie dazu eine textuelle Ablaufbeschreibung, füllen Sie eine Nutzfalltabelle aus und erstellen Sie ein einfaches Nutzfalldiagramm.

Aufgabe 9.3 Erstellen Sie eine Liste aller Geschäftsprozesse in einem Bahn-Buchungssystem. Überprüfen Sie die gefundenen Prozesse anhand der Kriterienliste.

Aufgabe 9.4 Wählen Sie drei zusammenhängende Geschäftsprozesse aus der vorangegangenen Aufgabe und beschreiben Sie sie jeweils mit einer Tabelle.

Zustandsautomaten

10

ÜBERBLICK

In erster Näherung ist eine textuelle Beschreibung von Verhalten und Abläufen wie in Abbildung 9.5 recht nützlich. Es kommt aber unweigerlich der Punkt, wo man präziser und detaillierter werden möchte, ohne gleich Programmcode schreiben zu wollen oder zu können. Dann sollte man die textuelle Beschreibung durch präzisere Notationen ablösen bzw. ergänzen. Die UML hält hierfür den *Zustandsautomat* (ZA, engl.: state machine) bereit. Zustandsautomaten sind im Wesentlichen hierarchische endliche Automaten und gehen vor allem auf die *ObjectCharts* von *ROOM* zurück (siehe Selic et al. (1994)), die ihrerseits unmittelbar auf *StateCharts* von Harel (1987) aufbauen, deren Ursprung die klassischen endlichen Automaten der 50er Jahre sind.

Zustandsautomaten können z. B. benutzt werden, um Objektlebenszyklen, Nutzfälle, Gerätesteuerungen, Protokollrollen und Dialogabläufe zu beschreiben. Neben der diagrammatischen gibt es auch eine gleichwertige tabellarische Darstellung.

10.1 Semantische Grundbegriffe

Um Strukturmodelle zu verstehen reichte etwas Intuition über Implementierungssprachen. Für Verhaltensmodelle wie Zustandsautomaten reicht dies nicht mehr aus, so dass wir an dieser Stelle explizit auf die Semantik eingehen müssen.

Die Semantik von Zustandsautomaten in UML 1.x ist relativ gut untersucht, für UML 2.0 stellen sich aber viele neue Fragen, die bislang nicht aufgegriffen worden sind. Schon für UML 1.x ist aber die Semantik zu komplex, um in diesem Buch vollständig dargelegt zu werden. Daher müssen hier einige Grundbegriffe reichen.

Zustandsautomaten sind hierarchisch, d. h., Zustände können rekursiv andere Zustandsautomaten enthalten. Technisch ist dies so gelöst, dass Zustandsautomaten `Regions` (dt.: Regionen) enthalten, die `Vertices` (dt.: Knoten) und `Transitions` (dt.: Transitionen) enthalten, wobei Knoten Zustände sein können, die wiederum Regionen enthalten können. Abbildung 10.1 zeigt den relevanten Ausschnitt aus dem UML-Metamodell.

Zustände können auch mehrere Regionen nebeneinander besitzen, die dann als *orthogonal*, d. h. nebenläufig, betrachtet werden. Die Regionen eines Zustands z sind also `z.region` und die Unterzustände von z sind `z.region.subvertex`. Umgekehrt ist die (unmittelbare) Oberregion r eines Zustands y diejenige, für die gilt y ∈ r.subvertex. Analog ist der (unmittelbare) Oberzustand x von y derjenige, für den gilt y ∈ x.re−gion.subvertex.

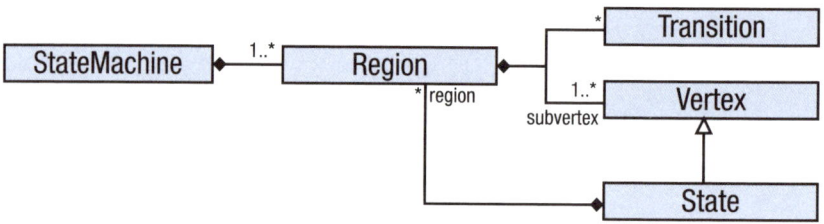

Abbildung 10.1: Ein Ausschnitt aus dem UML-Metamodell

Um den Gesamtzustand eines hierarchischen Automaten zu charakterisieren, reicht offenbar ein einzelner „State" nicht aus, es ist an dieser Stelle ein Baum von Zuständen und Unterzuständen erforderlich, genannt *Zustandskonfiguration* (engl.: state configuration).

10.2 Objektlebenszyklus

Ein *Objektlebenszyklus* (OLZ, engl.: object life cycle, siehe Noack (2001); Shlaer u. Mellor (1992)) beschreibt das Verhalten eines fachlichen Objekts in Bezug auf die verfügbaren Operationen der Klasse. Dadurch werden fachliche Abläufe und Geschäftsregeln festgelegt.

Abbildung 10.2 zeigt als erstes Beispiel den Objektlebenszyklus der Klasse „Buchung". Dieser Objektlebenszyklus zeigt, dass eine Buchung die drei Zustände „reserviert", „gebucht" und „angetreten" durchlaufen kann. Zunächst gilt sie als reserviert und erst durch erfolgte Zahlung gilt sie als verbindlich gebucht. Durch Antritt der gebuchten Reise wird der Zustand „angetreten" erreicht. Der Anfangszustand ist der kleine schwarze Punkt mit einer Transition nach „reserviert". Der Endzustand ist als schwarzer Punkt in einem weißen Kreis dargestellt (das Symbol soll an eine Zielscheibe erinnern).

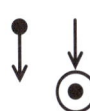

Zustandsübergänge werden durch Transitionen dargestellt. Eine Transition ist ein Pfeil mit offener Spitze, der als Anschrift einen `trigger` (dt.: Auslöser), eine `guard` (dt.: Bedingung) und ein `effect` (dt.: Effekt) trägt (alle optional). Wenn eine Transition keinen Auslöser trägt, spricht man von einer `completion Transition` (dt.: Abschlusstransition), die dadurch ausgelöst wird, dass der Zustand, von dem sie ausgeht, beendet wird. Umgekehrt ist es gerade das Auftreten des Auslöser-Ereignisses einer (regulären) Transition, welches den Vorgängerzustand beendet. Damit werden implizit auch eventuelle Unterzustände des Vorgängerzustands beendet. Die genaue Form der Anschrift zeigt die Grammatik in Abbildung 10.4. Der Übersichtlichkeit halber können Kanten übereinander gelegt werden (siehe die beiden Storno-Kanten).

Die Ereignisse, die die Zustandsübergänge auslösen, sind öffentliche Operationen der Klasse „Flugabwicklung" (vgl. Abbildung 5.12). Die Aktionen, die als Effekt stattfinden, können alle sichtbaren Operationen sein, also auch private Methoden oder sichtbare Methoden anderer Objekte (siehe den Effekt der Kante, die von „angetreten" ausgeht). Operationen der Klasse, die in ihrem Objektlebenszyklus ncht vorkommen,

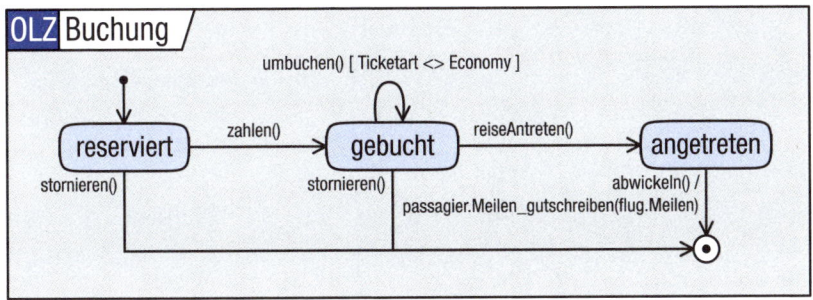

Abbildung 10.2: Der Objektlebenszyklus von Instanzen der Klasse „Buchung"

werden nicht weiter eingeschränkt, und können jederzeit aufgerufen werden, unabhängig vom aktuellen Zustand des Objektlebenszyklus. Alle Aktionen können durch ein beliebiges Verhaltens-Diagramm näher spezifiziert sein, am sinnvollsten ist meistens ein Aktivitätsdiagramm.

Für Klassen mit Objektlebenszyklen ist es oft sinnvoll, dass das Erreichen des Endzustands beim Abarbeiten des Zustandsautomaten auch tatsächlich das Ende des Objektes herbeiführt. Dies kann durch einen *Terminator*-Zustand modelliert werden (terminate node, siehe Abbildung 10.3).

Die Geschäftsregeln, die hier umgesetzt sind, legen fest, dass Economy-Tickets nicht umgebucht werden können und dass die Meilengutschrift erst mit der Abwicklung des Flugs erfolgt, d. h., nur tatsächlich geflogene Meilen werden gezählt, nicht etwa gebuchte Meilen.

Als zweites Beispiel ist in Abbildung 10.5 der Objektlebenszyklus einer „Flugabwicklung" dargestellt. Die Geschäftsregel, die hier umgesetzt ist, behandelt den Fall,

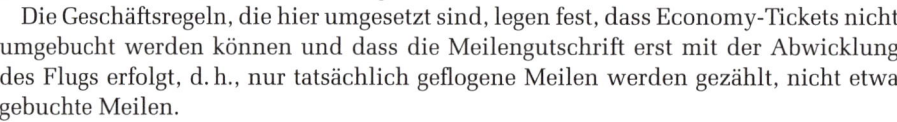

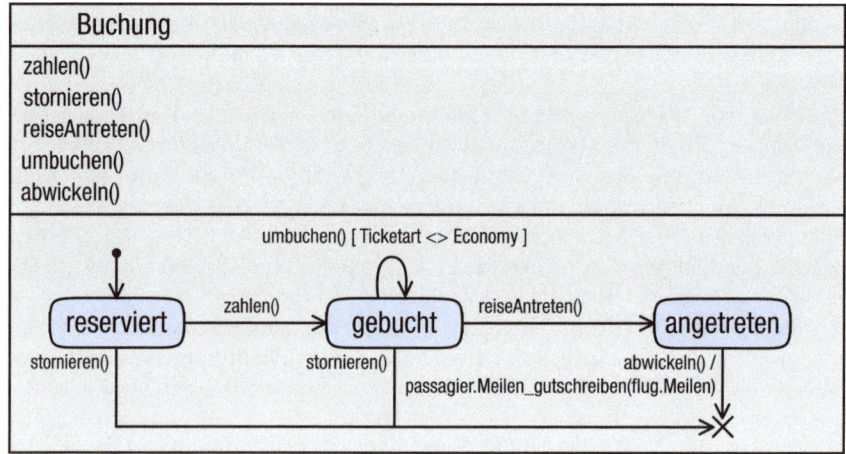

Abbildung 10.3: Objekte der Klasse „Buchung" werden gelöscht, wenn der Terminator-Endzustand ihres Objektlebenszyklus erreicht wird.

Transition	::=	[Auslöser] [[*Bedingung*]] / [*Aktion*]
Auslöser	::=	Ereignisse [(Zuweisungen)]
Ereignisse	::=	*Ereignis* (,*Ereignis*)*
Zuweisungen	::=	Zuweisung (,Zuweisung)*
Zuweisung	::=	*Attribut* | *Attribut : Typ*
Protokolltransition	::=	[[Vorbedingung]]
		Methodenaufruf / [[Nachbedingung]]
Transitionsabschnitt	::=	*Bedingung*

Abbildung 10.4: Die Grammatik von Transitionsanschriften

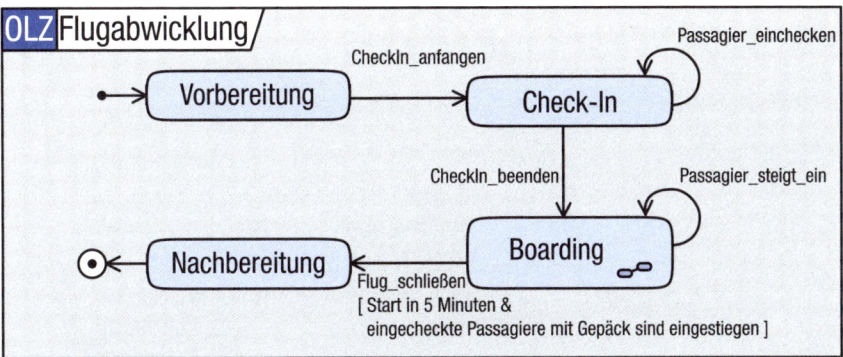

Abbildung 10.5: Der Objektlebenszyklus von Instanzen der Klasse „Flugabwicklung"

dass ein Passagier eincheckt und Gepäck aufgibt, aber bis fünf Minuten vor Abflug nicht zum Einsteigen erscheint. Diese Bedingung ist in Deutsch notiert: Für einen Objektlebenszyklus ist das durchaus vertretbar, schließlich geht es hier primär um die Fachlichkeit, nicht um die Anwendung von semantikbasierten Werkzeugen.

Wie die beiden Beispiele zeigen, können mit Zuständen sowohl rein statische Situationen (wie bei „Buchung") als auch Phasen eines Ablaufes modelliert werden (wie bei „Flugabwicklung"). Der Unterschied ist ausschließlich anhand der Namen der Zustände zu erkennen. Für jeden Objektlebenszyklus sollte entweder die eine oder die andere Variante gewählt werden, aber keine Mischung.

Der Zustand „Boarding" ist mit einem kleinen Symbol in der rechten unteren Ecke als composite state (dt.: komplexer Zustand) gekennzeichnet, d. h., er enthält eine oder mehrere Regions (dt.: Regionen), die wiederum Zustände und Transitionen enthalten. Abbildung 10.6 zeigt den Objektlebenszyklus mit aufgefalteter Verfeinerung des Zustands „Boarding". Der Zustand wird analog zu einer Klasse mit zwei Abteilen dargestellt, das erste für den Namen, das zweite für die enthaltenen Regionen.

Im Beispiel enthält „Boarding" nur genau eine Region, „Boarding" wird daher auch als sequential composite State (dt.: sequentieller komplexer Zustand) bezeichnet. Nach Abbildung 10.6 besteht das Boarding aus den drei Abschnitten „Bordkarte einlesen", „Bordkarte überprüfen" und „Bordkarte zurückweisen" oder „Bordkarte akzeptieren". Der Ablauf ist intuitiv: Wenn ein Zustandsübergang zum Zustand „Boarding" erfolgt, bedeutet dies, dass der Anfangszustand „Bordkarte einlesen" der Region eingenommen wird, die „Boarding" verfeinert. Wenn der Endzustand „Bordkarte auswerfen" der Region beendet ist, können Zustandsübergänge von „Boarding" zu anderen Zuständen und zurück zu „Boarding" stattfinden (eine genauere Erklärung folgt unten für den allgemeinen Fall).

Als weiteres Detail ist eine Fallunterscheidung hinzugekommen: Die Überprüfung der Bordkarte kann ergeben, dass der Passagier gar nicht für den Flug angemeldet ist, der gerade zum Einsteigen bereitsteht (z. B., weil sich der Passagier im Gate oder in der Zeit irrt). Um dies zu modellieren, wird ein choice Pseudostate (dt.: Fallunterscheidungsknoten) benutzt, dargestellt durch eine weiße Raute. An den Transitionen, die von der Fallunterscheidung ausgehen, stehen Bedingungen in eckigen Klammern.

Eine Notationsvariante für Fallunterscheidungen zeigt die Ausschnittvergrößerung von Abbildung 10.7 in Abbildung 10.7: Wenn sich die Bedingungen aller Transitionen,

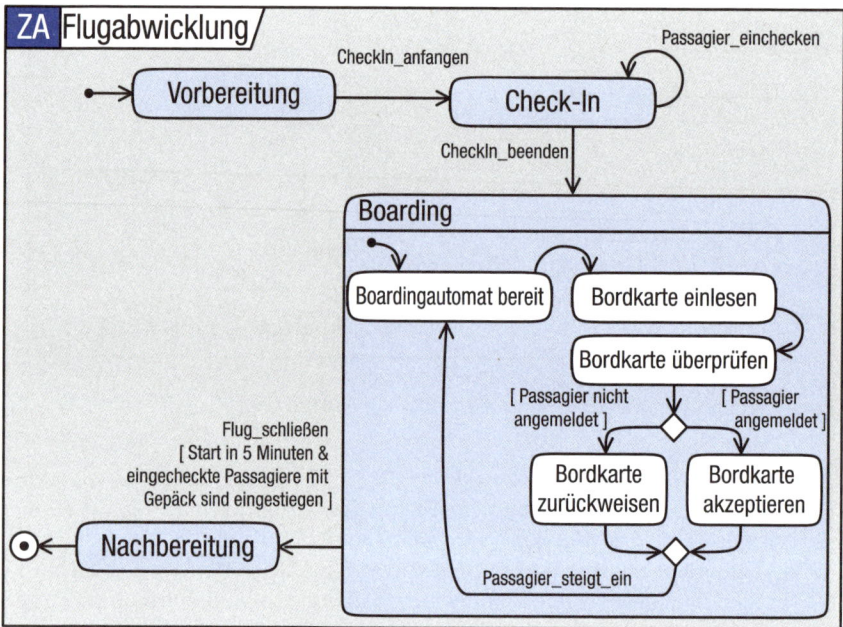

Abbildung 10.6: Verfeinerung von Abbildung 10.5

die aus einem Fallunterscheidungsknoten austreten, wechselseitig ausschließen und zusammen alle Fälle abdecken, kann die Bedingung im Fallunterscheidungsknoten platziert werden.

In Abbildung 10.8 ist der Zustand „Boarding" noch einmal als eigenes Diagramm und mit mehr Details dargestellt. Auch hier sind Zustände in Abteile strukturiert. Jeweils das erste enthält den Namen, im zweiten sind `Activities` (dt.: Aktivitäten), siehe auch Kapitel 11) aufgelistet. Sie sind in der Form *Ereignis / Aktivität* notiert, wobei als Ereignis einerseits öffentliche Methoden der Klasse in Frage kommen, und andererseits die vordefinierten Ereignisse `entry`, `do` und `exit`, die jeweils den Eintritt in den Zustand, den Aufenthalt darin und den Austritt aus dem Zustand anzeigen.

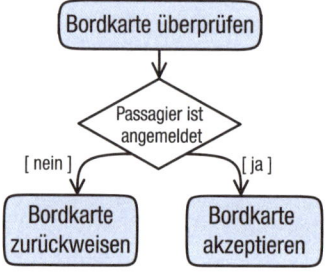

Abbildung 10.7: Notationsvariante für Fallunterscheidungen

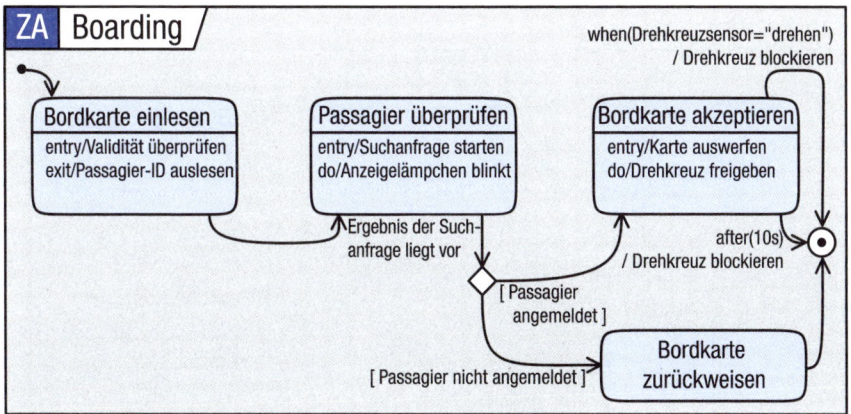

Abbildung 10.8: Ausarbeitung des Zustands „Boarding" aus Abbildung 10.6

Vom Zustand „Bordkarte akzeptieren" gehen zwei Transitionen mit unterschiedlichen Auslösern aus. Die eine Transition wird ausgelöst durch das Ereignis „when (Drehkreuzsensor=„drehen")". Dieses Ereignis nennt man ChangeEvent (dt.: Änderungsereignis). Das Argument ist ein Boole'scher Ausdruck und das Ereignis tritt auf, sobald der Ausdruck wahr wird, in diesem Fall, wenn ein Passagier durch das Drehkreuz hindurch geht und der Sensor im Drehkreuz die Drehung anzeigt.

Die andere Transition wird ausgelöst durch das Ereignis „after(10 s)". Dieses Ereignis nennt man ein TimeEvent (dt.: Zeitereignis). Zeitereignisse sind eine Art Stoppuhren, die gestartet werden, wenn der Zustand eingenommen wird, auf den sie sich beziehen (hier „Bordkarte akzeptieren"). Wenn die Stoppuhr den Wert erreicht hat, der im Argument angegeben ist, wird das Ereignis ausgelöst, in diesem Fall nach 10 Sekunden, ohne dass vorher das Drehkreuz betätigt worden wäre.

10.3 Nutzfalllebenszyklus

Für die Standardabläufe und Varianten von Nutzfällen sind vor allem Aktivitätsdiagramme geeignet. Manche Modellierer bevorzugen aber einen eher zustandsorientierten Stil und benutzen daher auch an dieser Stelle Zustandsautomaten in Form eines Nutzfalllebenszyklus[1]. Ein anderer Grund könnte sein, dass im Projekt ein Standard-Werkzeug festgelegt wurde, welches zwar Zustandsautomaten, nicht aber Aktivitätsdiagramme ausreichend unterstützt.

Abbildung 10.9 zeigt das Primärszenario für den Nutzfall von Abbildung 9.12. Die Ereignisse an Zustandsübergängen sind hier teilweise explizit grafisch dargestellt. Für empfangene Ereignisse (ReceiveSignalEvent, dt.: Empfangsereignis), die einen Zustandsübergang auslösen, wird ein Rechteck mit eingeknickter Seite verwendet („Karte einführen"). Aktionen, die als Effekt eines Zustandsübergangs ausgelöst werden, können entweder als beschriftetes Rechteck (Action, dt.: Aktion, z. B. „Platz wählen") oder, für den Spezialfall SendSignalAction (dt.: Sendeaktion), als Rechteck mit Pfeilspitze dargestellt werden („Karte ausgeben" und „Bordkarte ausgeben").

---

1 Der Name erklärt sich daher, dass man Nutzfälle als eine spezielle Art von Objekt betrachten kann, das auch einen Objektlebenszyklus besitzt.

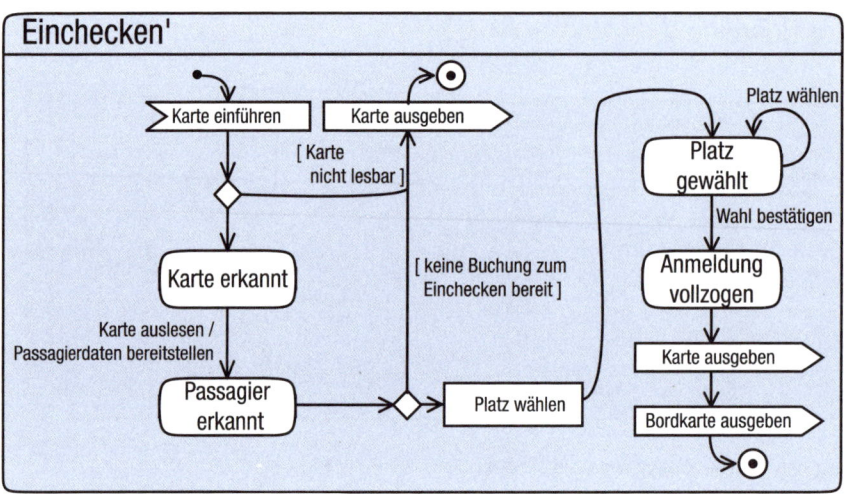

Abbildung 10.9: Der Ablauf des Nutzfalls „Einchecken" als Zustandsautomat. Dieser Zustandsautomat deckt das Primärszenario und zwei Ausnahmefälle ab.

Auf diese Weise werden im Beispiel die materiellen Interaktionen mit dem Benutzer hervorgehoben. Abbildung 10.10 zeigt drei gleichwertige Darstellungsweisen für Transitionen.

Nehmen wir an , dass die Kartenlesegeräte in den Check-In-Automaten nicht immer funktionieren, so dass die Identifizierung eines Passagiers durch die Meilen- oder Kreditkarte manchmal nicht klappt. Außerdem gibt es auch Passagiere, die weder mit der Kreditkarte bezahlt haben noch Mitglied im Meilenprogramm sind. Für diese und ähnliche Fälle soll die Möglichkeit vorgesehen sein, dass der Name des Passagiers direkt in ein Terminal eingegeben wird (z. B. durch das Bodenpersonal), um ihn auf diese Art zu identifizieren (siehe auch Abbildung 12.9).

Dieses Sekundärszenario soll in den Automaten aus Abbildung 10.9 mit möglichst geringen Änderungen integriert werden. Die Abarbeitung eines (sequentiellen) komplexen Zustands wie „Einchecken" aus Abbildung 10.9 beginnt und endet normalerweise beim Anfangs- bzw. Endzustand der Region, mit der der komplexe Zustand verfeinert ist.

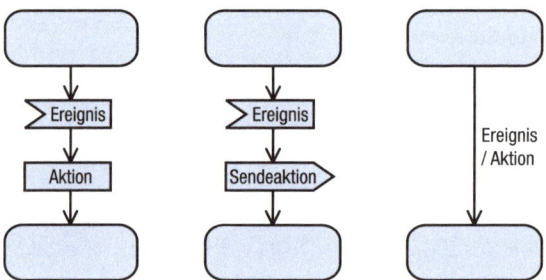

Abbildung 10.10: Auslöser (Ereignisse) und Effekte (Aktionen, z. B. Sendeaktionen) von Transitionen können grafisch oder textuell dargestellt werden.

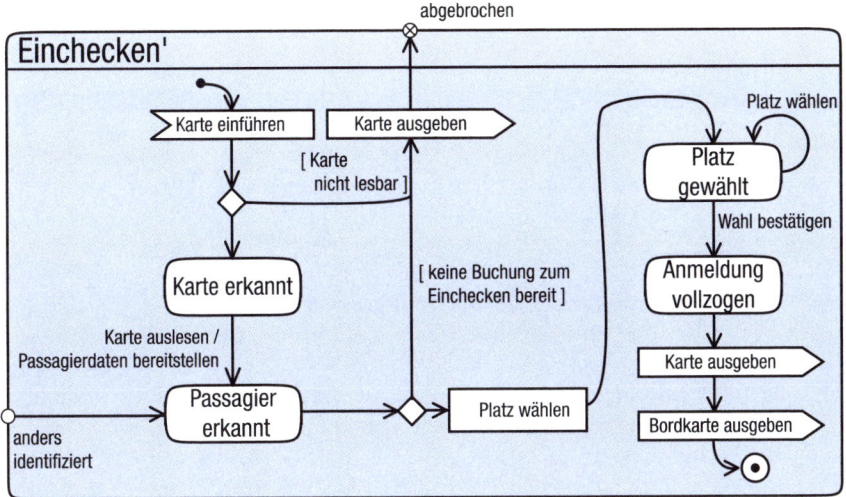

Abbildung 10.11: Weiterentwicklung des Zustands „Einchecken" aus Abbildung 10.9: Eintritts- und Austrittspunkte erlauben die Benutzung im neuen Kontext.

Für die gestellte Aufgabe wäre es aber nützlich, hiervon abweichen zu können. Zum Beispiel könnte man nach einer nicht erkannten Karte nicht in den normalen Endzustand gelangen, sondern in einen speziellen Zustand, in dem die Option zur manuellen Anmeldung gewährt wird. Wenn die separat zu modellierende manuelle Anmeldung erfolgreich ist, sollte der Nutzfall direkt ab dem Zustand „Passagier erkannt" abgearbeitet werden.

Eine Möglichkeit, dies zu modellieren, sind die entry point Pseudostates (dt.: Eintrittspunkte) und exit point Pseudostates (dt.: Austrittspunkte), die man als eine Art separater Eingang bzw. Ausgang eines komplexen Zustands verstehen kann. Ein Austrittspunkt wird als kleiner Kreis mit einem Kreuz auf dem Rand des komplexen Zustands dargestellt, z. B. „abgebrochen" in Abbildung 10.11. Ein Eintrittspunkt wird durch einen kleinen Kreis auf dem Rand eines komplexen Zustands dargestellt, z. B. „anders identifiziert" in Abbildung 10.11. Eintritts- und Austrittspunkte sind lediglich notationelle Abkürzungen für Transitionen in einen sequentiellen komplexen Zustand hinein (siehe Abbildung 10.12).

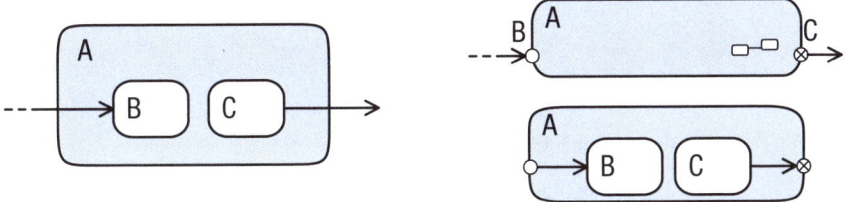

Abbildung 10.12: Unterzustände von komplexen Zuständen können Ziel oder Ausgangspunkt von Transitionen sein, deren anderes Ende außerhalb des komplexen Zustands liegt (links). Je nachdem, ob man den Kontext (rechts oben) oder den Inhalt (rechts unten) des komplexen Zustands betrachtet, kann man Eintritts- und Austrittspunkte benutzen, um die Anbindung anzuzeigen.

177

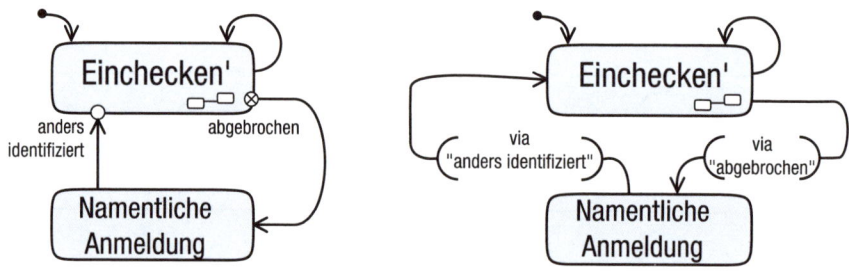

Abbildung 10.13: Zwei gleichwertige Darstellungen von Eintritts- und Austrittspunkten

Abbildung 10.13 zeigt in zwei semantisch gleichwertigen notationellen Varianten, wie „Einchecken'" mit der externen Anmeldung kombiniert werden kann.

10.4 Protokollrolle und Protokoll

Mit einem Objektlebenszyklus kann man das Verhalten eines Objektes in einer *White-Box-Sicht* beschreiben, also in Kenntnis seines Aufbaus, seiner inneren Zustände und so weiter. Auf diese Art würde man auch Anschlüsse und Verbinder eines Montage-diagramms spezifizieren (wie schon in Abbildung 6.8 angedeutet).

Wenn es aber darum geht, diese Details nicht offen zu legen (d. h. eine *Black-Box-Sicht* einzunehmen) und nur den Zugriff auf ein Objekt zu definieren, ist eine *Proto-kollrolle* (engl.: protocol role) besser geeignet. Eine Kollaboration von Protokollrollen heißt *Protokoll* (engl.: protocol), siehe Abbildung 10.15.

Eine Protokollrolle erlaubt die abstrakte Spezifikation des Verhaltens eines Objek-tes, also die Sicht „von außen" auf ein Objekt, und unterstützt so die Kapselung. Daher sind Protokollrollen insbesondere für die Spezifikation von Anschlüssen und Verbin-dern nützlich. Abbildung 10.14 verdeutlicht den Zusammenhang zwischen Protokoll und Protokollrolle einerseits und Anschlüssen und Verbindern andererseits.

Abbildung 10.14: Die Beziehung von Protokollrolle, Protokoll, Anschluss und Verbinder zueinander

Abbildung 10.15: Ein Protokoll ist eine Kollaboration zwischen Protokollrollen.

Zur Beschreibung von Protokollrollen (und Protokollen) sieht die UML die `Pro-tocolStateMachine` (dt.: Protokollautomat) vor, eine Spezialisierung des Zustands-automaten. Protokollautomaten unterscheiden sich von gewöhnlichen Zustandsauto-maten dadurch, dass alle (normalen) Transitionen durch Protokolltransitionen ersetzt sind. Eine `ProtocolTransition` (dt.: Protokolltransition) ist frei von Seiteneffek-ten, es sind also insbesondere keine Effekte der Transitionen zulässig. Stattdessen werden die Zustandsübergänge durch Vor- und Nachbedingungen beschrieben. Die Anschriften von Protokolltransitionen werden beschrieben durch die Grammatik in Abbildung 10.4.

Der Auslöser ist eine öffentliche Methode der Klasse, die durch die Protokollrolle beschrieben wird (genau wie bei einem Objektlebenszyklus). Die Vor- und Nachbedin-gung sind gleichzeitig Vor- und Nachbedingung der spezifizierten Operation, so dass der unmittelbare Bezug auf ein Klassenmodell hergestellt wird. Statt einer Klasse kann sich ein Objektprotokoll natürlich auch auf Schnittstellen, Anschlüsse und ähnliche Elemente beziehen.[2]

Ein anderer wichtiger Unterschied zwischen normalen Zustandsautomaten und Protokollautomaten besteht im Prinzip der *Zustandstransparenz*: Neben dem eigent-lichen Zustand (z. B. eines Objektlebenszyklus) hat ein Objekt in der Regel noch Attri-butwerte, die nicht explizit als Zustand modelliert sind. Im Beispiel des Client/Server-Protokolls hat z. B. der Server eine Warteschlange von bereits aufgenommenen, aber noch nicht bearbeiteten Aufträgen. Diese Warteschlange beeinflusst die Verarbeitung, ist also Teil des Zustands, ohne dass sie von außen direkt sichtbar oder veränderbar ist. Im Gegensatz dazu wird bei Protokollautomaten nichts verborgen, der gesamte Zustand ist von außen sichtbar. Dadurch sind auch alle Zustandsänderungen beob-achtbar, es gibt keine „verdeckten" oder „internen" Zustandsübergänge.[3]

In Abschnitt 6.3.2 wird ein Client/Server-Protokoll informell beschrieben. Mit Pro-tokollautomaten kann die informelle Beschreibung jetzt präzisiert werden. Die beiden Protokollrollen werden in den Abbildungen 10.16 und 10.17 definiert (inklusive einer kleinen Erweiterung). Um Protokollzustandsautomaten von einfachen Zustandsauto-maten zu unterscheiden, werden sie mit dem Eigenschaftswert `protocol` versehen.

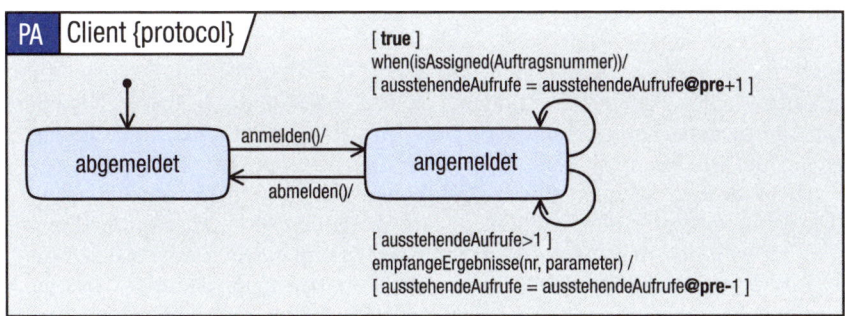

Abbildung 10.16: Verhalten der Client-Rolle „requireService" aus Abbildung 6.10

---

2 Genau genommen: nur auf `BehavioredClassifier`, also neben Klassen, Anschlüssen und Schnittstellen auch auf Zustandsautomaten, Knoten, Kollaborationen und Nutzfälle.
3 Etwa im Sinne von τ-Aktionen in CCS, siehe Milner (1989).

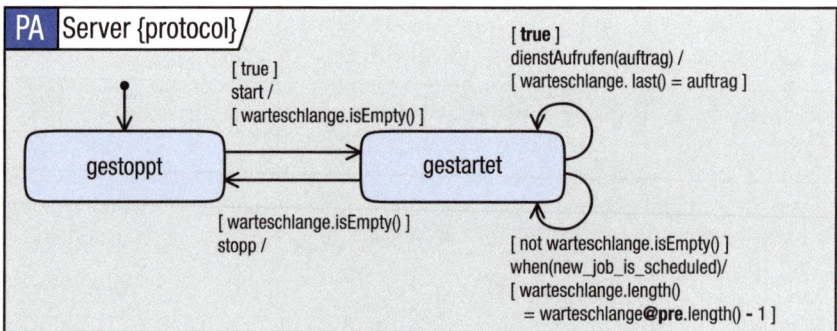

Abbildung 10.17: Verhalten der Server-Rolle „provideService" aus Abbildung 6.10

Im Bild wird diese Unterscheidung allerdings schon durch den Diagrammtyp „PA"
gewährleistet.

Das Zusammenspiel zwischen je einer dieser Protokollrollen, also das binäre
Client/ Server-*Protokoll*, lässt sich durch einen concurrent CompositeState (dt.:
Parallelzustand) darstellen.[4] Ein Parallelzustand hat mehrere voneinander unabhängige Regionen, z. B. je eine pro beteiligter Rolle. In Abbildung 10.18 ist „in Betrieb"
ein Parallelzustand mit zwei Regionen. Die Regionen sind als „client" bzw. „server"
benannt und durch eine gestrichelte Linie voneinander getrennt.

Die Regionen eines Parallelzustands sind *orthogonal*, d. h., sie laufen unabhängig
voneinander gleichzeitig ab. Wenn ein Parallelzustand eingenommen wird, beginnt
die Abarbeitung aller seiner Regionen gleichzeitig in deren jeweiligem Anfangszustand. Ein Parallelzustand ist genau dann beendet, wenn alle seine Regionen beendet
sind.

Wenn ein einfacher oder zusammengesetzter Zustand beendet wird, wird ein com-
pletion Event (dt.: Vollendungsereignis) ausgelöst. Dieses Ereignis ist der Auslöser
für Transitionen aus dem beendeten Zustand, die *keinen anderen* Auslöser haben. In
Abbildung 10.19 wird Zustand „B" nur genau dann aus „A" heraus erreicht, wenn
„A" regulär beendet wird und daher ein Vollendungsereignis auslöst. Im Gegensatz
dazu wird Zustand „C" nur dann erreicht, wenn „A" vorzeitig durch das Auftreten
des Ereignisses „x" abgebrochen wird.

Dies gilt für einfache und zusammengesetzte Zustände gleichermaßen. In Abbildung 10.18 bedeutet das, dass das Ereignis „aus" den Zustand „in Betrieb" jederzeit
beendet. Um in den Zustand „außer Betrieb" zu gelangen, müssen beide Regionen
regulär beendet werden, und damit „in Betrieb" beendet werden.

Von „außer Betrieb" gelangt dieser Protokollautomat nur dann wieder nach „in
Betrieb", wenn entweder das Ereignis „restart" vorkommt oder aber dieses Ereignis
schon vorher während des Zustands „in Betrieb" vorkam – durch die „restart/defer"-
Klausel im Reiter von „in Betrieb" wird „restart" als verzögert deklariert. Das heißt,
dass „restart"-Ereignisse bis zur Beendigung dieses Zustands erhalten bleiben und
erst dann verarbeitet werden. Da sich die Verzögerung der Ereignisse nur auf ihre
Eigenschaft als Auslöser einer Transition bezieht, heißen solche Ereignisse *verzögerte
Auslöser* (engl.: deferred trigger).

---

4 Die unmittelbare Übersetzung wäre etwa „nebenläufiger komplexer Zustand", was aber unhandlich ist.

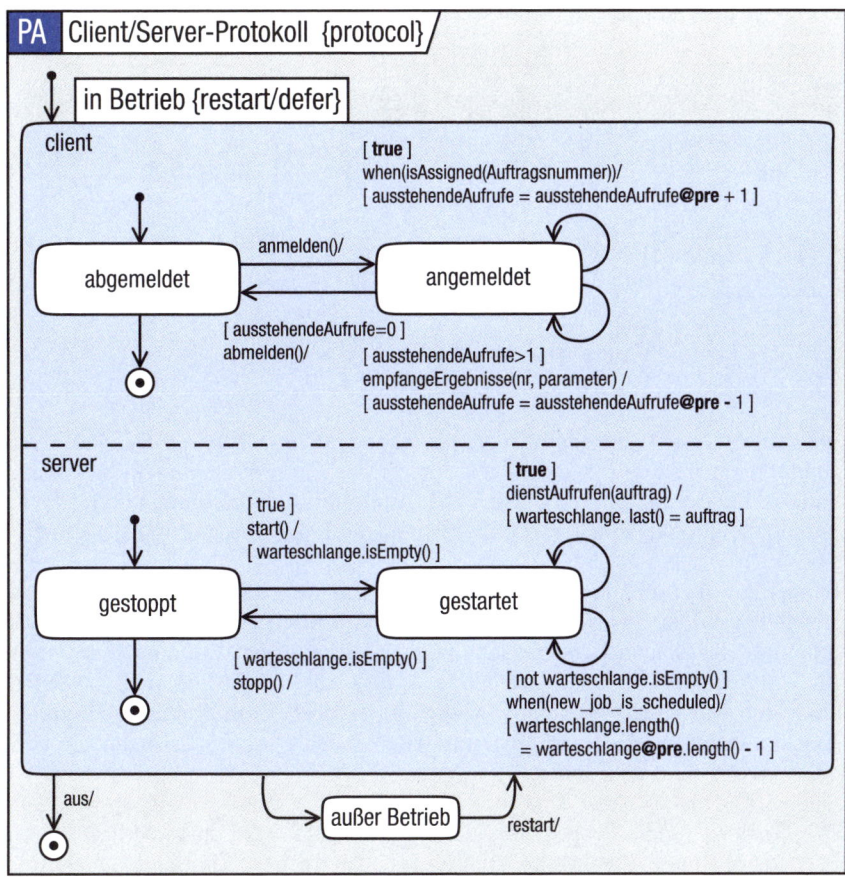

Abbildung 10.18: Erweiterung des „Client/Server-Protokoll" aus Abschnitt 6.3.2

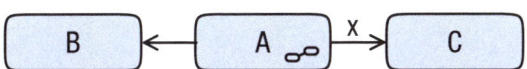

Abbildung 10.19: Zustand „B" wird durch reguläre Beendigung von „A" erreicht, „C" nur dann, wenn „B" durch Auftreten von „x" vorzeitig abgebrochen wird.

10.4.1 Gedächtniszustände

Nehmen wir an, dass die Ausführung des Protokolls durch ein „aussetzen"-Ereignis zeitweilig unterbrochen werden soll. Offensichtlich darf das Signal „aussetzen" nicht verzögert werden. Aber ein einfacher Zustandsübergang wie durch das Ereignis „aus" bzw. wie in Abbildung 10.20 (Mitte) hat auch nicht das gewünschte Ergebnis: Nach dem Ausführen dieser Transition ist der Betriebszustand des Protokolls gelöscht – statt kurz ausgesetzt zu werden, wird das Protokoll unterbrochen und zurückgesetzt. Wir hätten damit also einen Reset modelliert.

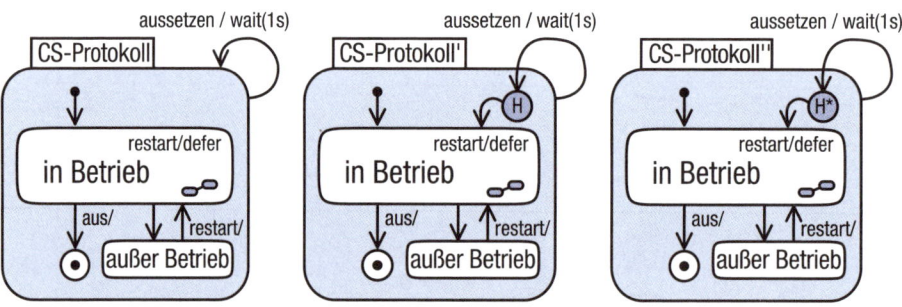

Abbildung 10.20: Gedächtniszustände bewahren die Konfiguration bzw. Teile davon.

Um dieses Problem zu beheben, ist in Abbildung 10.20 (Mitte) ein *Gedächtniszustand* (engl.: history state) eingeführt worden, genauer: ein *einfacher Gedächtniszustand* (engl.: shallow history state). Er wird durch ein „H" in einem Kreis gekennzeichnet und steht in der Regel in der rechten oberen Ecke eines zusammengesetzten Zustands.

Allerdings bewahrt ein flacher Gedächtniszustand nur die oberste Ebene in der Zustandskonfiguration. Das heißt also, dass beim Auftreten von „aussetzen" in „CS-Protokoll'" nur der Zustand „in Betrieb" bzw. „außer Betrieb" erhalten bliebe, aber nicht die Unterzustände von „in Betrieb", was eigentlich intendiert war. Im Gegensatz zum ersten Fall würde aber der Zustand „in Betrieb" nicht erneut neu betreten, d. h., eine Eingangsaktion dieses Zustands würde nach einem „aussetzen" in „CS-Protokoll'" nicht erneut ausgeführt.

Um ein wirkliches Aussetzen zu modellieren, wird in diesem Beispiel ein *tiefer Gedächtniszustand* (engl.: deep history state) benötigt. Er wird dargestellt durch ein „H" mit Stern in einem Kreis, siehe Abbildung 10.20 (rechts). Ein tiefer Gedächtniszustand sorgt dafür, dass die gesamte Zustandskonfiguration unterhalb des Zustands, in dem er deklariert wird, erhalten bleibt.

Von den Gedächtniszuständen in Abbildung 10.20 geht jeweils eine Transition zu „in Betrieb". Diese *voreingestellte Transition* (engl.: default transition) wird nur genau dann ausgeführt, wenn das Gedächtnis leer ist, wenn also das Protokoll durch „aussetzen" unterbrochen wurde, ehe überhaupt ein Zustand eingenommen worden war. Im abgebildeten Beispiel macht das keinen Unterschied, da in beiden Fällen der Zustand „in Betrieb" eingenommen wird. Wenn der Anfangszustand jedoch eine Transition nach „außer Betrieb" hätte, wäre dies anders.

In Abbildung 10.20 sind die „in Betrieb"-Zustände rechts unten mit einem kleinen Symbol ausgezeichnet, das an einen Zustandsautomaten erinnern soll. Damit wird ausgedrückt, dass „in Betrieb" ein komplexer Zustand ist, aber die Details hier nicht gezeigt werden.

Gedächstniszustände sind letztlich Anfangszustände. Abbildung 10.21 verdeutlicht dies, indem die Notation explizit gemacht wird (eine Anwendung der Notation wird z. B. in Abbildung 10.31 gezeigt).

Das Verhalten von Gedächtniszuständen erschließt sich daher am besten im Kontrast zu einfachen Anfangszuständen.

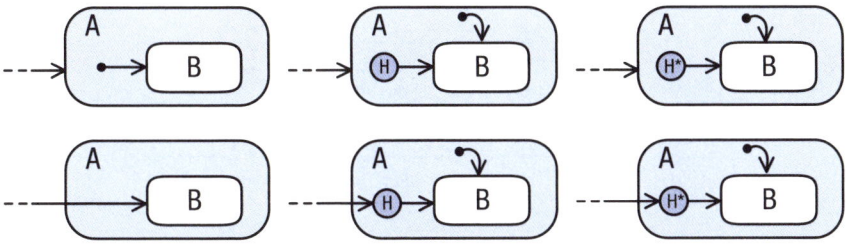

Abbildung 10.21: Gedächtniszustände sind Anfangszustände (von links nach rechts ohne, mit flachem und mit tiefem Gedächtnis). In jeder Spalte sind die Zustände in der oberen und unteren Zeile jeweils gleichbedeutend.

einfacher Anfangszustand	Beim Betreten des unmittelbaren Oberzustands wird in der unmittelbar enthaltenden Region als Erstes der Folgezustand eines einfachen Zustands eingenommen.
(flacher) Gedächtniszustand	Beim Betreten des unmittelbaren Oberzustands wird in der unmittelbar enthaltenden Region als Erstes der Folgezustand eines Gedächtniszustands eingenommen, sofern das Gedächtnis leer ist (wenn also der unmittelbare Oberzustand noch nie eingenommen wurde). Wenn das Gedächtnis nicht leer ist, wird derjenige Zustand wieder eingenommen, der eingenommen war, als der Oberzustand zuletzt verlassen wurde.
tiefer Gedächtniszustand	Der Eintritt in einen tiefen Gedächtniszustands ähnelt dem Eintritt in einen zusammengesetzten Zustand mit flachem Gedächtniszustand, nur dass nicht nur der letzte Zustand, sondern die letzte Zustandskonfiguration unterhalb des zusammengesetzten Zustands wieder eingenommen wird.

10.4.2 Aufspaltungs- und Synchronisationsknoten

Um eine spezielle Zustandskonfiguration von Parallelzuständen gezielt einzunehmen bzw. zu beenden, können auch Eintritts- und Austrittspunkte verwendet werden. Um die Eintritts- und Austrittspunkte mehrerer Regionen aufspalten oder zusammenführen zu können, sind in Zustandsautomaten die Konstrukte `join Pseudostate` (dt.: Synchronisationsknoten) und `fork Pseudostate` (dt.: Aufspaltungsknoten) vorgesehen. Sie werden dargestellt durch schwarze Balken, siehe Abbildung 10.22.

Synchronisationsknoten dürfen keine Bedingung und keine Auslöser an den eingehenden Transitionen haben. Analog dürfen Aufspaltungsknoten keine Bedingung und keine Auslöser an den ausgehenden Transitionen haben.

10.5 Systemverhalten und Steuerungsautomat

Ein Steuerungsautomat ist ein Zustandsautomat, der ein technisches Gerät oder System steuert bzw. sein Verhalten beschreibt. Im AAA-Beispiel sind etwa der Check-In-Automat und der Boarding-Automat Beispiele für solche Geräte. In diesem Abschnitt

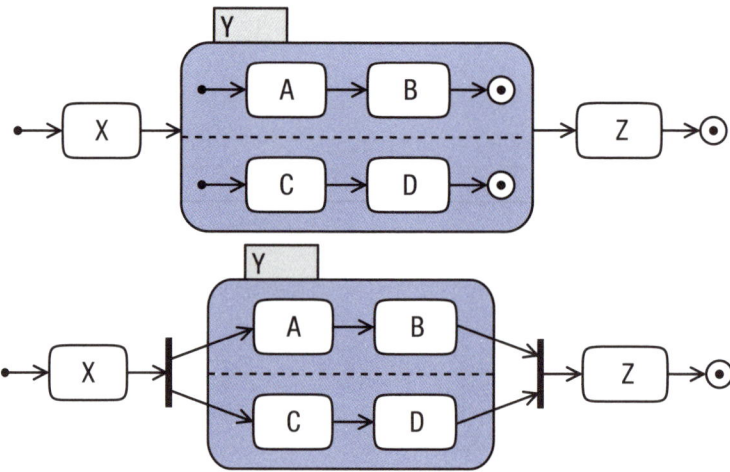

Abbildung 10.22: Zwei gleichwertige Zustandsautomaten: mit herkömmlichen Anfangs- und Endzuständen (oben); mit explizitem Auftrennen und Vereinigen von Kontrollflüssen durch Aufspaltungs- und Synchronisationsknoten (unten).

betrachten wir den Boarding-Automat im Detail und entwickeln ein Modell, das uns zur Erstellung der Software für die Steuerung dieses Automaten dient.

Ein Boarding-Automat besteht aus drei Baugruppen, einem Kartenlesegerät, einem Drehkreuz und einer Steuerung. Der Kartenleser und das Drehkreuz bestehen ihrerseits wiederum aus verschiedenen Bauteilen, darunter Sensoren, Aktoren und eine einfache Ansteuerelektronik (siehe Abbildung 10.23). Die Baugruppen sind so zusammengeschaltet, dass lediglich der Anschluss der Steuerung nach außen geht. Über diese Leitung ist der Boarding-Automat an den Zentralrechner des Flughafens angeschlossen (siehe Abbildung 6.53).

Für die Entwicklung des Modells nehmen wir an, dass die Ansteuerelektronik der Baugruppen jeweils einige Register zur Verfügung stellt, aus denen für Sensoren Werte ausgelesen werden können bzw. in die für Aktoren Werte geschrieben werden können. Die Umsetzung von Messwerten der Sensoren in Registerinhalte bzw. der in die Register geschriebenen Werte in Aktorverhalten übernimmt die jeweilige Ansteuerelektronik. Die Bedeutung der Werte ist in Abbildung 10.24 dargestellt.

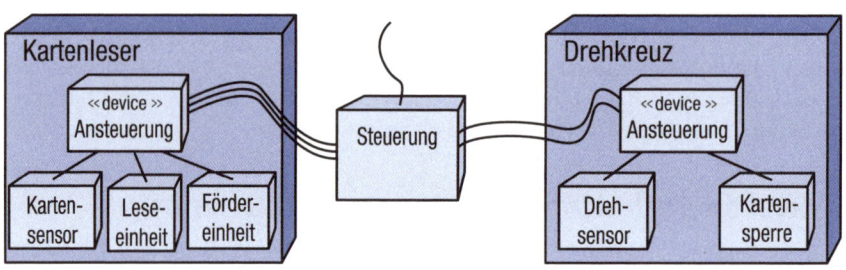

Abbildung 10.23: Ein Boarding-Automat besteht aus den drei Baugruppen Kartenleser, Drehkreuz und Steuerung.

Baugruppe	Name des Registers	Typ	Wert: Bedeutung
Kartenleser	(f)ördereinheit	Aktor	0: Karte fixieren 1: Karte einziehen 2: Karte auswerfen -1: Karte zurückschieben
	(k)arte	Sensor	0: keine Karte 1: Karte liegt an
	(i)nhalt	Sensor	Inhalt des Magnetstreifens der Karte als String
Drehkreuz	(s)perre	Aktor	0: Sperre gelöst 1: Sperre aktiv
	(d)rehung	Sensor	0: keine Bewegung 1: Vorwärtsdrehung -1: Rückwärtsdrehung

Abbildung 10.24: Bedeutung der Steuerregister der Sensoren und Aktoren der Systeme aus Abbildung 10.23

Dadurch kann von den Sensoren und Aktoren und der Umsetzung der Steuersignale abstrahiert werden und es müssen lediglich noch die Baugruppen beschrieben werden. Der Boarding-Automat lässt sich daher mit einem System-Montagediagramm wie in Abbildung 10.25 darstellen. Die Anschlüsse entsprechen dabei den Registern der Ansteuerelektronik. Die Richtung der Pfeilspitzen auf den Anschlüssen in Abbildung 10.25 zeigt an, ob es sich um einen Sensor (also ein Leseregister) oder um einen Aktor (also um ein Schreibregister) handelt.

Aus Kostengründen sollen die Baugruppen „Kartenleser" und „Drehkreuz" möglichst einfach sein, d. h., sie enthalten jeweils nur die Leistungselektronik für die Aktoren bzw. eine einfache elektrische Beschaltung der Sensoren, aber keinen eigenen

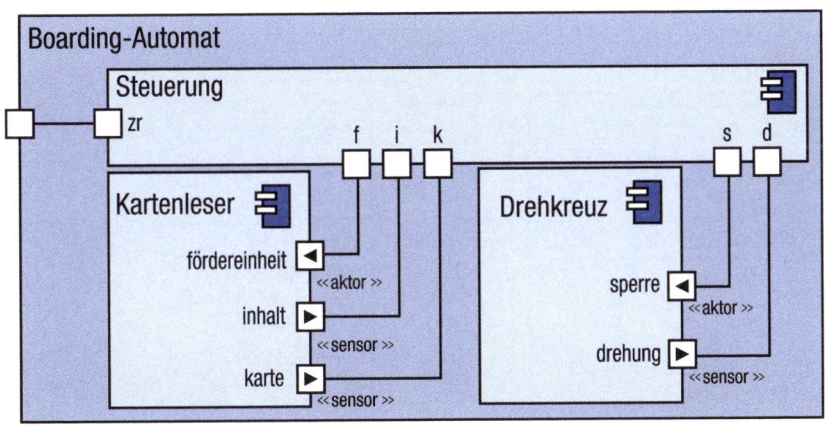

Abbildung 10.25: Das Montagediagramm des Boarding-Automaten vereinfacht die Baugruppendarstellung aus Abbildung 10.23.

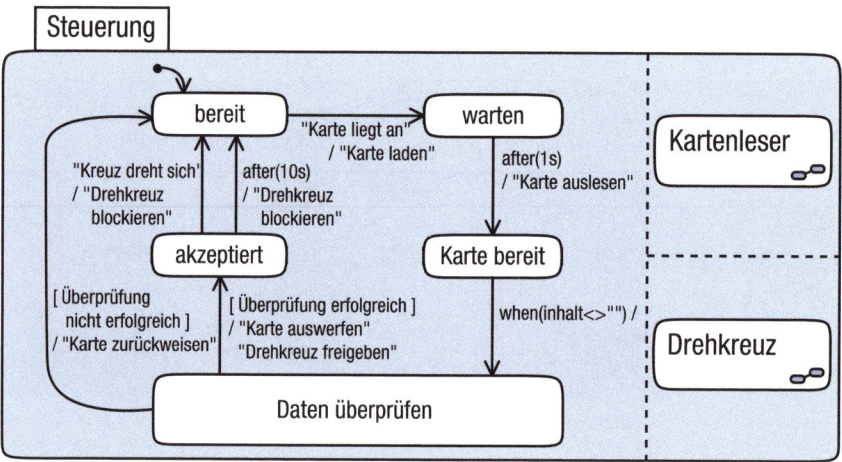

Abbildung 10.26: Der Steuerungsautomat für die Komponente „Steuerung" besteht aus drei Teilen.

Prozessor. Sie werden vollständig über ihre zwei bzw. drei Anschlüsse kontrolliert, die von der Baugruppe „Steuerung" angesteuert werden sollen.

Die Software der Baugruppe „Steuerung" wird dazu in drei Teile aufgeteilt: je einen Teil, der die beiden anderen Baugruppen repräsentiert (siehe Abbildung 10.27), und einen Teil für die eigentliche Steuerung (siehe Abbildung 10.26).

Die beiden Parallelzustände „Drehkreuz" und „Kartenleser" sind zuständig für das richtige Setzen und Lesen der Register. Dafür wird die Aktion „setze(r, w)" benutzt, für ein Register r und einen Wert w. Zum Beispiel wird durch die Aktion „setze(s, 1)" das Drehkreuz blockiert, durch „setze(s, 0)" wird es wieder freigegeben. Das Lesen von Registern erfolgt entweder in einem Änderungsereignis oder in einer Zuweisung. Zum Beispiel findet das Ereignis „when(k=1)" dann statt, wenn der Kartensensor

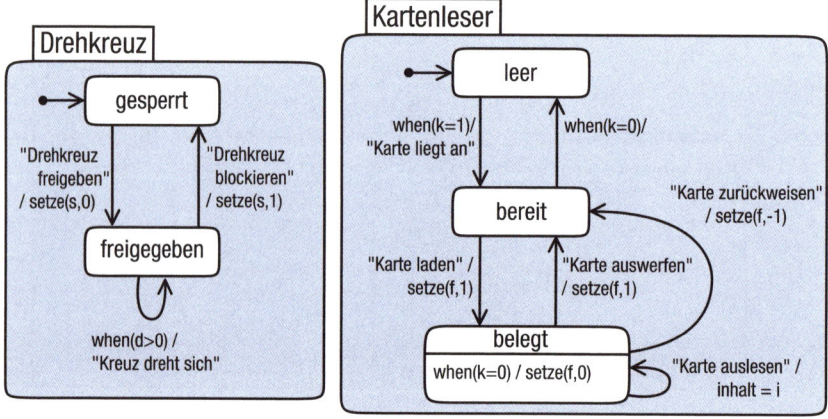

Abbildung 10.27: Die Steuerungsautomaten für die Komponenten „Drehkreuz" und „Kartenleser"

meldet, dass eine Karte eingeschoben wurde. Die Aktion „inhalt=i" weist den Wert des Registers i dem Attribut „inhalt" zu.

Die eigentliche Überprüfung erfolgt in Zusammenarbeit mit dem Zentralrechner des Flughafens. Dieser Vorgang ist hier nicht ausmodelliert, sondern wird lediglich durch den Zustand „Daten überprüfen" und den Anschluss „zr" angedeutet.

Die beiden Parallelzustände „Drehkreuz" und „Kartenleser" simulieren gewissermaßen die Baugruppen und kapseln die technischen Details des Setzens und Lesens der Register. Dadurch kann der Parallelzustand „Steuerung" ganz auf die eigentliche Steuerungsaufgabe fokussiert werden und muss nicht mit technischen Aspekten vermischt werden.

10.6 Aufruf und Verfeinerung von Zustandsautomaten

Bekanntermaßen gibt es neben dem automatisierten Einsteigen auch noch die „klassische" Variante, in der das Bodenpersonal mit Unterstützung eines „Boarding-Terminals" diese Aufgabe wahrnimmt. Nehmen wir an, beide Varianten sollen modelliert werden. Offenbar gibt es Überschneidungen zwischen den Varianten: In beiden Fällen kommt ein Kartenleser zum Einsatz. Auch haben beide Varianten eine Steuerung, doch gibt es hier Unterschiede, da die manuelle bzw. persönliche Abfertigung kein Drehkreuz beinhaltet, das zu steuern wäre.

Um hier keine Redundanzen entstehen zu lassen, sollen die Teile, die beiden Varianten gemeinsam sind, nur einmal modelliert werden. Die entsprechend ausgeklammerten Teile kann man dann an verschiedenen Stellen ähnlich wie ein Makro verwenden. Abbildung 10.28 zeigt für beide Varianten das Systemverhalten. Hier wird z. B. der Zustandsautomat „Kartenleser" zweimal benutzt. Die an Objekte angelehnte Notation soll anzeigen, dass die beiden Vorkommnisse „kl" Instanzen des gleichen Typs „Kartenleser" sind. dass sie den gleichen Namen tragen, ist unerheblich, da sie in unterschiedlichen Namensräumen existieren: Ihre voll qualifizierten Namen sind „Boarding-Terminal::kl" und „Boarding-Automat::kl".

Im Unterschied zu „Kartenleser" ist „Drehkreuz" durch die Notation als eine rein visuelle Abkürzung ausgewiesen und verweist nicht auf eine Definition des Unter-

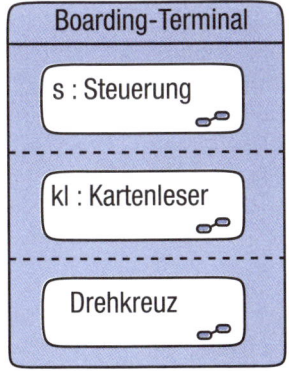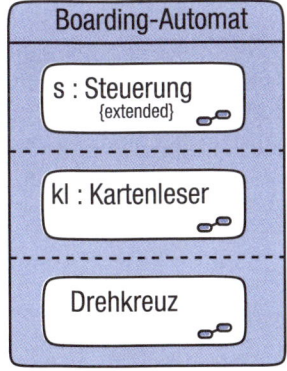

Abbildung 10.28: Die Zustandsautomaten zur Beschreibung des Systemverhaltens des Boarding-Terminals (links) und des Boarding-Automaten (rechts) unterscheiden sich nur in der Steuerung.

Abbildung 10.29: „Erweiterung" von Zustandsautomaten bedeutet Generalisierung.

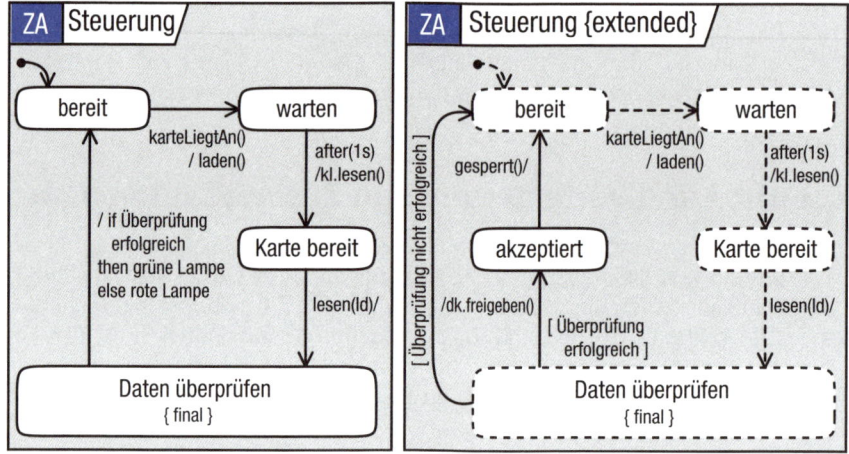

Abbildung 10.30: Original (links) und Erweiterung (rechts) der Steuerung. Elemente, die in der Erweiterung beibehalten worden sind, werden gestrichelt dargestellt.

automaten an einer anderen Stelle – die Definition ist Teil von „Boarding-Automat",
sie wird lediglich in diesem Diagramm nicht angezeigt. Dieses Detail dient nur der
Illustration der Notation und hat keinen tieferen Sinn für das Modell.

Ein etwas anderer Fall liegt beim Zustand „Boarding-Automat::s" vor. Er ist mit
dem Eigenschaftswert `extended` ausgezeichnet und zeigt so an, dass hier nicht der
Zustandsautomat „Steuerung" vorgesehen ist, sondern eine Erweiterung dieses Automaten. Mit Erweiterung ist in Wahrheit Spezialisierung gemeint, also das Duale zu
Generalisierung (siehe Abbildung 10.29).

In Abbildung 10.30 wird die Steuerung aus dem Boarding-Automaten (siehe Abbildung 10.26) als Erweiterung einer Steuerung für das Boarding-Terminal (siehe Abbildung 10.26) dargestellt. Die Erweiterung wird durch den Eigenschaftswert `extended`
ausgezeichnet. Zustände und Transitionen, die in der Erweiterung beibehalten worden sind, werden gestrichelt dargestellt oder ganz weggelassen.

Um anzuzeigen, dass ein Zustandsautomat, eine Region oder ein Zustand nicht erweitert werden dürfen, müssen die entsprechenden Elemente mit dem Eigenschaftswert `final` ausgezeichnet werden (siehe z. B. „Daten prüfen" in Abbildung 10.30).

10.7 Dialogablauf

Ein anderes Anwendungsfeld für Zustandsautomaten ist der Entwurf von Dialogabläufen bzw. allgemein Benutzerschnittstellen. Dazu fasst man Dialoge (Menüs) als
Zustände auf und den Wechsel zwischen Dialogen als Zustandsübergänge. Diese Notation lässt sich einerseits im Entwurf verwenden, um komplexe Dialogfolgen im

Kontext zu strukturieren. Abbildung 10.31 zeigt ein Beispiel hierfür. Im dargestellten Beispiel besteht die Benutzerschnittstelle aus den Ein- und Ausgabeschlitzen des Kartenlesers, dem gesperrten oder geöffneten Drehkreuz und einem anderen Bedienteil, das im „Eingabemodus" verwendet wird.

Andererseits lässt sich diese Notation aber auch dazu verwenden, die Erstellung von Dialogoberflächen als interaktive gruppendynamische Übung zusammen mit End-

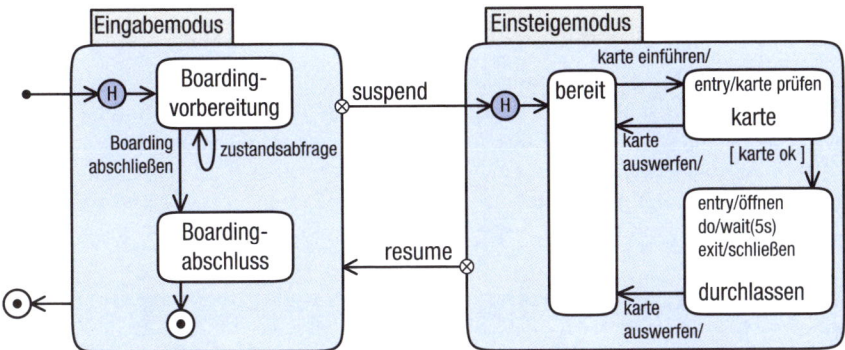

Abbildung 10.31: Dieser Zustandsautomat fasst die Möglichkeiten zusammen, um mit dem Boarding-Automaten zu interagieren.

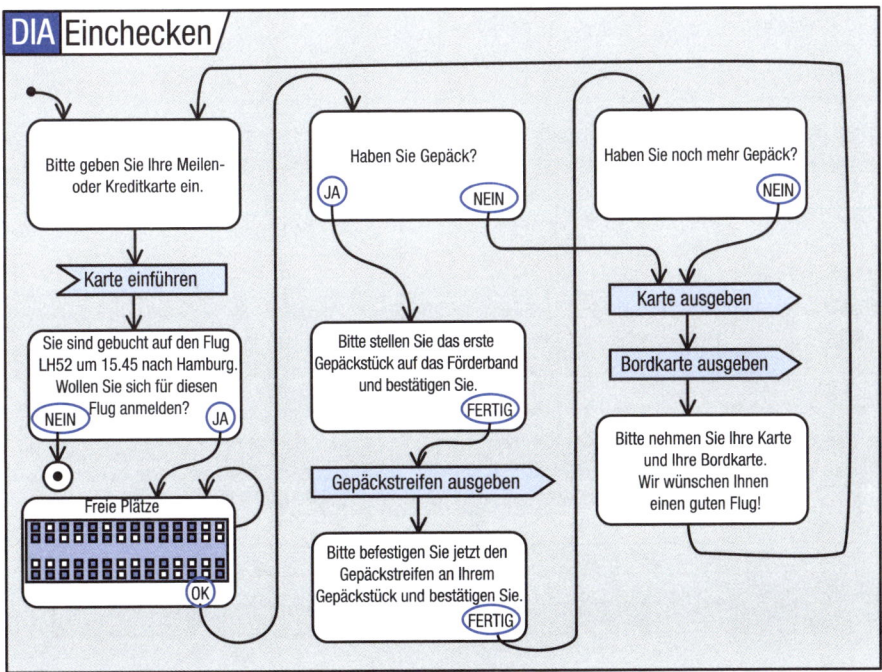

Abbildung 10.32: Eine Skizze für die Dialogsteuerung des Eincheckens

anwendern durchzuführen (siehe Störrle (2002)). Ein Stück weit ist dies auch ein Weg, Anwenderanforderungen zu erheben und insofern eine Alternative zu Interviews, wie sie in Abschnitt 9.3 dokumentiert wurden.

Für die Zielgruppe „Endanwender" kommt nur eine stark vereinfachte und grafisch aufgewertete Syntax in Frage. Abbildung 10.32 zeigt ein Beispiel für den Dialog eines Check-In-Automaten. Hier wurden Wahlmöglichkeiten in Dialogen direkt mit den Transitionen verbunden, die sie auslösen.

10.8 Zustandstabelle

Zustandsautomaten können auch tabellarisch dargestellt werden, z. B. wenn entsprechende UML-Werkzeuge nicht verfügbar sind oder die Nutzer eines Modells mit der grafischen Darstellung Probleme haben oder die tabellarische Darstellung vorziehen. Ein Schema für solch eine tabellarische Darstellung könnte z. B. aus drei Tabellen bestehen, je eine für Transitionen, Zustände und Zustandsübergänge. In Abbildung 10.33 ist der Zustandsautomat aus Abbildung 10.2 in dieser Form dargestellt.

Transitionen

Name	Auslöser	Vorbedingung	Aktion	Nachbedingung	Anmerkung
1	reiseAntreten()	-	-	-	-
2	zahlen()	-	-	-	-
3	stornieren()	-	-	-	-
4	umbuchen()	Ticketart<> Economy	-	-	-
5	abwickeln()	-	passagier. Meilen_gutschreiben(flug.Meilen)	-	-
6		-	-	-	-

Zustände

Name	Typ	Unterzustände	Invariante	Aktionen	Anmerkung
Anfangszustand	Pseudozustand	-	-	-	-
reserviert	einfacher Zustand	-	-	-	-
gebucht	einfacher Zustand	-	-	-	-
angetreten	einfacher Zustand	-	-	-	-
Endzustand	Pseudozustand	-	-	-	-
		-	-	-	-

Zustandsübergänge

von \ nach	Anfangszustand	reserviert	gebucht	angetreten	Endzustand
Anfangszustand	-	1	-	-	-
reserviert	-	-	2	-	6
gebucht	-	-	3	4	6
angetreten	-	-	-	-	5

Abbildung 10.33: Tabellendarstellung des Zustandsautomaten aus Abbildung 10.2

Übungsaufgaben

Aufgabe 10.1 Modellieren Sie einen Objektlebenszyklus für Objekte der Klasse „Gepäckstück".

Aufgabe 10.2 Übersetzen Sie Ihren Objektlebenszyklus aus der vorangegangenen Aufgabe in eine nicht objektorientierte Programmiersprache ihrer Wahl.

Aufgabe 10.3 Übersetzen Sie Ihren Objektlebenszyklus aus der vorletzten Aufgabe in eine objektorientierte Programmiersprache Ihrer Wahl. Benutzen Sie dabei ein geeignetes Muster.

Aufgabe 10.4 Modellieren Sie den Objektlebenszyklus für „Passagier". Berücksichtigen Sie dabei insbesondere den Status, und modellieren Sie, unter welchen Umständen welcher Status gültig ist.

Aufgabe 10.5 Identifizieren Sie zwei weitere Klassen, für die ein Objektzyklus sinnvoll ist. Definieren Sie die beiden Objektlebenszyklen.

Aufgabe 10.6 Modellieren Sie den Nutzfall aus Abbildung 9.12 sowie den Geschäftsprozess aus Abbildung 9.6 als Zustandsautomaten.

Aufgabe 10.7 Vergleichen Sie die Aspekte des Nutzfall-Schemas aus Abbildung 9.12 mit der Notation Zustandsautomat: Welche Zuordnungen können Sie herstellen?

1 Vervollständigen Sie die Protokollrolle, die in Abbildung 6.8 nur skizziert ist.

2 Vergleichen Sie Abbildungen 10.16 und 10.17 einerseits mit den Abbildungen in Abschnitt 6.3.2 andererseits.

3 Was passiert, wenn eine Klasse sowohl die Client- wie die Server-Rolle spielt? Wie würde die entsprechende Zustandsmaschine aussehen?

4 Erweitern Sie Ihr Modell so, dass für jede Rolle ein eigener Port da ist.

Aufgabe 10.8 Überlegen Sie sich, an welcher Stelle im AAA-System außer beim Boarding-Automat noch eine Gerätesteuerung nötig ist.

Modellieren Sie das entsprechende Gerät mit seinen Teilen und definieren Sie einen Zustandsautomaten für die Steuerung.

Aufgabe 10.9 Erweitern Sie das Dialogsteuerungsdiagramm in Abbildung 10.32, so dass ein Passagier zwischen mehreren gebuchten Flüge wählen kann und dass er mehrere Gepäckstücke aufgeben kann.

Aufgabe 10.10 Erstellen sie ein Dialogsteuerungsdiagramm für den Vorgang der Buchung.

Aufgabe 10.11 Stellen Sie einen Ihrer Automaten aus den vorangegangenen Aufgaben als Tabelle dar.

Aktivitäten

11

ÜBERBLICK

Aktivitätsdiagramme können benutzt werden, um alle Arten von Abläufen zu beschreiben. Aktivitäten sind sehr ausdrucksmächtig und universell einsetzbar. Ihre Nutzung unterscheidet sich nach der Granularitätsstufe, auf der sie eingesetzt werden.

Das Spektrum der Einsatzmöglichkeiten von Aktivitätsdiagrammen reicht von der Dokumentation betriebswirtschaftlicher und sonstiger geschäftlicher Prozesse (inklusive Software-Herstellungsprozesse) über die eher technischen Abläufe von Workflows und Nutzfällen bis hin zu ganz konkreten algorithmischen Abläufen in Programmen.

Aktivitätsdiagramme haben eine lange Vorgeschichte, mit den Aktivitätsdiagrammen in UML 1.x haben sie jedoch nicht mehr viel gemeinsam. Wie fast alle daten- oder kontrollflussorientierten Notationen gehen auch Aktivitätsdiagramme zumindest konzeptionell auf Petrinetze zurück, in der Version 2 lehnt sich der Standard sogar explizit an Petrinetze an.

Die ältesten Vorläufer des Aktivitätsdiagramms sind vermutlich das *Struktogramm* (auch: *Programm-Ablauf-Plan*) und das *Nassi-Shneiderman-Diagramm*. Beide fanden vorwiegend in der Beschreibung von Programmabläufen Anwendung und werden heute kaum mehr ernsthaft benutzt. Im Kontext von Web-Services und SOA wird in letzter Zeit viel über *Business Process Engineering Language for Web-Services* (BPEL4WS, siehe Andrews et al. (2003)) diskutiert, eine textuelle Sprache mit ähnlichen Anwendungsgebieten.

Seit Mitte der 70er Jahren werden *Datenflussdiagramme* (*DFD*, engl.: *data flow diagrams*, siehe Gane u. Sarson (1979); Stevens et al. (1974)) in der Modellierung eingesetzt. Ihr Abstraktionsgrad ist höher als der von Struktogrammen, so dass sie vor allem in der Analysephase eingesetzt wurden. Ihnen liegt ein anderes Paradigma als den Aktivitätsdiagrammen zugrunde, dass sich an dynamische Systeme im Sinne der Operations Research anlehnt. Etwa zur gleichen Zeit, aber mit weitaus technischerem Fokus sind *IDEF-3*-Diagramme und *Nutzfallkarten* (engl.: *use case maps*) entstanden (siehe National Institute of Standards and Technologies (NIST) (1993) bzw. Buhr (1998)).

Für die domänenorientierte Modellierung von Prozessen werden vor allem im SAP R/3®-Umfeld häufig *erweiterte Ereignis-Prozess-Ketten* (*eEPK*, *extended event process chains*) verwendet.

11.1 Semantische Grundbegriffe

Die Semantik von Aktivitäten in der UML 2.0 lehnt sich an Petrinetze an (eine gute Einführung in Petrinetze ist z. B. Baumgarten (1996)). Insbesondere das Konzept der *Marke* (engl.: token) wurde übernommen. Die Gesamtheit aller Marken ist der Zustand einer Aktivität. Jede einzelne Marke repräsentiert einen Teil des Zustands, quasi einen von mehreren Kontrollflussfäden. Jede Marke kann unabhängig von den anderen Marken bewegt werden („schalten" oder „feuern" in Petrinetz-Terminologie), sofern sie nicht unmittelbar aneinander stoßen. Dadurch lassen sich Kausalität und Nebenläufigkeit darstellen.

Für (einfache) Aktivitätsdiagramme ergibt sich aus der Nähe zu Petrinetzen eine recht einfache Abbildung zu Petrinetzen (siehe Störrle (2004a)). Auch die komplexeren Konstrukte von Aktivitätsdiagrammen lassen sich mit etwas Aufwand auf Petrinetze abbilden (siehe Störrle (2004b, c, 2005)), allerdings ist momentan unklar, ob dies wirklich der Intention des Standards entspricht (siehe Bock u. Gruninger (2004); Störrle u. Hausmann (2005)). Einer der Ko-Autoren des Aktivitäten-Kapitels des Standards hat seine persönliche Sichtweise in Bock (2003a, b, c, 2004a, b) eingebracht, ein Teil davon ist in Bock (2004c) auch auf Deutsch erschienen.

11.2 Prozessablauf

In Abbildung 9.5 wurde der Ablauf des Geschäftsprozesses „Flugreise" als strukturierter Text beschrieben. Diese Darstellung hat den Vorteil, dass keine formale Notation involviert ist, die Endanwender und Fachexperten abschrecken könnte – natürlich bedeutet das andererseits, dass dieses Modell insgesamt relativ unpräzise bzw. fehleranfällig ist. Insbesondere sind nur sequentielle bzw. hierarchische Abläufe problemlos darstellbar.

Funktionsbäume (siehe Abbildung 9.15) sind zwar präziser und ausdrucksmächtiger, sind aber für Analyse und Entwurf eines Systems eher weniger geeignet. Außerdem sind auch hier die Details von Kontroll- und Datenfluss nur teilweise und mittelbar enthalten und nicht unmittellbar grafisch ausdrückbar.

Eine besser geeignete Notation sind an dieser Stelle *Aktivitätsdiagramme* (*AKD*, engl.: *activity diagram*). Die oberste Ebene des Ablaufes aus Abbildung 9.5 bzw. 9.15 wird als Aktivitätsdiagramm in Abbildung 11.1 dargestellt. Dort sieht man einen `InitialNode` (dt.: Anfangszustand), einen `ActivityFinalNode` (dt.: Endzustand) in der gleichen Notation wie bei Zustandsautomaten, drei verfeinerte Aktionen (abge-

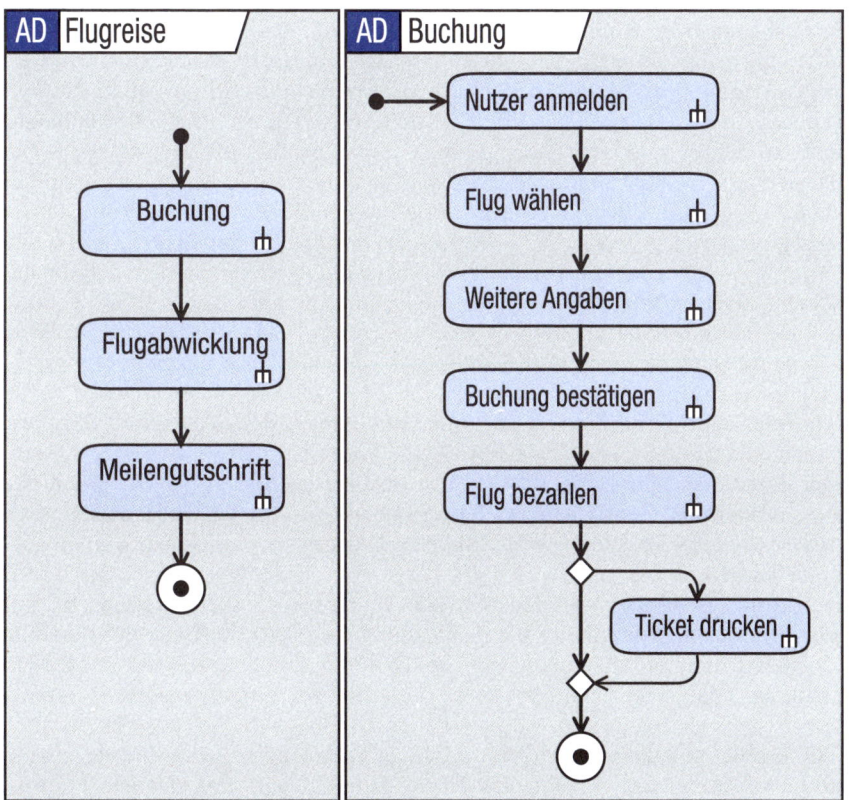

Abbildung 11.1: Darstellung des Ablaufes aus Abbildung 9.5 bzw. 9.15: die erste Verfeinerungsstufe des Geschäftsprozesses „Flugreise" (links), die Verfeinerung des Teilprozesses „Buchung" (rechts).

rundete Rechtecke mit Verfeinerungssymbol in der rechten unteren Ecke) und einige `ControlFlows` (dt.: Kontrollflusskanten).

Aktivitäten sind in gewissem Sinn dual zu Zustandsautomaten: Während dort die Zustände im Mittelpunkt stehen und die Zustandsübergänge nur nachrangig sind, liegt der Schwerpunkt bei Aktivitätsdiagrammen gerade auf den Übergängen, die explizit als `Action` (dt.: Aktion) modelliert werden. Zustände andererseits kommen nur implizit vor.

Die Notation ähnelt der von Zustandsautomaten, z. B. für Anfangs- und Endzustände, für die Aufspaltung und Zusammenführung von Kontrollflüssen und für Fallunterscheidungen. Im Metamodell liegen diesen Notationen jedoch andere Konzepte zugrunde, die eine andere Semantik haben: Zum Beispiel führt das Erreichen des Endzustands zur Beendigung der Aktivität, inklusive aller nebenläufigen Kontrollflüsse (statt nur zur Beendigung einer von mehreren nebenläufigen Regionen).

In Aktivitätsdiagrammen kann man neben Kontrollfluss auch Datenfluss und Zuständigkeiten modellieren. Ein Beispiel dafür ist der Geschäftsprozess „Nachträgliche Meilengutschrift", der in Abbildung 11.2 gezeigt wird.

Der zugrunde liegende Sachverhalt ist, dass manchmal Passagiere nachträglich eine Meilengutschrift für einen Flug einfordern. Dieser Anspruch muss durch den Kontrollabschnitt der Bordkarte des entsprechenden Fluges belegt werden, es ist also eine Briefsendung oder zumindest ein Fax erforderlich. Die Einsendung wird in der Poststelle entgegengenommen, die verschiedenen Teile (z. B. Anschreiben und Belege) gegebenenfalls digitalisiert und als elektronische Akte im virtuellen Postkorb des Sachbearbeiters abgelegt. Der prüft dann den Antrag auf nachträgliche Meilengutschrift. Entweder werden dem Passagier die entsprechenden Meilen gutgeschrieben oder der Antrag wird abgelehnt (z. B. weil die Frist verstrichen ist). In letzterem Fall wird dem Passagier die Begründung per Brief mitgeteilt und die Kontrolle an den Sachbearbeiter zurückgegeben. Der Kontrollfluss des Briefversands endet mit einem `FlowFinalNode` (dt.: Datensenke): Solche Endzustände nehmen Marken auf, die daraufhin keine weitere Wirkung mehr haben. In dem anderen Kontrollfluss schließt der Sachbearbeiter den Fall ab und es wird ein (echter) Endzustand erreicht. Wenn dieser Zustand erreicht wird, wird die gesamte Aktivität beendet und damit ist der Geschäftsprozess insgesamt beendet.

Das Diagramm in Abbildung 11.2 zeigt vier Beteiligte an, den „Passagier", die „Poststelle" (von Albatros Air), einen „Sachbearbeiter" und das „AlbatrosMeilen"-System. Jeder der Beteiligten ist in einer `Partition` (dt.: Partition) dargestellt.[1] Wenn eine Aktion innerhalb der Partition eines Beteiligten dargestellt ist, wird damit ausgedrückt, dass es dieser Beteiligte ist, der die Aktion ausführt. Partitionen können auch horizontal gelegt werden.

Zwischen den Beteiligten werden teilweise Dinge bzw. Daten ausgetauscht, z. B. geht ein „Brief" vom Passagier an die Poststelle und ein „Antrag" von der Poststelle zum Sachbearbeiter. Im Diagramm sind beide durch `ObjectFlowNodes` (dt.: Objektflussknoten) dargestellt, der „Brief" ist zusätzlich mit einem visuellen Stereotyp markiert.

An Abbildung 11.2 lassen sich drei wichtige Querbezüge zwischen verschiedenen Modellen festmachen. Erstens sollten die Beteiligten in der gleichen Form im Kontextdiagramm auftauchen (siehe Abbildung 6.1). Offensichtlich ist dies nicht der

---

1 In UML 1.x hießen Partitionen noch *Schwimmbahn* (engl.: swim lane).

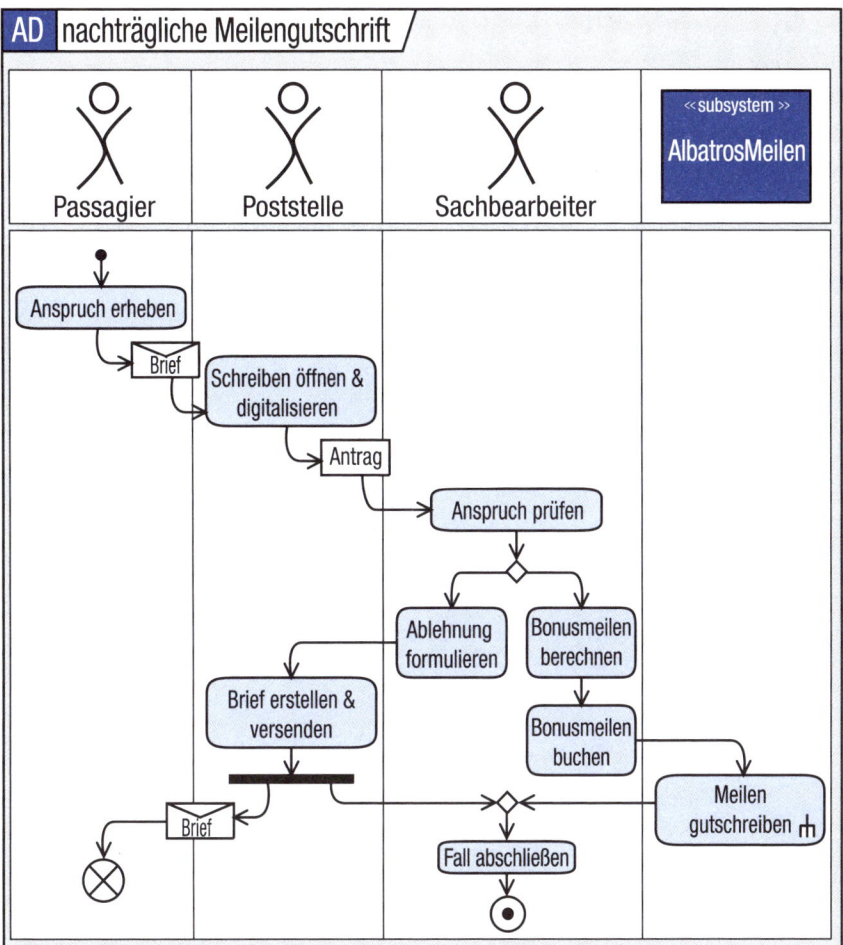

Abbildung 11.2: Der Ablauf des Geschäftsprozesses „Nachträgliche Meilengutschrift"

Fall: Die Aktoren „Poststelle" und „Sachbearbeiter" fehlen dort. Zweitens verweisen Objektflussknoten auf Klassen in Analyse-Klassendiagramme. Auch hier ist festzustellen, dass „Brief" und „Antrag" in Abbildung 5.2 fehlen. Drittens sind die Aktionen Nutzfälle der jeweils zuständigen Subsysteme. In Abbildung 11.2 gibt es lediglich einen einzigen Schritt, der maschinell erledigt wird, nämlich „Meilen gutschreiben". Damit ist der gleichnamige Nutzfall aus dem Nutzfallinventar von Abbildung 9.8 gemeint.

Die Ursache für diese Inkonsistenzen liegt offenbar darin, dass im Prozessinventar (siehe Abbildung 9.3) der Geschäftsprozess „Nachträgliche Meilengutschrift" fehlt, dieser Fall dort also implizit *ausgeschlossen* wurde. Spätestens jetzt sollte der Wert eines Kontextdiagramms und eines korrekten und vollständigen Prozessinventars deutlich werden.

11.3 Nutzfallablauf

Die Einzelschritte des Ablaufes des Geschäftsprozesses „Nachträgliche Meilengutschrift" aus dem vorangegangenen Abschnitt sind Nutzfälle. Die Funktion „Meilen gutschreiben" wird laut Abbildung 11.2 vom „AlbatrosMeilen"-System erbracht. Sie kann weiter verfeinert werden, z.B. ebenfalls durch ein Aktivitätsdiagramm (siehe Abbildung 11.3).

Das Aktivitätsdiagramm in Abbildung 11.3 legt fest, dass für den Nutzfall „Meilen gutschreiben" zunächst Passagier- und Kontodaten bereitgestellt werden. Dann wird der Kontrollfluss durch einen `ForkNode` (dt.: Verzweigungsknoten) in zwei unabhängige Zweige aufgespalten, in denen jeweils Bonus- und Statusmeilen berechnet und gutgeschrieben werden. Wenn bei der Bonusmeilengutschrift ein Schwellwert überschritten wird (siehe Abbildung 8.4), wird der Status des Passagiers angepasst. Anschließend werden die beiden Kontrollflusszweige mit einem `JoinNode` (dt.: Verschmelzungsknoten) wieder zusammengeführt, das Konto geschlossen und ein Verarbeitungsprotokoll in der Datenbank abgelegt. Die Verzweigung in diesem Aktivitätsdiagramm entspricht einem Erweiterungspunkt in der Tabelle, die diesen Nutzfall beschreibt.

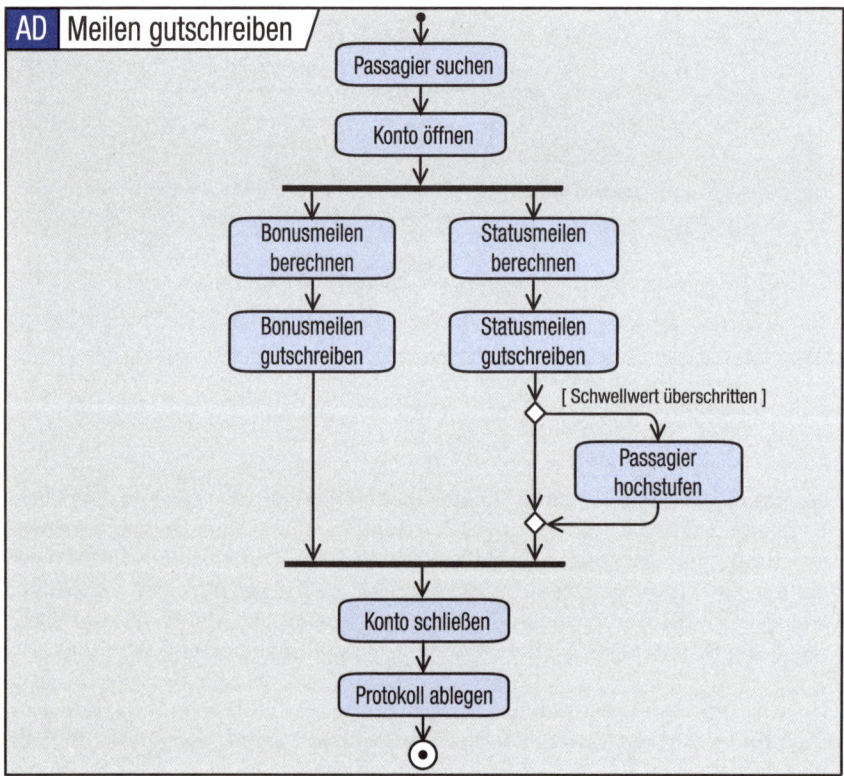

Abbildung 11.3: Ablauf des Nutzfalles „Meilen gutschreiben"

Verzweigung und Verschmelzung können mit einer logischen Bedingung versehen werden (siehe Abbildung 11.4). Wenn die Bedingung „Und" ist, kann die Anschrift im Diagramm unterdrückt werden. Neben einfachen Bedingungen wie in Abbildung 11.4 ist es auch möglich, Verzweigungs- und Verschmelzungsknoten mit logischen Bedingungen beliebiger Komplexität zu annotieren (siehe Abbildung 11.5). Dabei müssen Variablennamen vergeben werden, um die einzelnen Kanten an einem Verzweigungs- bzw. Verschmelzungsknoten zu identifizieren.

In der UML 1.x mussten Verzweigungs- und Verschmelzungsknoten paarweise auftreten und Klammerstrukturen bilden. In der UML 2.0 ist dies nicht mehr der Fall, Strukturen wie in Abbildung 11.6 sind daher jetzt zulässig.

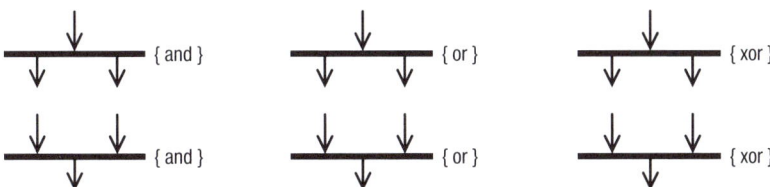

Abbildung 11.4: Verzweigung und Verschmelzung können mit einer logischen Bedingung versehen werden, das logische „Und" kann im Diagramm unterdrückt werden.

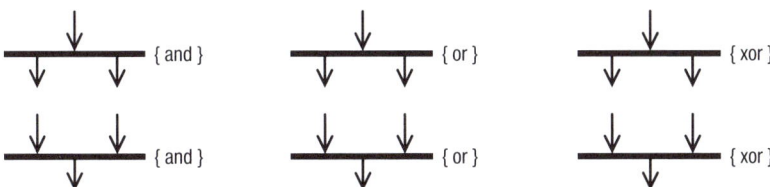

Abbildung 11.5: Verzweigung und Verschmelzung können mit beliebigen logischen Bedingungen versehen werden.

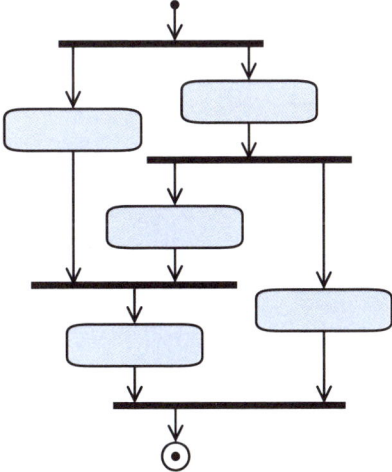

Abbildung 11.6: Ein wohlgeformtes Aktivitätsdiagramm: In UML 2.0 müssen Verzweigung/Verschmelzung keine Klammerstrukturen mehr bilden.

11.4 Datenfluss

Eine weitere Ausarbeitung des Aktivitätsdiagramms aus Abbildung 11.3 könnte z. B. den Datenfluss innerhalb des Ablaufs hinzufügen (siehe Abbildung 11.7).

Hier wurde eine andere Notation für Datenfluss als in Abbildung 11.2 verwendet. Insgesamt gibt es drei alternative Notationen, die auch kombiniert werden können. Die traditionelle, an UML 1.x angelehnte Variante („freistehende" Datenflussknoten) verbindet Aktionen und Objektflussknoten explizit mit `DataFlow` (dt.: Datenfluss(kante)), siehe Abbildung 11.8 (links). Diese Notation macht den Datenfluss explizit und erlaubt die notationelle Einbindung von Datenspeichern (siehe unten).

Die zweite Notationsvariante (Abbildung 11.8, zweites Fragment von links, „ergänzte" Datenflussknoten) eignet sich besonders für die schrittweise Verfeinerung von Aktivitätsdiagrammen, da hier die Objektflussknoten (nachträglich und teilweise) an Kontrollflusskanten ergänzt werden können. Die Datenflusskanten werden in dieser Darstellung unterdrückt, sind aber im Modell vorhanden.

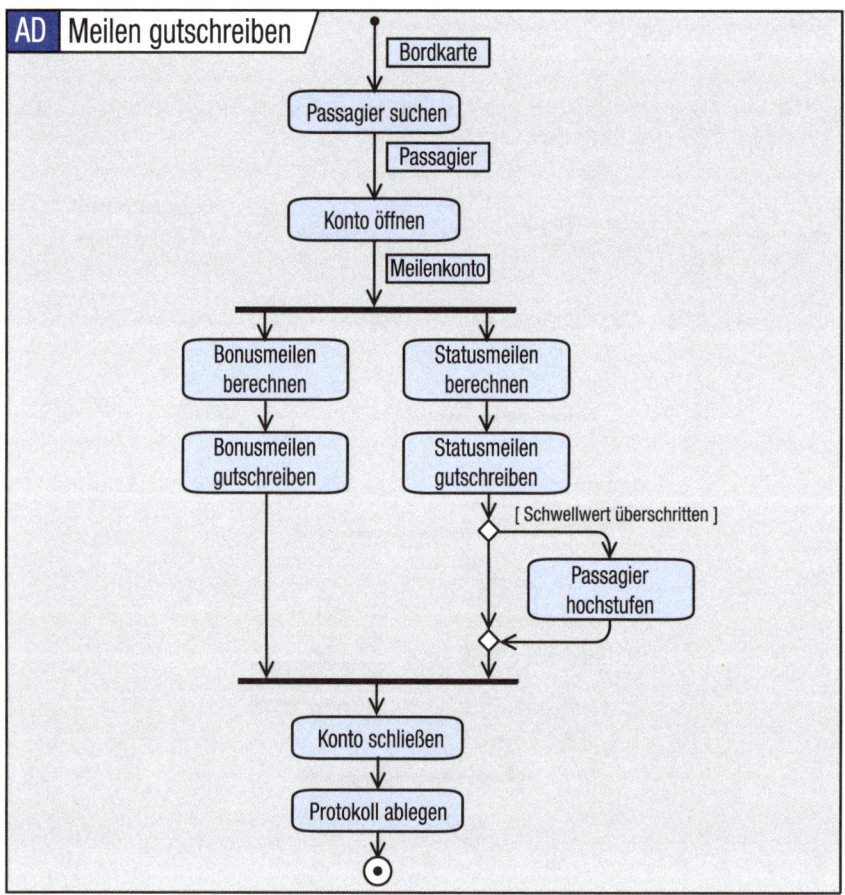

Abbildung 11.7: Ablauf des Nutzfalles „Meilen gutschreiben" mit Datenflüssen

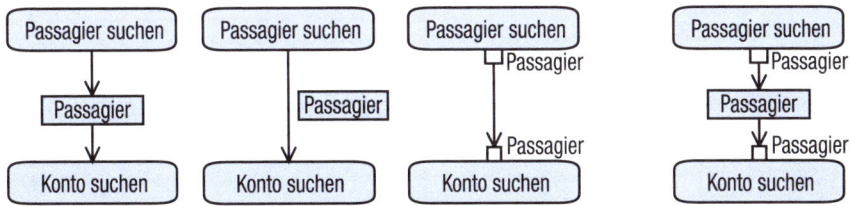

Abbildung 11.8: Drei gleichwertige Notationen von Datenfluss: „freistehende", „ergänzt" und „Pin" Datenflussknoten (von links nach rechts); Kombinationen dieser Notationen (rechts außen) sind zwar möglich, aber meist nicht sinnvoll und werden daher in der Regel unterdrückt (Ausnahme: siehe Abbildung 11.12).

Die dritte Variante ist die so genannte *Pin-Notation* (Abbildung 11.8, zweites Fragment von rechts). Dabei wird hervorgehoben, dass Daten Eingabe oder Ausgabe von Aktionen sein können, bzw. es wird für eine bestimmte Aktion angezeigt, welches ihre Parameter und Resultate sind. Diese Varianten lassen sich im Prinzip kombinieren, siehe Abbildung 11.8 (rechts). Weitere Details zur Pin-Notation folgen unten.

Das Aktivitätsdiagramm aus Abbildung 11.7 lässt sich um Partitionen ergänzen (siehe Abbildung 11.9). Hier lässt sich ein wichtiger methodischer Zusammenhang ablesen. Das Diagramm zeigt, wo der Datenfluss im Gesamtsystem die Partitionsgrenzen, also die Subsystemgrenzen überschreitet und welche Daten jeweils weitergeleitet werden. Daraus kann man erschließen, dass z. B. zwischen „Air Partner System" und „Meilenverwaltung" eine Verbindung bestehen muss, über die „Passagier"-Daten ausgetauscht werden. Genauso lässt sich ablesen, dass zwischen „Meilenverwaltung" und „Mitgliederverwaltung" Daten des Typs „Meilenkonto" ausgetauscht werden. Daraus kann man das Diagramm in Abbildung 11.10 ableiten.

Die Reihenfolge der Abbildungen 11.3 bis 11.9 entspricht einem methodischen Vorgehen in drei Schritten: Zuerst werden die zu erledigenden Aufgaben festgelegt. Dann werden diese Aufgaben durch die ein- und ausgehenden (relevanten) Daten näher beschrieben. Schließlich werden die Aufgaben an organisatorische oder technische Einheiten verteilt. Aus dieser Verteilung können Schnittstellen zwischen den Einheiten abgeleitet werden.

11.4.1 Einbettung

Jede Aktivität bezieht sich auf einen Classifier, in den sie eingebettet ist und der ihren Namensraum definiert. Das gilt nicht nur für Objektlebenszyklen, wo die Einbettung offensichtlich ist, sondern auch für Aktivitäten. Der Geschäftsprozess „Nachträgliche Meilengutschrift" z. B. ist in das Gesamtsystem eingebettet („Automatisierter Flugbetrieb" in Abbildung 6.1).

Im Fall von „Meilen gutschreiben" könnte die Abarbeitung des Nutzfalls z. B. durch ein eigenes Geschäftsvorfall-Objekt unterstützt werden. Abbildung 11.11 zeigt eine abstrakte „Geschäftsvorfall"-Oberklasse und eine spezielle Klasse „MeilenGutschreiben" zur Einbettung des Prozesses „Meilen gutschreiben". Jedes Mal, wenn „Meilen gutschreiben" aufgerufen wird, wird die Klasse „MeilenGutschreiben" instantiiert und nach Abschluss der Abarbeitung persistiert.

Durch die Einbettung ist es auch möglich, Verzweigungen zu präzisieren. In Abbildung 11.11 (rechts oben) wird ein Ausschnitt aus Abbildung 11.9 wiedergegeben.

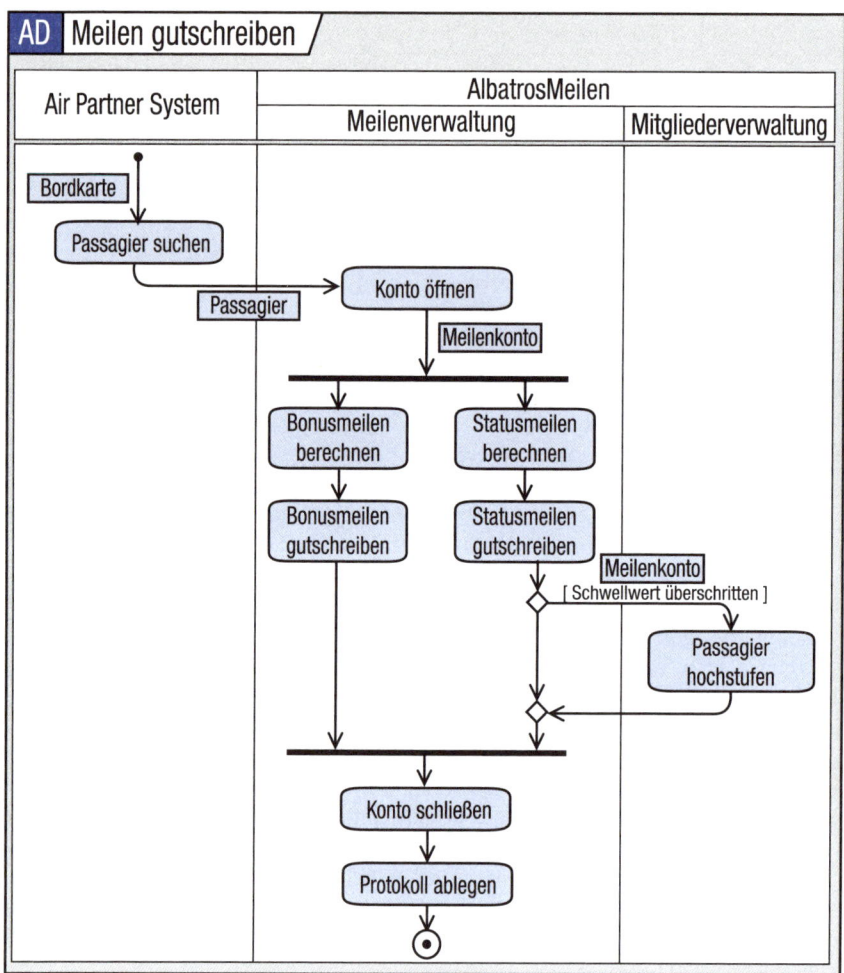

Abbildung 11.9: Daten, die Partitionsgrenzen überschreiten, weisen auf Schnittstellen bzw. Protokolle hin.

Durch die Einbettung können Verzweigungsknoten wesentlich präziser dargestellt werden (Abbildung 11.11, rechts unten). Wenn ein Verzweigungsknoten mit einer «decisionInput»-Anschrift versehen wird, kann der Wert des Ausdrucks als Kriterium für die Fallunterscheidung benutzt werden.

11.4.2 Objektflussknoten

Objektflussknoten stellt man sich am besten als eine Art Depot vor, in dem Marken liegen können. Objektflusskanten können aus diesen Depots Marken entnehmen bzw. Marken dort ablegen. Solch ein Depot kann durch verschiedene Eigenschaften näher beschrieben werden.

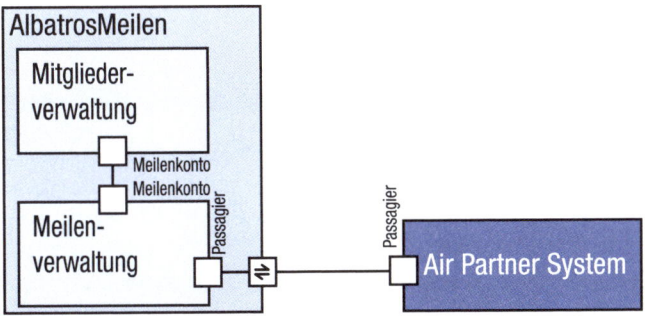

Abbildung 11.10: Diese Strukturinformation lässt sich aus Abbildung 11.9 ableiten.

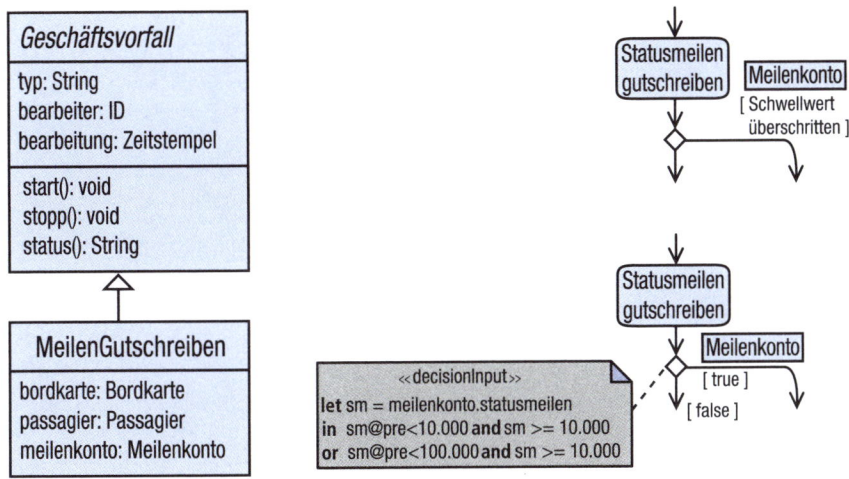

Abbildung 11.11: Einbettung in ein Geschäftsvorfall-Objekt (links);
Nutzung des Kontextes am Verzweigungsknoten (rechts)

Typ	Objektflussknoten können dahingehend eingeschränkt werden, dass sie nur Objekte einer bestimmten Klasse akzeptieren.
Zustand	Darüber hinaus kann auch noch eingeschränkt werden, dass nur Objekte mit bestimmten Zuständen (ihres Objektlebenszyklus) in einen Objektflussknoten abgelegt werden dürfen.
upperBound	Mit dem Eigenschaftswert upperBound kann die Kapazität eines Objektflussknoten, also die maximal zulässige Anzahl von abgelegten Marken in diesem Knoten, begrenzt werden. Wenn diese Kapazitätsgrenze erreicht wird, werden keine Marken mehr angenommen, der Knoten blockiert also den Objektfluss. Ist keine Kapazitätsgrenze angegeben (der voreingestellte Fall), besitzt der Objektflussknoten unbeschränkte Kapazität. Die Kapazität wird angegeben durch den Eigenschaftswert upperBound.

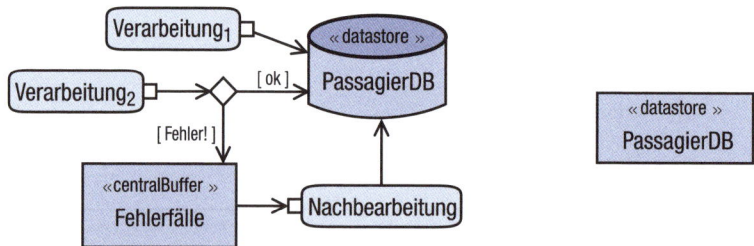

Abbildung 11.12: Datenpuffer halten eingehende Daten nur zeitweise und dienen lediglich der Verknüpfung mehrerer Datenflüsse; Datenspeicher dagegen sind Ablagen, die alle eingehenden Daten permanent speichern und lediglich Kopien weitergeben (links). Die gleichbedeutende reguläre Darstellung von Datenspeichern (rechts).

---

ordering	Durch den Eigenschaftswert `ordering` lässt sich außerdem die Reihenfolge der Markenentnahme festlegen. Dabei sind folgende Werte zulässig.

unordered	keine spezielle Reihenfolge (d. h. wie im Petrinetz);
ordered	eine spezielle, Nichtstandard Reihenfolge, die der Modellierer durch ein Verhaltensmodell spezifiziert, d. h., in der Bedingung steht z. B. ein Verweis auf ein Aktivitätsdiagramm, das einen entsprechenden algorithmischen Ablauf beschreibt;
LIFO	Last-In-First-Out, d. h. Speicherung abgelegter Marken nach dem Stapel-Prinzip;
FIFO	First-In-First-Out, d. h. Speicherung abgelegter Marken nach dem Tunnel-Prinzip (voreingestellt).

Diese Ordnung gilt nur, sofern nicht eine ausgehende Kante eine andere Ordnung vorsieht.

Neben allgemeinen Objektflussknoten bietet die UML noch zwei speziellere Formen für wichtige Spezialfälle an (siehe Abbildung 11.12). `CentralBufferNodes` (dt.: Datenpuffer) sind transiente Speicher, in denen Datenelemente nur zeitweise abgelegt werden. Wenn sie abgerufen werden, verschwinden sie aus einem Puffer. Datenpuffer dienen vorrangig der Verknüpfung mehrerer Datenflüsse.

`DataStores` (dt.: Datenspeicher) hingegen sind persistente Speicher. Alle eingehenden Daten werden permanent abgelegt, abgerufene Daten werden lediglich in Kopie weitergegeben. Falls ein bereits gespeichertes Objekt erneut abgelegt wird, wird das bereits gespeicherte Objekt überschrieben.

11.4.3 Objektflusskanten

Objektflusskanten verbinden Objektflussknoten (also Depots von Marken) und Aktivitäten, die über diese Kanten Marken von den Depots abziehen bzw. dort ablegen. Die Kanten können mit verschiedenen Eigenschaften näher beschrieben werden.

«transformation»	Das Abziehen bzw. Ablegen von Marken kann mit einer Transformation der Marken einhergehen. Dazu wird eine Randbedingung mit dem Stereotyp «transformation» an der Kante platziert.

weight	Durch Angabe eines Wertes für die Eigenschaft weight (dt.: Gewicht) wird die Anzahl der Marken definiert, die in einem Schaltvorgang bewegt werden (müssen). Werden einer Kante weniger Marken angeboten, kann die Kante nicht schalten. Werden mehr Marken angeboten, kann eine beliebige Menge entsprechender Größe gewählt werden.
«selection»	Für Objektflusskanten von Objektflussknoten nach Aktionen kann außerdem noch die Reihenfolge festgelegt werden, in der Marken aus dem Objektflussknoten entnommen werden. Dazu muss an der Kante eine Randbedingung mit dem Stereotyp «selection» platziert werden. Folgende Werte sind in dieser Randbedingung zulässig.

unordered	keine spezielle Reihenfolge (d. h. wie im Petrinetz);
ordered	eine spezielle, Nichtstandard Reihenfolge, die der Modellierer durch ein Verhaltensmodell spezifiziert, d. h., in der Bedingung steht z. B. ein Verweis auf ein Aktivitätsdiagramm, das einen entsprechenden algorithmischen Ablauf beschreibt;
LIFO	Last-In-First-Out, d. h. Auswahl abgelegter Marken nach dem Stapel-Prinzip;
FIFO	First-In-First-Out, d. h. Auswahl abgelegter Marken nach dem Tunnel-Prinzip (voreingestellt).

Diese Auswahl ersetzt gegebenenfalls eine andere Auswahl, die am Objekltflussknoten spezifiziert ist.

Abbildung 11.13 illustriert verschiedene Ausdrucksmittel von Objektflussknoten und Objektflusskanten. In den obersten Objektflussknoten dürfen nur Objekte der Klasse „Buchung" im Zustand „reserviert" abgelegt werden. Durch „Buchung vornehmen" wird genau ein Objekt in den zweiten Objektflussknoten abgelegt, und zwar dasjenige Objekt, dessen Reisetermin am nächsten liegt. Die Kapazität des zweiten Knoten ist auf 3 beschränkt, d. h., es werden in dem dargestellten Fragment höchstens drei „Buchungen" im Zustand „gebucht" gleichzeitig verarbeitet. Die Reihenfolge der Ablage ist zwar mit „unordered" angegeben, aber die nachfolgende Objektflusskante hat als «selection» den Wert „FIFO". Daher werden Buchungen in der Reihenfolge bestätigt, wie sie vorgenommen wurden. Beim Bestätigen einer Buchung wird der Passagier, für den die Reise gebucht ist, von der Buchung abgeleitet und im letzten Objektflussknoten abgelegt.

11.5 Dienstkomponenten

Die konzeptuelle Grundlage der serviceorientierten Architektur besteht darin, Funktionalitäten als abgekapselte Dienste bereitzustellen und dann dynamisch zu größeren Prozessen zu komponieren. Im Extremfall können so neue Geschäftsprozesse rein durch Umorganisation bestehender Arbeitsschritte entstehen.

In den vorangegangenen Abschnitten sind Aktivitäten als Beschreibungsmittel für übergreifende Abläufe wie auch für einzelne Arbeitsschritte eingeführt worden. In diesem Abschnitt wird die *Verbindung* von Einzelaktionen zu komplexen Abläufen betrachtet. Hierbei spielen die Schnittstellen von Diensten eine große Rolle, die wir im Folgenden betrachten.

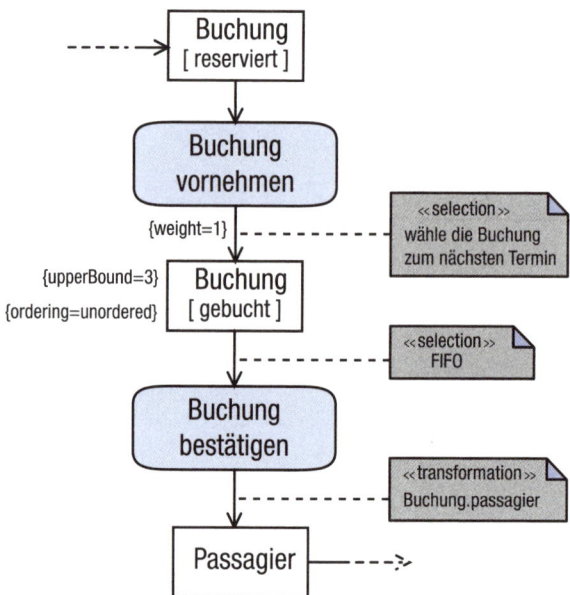

Abbildung 11.13: Ein Fragment eines Aktivitätsdiagramms mit mehreren Objektflussknoten und Objektflusskanten

11.5.1 Pins und Parametermengen

In einem Aktivitätsdiagramm kann man sich die Ein- und Ausgabeparameter einer Aktion meist aus dem Zusammenhang erschließen. Wenn aber eine Aktion als Dienst separat spezifiziert werden soll, um sie anschließend mit anderen flexibel zu kombinieren, ist es vorteilhaft, die Parameter, also quasi die Schnittstellen der Aktion,

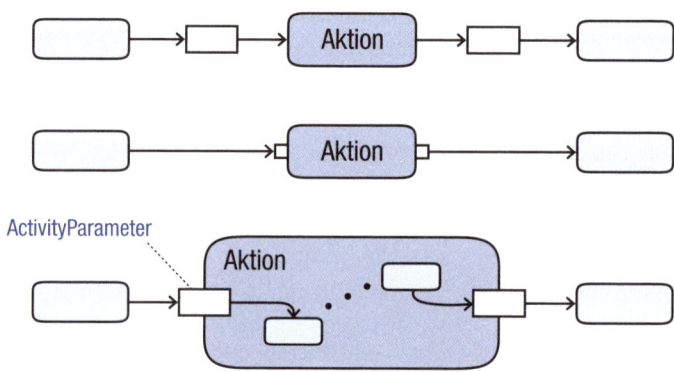

Abbildung 11.14: Pins sind die Schnittstellen von Aktionen: Aus einer Aktion im Kontext von Datenflüssen (oben) kann eine Aktion mit Pins erschlossen werden (gleichwertige Darstellung, Mitte). Deren Verfeinerung dienen die Pins quasi als Schnittstelle zum „Durchreichen" der Daten nach innen (unten).

separat zu spezifizieren. Dafür gibt es in der UML `ActivityParameterNodes` (dt.: Aktivitätsparameterknoten), die visuell mit der Pin-Notation zusammenfallen, die schon in Abbildung 11.8 erwähnt wurde.

Ein `Pin` (dt.: Pin) ist ein ganz gewöhnlicher Objektflussknoten, gehört aber zu einer speziellen Aktion. Es wird unterschieden zwischen `InputPin` (dt.: Eingabe-Pin) und `OutputPin` (dt.: Ausgabe-Pin), die sich aber notationell nur dadurch unterscheiden, dass im einen Fall Datenflüsse hineingehen und im anderen hinaus. Optional kann die Richtung durch einen Pfeil im Pin angezeigt werden. Weiter kann man noch notationell unterscheiden, ob Pins Datenströme, Massendaten oder Ausnahmen ausgeben bzw. verarbeiten. Abbildung 11.15 zeigt verschiedene Arten von Pins im Überblick. Details zu den Bedeutungen folgen unten. Ein `ValuePin` (dt.: Wert-Pin) (keine eigene Notation) stellt einen Parameter dar, der auf einem unbestimmten anderen Weg bereitgestellt wird, der aber nicht aus einem Datenfluss resultiert.

Wenn eine Aktion mehrere Eingabe-Pins hat (siehe Abbildung 11.16, links), müssen Parameter an allen Pins anliegen, um die Aktion auszuführen. Analog gilt dies auch für Ausgabe-Pins: Wenn mehrere vorhanden sind, werden an allen Pins Ausgaben geliefert.

Manchmal möchte man aber verschiedene Varianten von Ein- und Ausgabeparametern für die gleiche Aktion vorsehen. In Abbildung 10.11 wird z. B. zwischen einem regulären Anfang und einem „Seiteneinstieg" sowie zwischen einem regulären Ende und einem Abbruch unterschieden. Um nicht die gleiche Aktion mehrfach für alternative Ein- und Ausgabeparameter (und alle ihre Kombinationen) modellieren zu müssen, bietet UML das Konstrukt `ParameterSet` (dt.: Parametermenge).

Die Elemente einer Parametermenge müssen jeweils alle vorhanden sein, aber nur je eine Menge von Ein- und Ausgabeparametern wird zur gleichen Zeit verarbeitet bzw. erzeugt. In Abbildung 11.16 wird der Unterschied erläutert. Im mittleren Bild

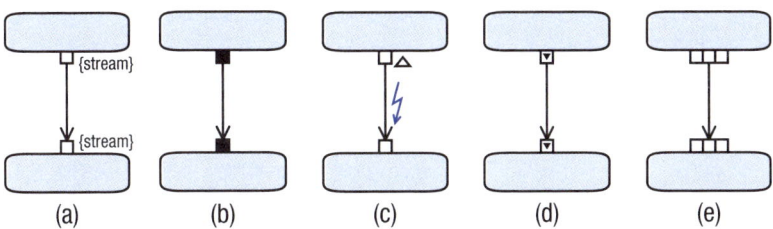

Abbildung 11.15: Die verschiedenen Arten von Pins in der Übersicht (Erläuterungen in den folgenden Abschnitten): Stromverarbeitung (a und b), Ausnahmebehandlung (c), Ein-/Ausgabe-Pins (d), Massendaten (e)

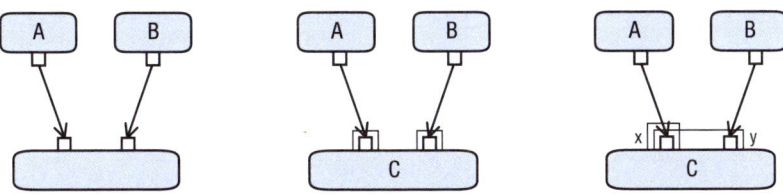

Abbildung 11.16: Aktion „C" wird nur dann ausgeführt, wenn sowohl „A" als auch „B" Argumente liefern (links); Aktion „C" wird dann ausgeführt, wenn entweder „A" oder „B" Argumente liefert (Mitte); „C" kann von „A" mit Parameter „x" oder von „B" mit den Parametern „x" und „y" aufgerufen werden (rechts).

wird Aktion „C" entweder mit dem Datum von „A" oder dem Datum von „B" ausgeführt. Im rechten Bild wird „C" entweder mit dem Parameter „x" von „A" ausgeführt oder mit den Parametern „x" und „y". Wenn beide Parameter geliefert werden (d. h., wenn sowohl „A" als auch „B" aktiv waren), werden beide Parameter verarbeitet. Mit anderen Worten: Es wird eine (beliebige) maximale Menge von Parametern benutzt.

11.5.2   Verknüpfung von Dienstkomponenten

Mit der Abstraktion durch Pins kann man z. B. den Nutzfall „Meilen gutschreiben" aus Abbildung 11.7 als eine Dienstkomponente verpacken (siehe Abbildung 11.17). Der Ablauf von „Meilen gutschreiben" kann zwei mögliche Wendungen nehmen, den Normalfall, der zur Ausgabe eines „Verarbeitungsprotokolls" führt, und den den Fehlerfall, der zur Ausgabe eines „Verarbeitungsfehlers" führt. Da jeweils nur eines dieser Ergebnisse geliefert wird, sind in Abbildung 11.17 beide als (einelementige) Parametermenge deklariert.

Die so entstandene Dienstkomponente „Meilen gutschreiben" kann ihrerseits wieder in andere Abläufen eingebaut werden (Abbildung 11.18). Hier wird der vollautomatische Ablauf „Meilen gutschreiben (automatisch)" dargestellt: Aus einer Datenbank mit „Boardingdatensätzen" wird eine (virtuelle) „Bordkarte" entnommen und entsprechend die Meilen gutgeschrieben. Im Fehlerfall wird der „Passagier", dessen Gutschrift zum Fehler führte, extrahiert, es wird eine Fehleranalyse durchgeführt und der Fehlerfall zwischengelagert. Zu einem späteren Zeitpunkt (z. B. wenn alle unproblematischen Fälle bearbeitet sind), werden die Fehlerfälle per „Einzelfallbearbeitung" aufbereitet.

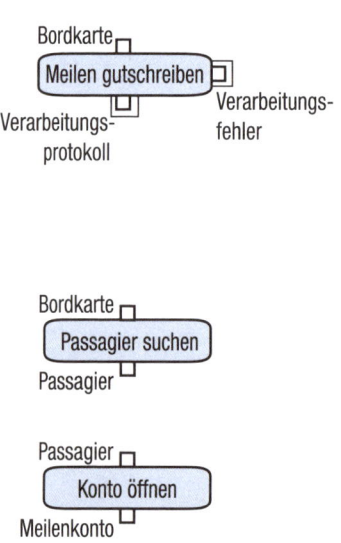

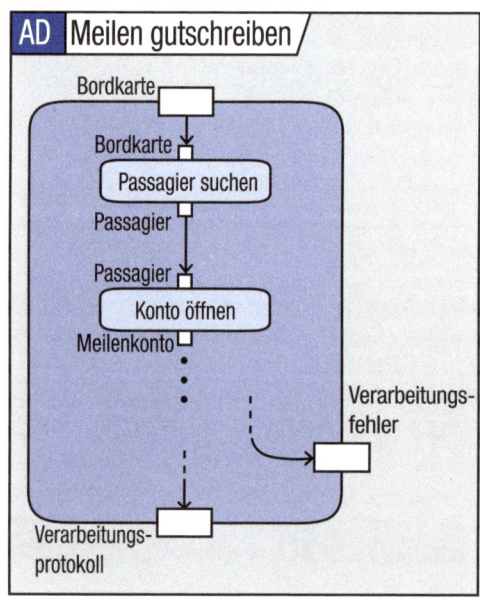

Abbildung 11.17: Einige Nutzfälle aus Abbildung 11.7 als Dienstkomponenten (links); die Komposition von „Passagier suchen", „Konto öffnen" und weiteren zur Dienstkomponente „Meilen gutschreiben" analog Abbildung 11.7 (rechts)

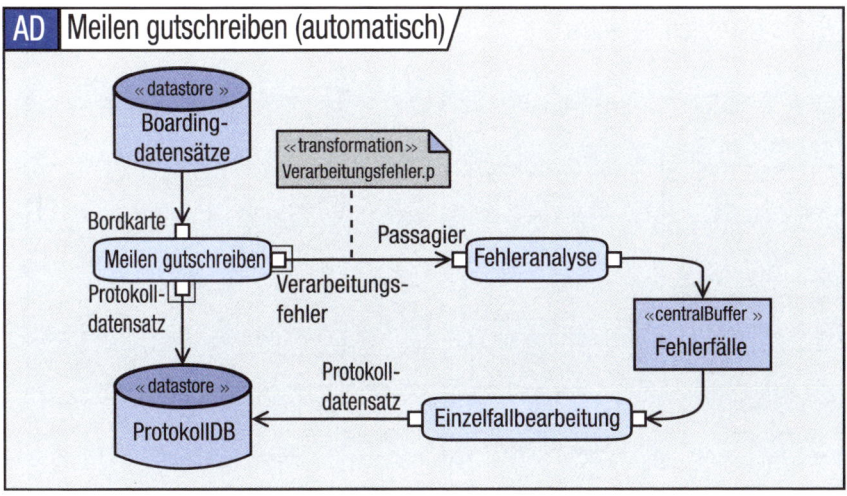

Abbildung 11.18: Verwendung der Dienstkomponente „Meilen gutschreiben"

11.6 Algorithmischer Ablauf

Der dritte große Anwendungsbereich von Aktivitätsdiagrammen ist die Darstellung algorithmischer Abläufe. Als Basisoperationen stellt die UML ein großes Spektrum von Aktionen bereit (siehe Anhang C.3, Abbildung 292). Die UML 2.0 sieht hier eine Vielzahl mächtiger neuer Notationen und Konzepte vor, insbesondere Ausnahmen und verschiedene Arten strukturierter Knoten.

11.6.1 Sprünge

Manchmal sind Kontrollflüsse recht kompliziert, so dass man in der Darstellung in Kauf nehmen muss, dass Kontrollflusskanten sehr lang sind oder sich kreuzen. Hier können *Sprungmarken* (engl.: *edge connectors*) helfen, ein Diagramm zu verbessern (siehe Abbildung 11.19). Eine Sprungmarke wird dargestellt als ein symbolischer Name in einem Kreis.

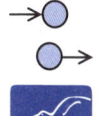

Als Beispiel dient die Berechnung von Bonusmeilen als Arbeitsschritt im Nutzfall „Meilen gutschreiben" (siehe Abbildung 11.9 und davor). Im Prinzip besteht die Berechnung der Bonusmeilen in der Anwendung einer Formel auf die Entfernung des betreffenden Fluges, die Ticketart und den Status des Passagiers. Außerdem müssen eventuell gerade verfallende Meilen herausgerechnet werden, damit nicht irrtümlich der Schwellwert für die Status-Hochstufung übersprungen wird. Als zusätzliche Schwierigkeit kommt hinzu, dass bei verspäteten Flügen ein Bonus in Abhängigkeit vom Ausmaß der Verspätung eingerechnet werden soll.

Mit Sprungmarken können lediglich lokale Sprünge innerhalb einer Aktivität, d. h. innerhalb eines Aktivitätsdiagramms, realisiert werden, und eigentlich handelt es sich rein um eine notationelle Abkürzung zur Vereinfachung von „Spaghetti-Diagrammen". Trotzdem sollte man dieses Ausdrucksmittel mit Zurückhaltung gebrauchen und eher versuchen, die Struktur der Aktivität so zu verändern, dass man auf dieses

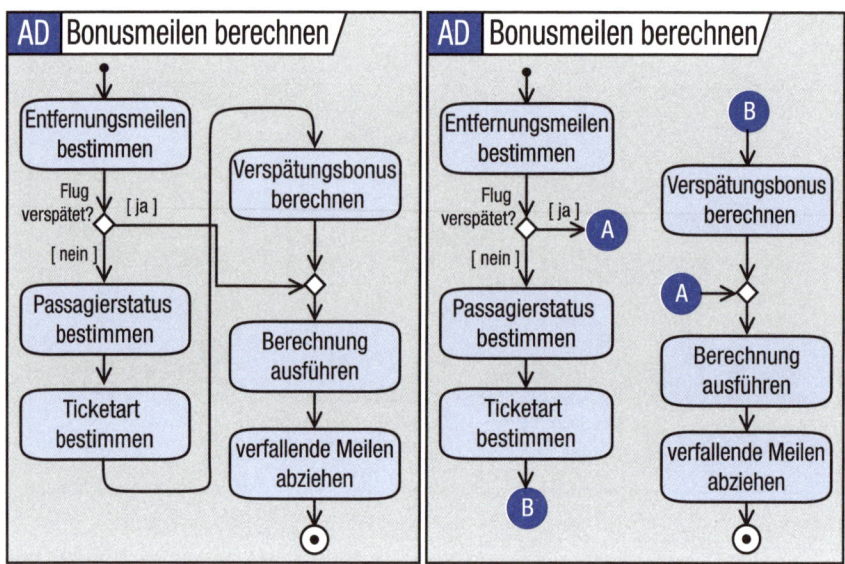

Abbildung 11.19: Zwei unterschiedliche Darstellungen derselben Aktivität: eine schlechte, weil unübersichtliche Darstellung ohne Sprungmarken (links); eine etwas weniger schlechte Darstellung mit Sprungmarken (rechts)

Ausdrucksmittel ganz verzichten kann. In den meisten Fällen reicht es aber schon aus, durch ein besseres Layout dieses Problem komplett zu vermeiden.

11.6.2 Ausnahmen

Mit Sprungmarken lässt sich der Kontrollfluss nur lokal beeinflussen. In manchen Fällen reicht dies aber nicht aus, z. B. wenn bei einem Verarbeitungsfehler die ganze Aktivität abgebrochen werden muss, um eine Fehlerbehandlung außerhalb der Aktivität durchzuführen. Für diesen Fall gibt es in Aktivitätsdiagrammen *Ausnahmen* (engl.: *exceptions*).

Eine Ausnahme ist ein wohldefinierter nicht-lokaler Kontrollfluss. Zu einer Ausnahme gehören zwei Dinge: Zum einen muss die Ausnahme ausgelöst werden (exception raising), zum anderen muss sie wieder abgefangen und behandelt werden (exception handling).

Das Grundprinzip ist in Abbildung 11.20 dargestellt: Innerhalb eines `protected-Node` (dt.: geschützter Knoten) wird eine Ausnahme ausgelöst und das so erzeugte Ausnahme-Objekt wird von einem `ExceptionHandler` (dt.: Auffangknoten) entgegengenommen. Der Auffangknoten kann wiederum Ausnahmen auslösen, so dass ganze Ketten von Ausnahmebehandlungen entstehen können.

Eine Ausnahme kann im Wesentlichen auf einem von vier Wegen ausgelöst werden (siehe Abbildung 11.21).

externes Ereignis	Ein `Event` (dt.: Ereignis) tritt außerhalb des gerade betrachteten Bereichs auf und wirkt auf den Ablauf. Dies ist z. B. der Fall beim Abbruch eines Geschäftsprozesses oder beim Prozesswechsel im Betriebssystem.

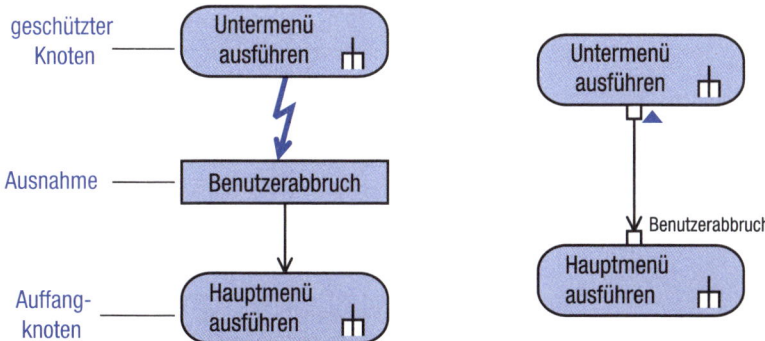

Abbildung 11.20: Ein geschützter Knoten löst eine Ausnahme aus, die von einem Auffangknoten behandelt wird (links); die gleiche Aussage in Pin-Notation (rechts).

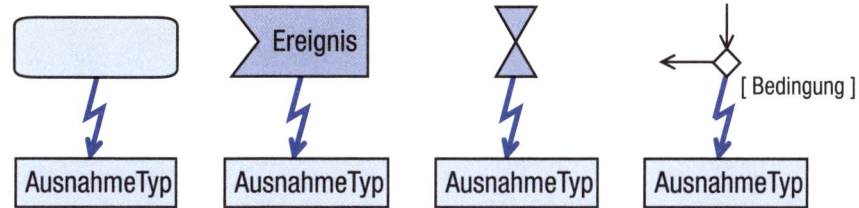

Abbildung 11.21: Ausnahmen können auf vier Wegen ausgelöst werden: direkt, durch externes Ereignis, durch Termin und durch Fallunterscheidung.

Termin	Ein `TimeEvent` (dt.: Termin) wird fällig und soll eine spezielle Verarbeitung auslösen. Dies ist z. B. der Fall beim Erreichen einer Frist in einem Geschäftsprozess (z. B. könnte ein Buchungsprozess nach einer gewissen Frist ohne Fortschritt abgebrochen werden). Termine werden durch eine stilisierte Sanduhr dargestellt.
Fallunterscheidung	Außerdem kann eine Ausnahme gezielt durch Fallunterscheidung ausgelöst werden, z. B. wenn ein Fehler erkannt wird, der nicht lokal behandelt werden kann oder soll.
Aktion	Schließlich kann eine Ausnahme auch durch eine normale Aktion explizit ausgelöst werden, z. B. wenn nach einem der anderen genannten Gründe für eine Ausnahme das Ausnahme-Datenobjekt erst noch hergestellt werden muss.

Abbildung 11.22 zeigt ein ausführlicheres Beispiel. In dieser Abbildung wird nebenbei auch eine alternative Syntax für das Auslösen einer Ausnahme gezeigt: ein regulärer Kontrollflusspfeil mit einem Blitz-Symbol.

Nach der Beschreibung aus Tabelle 9.5 ist ein Schritt im Ablauf des Geschäftsprozesses „Einchecken (Automat)" der Nutzfall „Gepäck aufgeben", der wiederum als

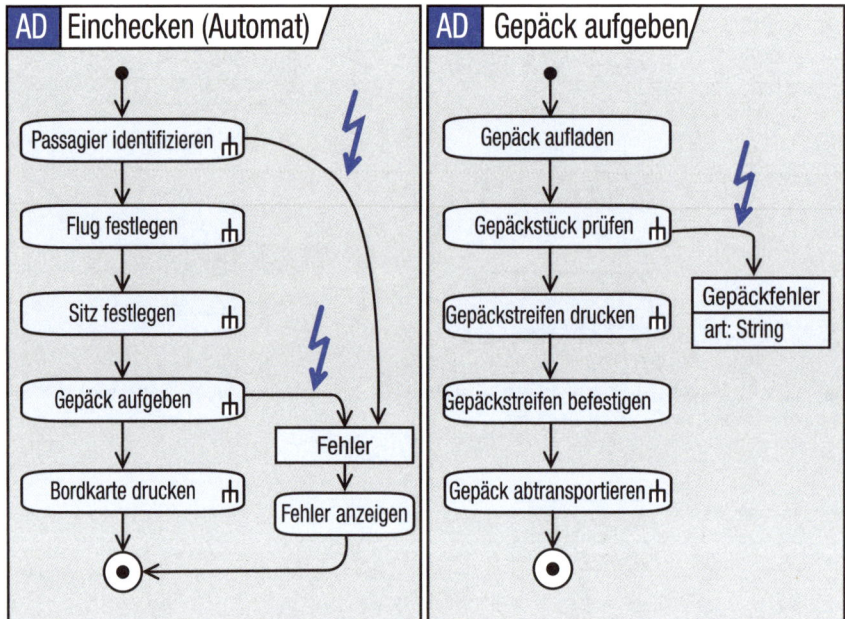

Abbildung 11.22: „Gepäckstück prüfen" löst die Ausnahme „GepäckFehler" aus, „Gepäck aufgeben" behandelt sie nicht, so dass sie nach „Einchecken (Automat)" propagiert wird, wo sie schließlich abgefangen wird.

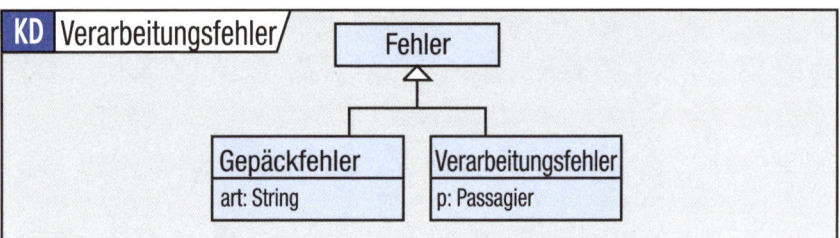

Abbildung 11.23: Verschiedene Arten von Fehlern, die im AAA-System auftreten können.

einen seiner Schritte „Gepäckstück prüfen" enthält.[2] Diese Prüfung möge einen Fehler erweisen können, z. B. dass ein Gepäckstück zu schwer ist oder dass alle von einem Passagier aufgegebenen Gepäckstücke zusammen zu schwer sind (Fehlertypen werden in Abbildung 11.23 definiert). Die Aktivität „Gepäck prüfen" löst daraufhin die Ausnahme „GepäckFehler" aus, wobei die Art des Fehlers durch einen String näher beschrieben ist.

Diese Ausnahme wird innerhalb von „Gepäck aufgeben" nicht abgefangen, so dass die ganze Aktivität abgebrochen und die Ausnahme in der Aufrufhierarchie nach

---

2 Die Abläufe dieser Geschäftsprozesse und Nutzfälle werden hier mit Aktivitäten gleichgesetzt – dies ist nicht (zwingend) von der UML so vorgesehen, sondern eine Festlegung in einer bestimmten Methodik, die in der Fallstudie verwendet wurde.

oben propagiert wird. In der Aktivität „Einchecken (Automat)" werden Fehler wie dieser abgefangen, eine entsprechende Meldung angezeigt („Bitte wenden Sie sich an das Bodenpersonal" o. Ä.) und daraufhin auch diese Aktivität beendet – aber regulär, nicht mit einer Ausnahme.

Unterbrechungsbereiche

Standardmäßig ist der *Wirkungsbereich* (engl.: scope) einer Ausnahme die gesamte Aktivität (des geschützten Knoten), in der sie auftritt, d. h., es wird gegebenenfalls die ganze Aktivität beendet. Der Wirkungsbereich kann durch Verwendung einer `Inter-ruptibleActivityRegion` (dt.: Unterbrechungsbereich) beschränkt werden. Dazu wird ein Bereich einer Aktivität mit einer gestrichelten Linie abgegrenzt. Alle Ausnahmen, die innerhalb dieses Bereiches ausgelöst werden, beenden nur die Kontrollflüsse in diesem Bereich.

In Abbildung 11.24 ist die Aktivität „Gepäckstück prüfen" dargestellt. Fachlich besteht die Prüfung darin, dass kein einzelnes Gepäckstück über 12 kg wiegen darf und dass das Gesamtgewicht des Gepäcks eines Passagiers je nach Status gewisse Schwellen nicht überschreiten darf. In allen diesen Fällen werden entsprechende Fehler durch Ausnahmen weitergegeben. Außerdem wird die Prüfung abgebrochen, wenn während des Wiegens das Gepäckstück wieder von der Waage genommen wird.

Unterbrechungsbereiche sind mit Vorsicht zu verwenden, da ihre Semantik im Wesentlichen undefiniert ist. Wenn es zusammen mit nebenläufigen Kontrollflüssen verwendet wird, entstehen leicht Paradoxa.

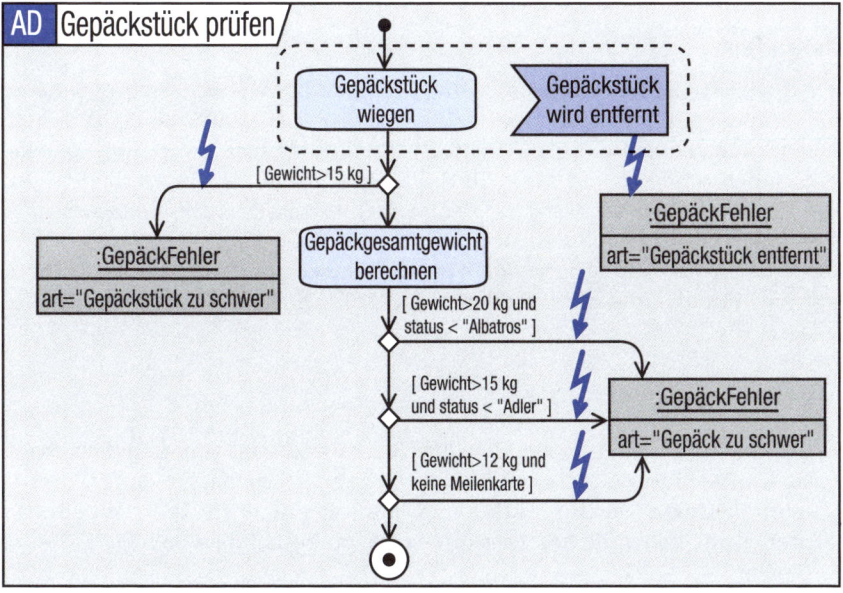

Abbildung 11.24: Begrenzung des Wirkungsbereiches einer Ausnahme: Nur die Kontrollflüsse innerhalb des Unterbrechungsbereiches werden bei Auslösen der Ausnahme unterbrochen.

11.6.3 Strukturierte Knoten

Die UML 2.0 sieht hierfür das Konzept des `StructuredNode` (dt.: strukturierter Knoten) vor. Es gibt drei Arten von strukturierten Knoten: Fallunterscheidungsknoten, Schleifenknoten und Auffaltungsbereiche.

Fallunterscheidungsknoten

Ein `ConditionalNode` (dt.: Fallunterscheidungsknoten) ist das, was ein case-Befehl in einer Programmiersprache im Vergleich zu einem if-then-else ist: Eine ganze Kette von Fallunterscheidungen kann zusammen durchgeführt werden (siehe Abbildung 11.25).

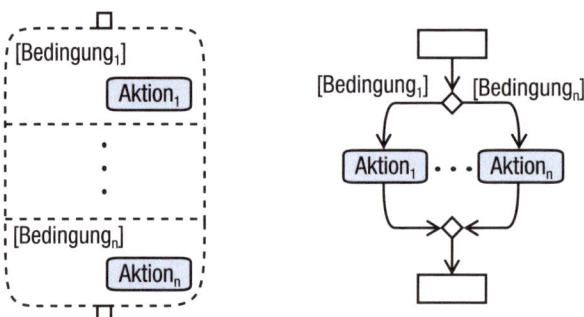

Abbildung 11.25: Fallunterscheidungsknoten sind nur syntaktische Abkürzungen.

Schleifenknoten

Ein `LoopNode` (dt.: Schleifenknoten) stellt Schleifen dar, wie sie aus Programmiersprachen bekannt sind. In Abbildung 11.26 (links) ist eine until-Schleife dargestellt. Ein Schleifenknoten hat drei Abteile für den `setup` (dt.: Vorbereitung), den Schleifen `body` (dt.: Inhalt) und den `test` (dt.: Test). Um eine while-Schleife zu modellieren, wird der Eigenschaftswert `isTestedFirst` auf wahr gesetzt, grafisch angezeigt dadurch, dass die Abteile „Test" und „Inhalt" vertauscht werden.[3]

Die Schleifen-Vorbereitung kann durch einen Parameter gesteuert werden (der z. B. die Zahl der Durchläufe angibt). Schleifen brechen genau dann ab, wenn der Test fehlschlägt.

11.6.4 Auffaltungsbereiche

Sowohl Fallunterscheidungsknoten als auch Schleifenknoten sind lediglich praktische Schreibweisen für komplexere Aktivitätsdiagramme („syntactic sugar"). UML ist ohne diese Konstrukte genauso ausdrucksmächtig wie ohne sie, lediglich an manchen Stellen etwas unhandlicher. Dies gilt nicht für Auffaltungsbereiche. Sie fügen

---

3 Vereinzelt ist auch eine andere, ebenfalls einleuchtende Schreibweise zu finden: statt über die Reihenfolge wird der Typ der Schleife durch Verwendung der Schlüsselworte `while` oder `until` anstatt von `test` gekennzeichnet. Auch diese Konvention geht gegenwärtig über den Standard hinaus.

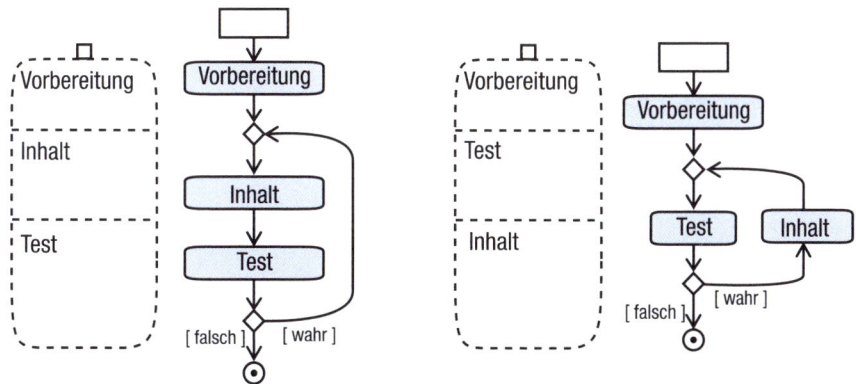

Abbildung 11.26: Schleifenknoten sind nur syntaktische Abkürzungen: until-Schleife (links) und while-Schleife (rechts).

der Sprache tatsächlich neue Möglichkeiten hinzu, vor allem die Behandlung von *Massendaten* (engl.: collection data).

Unter Massendaten verstehen wir hier große Datensätze aus Elementen gleichen Typs, also z. B. eine Relation als Ergebnis einer Datenbankabfrage, eine (große) Datenstruktur im Speicher in Form einer Liste oder eines Baums, einen Strom von Anfragen aus dem Internet, Medien- oder Messdaten und Ähnliches.

Je nach Rechnerarchitektur und Berechnungsmodell sind unterschiedliche Strategien der Verarbeitung von Massendaten denkbar. Um diese adäquat modellieren zu können, gibt es in UML das Konzept ExpansionRegion (dt.: *Auffaltungsbereich*, siehe Abbildung 11.27). Es gibt drei Modi für Auffaltungsbereiche, je nachdem, ob die Massendaten als Strom, als Vektor oder als Sequenz von Daten vorliegen. Sie werden mit den Schlüsselworten concurrent[4], stream und iterative in der linken oberen Ecke gekennzeichnet (siehe Abbildung 11.27). Massendaten-Pins sind als drei kleine, aneinander hängende Pins dargestellt.

Abbildung 11.27: Die drei Modi von Auffaltungsbereichen: concurrent, stream und iterative

Abbildung 11.28 (Mitte) zeigt eine abkürzende Schreibweise für Fälle, in denen lediglich eine einzige Aktion in einem Auffaltungsbereich ausgeführt wird. Rechts daneben ist ein (unspezifischer) Auffaltungsbereich ohne Angabe des Modus und ohne Massendaten-Pins gezeigt. Er legt lediglich fest, dass es eine Massendatenverarbeitung gibt, ohne schon die Details zu modellieren. Ein Auffaltungsbereich mit einem beliebigen der drei Modi wäre eine Abstraction dieses unspezifischen Knotens.

---

4 Im Standard wird manchmal auch das Schlüsselwort parallel verwendet, gemeint ist aber Nebenläufigkeit, nicht Parallelität.

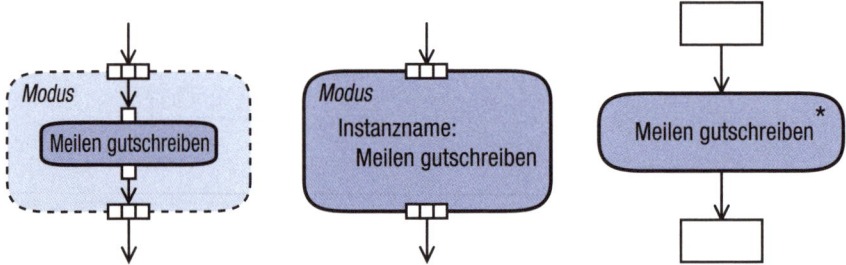

Abbildung 11.28: Drei Notationen für Auffaltungsbereiche mit nur einer Aktion: die ausführliche Darstellung (links), eine gleichbedeutende, abkürzende Schreibweise (Mitte), unspezifischer Auffaltungsbereich ohne Angabe des Modus (rechts)

Parallelverarbeitung

Der Geschäftsprozess „Meilengutschrift" muss, von wenigen Sonderfällen abgesehen, nicht im Dialog abgewickelt werden. Man kann ihn problemlos außerhalb der Arbeitszeit als *Stapelprozess* (engl.: batch process) verarbeiten, z. B. nachts, wenn die Rechenanlage nicht anderweitig gebraucht wird. In Abbildung 11.18 wurde bereits eine vollautomatische Prozedur zur Abwicklung der Meilengutschrift für eine Buchung modelliert, in der problematische Einzelfälle ausgesondert wurden. Im Modell in Abbildung 11.18 wird aber nur eine einzige „Bordkarte" verarbeitet. Bei einer nächtlichen Stapelverarbeitung fallen aber viele solcher Verarbeitungsfälle an. Hier kann man sinnvoll Auffaltungsbereiche zur Verbesserung des Modells einsetzen (siehe Abbildung 11.29).

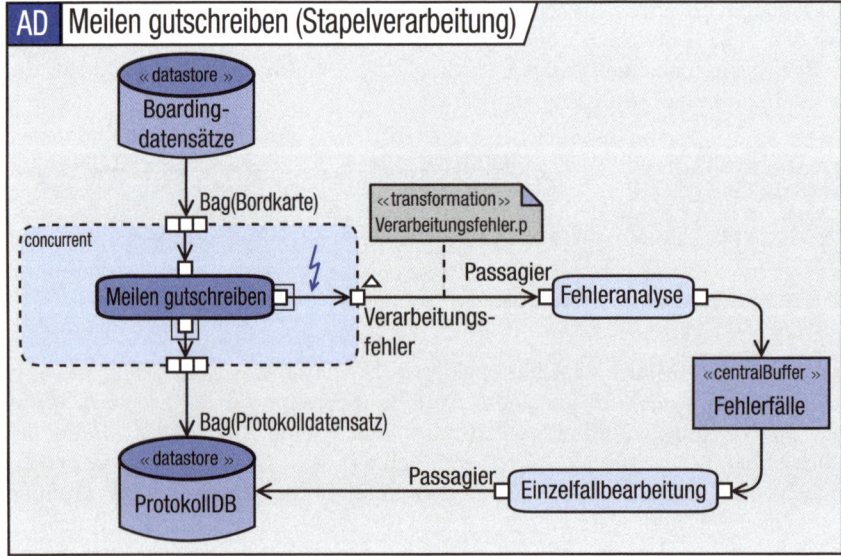

Abbildung 11.29: „Meilen gutschreiben" optimiert für Stapelverarbeitung

Aus der Datenbank „Boardingdatensätze" werden alle „Bordkarten" (prinzipiell) gleichzeitig geholt und als eine Gesamtheit verarbeitet. Durch Verwendung des Modus concurrent könnte z. B. ein Parallelrechner die Menge auf beliebig vielen Prozessen bzw. Prozessoreinheiten gleichzeitig verarbeiten.

Stromverarbeitung

Der Modus stream zeichnet sich dadurch aus, dass in jedem Schritt höchstens ein einziger Satz Eingabeparameter entgegengenommen wird und höchstens ein einziger Satz Ausgabeparameter produziert wird. Es kann aber ein weiterer Satz Eingabeparameter entgegengenommen werden, bevor der vorangegangene Parametersatz vollständig bearbeitet ist. Die Stromverarbeitung folgt also dem Pipeline-Prinzip. Die verschiedenen Stufen der Pipeline beeinflussen sich nicht gegenseitig.

Beispiele für Datenströme sind zum einen Mediendaten und Messwerte, zum anderen aber auch Datenströme aus dem Internet. In unserem Beispiel könnten etwa die im WWW vorgenommenen Flugbuchungen als Strom an Buchungsaufträgen modelliert werden oder auch die Aufträge zum Datenabgleich in der der Abfertigung von Passagieren.

UML bietet verschiedene Notationen für Ströme, je nachdem, welche Datenfluss-Notation zugrunde gelegt wird. Stromverarbeitende Pins tragen entweder den Eigenschaftswert stream oder sind schwarz ausgefüllt, die Köpfe von Stromdatenkanten werden schwarz ausgefüllt, und in der klassischen Notation werden wahlweise schwarze ausgefüllte Pfeile oder normale Pfeile mit dem Eigenschaftswert stream verwendet (Beispiele in Abbildung 11.30).

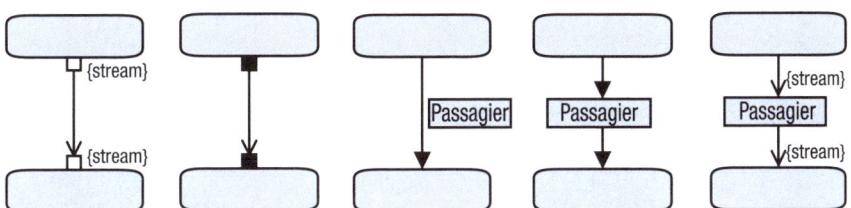

Abbildung 11.30: Die drei grundsätzlichen Notationsvarianten für Datenfluss unterscheiden sich, wenn die Daten als Datenstrom auftreten: Stromverarbeitende Pins tragen entweder den Eigenschaftswert stream oder sind schwarz ausgefüllt (die zwei linken Beispiele), die Köpfe von Stromdatenkanten werden schwarz ausgefüllt (Mitte) und in der klassischen Notation werden wahlweise schwarze ausgefüllte Pfeile oder normale Pfeile mit dem Eigenschaftswert stream verwendet (die zwei rechten Beispiele).

Sequentielle Verarbeitung

Der Unterschied zum Modus stream besteht darin, dass im Modus iterative die Bearbeitung eines Datenelementes beendet sein muss, bevor die Bearbeitung des nächsten Datenelementes beginnen kann. Der Unterschied zu einem gewöhnlichen Schleifenknoten besteht darin, dass hier die Reihenfolge der Verarbeitung nicht festgelegt ist. Außerdem verarbeitet ein Schleifenknoten keine Massendaten. Man kann also sagen, dass ein Schleifenknoten eine mögliche Implementierung eines Auffaltungsbereiches im Modus iterative ist.

11.7 Spezielle Darstellungsformen

11.7.1 Betriebliche Prozesse

Die Vorbereitung der Automatisierung erfordert oft die Analyse und Dokumentation betrieblicher Prozesse. In der Praxis werden hierzu oft erweiterte Ereignis-prozess-Ketten verwendet (siehe z. B. Keller et al. (1991); Scheer (1995, 1998)). Man kann eEPKs leicht als vereinfachte Form von UML-Aktivitätsdiagrammen darstellen. Abbildung 11.31 zeigt rechts eine Abbildung der wichtigsten eEPK-Elemente auf Elemente von Aktivitätsdiagrammen. Links daneben ist ein Beispiel eines eEPKs, das so weit wie möglich dem UML-Aktivitätsdiagramm aus Abbildung 11.2 entspricht.

11.7.2 Softwareprozesse

Ein Spezialfall eines betrieblichen Prozesses ist ein Softwareprozess, also der Geschäftsprozess der Software-Herstellung, wie er in einem Softwarehaus oder einer Entwicklungsabteilung abläuft. Ein Beispiel ist der *Rational Unified Process*. Dort werden Teilprozesse und Arbeitsschritte in einer Notation dargestellt, die eng an Aktivitätsdiagrammen angelehnt ist.

In der Implementations- oder Integrationsphase treten teilweise recht komplexe Arbeitsschritte bzw. Arbeitsabläufe auf, etwa die Übersetzung und Verlinkung großer

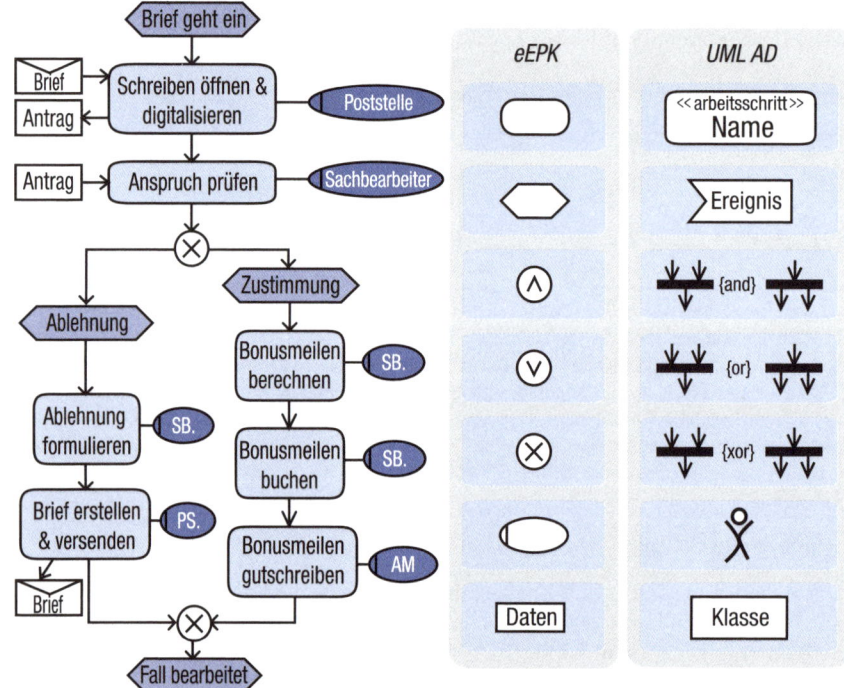

Abbildung 11.31: Darstellung des Aktivitätsdiagramms aus Abbildung 11.2 als eEPK (links), Abbildung zentraler eEPK-Elemente auf analoge UML-Notation (rechts)

Systeme. Zur Planung und Dokumentation solcher Abläufe werden manchmal Diagramme benutzt, die sich als syntaktische Variante von Aktivitätsdiagrammen auffassen lassen.

Als (sehr einfaches) Beispiel betrachte man die automatische Umsetzung eines Implementations-Klassendiagramms wie in Abbildung 5.49 in SQL-Code (Abbildungen 5.51 bis 5.53) und anschließend in eine konkrete Datenbank. Abbildung 11.32 (links) zeigt die beiden Arbeitsschritte und ihre Eingaben und Ergebnisse. Rechts daneben sind die benutzten Stereotype erläutert.

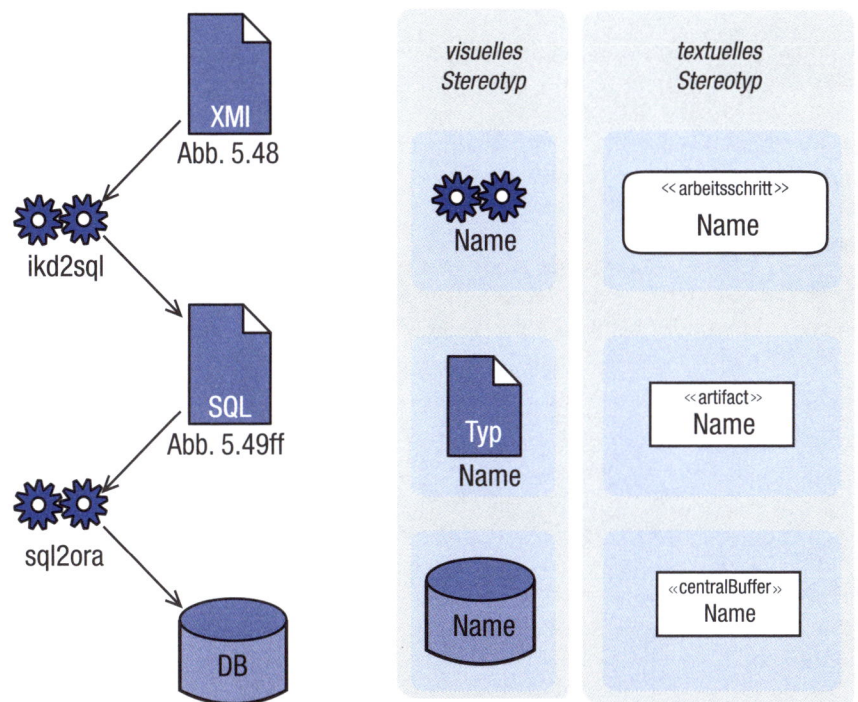

Abbildung 11.32: Eine einfache Notation für Build-Prozesse: Übersetzung eines Implementations-Klassendiagramms in SQL-Code und weiter in eine Datenbank wie in Abb 5.49ff. (links), Stereotype der Notation (rechts)

Übungsaufgaben

Aufgabe 11.1 Recherchieren Sie nach eEPKs. Welche Ausdrucksmittel von eEPKs sind in Abbildung 11.31 nicht abgedeckt? Wie könnte man sie in UML abbilden?

Aufgabe 11.2 Modellieren Sie den Ablauf einer Vorlesung mit Übungen und Prüfung am Semesterende als Aktivitätsdiagramm.

Aufgabe 11.3 Übertragen Sie die Aktivitätsdiagramme aus den Abbildungen 11.7, 11.9 und 11.24 in Java-Code. Welche Entwurfsentscheidungen müssen Sie treffen? Wie könnten Sie diese Entscheidungen jeweils im Diagramm festhalten? Sollten diese Entscheidungen besser beim Modellierer oder beim Programmierer liegen? Wieso?

Aufgabe 11.4 Stellen Sie das Diagramm von Abbildung 11.19 möglichst einfach auf der gleichen Fläche, aber ohne Benutzung von Sprungmarken und ohne Überschneidungen von Kanten dar.

Aufgabe 11.5 Modellieren Sie den vollständigen, in Abbildung 9.5 dargestellten Prozess als Menge von Aktivitätsdiagrammen (ohne Datenfluss).

Aufgabe 11.6 Identifizieren Sie in Ihrem Modell aus der vorangegangenen Aufgabe alle Dienste und Funktionen. Modellieren Sie eine kleine Zahl dieser Dienste vollständig, d.h. mit Ein- und Ausgabeparametern (wie in Abbildung 11.17). Wählen Sie diese Menge von Diensten so, dass Ihr Modell alle Arten von Pins repräsentativ enthält.

Aufgabe 11.7 Gleichen Sie Ihr Dienstemodell aus den vorangegangenen beiden Aufgaben mit dem fachlichen Datenmodell aus Kapitel 5.2 ab. Ergeben sich Änderungen am Datenmodell bzw. am Dienstemodell? Welche und wieso? Diskutieren Sie den richtigen Platz für Ihre Änderungen. Leiten Sie Kriterien ab, nach denen Sie künftig die Entscheidung für oder gegen eine Änderung in einem gegebenen Modell leichter treffen können.

Interaktionen

12

ÜBERBLICK

Ein Interaktionsdiagramm stellt den Nachrichtenaustausch zwischen mehreren Interaktionspartnern dar. Die Partner können beliebige `Classifier` sein, z. B. Klassen, Aktoren, Komponenten, Anschlüsse, oder Knoten. Interaktionsdiagramme können benutzt werden um Anforderungen oder Testfälle zu beschreiben, aber auch, um das Verhalten eines Systems zu spezifizieren. Interaktionsdiagramme sind ebenfalls sehr nützlich, um den Ablauf von Mustern zu erläutern und um Abläufe in existierenden Systemen zu untersuchen, zu dokumentieren oder (automatisch) zu visualisieren.

Es gibt im Wesentlichen drei Hauptvarianten von Interaktionsdiagrammen: Sequenzdiagramme, Zeitdiagramme und Kommunikationsdiagramme. Diese Varianten haben jeweils unterschiedliche Schwerpunkte und legen das Hauptaugenmerk entweder auf den Nachrichtenaustausch (Sequenzdiagramme), deren zeitliche Koordination (Zeitdiagramme), oder der Struktur der Interaktionspartner (Kommunikationsdiagramme). Als vierte Variante kommen die Interaktionsübersichten mit der Version 2.0 neu in die UML. Sie sind eine einfache Form von Aktivitätsdiagrammen, bzw. dienen als Veranschaulichung komplexer Sequenzdiagramme.

Sequenzdiagramme, insbesondere in der Form, die heute in UML 2.0 vorliegt, lehnen sich stark an den MSC-Standard der ISO an. Vorläufer von Zeitdiagrammen werden in der Elektrotechnik „schon immer" verwendet, spätestens, seit es Oszilloskope gibt. Kommunikationsdiagramme stammen wie Montagediagramme letztlich auch von den Blockschaltbildern der Elektrotechnik ab.

12.1 Semantische Grundbegriffe

Ein Interaktionsdiagramm stellt eine `Interaction` (dt.: Interaktion) dar. Eine Interaktion besteht aus einer Menge von `Lifelines` (dt.: Lebenslinien). Eine Lebenslinie ist eine Folge von `EventOccurrences` (dt.: Ereignisvorkommnisse). Ein Ereignisvorkommnis ist insbesondere das Senden oder Empfangen einer `Message` (dt.: Nachricht), aber auch das Instantiieren einer Klasse oder das (sich) Löschen eines Objektes.

Die Bedeutung einer Interaktion ist definiert als eine Menge von Folgen von Ereignisvorkommnissen. Für den größten und praktisch relevantesten Teil von Interaktionen in UML 2.0 ist die Semantik weitestgehend in Störrle (2003b) definiert worden. Zur Bedeutung von Negation gibt es verschiedene Untersuchungen (siehe Cengarle u. Knapp (2004); Störrle (2003a)). Einige Detailfragen sind allerdings noch offen.

Es gibt eine Reihe von `InteractionOperator` (dt.: Interaktionsoperatoren), mit denen eine oder mehrere Interaktionen modifiziert bzw. zu einem `CombinedFragment` (dt.: komplexe Interaktion) verbunden werden können.[1]

12.2 Klasseninteraktionen

Klasseninteraktionen sind Interaktionen zwischen Klassen und Objekten, die wechselseitig Methoden aufrufen. Sie werden nahezu jederzeit im Software-Lebenszyklus eingesetzt. Viele Entwickler benutzen sie gerne, um das Zusammenwirken von Klassen zu skizzieren.

---

1 Genau genommen werden nicht Interaktionen sondern `InteractionFragments` (dt.: Interaktionsfragmente) verbunden. Auch sind eigentlich höchstens zwei Operanden vorgesehen, in den meisten Fällen kann man diese Einschränkung aber problemlos vernachlässigen.

12.2.1 Komplementäre Darstellungen

Ein typisches Beispiel für eine Interaktion ist die Interaktion zwischen Dienstnutzer und Diensterbringer, die in Abbildung 6.9 ff. in Abschnitt 6.3.2 eingeführt wurde. Die UML sieht zur Zeit drei komplementäre Varianten von Interaktionsdiagrammen vor. In Abbildung 12.1 ist die selbe Interaktion in der unmittelbaren Gegenüberstellung in drei verschiedenen Diagrammtypen dargestellt: einmal als Sequenzdiagramm (oben), als Kommunikationsdiagramm (mitte) und als Zeitdiagramm (unten). Jede dieser Varianten hat ihre eigenen Stärken und Schwächen. Darum ist es wichtig, zu wissen, wann man welchen Diagrammtyp einsetzt.

Die erste Variante, ein Sequenzdiagramm, ist bereits im vorangegangenen Abschnitt beschrieben worden. Dort werden die Interaktionspartner am oberen Rand der Reihe nach aufgelistet. Diese Reihenfolge hat grundsätzlich keine Bedeutung, es empfiehlt sich aber, auch hier die Leserichtung zu beachten und die Objekte in der Reihenfolge ihres ersten Aufrufs anzuordnen. Für jeden Interaktionspartner wird eine seine Lebenslinie angezeigt, die einen (logischen) Zeitstrahl von oben nach unten darstellt. Die Lebenslinie kann auch gestrichelt dargestellt werden.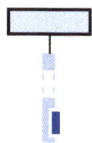

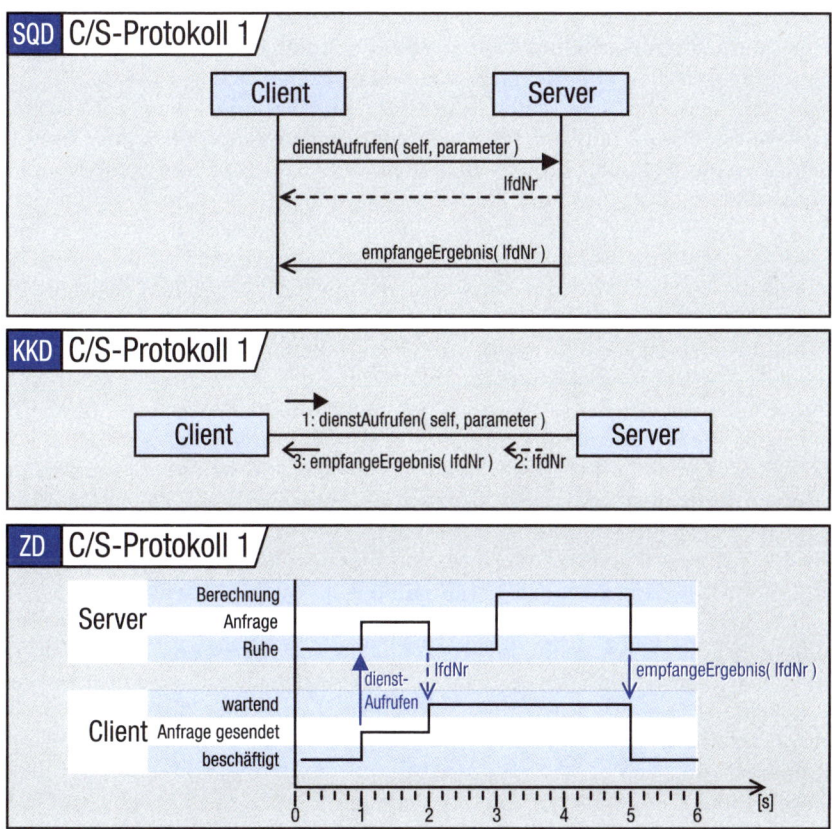

Abbildung 12.1: Gegenüberstellung der gleichen Interaktion als Sequenzdiagramm (oben), Kommunikationsdiagramm (mitte) und als Zeitdiagramm (unten)

Auf den Lebenslinien liegen Ereignisvorkommnisse, z. B. das Senden oder Empfangen von Nachrichten. Ereignisvorkommnisse werden nicht explizit dargestellt. Der Nachrichtenaustausch zwischen zwei Interaktionspartnern wird durch einen Pfeil dargestellt, der den Namen der Nachricht trägt (zu den verschiedenen Arten von Pfeilen siehe Abschnitt 12.2.3). In Abbildung 12.1 ist die erste Nachricht z. B. die Nachricht „dienstAufrufen" mit zwei Parametern. Die Antwort auf diesen Aufruf, wird durch einen gestrichelten offenen Pfeil dargestellt, an dem der Rückgabewert „lfd-Nr" notiert ist (mehr über verschiedene Arten von Nachrichten in Abschnitt 12.2.3). Zu einem späteren Zeitpunkt wird die Nachricht „empfangeErgebnis" mit einem Parameter gesendet. Die Anordnung der Ereignisvorkommnisse auf einer Lebenslinie definiert nur deren Reihenfolge: die absoluten oder relativen Abstände haben keine formale Bedeutung, auch wenn sie manchmal eine Interpretation als Zeitabschnitte nahe legen.

Sequenzdiagramme sind besonders dann gut geeignet, wenn eine Interaktion wenige Interaktionspartner hat, die viele Nachrichten austauschen, bzw. deren Interaktionsmuster komplex ist. Zustände der Interaktionspartner und „echte" Zeit lassen sich dagegen nur schwer darstellen und ihre Verbindungsstruktur nur implizit.

In der zweiten Variante in Abbildung 12.1, einem Kommunikationsdiagramm, ist der gleiche Ablauf dargestellt, aber die Reihenfolge der Nachrichten ist lediglich durch die Nummerierung definiert, also relativ unanschaulich. Andererseits wird die Verbindung zwischen Interaktionspartnern explizit dargestellt.

Dementsprechend sind Kommunikationsdiagramme besonders dann gut geeignet, wenn es darum geht, eine einfache Interaktion in einem umfangreichen oder komplexen Geflecht von Interaktionspartnern zu modellieren. Andererseits werden Kommunikationsdiagramme mit steigender Zahl von Nachrichten sehr schnell unübersichtlich.

In der dritten Variante in Abbildung 12.1, einem Zeitdiagramm, ist wiederum der gleiche Ablauf dargestellt: auf der y-Achse sind die Interaktionspartner dargestellt, optional auch einige ihrer Zustände. Die farbigen Bahnen dienen lediglich der besseren Visualisierung und sind von UML nicht vorgesehen. Die x-Achse ist im Gegensatz zur y-Achse in Sequenzdiagrammen eine echte Zeitachse, d. h. horizontale Entfernungen sind proportional zu zeitlichen Abständen. Wenn man Zeitdiagramme zur Spezifikation und nicht zur Dokumentation einsetzt, ist eine *absolute Zeitskala* meistens zu unflexibel: man will nicht den genauen zeitlichen Ablauf vorschreiben, sondern nur ein paar Randbedingungen, wie Höchstdauern festlegen. In diesen Fällen kann man auch eine *symbolische Zeitskala* benutzen (siehe Abbildung 12.2). Hierbei werden nur einzelne Zeitpunkte explizit benannt. Auf diese Namen kann in der Definition anderer Zeitpunkte Bezug genommen werden. In Abbildung 12.2 wird z. B. der Zeitpunkt der Auftragsvergabe (also der Moment, in dem die Nachricht „dienstAufrufen" verschickt wird) durch das Schlüsselwort now als t ausgezeichnet. Der nächste explizit modellierte Zeitpunkt wird mit „$\leq t + 2s$" beschrieben, d. h., er soll spätestens 2 Sekunden nach t liegen. Für den dritten Zeitpunkt wird das Intervall $\{t+2s...t+10s\}$ angegeben, d. h., die Wartezeit auf die Beendigung eines Auftrags liegt zwischen 2 und 10 Sekunden.

Die Lebenslinien der Interaktionspartner verlaufen in diesem Diagramm von links nach rechts. Die vertikalen Sprünge der Lebenslinien zeigen Zustandswechsel der Interaktionspartner an, die z. B. das Senden einer Nachricht auslösen, oder vom Empfangen einer Nachricht ausgelöst werden können (andere Gründe für einen Zustands-

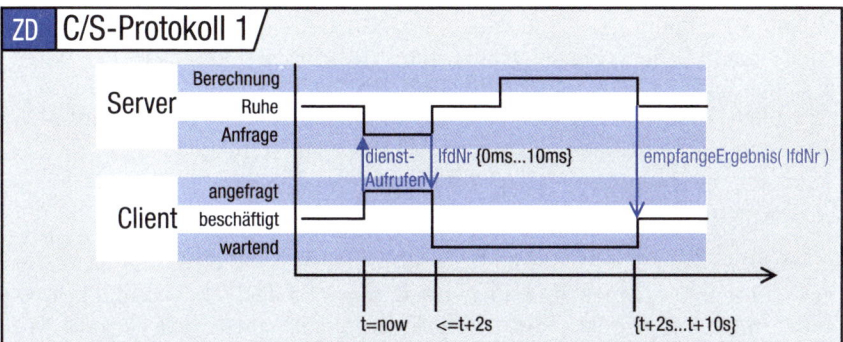

Abbildung 12.2: Ein Zeitdiagramm mit symbolischer Zeitskala

wechsel sind natürlich ebenso möglich). Senden und Empfangen von Nachrichten ist auch hier wieder durch Pfeile angezeigt, neben denen die gesendete Nachricht annotiert ist. Die farbige Darstellung der Nachrichten dient rein gestalterischen Zwecken und ist kein Teil der UML.

Zeitdiagramme sind besonders dann gut geeignet, wenn es um die zeitliche Koordinierung mehrerer Interaktionspartner, oder um reale Zeitverläufe geht. Dadurch, dass auch Zustände abgebildet werden können, lässt sich ansatzweise Kausalität darstellen.

Es ist wichtig zu verstehen, dass die drei Diagramme von Abbildung 12.1 das gleiche Modell beschreiben, semantisch also im Prinzip gleichbedeutend sind. Eine verlustfreie Umformung eines der Diagrammtypen in einen beliebigen anderen ist jedoch im Allgemeinen nicht möglich (wohl aber in vielen praktischen Fällen).

12.2.2 Interaktionen als Folgen von Ereignisvorkommnissen

Eine Interaktion beschreibt eine Abfolge von Interaktionsvorkommnissen. Die Reihenfolge wird durch zwei Regeln festgelegt. Zum einen kommen die Ereignisvorkommnisse einer Lebenslinie in der Reihenfolge vor, in der sie durch ihre Lebenslinie (bzw. in Kommunikationsdiagrammen durch Nummerierung) geordnet sind. Zum anderen sind kommt das Senden einer Nachricht vor deren Empfang. Mit diesen beiden Regeln ergeben sich für die Interaktion von Abbildung 12.1 die Abhängigkeiten, die in Abbildung 12.3 gezeigt sind. Dort sind Senden und Empfangen einer Nachricht „n" als „SND(n)" bzw. „RCV(n)" dargestellt. Aus diesen Abhängigkeiten folgt, dass es genau

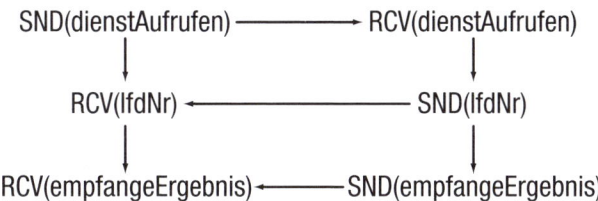

Abbildung 12.3: Die Abhängigkeiten zwischen den Ereignisvorkommnissen der Interaktion, die in Abbildung 12.1 auf verschiedene Arten beschrieben wurde.

zwei Abläufe gibt, die durch die Interaktion spezifiziert werden, die sich nur in der Reihenfolge von „SND(empfangeErgebnis)" und „RCV(lfdNr)" unterscheiden.

Diese Reihenfolge sagt noch nichts über die zeitlichen Abstände aus. Eine Interaktion spezifiziert nur beispielhafte Abläufe, über alle anderen Abläufe wird nichts ausgesagt, weder, dass sie möglich sind, noch, dass sie nicht möglich sind.

12.2.3 Aktivierung und Nachrichtentypen

Das Sequenzdiagramm aus Abbildung 12.1 (oben) ist in Abbildung 12.4 weiter ausgearbeitet worden. Zum einen sind die Lebenslinien jetzt nach aktiven und passiven Abschnitten unterteilt worden. Immer, wenn ein Interaktionspartner aktiv ist, wird auf seine Lebenslinie ein *Aktivierungsbalken* (engl.: activation bar) gelegt (in der Abbildung blau dargestellt). Der Aktivierungsbalken erstreckt sich bis zu dem Punkt, an dem die Aktivierung beendet wird.

Im Beispiel sind zu Beginn sowohl „Server" als auch „Client" inaktiv. Durch die Nachricht „start" an den Classifier, der diese Interaktion enthält, wird der „Client" aktiviert, der seinerseits den „Server" durch den Aufruf „dienstAufrufen" aktiviert. Derweil wird die Aktivierung des „Client" ausgesetzt, aber nicht abgebrochen. Dies wird durch den gestrichelten Aktivierungsbalken dargestellt.

Der „Server" bearbeitet nun den Aufruf, indem zunächst eine neue Auftragsnummer vergeben und in „auftragNr" gespeichert wird, der Auftrag in einen Puffer „auftragsparameter" eingestellt wird und eine Referenz auf den „Client" in die Warteschlange „wartendeKunden" aufgenommen wird.[2] Die Auftragsnummer wird an den „Client"

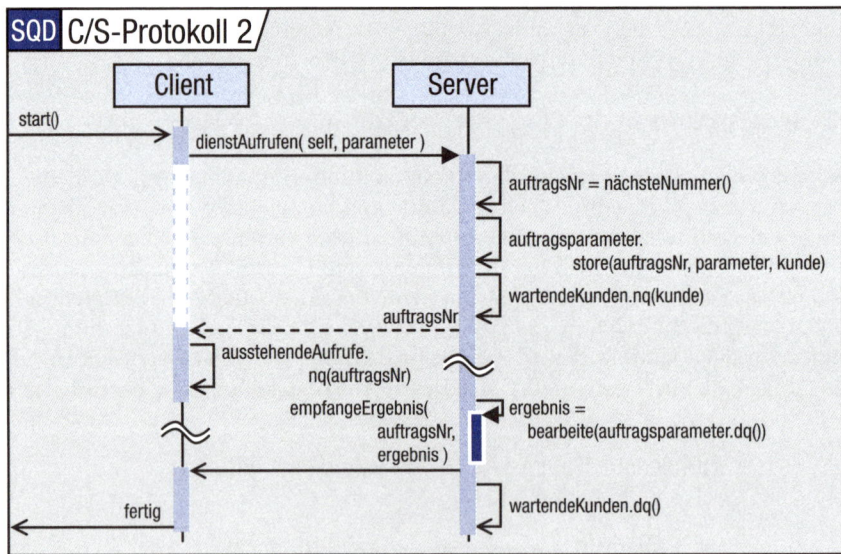

Abbildung 12.4: Ausarbeitung des Sequenzdiagramms aus Abbildung 12.1.

---

2 Der erste formale Parameter der Operation „dienstAufrufen" in der Definition von „Server" in Abbildung 6.9 heißt „kunde", an ihn wird beim Aufruf das Argument „self" also die Referenz auf den Interaktionspartner „Client" gebunden.

zurückgemeldet, dessen Aktivierung wieder auflebt und der die Auftragsnummer in die Warteschlange „ausstehendeAufrufe" aufnimmt. Der Client andererseits wird deaktiviert.

Es vergeht eine unbestimmte Zeit. Der „Server" führt die eigentliche Auftragsbearbeitung aus. Während dieser Zeit wird der Hauptkontrollfluss des „Server" durch den Kontrollfluss der aufgerufenen Operation „bearbeite" unterbrochen, was durch einen „Aktivierungsbalken auf dem Aktivierungsbalken" angezeigt wird (im Bild dunkelblau hervorgehoben). Auf diese Art können zwar im Prinzip beliebige Schachtelungstiefen von Aufrufen dargestellt werden, mehr als drei geschachtelte Aktivierungen sind aber in der Regel unübersichtlich.

Es gibt synchrone (Aufruf/Antwort) und asynchrone Nachrichten (Signale). Sie unterscheiden sich nach der Aktivierung und Deaktivierung von Sender und Empfänger: bei synchronen Nachrichten ist jeweils nur einer der beiden aktiviert, bei asynchronen Nachrichten können beide aktiviert sein.

Aufruf	Ein *Aufruf* ist eine synchrone Nachricht. Bei einem Aufruf setzt der Sender seine Aktivierung aus (gestrichelter Aktivierungsbalken) und der Empfänger wird aktiviert (d. h. beim Empfänger wird ein Aktivierungsbalken hinzugefügt). Ein Aufruf wird durch einen durchgezogenen Pfeil vom Sender zum Empfänger mit gefüllter Pfeilspitze dargestellt (z. B. „dienstAufrufen" oder „bearbeite" in Abbildung 12.4).
Antwort	Eine *Antwort* ist eine synchrone Nachricht. Eine Antwort bezieht sich immer auf einen vorangegangenen Aufruf. Der (antwortende) Sender wird deaktiviert (bzw. die Schachtelungstiefe der Aktivierungen wird um eins vermindert), die ausgesetzte Aktivierung des Empfängers lebt wieder auf. Eine Antwort wird durch einen gestrichelten Pfeil vom Sender zum Empfänger mit offener Pfeilspitze dargestellt (z. B. „dienstAufrufen" in Abbildung 12.4).
Signal	Ein *Signal* ist eine asynchrone Nachricht, d. h. der Sender unterbricht nicht seine Aktivierung nach der Nachricht. Eine Nachricht wird durch einen durchgezogenen Pfeil vom Sender zum Empfänger mit offener Pfeilspitze dargestellt.

Die Anschriften von Nachrichten sind in der Grammatik in Abbildung 12.6 beschrieben. Die Nichtterminale Argumente, Argument und Richtung sind identisch mit denen der Grammatik in Abbildung 5.21, wo die Deklarationen von Operationen in Klassen beschrieben wurden.

Die Laufzeit der Nachricht ist von der Synchronizität unabhängig. Nachrichten mit vernachlässigbarer Laufzeit (z. B. Aufrufe innerhalb des Hauptspeichers) werden durch waagerechte Pfeile dargestellt. Nachrichten mit relevanter Laufzeit werden schräg nach unten (vom Empfänger zum Sender) dargestellt. Die verschiedenen Arten von Nachrichten sind in Abbildung 12.5 zusammengefasst.

In manchen Anwendungen ist es wichtig, den Verlust und das Wiederfinden von Nachrichten modellieren zu können (lost/found bzw. verlorene/gefundene Nachrichten) – eigentlich sind hier lediglich unerwartet lange Nachrichtenlaufzeiten gemeint.

Die Nachricht „charToInt" von „A" nach „B" in Abbildung 12.5 zeigt, wie Rückgabewerte von Aufrufen gespeichert werden. Das Instantiieren von Objekten wird durch einen gestrichelten offenen Pfeil auf den Kopf des Interaktionspartners (statt seiner Lebenslinie) dargestellt. Das Ende eines Objektes wird durch ein Kreuz am Ende sei-

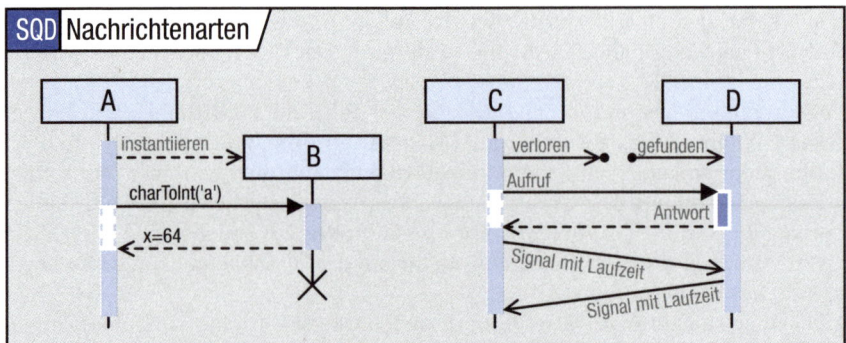

Abbildung 12.5: Verschiedene Arten von Nachrichten in Interaktionsdiagrammen

Nachricht	::=	Signal | Aufruf | Antwort
Signal	::=	*Signalname*[Argumente]
Aufruf	::=	*Operationsname*Argumente
Antwort	::=	[Aufruf:] *Rückgabewert*
Argumente	::=	(Argument (,Argument)*)
Argument	::=	[Richtung] *Parameter* : *Wert* | *Wert* | -
Richtung	::=	in | out | inout | return

Abbildung 12.6: Grammatik von Nachrichten in Interaktionen.

ner Lebenslinie angezeigt. Die Interaktion zwischen „A" und „B" in Abbildung 12.5 ist im folgenden Java-Code-Fragment abgebildet.

```
class B {
   public int charToInt(char c) {...}
}

class A {
   private int x;
   private B b = new();

   x = b.charToInt('a');
   b = null;
}
```

12.2.4 Musterinteraktionen

Eine weit verbreitete Anwendung von Klasseninteraktionen ist die Illustration des dynamischen Aspektes von Analyse- und Entwurfsmustern: in Abschnitt 6.4 waren

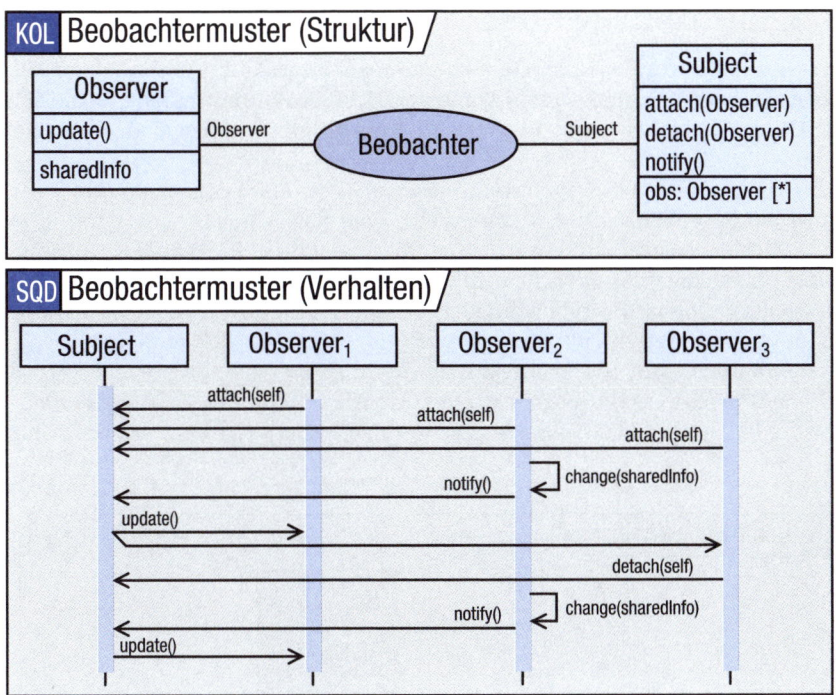

Abbildung 12.7: Das Entwurfsmuster „Beobachter": Struktur der Kollaboration (oben);
Verhalten der Interaktionspartner (unten).

Kollaborationen eingeführt worden, die aber lediglich den statischen Aspekt visualisierten.[3]

In Abschnitt 6.4.1 wurde das Beobachter-Muster beschrieben. Dies ist ein Muster, bei dem die statische Struktur nicht sehr komplex ist, das Verhalten der Interaktionspartner je nach Variante des Musters hingegen schon.

Hier ist eine sehr einfache Variante des Beobachter-Musters beschrieben – alle angemeldeten Beobachter werden bei allen Änderungen sofort benachrichtigt.

In dem Diagramm in Abbildung 12.7 (unten) ist eine Interaktion zwischen einem „Subject" (Subjekt) und drei „Observern" (Beobachter) gezeigt. Zunächst melden sich die Beobachter beim Subjekt dadurch an, dass sie eine Nachricht „attach" senden, mit einer Referenz auf sich selbst als Argument. Wenn einer der Beobachter, im Beispiel „Observer2" eine Änderung der gemeinsam genutzten Information erfährt, meldet er diese durch die „notify"-Nachricht an den Gegenstand. Daraufhin wird allen anderen Beobachtern diese Tatsache über eine „update"-Nachricht mitgeteilt. An dieser Stelle ist ein Beispiel für eine `multicast`-Nachricht zu sehen, d. h. eine Nachricht mit einem sendenden und zwei empfangenden Ereignisvorkommnissen. Anschließen meldet sich „Oberserver3" beim Gegenstand ab. Die nachfolgende Änderungen von „Observer2" wird daher nur noch an „Observer1" weiter gemeldet.

---

3 Umgekehrt sind natürlich auch Kollaborationen geeignet, um den statischen Aspekt von Interaktionen darzustellen, sollte dies einmal der logische Ausgangspunkt eines Modells sein.

12.3 Kontextinteraktionen

In Abschnitt 6.4.3 wurden Kontextkollaborationen vorgestellt, also Kollaborationen zwischen einem System und seinem Kontext, z. B. einem Benutzer. Den dynamischen Aspekt dieser Kollaboration kann man mit Kontextinteraktionen darstellen (siehe Abbildung 12.8).

Auf diese Weise lassen sich auch *Anforderungen*, bzw. *Black-Box-Testfälle* beschreiben. In Abbildung 12.8 wird z. B. dargestellt, dass der Passagier eine Karte in den Check-In-Automaten einführt. Der Automat führt daraufhin eine Initialisierung durch und sucht den Namen des Passagiers anhand der Kartendaten heraus. Dadurch kann der Passagier mit Namen begrüßt werden. Gleichzeitig wird hier eine *nichtfunktionale Anforderung* formuliert, nämlich die Antwortzeit, die unter 2 Sekunden liegen soll. Diese Anforderung kann gleichzeitig als Testfall dienen.

Ein zweites Beispiel für eine Kontextinteraktion ist in Abbildung 12.9 dargestellt. Der dargestellte fachliche Ablauf tritt ein, wenn ein Passagier zwar über das Netz bucht,

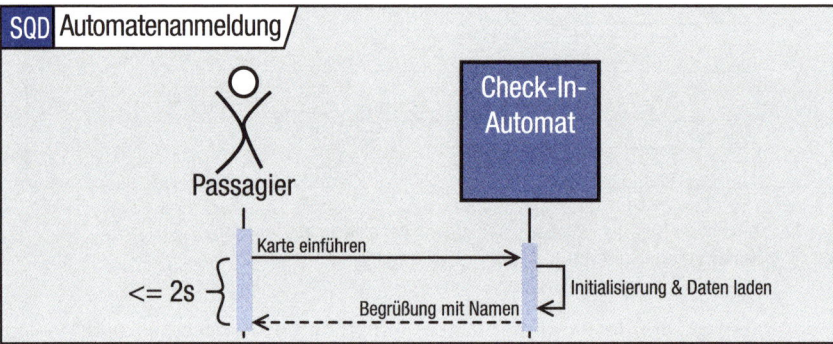

Abbildung 12.8: Die Interaktionspartner einer Kontextinteraktion sind Aktoren und das zu beschreibende System (hier der Check-In-Automat).

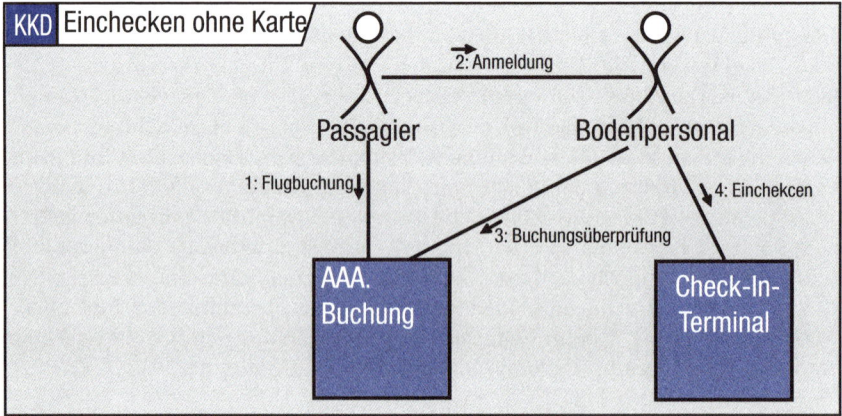

Abbildung 12.9: Eine Kontextinteraktion zwischen mehreren Interaktionspartnern

Nutzeraktion	Systemantwort
Kredit- oder Meilenkarte einführen max. Antwortzeit: 2s	■ Kartendaten auslesen ■ Kartendaten mit der Buchungsdatenbank abgleichen ■ Namen des Passagiers feststellen ■ Begrüßungsschirm anzeigen
Passagier wählt einen Flug zum Einchecken und bestätigt mit Eingabetaste	Automat zeigt Platzvorschlag an
Passagier bestätigt Vorschlag	Automat zeigt Gepäck-Menü an
Passagier wählt „kein Gepäck aufgeben"-Option	■ Automat druckt Bordkarte aus, ■ zeigt Verabschiedungs-Schirm an und ■ wechselt nach 10s zum Begrüßungsschirm

Abbildung 12.10: Eine Tabelle zur Darstellung der Interaktion zwischen einem Nutzer und einem System am Beispiel „Einchecken (Automatisch)"

aber sich nicht mit einer Kunden- oder Kreditkarte ausweisen kann (z. B. weil er diese Zuhause vergessen hat). In diesem Fall überprüft ein Vertreter des Bodenpersonals die Buchung mit Hilfe des Buchungs-Systems und anhand anderer Dokumente (z. B. Ausweis), oder anhand von Kontrollfragen und übernimmt das Einchecken für den Passagier am Check-In-Terminal.

12.3.1 Tabellendarstellung

Ein wichtiger Spezialfall sind Interaktionen mit genau zwei Interaktionspartnern, so wie die erste Kontextinteraktion des vorangegangen Abschnitts , von denen einer die Initiative besitzt. Dies ist z. B. der Fall, wenn die Interaktionen eines Nutzers und die jeweils darauf folgende Antwort des Systems dargestellt werden soll (siehe Abbildung 12.10).

Da einerseits die Struktur dieses Modells so einfach ist (der vorliegende Fall ist sicherlich ein Beispiel dafür), dass der Aufwand der Erstellung eines Diagramms möglicherweise nicht zu rechtfertigen ist, und außerdem solche Modelle häufig von Nichtfachleuten beschrieben oder beurteilt werden sollen, ist hier eine tabellarische Notation unter Umständen besser geeignet als eine diagrammatische.

Für Interaktionen mit mehr als zwei Interaktionspartnern werden Tabellen wie in Abbildung 12.10 schnell unübersichtlich.

12.4 Interaktionsoperatoren

Der bislang beschriebene Ablauf stellt nur den einen Ablauf dar, bei dem der Passagier eincheckt ohne Gepäck aufzugeben. Es gibt aber noch zahlreicher weitere Fälle, die ebenfalls zu beschreiben sind, z. B. das Einchecken mit Gepäck (wiederum zu unterscheiden nach der Zahl der Gepäckstücke), das Anmelden für mehrere Flüge, das

Anmelden mehrerer zusammen reisender Personen und so weiter. All diese Varianten (in allen Kombinationen!) explizit aufzuschreiben, ist sehr umständlich, zeitaufwändig und fehlerträchtig. Deshalb ist in der UML 2.0 das Konzept CombinedFragment (dt.: komplexe Interaktion) eingeführt worden. Damit lassen sich Interaktionen durch Operatoren wie seq, par, oder loop kombinieren. Eine komplexe Interaktion stellt also nicht mehr nur einen einzigen Ablauf dar, sondern eine Menge von Abläufen.[4]

12.4.1   Strikte Reihenfolge: der Operator strict

Die Interaktion zwischen dem Benutzer und dem System zerfällt in insgesamt vier aufeinander folgende Abschnitte. Zunächst meldet sich der Passagier an dem Automaten an. Dann wählt er seinen Flug und seinen Sitzplatz. Bei geeigneten Automaten hat er anschließend die Option, Gepäck aufzugeben. In jedem Fall wird abschließend eine Bordkarte gedruckt. Zu einer beliebigen Zeit kann der Passagier den Vorgang abbrechen und seine Karte zurück erhalten.

In einem Sequenzdiagramm lässt sich dies mit Hilfe der Operatoren strict, ref, opt und brk darstellen (siehe Abbildung 12.11). Die Interaktion besteht auf der obers-

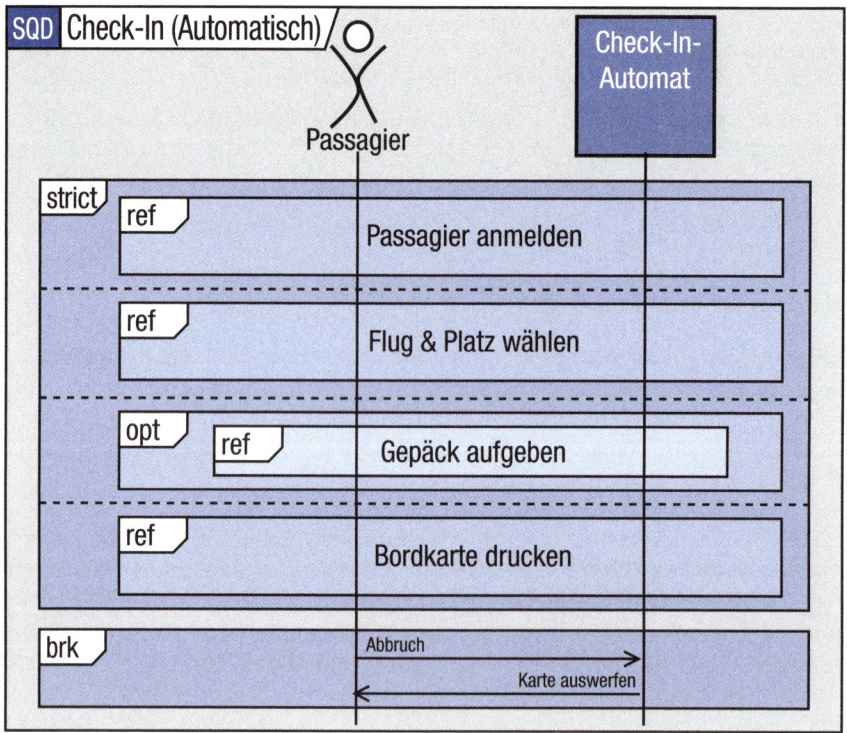

Abbildung 12.11: Die Operatoren strict, ref, brk und opt.

---

4 Genau genommen stellt gegebenenfalls auch schon eine einfache Interaktion eine Menge von Folgen von Ereignisvorkommnissen dar, die aber alle in einem sehr weitgehenden Sinn äquivalent sind (*starke Bisimulation*).

ten Ebene aus zwei Teilen. Der obere Teil hat einen Rahmen, in dem links oben der Operator `strict` in einem weißen Rechteck mit „abgeschnittener" rechter unterer Ecke gezeigt wird. Die vier Operanden dieser komplexen Interaktion sind durch gestrichelte Linien voneinander getrennt. Die Operanden sind ihrerseits Interaktionen mit den Operatoren `ref` und `opt`. Der untere Teil ist ebenfalls eine komplexe Interaktion mit dem Operator `brk`. In diesem Abschnitt betrachten wir zunächst nur `strict`, die anderen Operatoren werden weiter unten Zug um Zug erläutert.

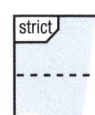

Der `strict`-Operatoren definiert, dass seine Operanden strikt aufeinander folgen, d. h., ein Abschnitt beginnt erst genau dann, wenn sein Vorgänger *vollständig* beendet ist (vgl. `seq` in Abbildung 12.26).

12.4.2 Interaktionsvorkommnisse: der Operator `ref`

Der Operator `ref` referenziert eine andere Interaktion über deren Namen. Dabei ist `ref` ist lediglich eine Art Makro-Expansion einer Interaktion, die an anderer Stelle durch ein beliebiges Interaktionsdiagramm definiert wird. Anstatt eine Interaktionen wie „Passagier anmelden" zu referenzieren, hätte in Abbildung 12.11 z. B. der Inhalt von „Passagier anmelden" auch direkt, also als Operand von `strict` angegeben werden können.

Interaktionen sind zwar Makros, können aber trotzdem parametrisiert werden. Die Benutzung einer Interaktion heißt `InteractionOccurrence` (dt.: Interaktionsvorkommnis). Dort müssen die formalen Parameter gebunden sein und auch Rückgabewerte können angegeben werden. Die Syntax ist in der Grammatik in Abbildung 12.12 beschrieben.

IAD-Deklaration	::=	SD*Interaktionsname*[Argumente]
IAD-Aufruf	::=	ref*Interaktionsname*[Argumente][Rückgabeklausel]
Rückgabeklausel	::=	[Attribut=] *Interaktion* [Argumente :][*Rückgabewert*]
Argumente	::=	(Argument (,Argument)*)
Argument	::=	[Richtung] *Parameter* : *Wert* | *Wert* | -
Richtung	::=	in | out | inout | return

Abbildung 12.12: Grammatik von Interaktionsdefinitionen und Interaktionsvorkommnissen.

Abbildung 12.13 zeigt im Detail, wie eine Interaktion deklariert wird und wie die Interaktion aufgerufen wird.

Die Syntax ähnelt der von Operationsdeklarationen: die Nichtterminale Argumente, Argument und Richtung sind identisch mit denen der Grammatiken in Abbildung 5.21 (wo die Deklaration von Operationen in Klassen beschrieben wurde) und Abbildung 12.6 (wo die Deklaration von Nachrichten innerhalb von Interaktionen beschrieben wurde).

12.4.3 Auswahl: die Operatoren `opt`, `alt` und `brk`

Der dritte Operand in Abbildung 12.11 wird durch den (unären) Interaktionsoperator `opt` gebildet, dessen Argument eine komplexe Interaktion mit dem Operator `ref`

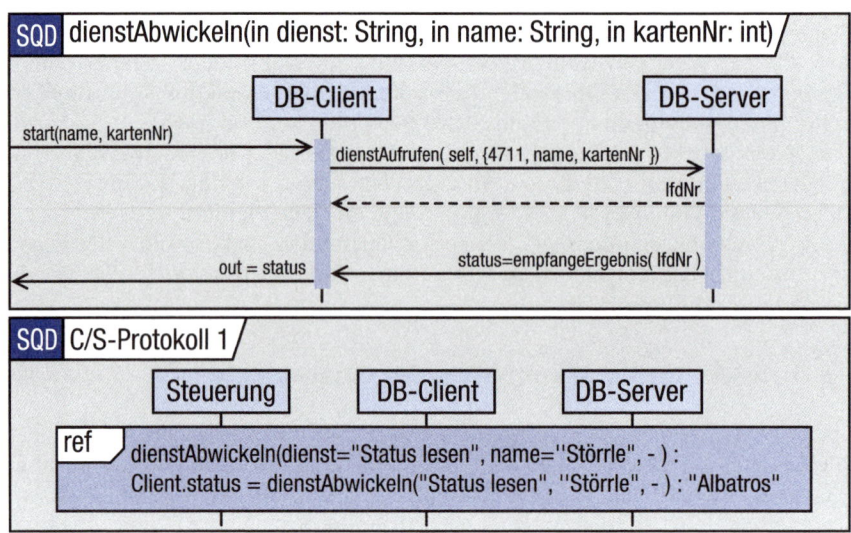

Abbildung 12.13: Deklaration (oben) und Aufruf (unten) einer Interaktion.

ist. Mit `opt` wird die Option dargestellt, d. h., das Argument kann oder kann nicht auftreten.

Während des gesamten Ablaufes besteht außerdem die Möglichkeit, dass der Passagier den Vorgang abbricht. Der Check-In-Automat soll daraufhin die Karte auswerfen und den Vorgang beenden. Dazu wird der `brk`-Operator benutzt der die jeweils nächste umgebende Interaktion abbricht (im Beispiel „Check-In (Automatisch)"), das von ihm spezifizierte Verhalten ausführt, und die Interaktion insgesamt beendet.

Eine weitere Verfeinerung der Interaktion aus Abbildung 12.11 ergibt, dass zwischen dem Anmelden mit Meilenkarte und dem Anmelden mit Kreditkarte zu unterscheiden ist. Hierzu kann man den `alt`-Operator verwenden, der alternative Interaktionen spezifiziert. Die Interaktion „Passagier anmelden", die in Abbildung 12.11 nur referenziert wird, könnte also spezifiziert werden wie in Abbildung 12.16 (oben) angegeben.

Die Fallunterscheidung von `alt` bzw. die Auswahl bei `opt` kann durch Bedingungen gesteuert werden (siehe Abbildung 12.14). Eine der Bedingungen eines Parameters von `alt` kann `else` sein.

Bei komplizierteren Bedingungen können *Sprungmarken* (im Metamodell: `Continuation`) eingesetzt werden. Sprungmarken werden durch Ovale dargestellt, die sich über die relevanten Lebenslinien horizontal erstrecken. In Abbildung 12.15 werden in „Karte analysieren" zwei Marken „Meilenkarte" und „Kreditkarte" definiert, die in „Passagier anmelden" als Bedingungen in einer Fallunterscheidung auftauchen.

12.4.4 Textuelle Darstellung von Interaktionen

Man kann Interaktionsdiagramme auch textuell, als Programmiersprachen-ähnlichen Ausdruck darstellen. Dazu betrachtet man lediglich die Interaktionsoperatoren als Funktionen und die Interaktionsoperanden als deren Argumente. In der üblichen

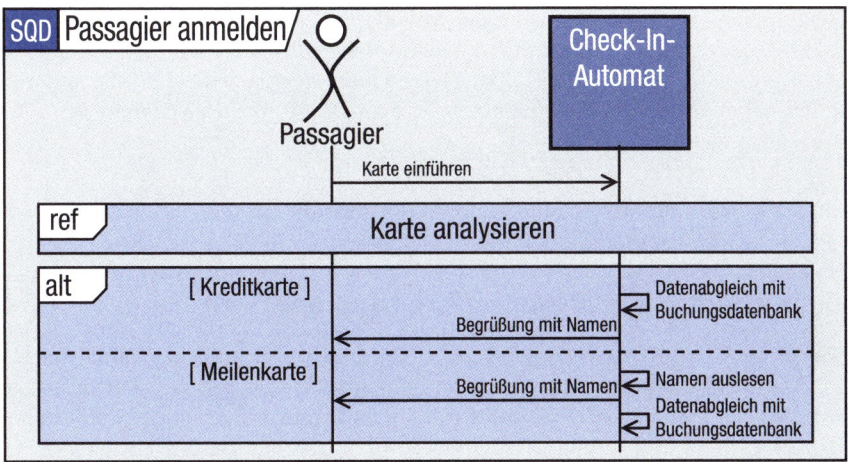

Abbildung 12.14: Fallunterscheidung mit Bedingungen

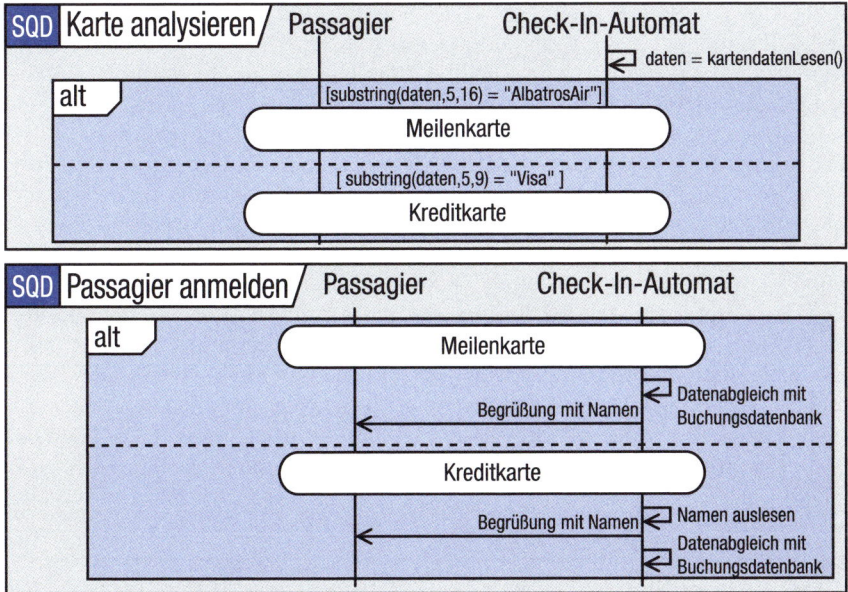

Abbildung 12.15: Fallunterscheidung mit Sprungmarken: In der Verfeinerung von „Karte analysieren" werden zwei Sprungmarken definiert (oben), in „Passagier anmelden" können diese Sprungmarken zur Fallunterscheidung benutzt werden (unten).

Schreibweise erhält man dann für das Interaktionsdiagramm aus Abbildung 12.11 folgenden Ausdruck.

strict(ref(Passagier anmelden), ref(Flug & Platz wählen),

opt(ref(Gepäck aufgeben)), ref(Bordkarte drucken))

Streng genommen ist `strict` ein binärer Interaktionsoperator, hat also genau zwei Argumente. Allerdings lässt sich dieser Operator leicht auf *n* Argumente verallgemeinern, wenn man sich überlegt, dass dieser Operator assoziativ ist. Mit anderen Worten: für beliebige Interaktionsfragmente P, Q und R gilt folgende Gleichung.

$$\text{strict}(\text{strict}(P, Q), R) = \text{strict}(P, \text{strict}(Q, R)).$$

Dies gilt analog auch für andere binäre Interaktionsoperatoren wie `par`, `seq` und `alt`. Daher ist diese Verallgemeinerung unproblematisch.

12.4.5 Wiederholung: die Operatoren `seq` und `loop`

Beim Check-In kann ein Passagier bis zu 3 Gepäckstücken aufgeben. Man könnte dies mit Kombinationen der Operatoren `strict` und `alt` erreichen, aber das wäre unübersichtlich. Besser ist es, den `loop`-Operator zu benutzen, um solche Variationen auszudrücken (siehe Abbildung 12.16, unten).

Der `loop`-Operator hat außer dem Interaktionsoperand noch bis zu zwei weitere Argumente. Sie geben die Unter- und die Obergrenze der Zahl der Schleifendurchläufe an. Als Obergrenze ist auch der Wert „*" zulässig, der für beliebig häufige Wiederholung steht. Wenn keine Untergrenze angegeben ist, gilt 0 als Untergrenze.

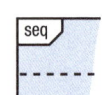

Das Modell kann noch dahingehend verbessert werden, dass die Schleife von 0 bis 3 läuft und den `opt`-Operator ersetzt. Dadurch könnten man die Interaktion „Einchecken (Automatisch)" so vereinfachen, wie in Abbildung 12.17 gezeigt.

Der `seq`-Operator verbindet zwei Interaktionen sequentiell. Anders als der `strict`-Operator erfolgt die Verknüpfung aber je Lebenslinie und nicht über die Interaktion insgesamt. Wenn es mehrere gemeinsame Lebenslinien gibt, kann es daher vorkommen, dass schon Ereignisse der zweiten Interaktion stattfinden, während de erste Interaktion noch nicht beendet ist. Abbildung 12.18 verdeutlicht diesen Fall.

In den beiden Interaktionen „P" und „Q" wird jeweils eine Nachricht „a" bzw. „b" gesendet bzw. empfangen. Natürlicherweise liegt das Sendeereignis vor dem dazugehörigen Empfangsereignis (z. B. **SND(a)** vor **RCV(a)**). Durch Verknüpfung mit `strict` wird das letzte Ereignisvorkommnis von „P" vor das erste Ereignisvorkommnis von „Q" gesetzt. Durch die Verknüpfung mit `seq` wird *je Lebenslinie* das letzte Ereignisvorkommnis von „P" vor das erste Ereignisvorkommnis von „Q" gesetzt. Das bedeutet, dass in `seq`(P, Q) der Ablauf **SND(a).SND(b).RCV(a).RCV(b)** möglich ist, aber nicht in `seq`(P, Q).

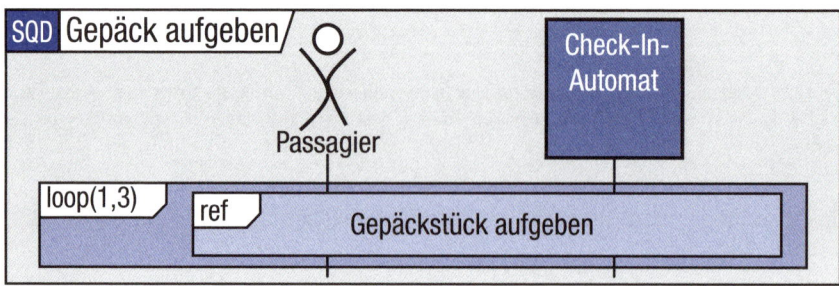

Abbildung 12.16: Die Operatoren `alt` und `loop`.

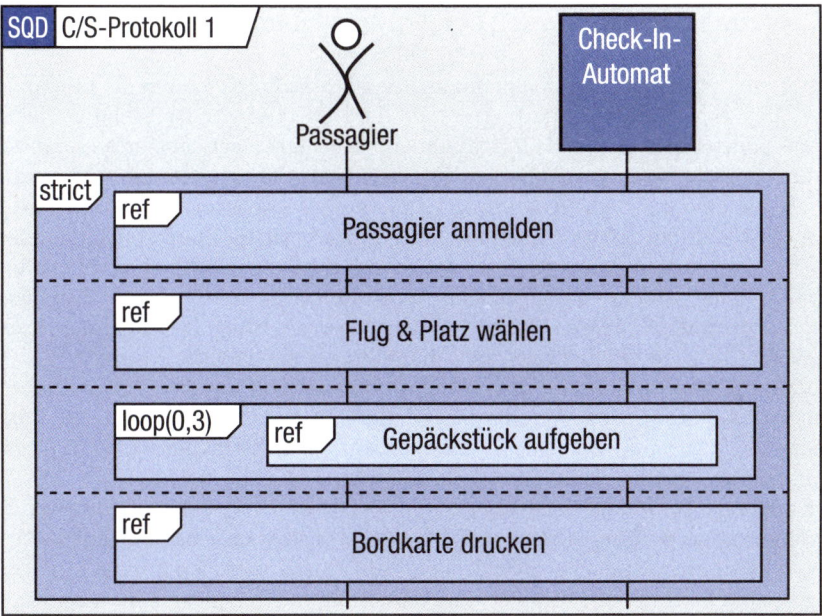

Abbildung 12.17: Der Operator `loop` kann unter Umständen den Operator `opt` ersetzen.

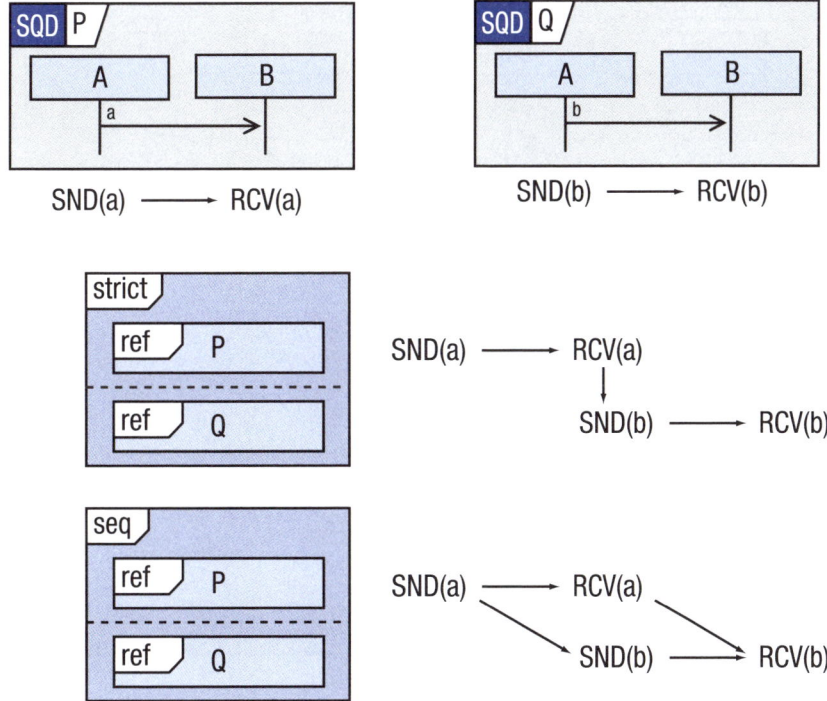

Abbildung 12.18: Der Unterschied zwischen den Operatoren `seq` und `strict`.

12.4.6 Nebenläufigkeit: die Operatoren `par` und `region`

Wie der Namen schon sagt, werden in einem Interaktionsdiagramm nur die Interaktionen zwischen den Interaktionspartnern modelliert. Das zwischenzeitliche Verhalten der Interaktionspartner, sowie die Interaktionen zwischen verschiedenen Mengen von Interaktionspartnern werden explizit nicht modelliert. Daher ist im Interaktionsdiagramm „Nebenläufigkeit" aus Abbildung 12.19 explizit unklar, ob erst die Nachricht „b" oder die Nachricht „c" gesendet bzw. empfangen wird. Es ist auch möglich, dass erst „c" empfangen und dann „b" gesendet wird (oder umgekehrt): eine Lebenslinie ist keine Zeitachse, und aus der vertikalen Anordnungen können keine Rückschlüsse über das Zeitverhalten gezogen werden – außer, dass die Ereignisvorkommnisse auf einer Lebenslinie in der Reihenfolge stattfinden, in der sie dargestellt sind.

In Abbildung 12.19 (unten) ist die partielle Ordnung von Ereignisvorkommnissen dargestellt, die das Sequenzdiagramm spezifiziert. In Kommunikationsdiagrammen lassen sich diese Zusammenhänge nur eingeschränkt und nur textuell (über die Nummerierung der Ereignisse) darstellen, siehe Abbildung 12.20.

Es ist möglich, zusätzliche Abhängigkeiten zwischen Ereignisvorkommnissen zu spezifizieren. Dazu wird eine `GeneralOrdering` (dt.: zusätzliche Abhängigkeit) in eine Interaktion eingetragen. Sie wird dargestellt durch eine gepunktete Linie mit einem gefüllten Pfeil in der Mitte der Linie, der vom unabhängigen zum abhängigen

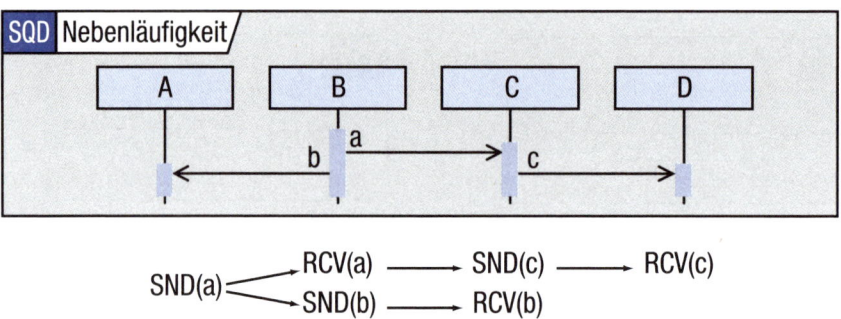

Abbildung 12.19: Das Sequenzdiagramm (oben) legt nicht fest, ob zuerst „b" oder „c" empfangen bzw. gesendet wird. Das *partielle Wort* unten zeigt die vom Sequenzdiagramm definierten Abhängigkeiten zwischen Ereignisvorkommnissen.

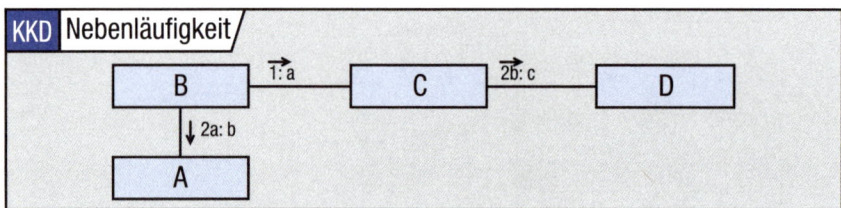

Abbildung 12.20: Kommunikationsdiagramm eigenen sich nicht gut für die Darstellung von Nebenläufigkeit.

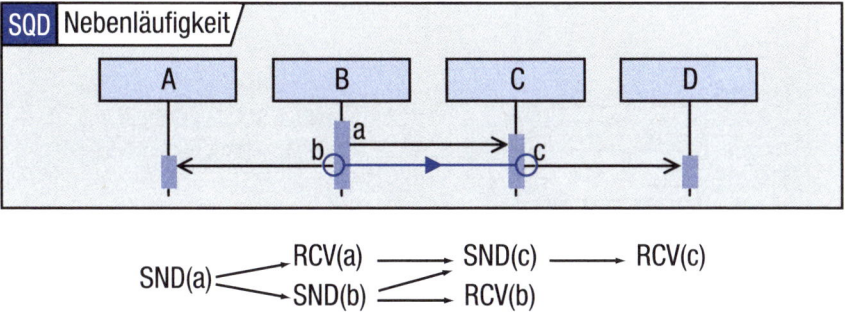

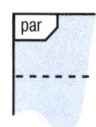

Abbildung 12.21: Eine zusätzliche Abhängigkeit zwischen dem Senden von „b" und dem Senden von „c".

Ereignisvorkommnis zeigt. In Abbildung 12.21 ist eine zusätzliche Abhängigkeit zwischen dem Senden von „b" und dem Senden von „c" eingetragen. Wenn man mehrere zusätzliche Abhängigkeiten in eine Interaktion einträgt, geht die Übersichtlichkeit schnell verloren, es empfiehlt sich daher, von dieser Möglichkeit sparsam Gebrauch zu machen.

Wenn man Parallelverarbeitung nicht nur für einzelne Nachrichten, sondern für größere (Fragmente von) Interaktionen modellieren will, benutzt man den par-Operator. Die Interaktion par(P, Q) bedeutet, dass Ereignisvorkommnisse von „P" und „Q" beliebig gemischt werden dürfen, sofern sie jeweils den Reihenfolgen von „P" bzw. „Q" *für sich* entsprechen.

Für „P" und „Q" wie in Abbildung 12.19 ergeben sich aus par(ref(P), ref(Q)) sechs verschiedene Abläufe (siehe Abbildung 12.22, rechts).

Der Operator region ist motiviert vom Begriff der kritischen Region. Eine *kritische Region* (engl.: critical region) ist ein Bereich eines (parallelen) Programms, der ohne Unterbrechung ablaufen muss (z. B. Zugriff auf geteilte Ressourcen). Diese Eigenschaft ist z. B. für P und „Q" in der Interaktion par(P, Q) gerade nicht gewährleistet. Um den Effekt von par aufzuheben, kann durch den Operator region benutzt werden. Die Interaktion region(P) bedeutet, dass die Ereignisvorkommnisse von „P" eben nicht durch Ereignisvorkommnisse von außerhalb von „P" unterbrochen werden dürfen. Für das Sequenzdiagramm in Abbildung 12.23 ergeben sich daher nur noch drei mögliche Abläufe.

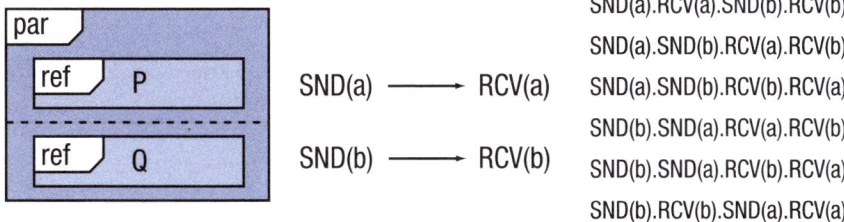

Abbildung 12.22: Mit Par kann man Interleaving modellieren: das Sequenzdiagramm (links) drückt die Abhängigkeiten aus (Mitte) und resultiert in sechs möglichen Abläufen (rechts).

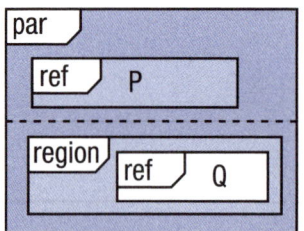

SND(a).RCV(a).SND(b).RCV(b)

SND(a).SND(b).RCV(b).RCV(a)

SND(b).RCV(b).SND(a).RCV(a)

Abbildung 12.23: Der Operator `region` verhindert Interleaving.

12.4.7 Projektion: die Operatoren `ignore` und `consider`

Interaktionen haben den Nachteil, dass sie manchmal expliziter sind als nützlich. Wenn z. B. eine Klasse an mehreren Kollaborationen gleichzeitig teilnimmt (etwa dadurch, dass sie eine Rolle in mehreren Mustern spielt), dann können sich die Interaktion der verschiedenen Rollen überlagern bzw. vermischen. Wenn man also ein Verhaltensmuster spezifizieren oder dokumentieren will, welches in andere Verhaltensmuster eingebettet ist, muss man eigentlich nicht nur die (relevanten) Nachrichten des einen Musters darstellen, sondern auch alle (irrelevanten) Nachrichten der anderen Muster, sie potentiell gleichzeitig auftreten können – und zwar in allen möglichen Kombinationen. Solch ein Modell würde sehr unübersichtlich, und der Nutzen der Visualisierung ginge verloren.

Die gleiche Problematik ergibt sich auch dann, wenn eine (formale) Beziehung zwischen verschiedenen Abstraktions- oder Entwicklungsstufen der gleichen Interaktion hergestellt werden soll. So besteht z. B. zwischen dem Sequenzdiagramm von Abbildung 12.4 und dem Sequenzdiagramm von Abbildung 12.1 (oben) offenbar eine Verfeinerungsbeziehung. Um diese Beziehung auch formal formulieren zu können, muss man von den Details abstrahieren können, die die Verfeinerung hinzugefügt hat.

In solchen Situationen ist es erforderlich, von „unwichtigen" Nachrichten zu abstrahieren, bzw. nur die relevanten Nachrichten aus einer Interaktion heraus zu projizieren. Dies kann mit Hilfe der Operatoren `ignore` und `consider` erreicht werden. In Abbildung 12.24 wird die Interaktion „C/S-Protokoll 2" aus Abbildung 12.4 so abstrahiert, dass sie der Interaktion „C/S-Protokoll 1" aus Abbildung 12.1 (oben) entspricht.

Der `ignore`-Operator drückt aus, dass in einer Interaktion einige der möglichen Nachrichten keine Beachtung finden, d. h., sie könnten zwar vorhanden sein, werden aber ignoriert. Damit können gezielt Interaktionsschemata spezifiziert werden, ohne irrelevante Nachrichten mit zu spezifizieren.

Das genaue Gegenteil leistet der `consider`-Operator. Er spezifiziert nicht, dass manche Nachrichten ignoriert wurden, sondern dass umgekehrt nur gewisse Nachrichten berücksichtigt wurden, d. h. alle anderen wurden ignoriert. Wenn also **Z** die Menge der möglichen Nachrichten ist und $X \subset Z$ ist, dann haben `ignore`(P, X) und `consider`(P, **Z**-**X**) die gleiche Bedeutung.

12.4.8 Ungültige Abläufe: Negation und Zusicherung

Die Spezifikation durch Interaktionen ist immer exemplarisch, d. h., es werden einige Abläufe von allen möglichen herausgegriffen und als erwünscht deklariert: die

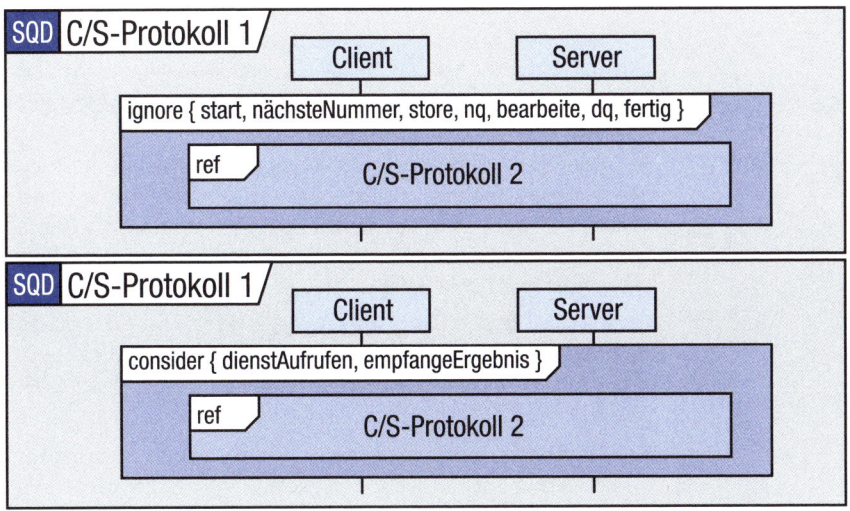

Abbildung 12.24: Mit `consider` und `ignore` werden gezielt Nachrichten ein- und ausgeblendet.

bislang betrachteten Abläufe haben nur jeweils Beispiele von „gutem" Verhalten spezifiziert. Es ist ab oft genauso wichtig, Gegenbeispiele zu liefern, um exemplarisch auszudrücken was genau *nicht* passieren soll, oder eine *vollständige* Spezifikation zu geben. Dies wird durch die Operatoren `neg` und `assert` geleistet.

Formal gesehen sieht die Semantik von Interaktionen vor, dass es gültige, ungültige und unbestimmte Abläufe gibt (siehe Abbildung 12.25). Man kann diese Mengen von Abläufen in etwa mit erfolgreichen, fehlgeschlagenen und nicht durchgeführten Tests vergleichen. Der `neg`-Operator drückt eine Negation aus, d. h., die vom Operanden „P" spezifizierten Interaktionen sind gerade nicht zulässig. Dieser Operator ist nur als äußerster Operator einer komplexen Interaktion zulässig, könnte also auch durch eine entsprechende Kommentierung einer Interaktion („Gegenbeispiel") ersetzt werden. Da außerdem die formale Semantik von `neg` ist letztlich unklar, sollte auf den Einsatz dieses Operators bis auf weiteres verzichtet werden.

Der `assert`-Operator deklariert alle unbestimmten Abläufe als ungültig. In gewissem Sinn schließt daher `assert` eine Spezifikation ab, bzw. gibt die Zusicherung,

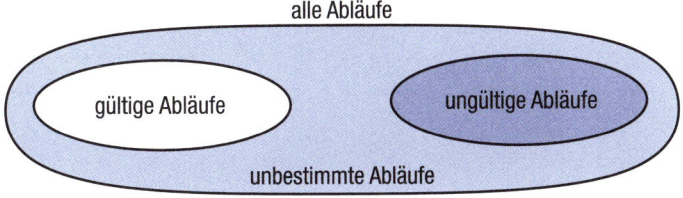

Abbildung 12.25: Die Menge aller Abläufe von Interaktionen unterteilt sich in die Mengen der gültigen, der ungültigen und der unbestimmten Abläufe.

strict(P, Q)	Der Operator strict definiert eine „strikte" Reihenfolge, d. h., zuerst finden alle Ereignisse des ersten Arguments statt und dann alle Ereignisse des zweiten Operanden. Die Reihenfolge innerhalb der beiden Abschnitte wird durch die Argumente jeweils festgelegt.
seq(P, Q)	Dem gegenüber steht der Operator seq, der nur die Ereignisse *je Lebenslinie* sequentiell verknüpft. Dadurch kann es passieren, dass auf einer Lebenslinie noch Ereignisse des ersten Operanden stattfinden, während auf einer anderen Lebenslinie, auf der es keine Ereignisse der ersten Operanden mehr gibt, bereits Ereignisse des zweiten Operanden stattfinden.
loop(P, min, max)	Der Schleifen-Operator loop ist eine syntaktische Abkürzung für die wiederholte Anwendung sequentieller Komposition mit seq. Der loop-Operator hat als Argumente eine Interaktion, eine Unter- und eine Obergrenze.
	■ Die Untergrenze **min** gibt an, wie oft das erste Argument mindestens hintereinander stattfindet. Die Untergrenze ist eine natürliche Zahl inklusive 0. Entfällt dieses Argument ist die Untergrenze 0.
	■ Die Obergrenze **max** gibt an, wie oft das erste Argument höchstens hintereinander stattfindet. Die Obergrenze ist entweder eine natürliche Zahl größer als die Untergrenze, oder „*", wobei „*" für „beliebig oft" steht. Ist keine Obergrenze angegeben, ist die Obergrenze „*".
par(P, Q)	Der par-Operator verknüpft seine beiden Argumente parallel, d. h. es kommen alle Ereignisse beider Argumente vor, in einer der Reihenfolgen, die jeweils das Argument vorgibt, aber beliebig zwischen den Ereignissen beider Argumente alternierend. Man spricht von *Verschränkungsnebenläufigkeit* (engl.: interleaving concurrency).
alt(P, Q)	Mit alt wird eine Auswahl zwischen zwei Interaktionen deklariert. Die Fallunterscheidung kann durch eine logische Bedingung in eckigen Klammern spezifiziert werden, eine dieser Bedingungen kann else sein. Ist keine Fallunterscheidung angegeben, wird eine der Interaktionen nichtdeterministisch ausgewählt.

Abbildung 12.26: Die Interaktionsoperatoren im Überblick (Teil 1)

dass eine Spezifikation vollständig ist. Abbildung 12.26 gibt einen Überblick über alle Interaktionsoperatoren in Sequenzdiagrammen.

Interaktionsoperatoren sind bislang nur für Sequenzdiagramme vorgesehen – die Möglichkeiten bei anderen Arten von Sequenzdiagrammen sind auch begrenzt. Im Sinne des Orthogonalitätsgedankens wäre es aber schön, zumindest diese begrenzten Möglichkeiten nutzen zu können.

12.5 Testfälle

In Abschnitt 3.1 ist der Lebenszyklus von Software beschrieben worden. Dort wird anhand des bekannten V-Schemas erläutert, dass Ergebnisse von Analyse- und Entwurfsschritten (die linke Seite des V von Abbildung 3.2) in korrespondierenden Kon-

opt(P)	Das Argument eines opt-Operators wird optional ausgeführt, d. h. es erfolgt eine Entscheidung, ob die Interaktion stattfindet. Die Entscheidung kann durch eine logische Bedingung in eckigen Klammern spezifiziert werden. Ist keine Bedingung angegeben, erfolgt die Entscheidung nicht-deterministisch.
ignore(P, Z)	Der ignore-Operator deklariert eine Menge **Z** von Nachrichten, die in der Interaktion **P** ignoriert werden, es wird keine Aussage über sie gemacht. Nachrichten aus **Z** könnten also überall in **P** auftreten, werden aber nicht dargestellt.
consider(P, Z)	Der consider-Operator ist quasi die Umkehrung von ignore: lediglich die Nachrichten aus **Z** sind in **P** dargestellt, alle anderen Nachrichten wurden ignoriert.
brk(P)	Der brk-Operator bricht die kleinste umgebende Interaktion ab und führt statt dessen **P** aus.
region(P)	Der region-Operator definiert eine *kritische Region*, d. h. es wird verhindert, dass während der Ausführung von **P** andere Ereignisvorkommnisse als die von **P** stattfinden. Insofern hebt region Operatoren wie par, bzw. blockiert andere nebenläufige Ereignisvorkommnisse.
assert(P)	Durch assert wird bekräftigt, dass die von **P** spezifizierten Abläufe genau die gewünschten Abläufe sind, alle anderen Abläufe hingegen nicht erwünscht sind. Damit schließt assert eine Spezifikation ab und schlägt alle unbestimmten Abläufe den ungültigen Abläufen zu (siehe Abbildung 12.25).
neg(P)	Der neg-Operator drückt eine Negation aus, d. h., die vom Operanden P spezifizierten Interaktionen sind gerade nicht zulässig. Dieser Operator ist ohnehin nur als äußerster Operator einer komplexen Interaktion zulässig und sollte am besten vollständig durch Kommentare oder Stereotype ersetzt werden.

Abbildung 12.27: Die Interaktionsoperatoren im Überblick (Teil 2)

struktions- und Integrationsschritten (die rechte Seite des V) überprüft werden. Das Vehikel dieser Überprüfung sind Testfälle auf den verschiedenen Granularitäts- und Abstraktionsebenen.

Ein Testfall ist eine Beschreibung eines speziellen erwünschten Verhaltens. Testfälle ähneln also Nutzfällen und werden auch ähnlich beschrieben (siehe Abbildung 12.28). Die Felder im Schema von Abbildung 12.28 haben folgende Bedeutung.

Identifier	Ein **Identifier** ist ein eindeutiger Bezeichner für jeden Testfall analog den Bezeichnern z. B. für Geschäftsprozesse.
Name	Der **Name** des Testfalls drückt in der Regel eine Spezialisierung des zu testenden Geschäftsprozesses oder Nutzfalls aus. Für „Einchecken (Automatisch)" könnte z. B. ein Testfall heißen „Einchecken (Automatisch) mit zuviel Gepäck".
Testziel	Im **Testziel** wird der Sinn des Tests, also die zu testende Eigenschaft kurz textuell beschrieben.
Vorbedingung	Die **Vorbedingung** muss erfüllt sein, damit das Testergebnis aussagekräftig ist.

Identifier	Name
TF-AAA.CIA-4	Einchecken (Automatisch) mit zuviel Gepäck

Testziel
Wenn ein Passagier zuviele Gepäckstücke hat, soll er beim Automaten-Check-In auf den Check-In am Schalter verwiesen werden

Vorbedingung
Passagier ist auf Flug gebucht

Argumente
Koffer, Meilenkarte, Buchungsdatensatz

Ergebnis
Das restliche Gepäck wird nicht angenommen, der Passagier wird an den Schalter verwiesen.

Nachbedingung
Passagier und Teile seines Gepäcks sind auf den Flug angemeldet.

Anmerkungen, offene Punkte
keine

Abbildung 12.28: Ein Schema zu Beschreibung von Testfällen

Argumente	Jeder Testfall bekommt **Argumente**, die zu Beginn oder im Verlauf des Testfalls benutzt werden.
Testablauf	Der **Testablauf** beschreibt die Abfolge der einzelnen Schritte des Tests, in der Regel mit einem Interaktionsdiagramm.
Ergebnis	Das **Ergebnis** des Tests kann entweder eine Menge von Werten sein, oder ein erreichter Systemzustand – meistens macht es keinen Sinn für Testfälle, zwischen Nachbedingung und Ergebnis zu unterscheiden.

Der Kern einer Testfall-Beschreibung ist das Interaktionsdiagramm. Je nach Granularitäts- und Abstraktionsebene des Tests kommen verschiedene Arten von Interaktionen zum Einsatz, z. B. Kontextinteraktionen für die frühen Phasen (siehe Abschnitt 12.3), auf einer feineren Ebene Klasseninteraktionen (Abschnitt 12.2).

Man unterscheidet grundsätzlich zwischen White-Box- und Black-Box-Testabläufen.

White-Box-Testablauf	An einem White-Box-Testablauf nehmen genau zwei Interaktionspartner teil, einer davon ist das zu testende System, der andere die *Testumgebung* (engl.: testbed). Beide haben keine Aufrufe an sich selbst.
Black-Box-Testablauf	An einem Black-Box-Testablauf nehmen mindestens zwei Interaktionspartner teil, einer davon ist die Testumgebung (auch: *Testtreiber*), alle anderen sind Bestandteile des zu testenden Systems.

In der Regel wird mit einem Interaktionsdiagramm für einen Testfall eine Menge erwünschter Abläufe festgelegt. Manchmal ist es aber auch sinnvoll, explizit unerwünschte Abläufe zu modellieren und zu testen, um eine definierte Reaktion sicher zu stellen. Es empfiehlt sich hier, dieses Testfälle entsprechend zu markieren, etwa, indem ein Stereotyp «Fehlerfall» für Interaktionen eingeführt wird.

12.6 Protokollinteraktionen

Eine der anspruchsvollsten Aufgaben ist die Spezifikation der Interaktion von Protokollrollen, also des dynamischen Aspekts von Protokollen. Die Schwierigkeit entsteht daraus, dass es für viele Protokolle erforderlich ist, gleichzeitig die Aspekte Zeit und Koordination anschaulich zu beschreiben.

Betrachten wir als Beispiel wieder das *Client/Server-Protokoll*. Abbildung 12.29 beschreibt die Zustandsautomaten von zwei Klassen, die die Rollen „Client" und „Server" einnehmen. Mit Kommunikationsdiagrammen ist es lässt sich weder die Koordination der Zustände auf beiden Seiten, noch der zeitliche Ablauf des Protokolls anschaulich darstellen. Man kann zwar teilweise auf textuelle Annotationen ausweichen, verliert damit aber gerade die Anschaulichkeit.

Mit Sequenzdiagrammen kann man immerhin den Zeitaspekt zumindest noch teilweise veranschaulichen, aber die Koordination von Zuständen kann nur unzureichend visualisiert werden. In Abbildung 12.30 sind Sprungmarken zweckentfremdet worden, um Zustände anzudeuten.

Es gibt aber eine bessere Lösung für diese Aufgabe. Mit Zeitdiagrammen, wie sie bislang verwendet wurden andererseits, lassen sich zwar sowohl Zeit als auch Koordination gut darstellen. Allerdings sind Zeitdiagramme auch sehr detailliert, so dass in den zahlreichen Details von Zustandswechseln und Nachrichtenübermittlungen die Übersicht über die Koordination zwischen den Rollen leicht verloren geht, insbesondere, wenn es um schwierigere Fälle als das triviale Client/Server-Protokoll geht.

Diese Übersicht lässt sich zurückgewinnen, wenn man Abschnitte von Protokollrollen zu Phasen abstrahiert. Diese Phasen können z. B. die koordinierten Zuständen

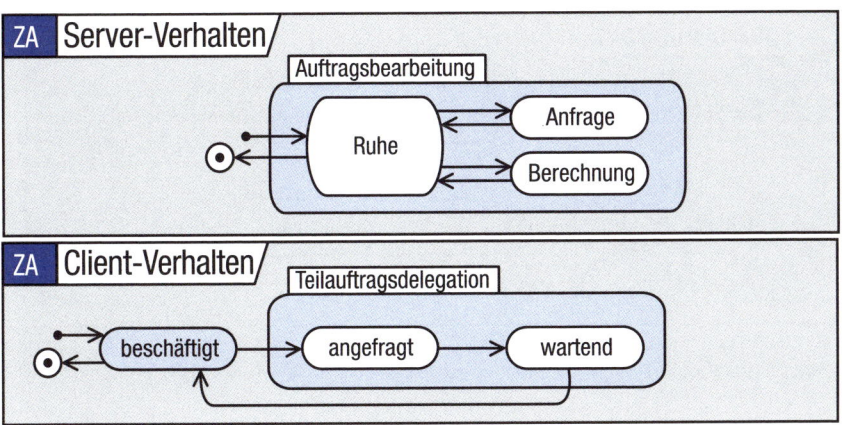

Abbildung 12.29: Das Verhalten von Server (oben) und Client (unten) im Client/Server-Protokoll

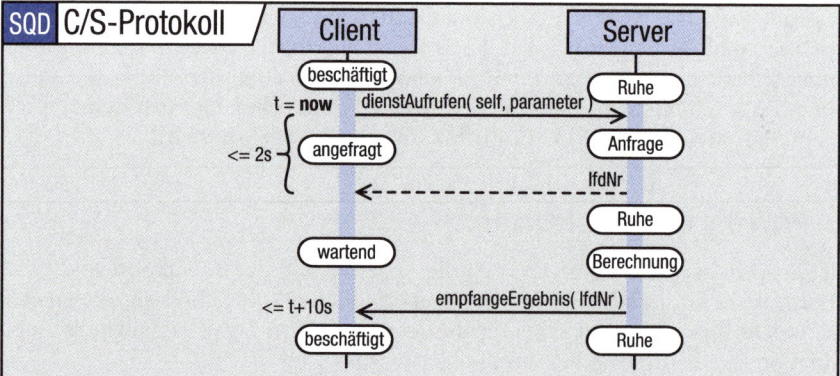

Abbildung 12.30: Sequenzdiagramme können (relative) Zeitbedingungen ausdrücken, Zustände jedoch nur durch zweckentfremdete Sprungmarken.

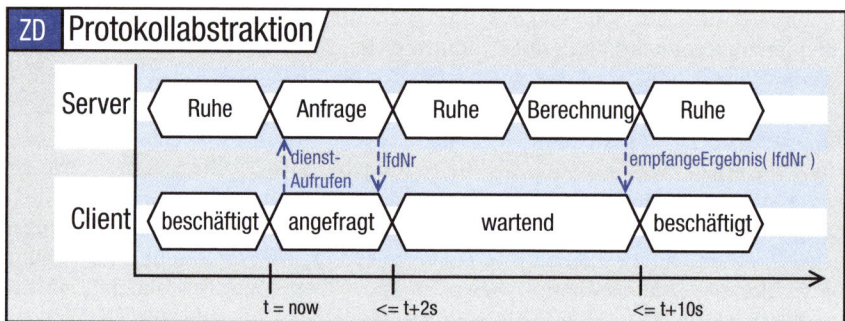

Abbildung 12.31: Phasendarstellung der Interaktion zwischen Client und Server

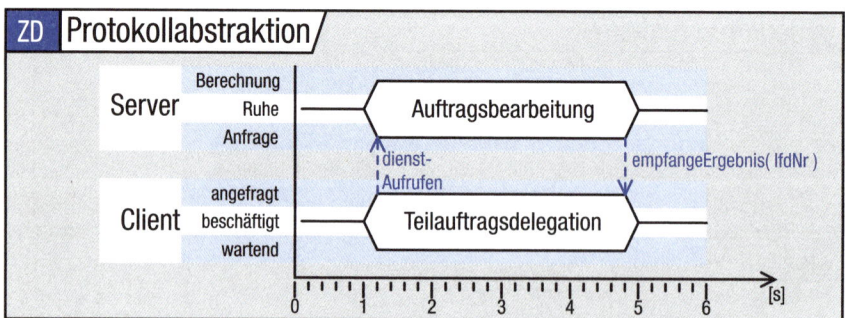

Abbildung 12.32: Phasendarstellung der Interaktion zwischen Client und Server wie in Abbildung 12.31, aber weiter abstrahiert

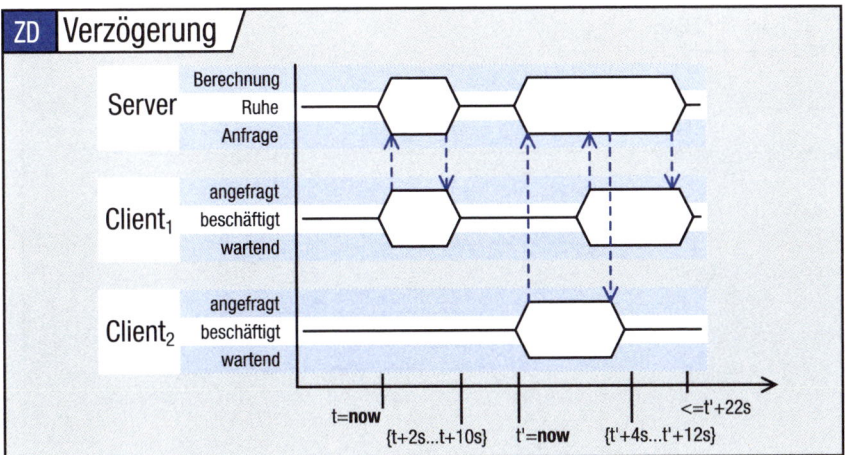

Abbildung 12.33: Durch Abstraktion mit der Phasendarstellung lassen sich auch größere Zusammenhänge übersichtlich darstellen.

der kollaborierenden Protokollrollen darstellen. In Abbildung 12.31 sind der Einfachheit halber Phasen und Zustände gleichgesetzt worden. Die Phasen werden durch die länglichen weißen Sechsecke dargestellt. Deren Beschriftung entspricht den Zuständen der Automaten aus Abbildung 12.29.

Darüber hinaus lassen sich aber auch *Mengen* von Zuständen inklusive der Zustandsübergänge innerhalb dieser Menge zu einer Phase zusammenfassen. In Abbildung 12.32 ist das gesamte Client/Server-Protokoll zu einer Phase zusammengefasst worden. Hier werden nur noch die erste und die letzte ausgetauschte Nachricht angezeigt.

Auch komplexere Abläufe können damit übersichtlich dargestellt werden, z. B. der Zugriff mehrerer Clients auf einen Server (siehe Abbildung 12.33).

12.7 Interaktionsübersichten

Bei großen Sequenzdiagrammen mit tiefer Verschachtelung von Interaktionsoperatoren ist es leicht, den Überblick zu verlieren. Die UML bietet hier die Möglichkeit, den Zusammenhang zwischen mehreren Interaktionen mit den visuellen Mitteln von Aktivitätsdiagrammen auszudrücken. Diese Diagrammform (eine Neuerung in UML 2.0) heißt Interaktionsübersicht (Abbildung 12.34 zeigt ein Beispiel).

Dieses Diagramm drückt (fast) das Selbe aus, wie das Sequenzdiagramm von Abbildung 12.11: zuerst wird „Passagier anmelden" ausgeführt, dann „Flug & Platz auswählen". Optional kann dann „Gepäck aufgeben" ausgeführt werden, abschließend „Bordkarte drucken".

Neben den in Abbildung 12.34 gezeigten Ausdrucksmitteln von Aktivitätsdiagrammen sind auch noch Verzweigung/Verschmelzung zulässig, aber nur in sauber geklammerter Form. Die anderen Ausdrucksmittel von Aktivitätsdiagrammen (z. B. Ausnahmen, Auffaltungsbereiche u. ä. sind nicht zulässig). Interaktionsübersichten sind nur für den informellen Gebrauch geeignet, da ihre formale Semantik teilweise unklar ist.

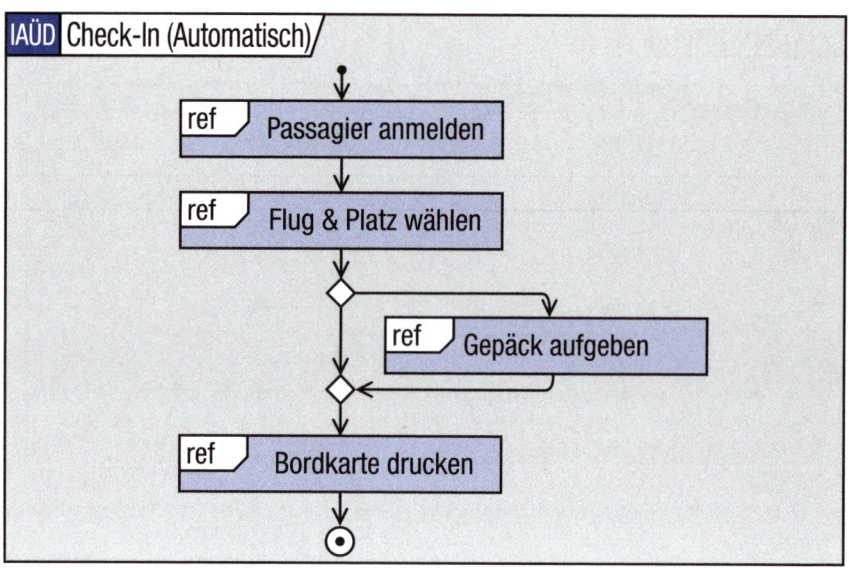

Abbildung 12.34: Interaktionsübersichten kombinieren die visuelle Darstellung von Aktivitätsdiagrammen mit der Bedeutung von Interaktionsdiagrammen.

Übungsaufgaben

Aufgabe 12.1 Wie oft findet P in den folgenden komplexen Interaktionen statt: (a) `loop(P,0,3)`, (b) `loop(P,3)`, (c) `loop(P,3,3)`, (d) `loop(P,4,3)`, (e) `loop(P,3,4)`, (f) `loop(P)`, (g) `loop(P,3,*)`?

Aufgabe 12.2 Welche der folgenden Aspekte lassen übersichtlich/mäßig/gar nicht in den vier verschiedenen Varianten von Interaktionsdiagrammen darstellen: (a) Interaktionspartner, (b) Verbindungen zwischen Interaktionspartnern, (c) zeitlicher Ablauf, (d) kausaler Ablauf, (e) Nachrichtenaustausch, (f) Zustand, (g) reale Zeit?

Aufgabe 12.3 Finden Sie Diagramme, die sich in einer der komplementären Formen von Interaktionsdiagramm darstellen lassen, aber nicht in einer oder beiden anderen.

Aufgabe 12.4 In einer früheren Aufgabe haben Sie bereits nach dem Business-Delegate-Muster recherchiert und es als Kollaboration dargestellt. Ergänzen Sie diese Darstellung um Interaktionsdiagramme für den dynamischen Aspekt dieses Musters. Welche Variante von Interaktionsdiagramm ist hierfür am besten geeignet? Begründen Sie Ihre Entscheidung! Gilt dies im gleichen Maß für alle Muster? Finden Sie Gegenbeispiele für Ihre vorherige Entscheidung, d. h., nennen Sie Muster, in denen eine andere als die von Ihnen oben gewählte Variante von Interaktionsdiagrammen besser geeignet ist.

Aufgabe 12.5 Vergleichen Sie Aktivitätsdiagramme mit Zustandsautomaten und Interaktionsdiagrammen hinsichtlich ihrer Eignung zur Modellierung der Interaktion zwischen System und Benutzer, bzw. der Benutzerschnittstelle.

Aufgabe 12.6 Charakterisieren Sie die Interaktionsoperatoren `seq`, `strict`, `opt`, `alt`, `par`, `ignore`, `consider` und `loop` nach den gängigen algebraischen Eigenschaften für mathematische Operatoren (Assoziativität, Kommutativität, Distributivität). Gibt es Null-Elemente? Warum gibt es keine inversen Elemente? Welche algebraischen Strukturen ergeben sich?

Aufgabe 12.7 Charakterisieren Sie die Beziehung zwischen (a) den Interaktionsoperatoren `alt` und `opt`, (b) den Operatoren `seq` und `strict` in mathematischem Sinn.

Aufgabe 12.8 In Abschnitt 12.2.4 ist eine sehr einfache Form des Beobachter-Musters dargestellt, es gibt aber noch zahlreiche komplexere Varianten. Überlegen Sie sich zwei Modelle, die für (a) eine große Zahl von Beobachtern und (b) für große mitzuteilende Änderungen optimiert sind. Stellen Sie Ihre Modelle mit Hilfe von geeigneten Interaktionsdiagrammen dar!

Aufgabe 12.9 In Abschnitt 12.7 wird eine Interaktionsübersicht mit einem Sequenzdiagramm verglichen. Es ist davon die Rede, dass die beide *fast* übereinstimmen – inwiefern stimmen sie nicht überein? Versuchen Sie, diese Diskrepanz durch Veränderung der Interaktionsübersicht zu beheben!

TEIL IV

Anhänge

Anhang A
UML-Syntax

A.1 Grafische Notationselemente

A.1.1 Allgemein

Darstellung   **dargestellte Metaklasse / Erläuterung**

Comment (dt.: Kommentar)
Ein Kommentar besteht aus einem Rechteck mit „Eselsohr" und wird mit einer gestrichelten Linie an das kommentierte Element angebunden. Alle Modellelemente können kommentiert werden.

{ Bedingung }

Constraint (dt.: Randbedingung)
Randbedingungen können prinzipiell in einer beliebigen Sprache angegeben werden, inklusive natürlicher Sprache und OCL. Eine Randbedingung bezieht sich auf eine beliebige Menge von Modellelementen und wird z. B. in Kommentarboxen notiert oder auch in geschweiften Klammern, die ggf. durch gestrichelte Linien mit den Elementen verbunden werden, für die die Randbedingung gelten (vgl. xor-Bedingung an Assoziationen).

A.1.2 Klassendiagramme 1 – Klassen und Objekte

Darstellung   **dargestellte Metaklasse / Erläuterung / verwendet in Abschnitt**

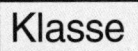

Class (dt.: Klasse)
Je nach Art und Phase der Anwendung kann eine Klasse ein Konzept, einen Typ, eine Menge von Objekten oder eine Implementation modellieren. Klassen sind Classifier und können daher Verhalten (d. h. (Protokoll-)Zustandsautomaten, Aktivitäten, Interaktionen oder Nutzfälle), Verhaltensaspekte (Operationen, d. h. Methoden) und Strukturaspekte (Attribute und Assoziationen) enthalten. Die ersten beiden Abteile sind per Konvention für Attribute und Operationen vorgesehen.

AbstractClass (dt.: abstrakte Klasse)
Eine abstrakte Klasse ist eine Klasse, die keine Instanzen haben kann.

Darstellung	dargestellte Metaklasse / Erläuterung / verwendet in Abschnitt
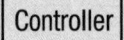 Controller	**ActiveClass** (dt.: aktive Klasse) Eine aktive Klasse ist eine Klassen, die von sich aus aktiv wird und nicht erst von einem äußeren Ereignis angestoßen werden muss.
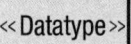 «Datatype»	**Datatype** (dt.: Datentyp) Ein Datentyp ist eine Menge von Werten mit Operationen darauf. Es gibt die Basisdatentypen Bool, String, Int, Real, UnlimitedNatural und Null sowie Aufzählungstypen.
s name: TYP = $WERT$	**Attribute** (dt.: Attribut) Ein Attribut ist ein Strukturaspekt einer Klasse oder eines anderen Classifiers. Ein Attribut mit der Eigenschaft `composite` kann textuell oder als enthaltene Klasse dargestellt werden.
s name(p_1:TYP_1 , ...) :TYP	**Operation** (dt.: Operation) Eine Operation ist ein Verhaltensaspekt einer Klasse. Die Implementierung einer Operation heißt in objektorientierten Programmiersprachen häufig „Methode".
Name: Typ ⎯⎯⎯⎯⎯ Attribut = Wert ⋮	**InstanceSpecification** (dt.: Objekt) Ein Objekt ist eine Instanz einer Klasse. Objekt und Klasse sind Teil derselben Ebene in einer Metamodellhierarchie. Zwischen Objekt und Klasse sieht die UML Infrastructure eine «snapshot»-Beziehung vor (siehe OMG (2003a, S. 29)).
Name ◯— Name ◗— «interface» Name	**Interface** (dt.: Schnittstelle) Eine Schnittstelle ist ein Typ. Ab UML 2 werden Schnittstellen bevorzugt in der Kopf/Fassung-Notation angegeben. Ein Kreis symbolisiert eine gebotene Schnittstelle, ein Halbkreis symbolisiert eine genutzte Schnittstelle.
Parameter Name	**template class** (dt.: Template-Klasse) Eine parametrisierte Klasse ist ein Schema, das durch Bindung einiger Parameter (insbesondere Typparameter) zu einer wirklichen Klasse wird.
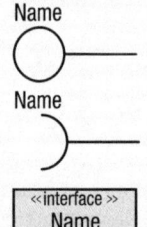 Name: Typ ⎯⎯⎯⎯⎯ Attribut = Wert ⋮	**InstanceSpecification** (dt.: Objekt) Ein Objekt ist eine Instanz einer Klasse.

A.1.3 Klassendiagramme 2 – ungerichtete Beziehungen

Darstellung	dargestellte Metaklasse / Erläuterung / verwendet in Abschnitt

Composition (dt.: Komposition)
Eine Komposition ist ein Teil in „by-value"-Semantik, d. h., es wird ein Objekt gespeichert, nicht nur ein Verweis darauf (siehe Assoziation).

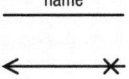

Aggregation (dt.: Aggregation)
Die Bedeutung von Aggregation ist explizit undefiniert. Von der Benutzung ist daher abzuraten. Stattdessen sollten Komposition oder Assoziation verwendet werden.

name

Association (dt.: Assoziation)
Eine Assoziation stellt eine Beziehung zwischen zwei Klassen her (allgemein: zwischen Classifiern). Die Implementation (by-reference, by-value, anderes) wird durch die aggregationKind bestimmt. Die Zahl der Objekte, die an der Beziehung teilnehmen, wird durch die Multiplizität angegeben. Folgende Schlüsselworte können den Enden von Assoziationen zugeordnet werden.

> **ordered/unordered** drückt aus, ob die Gruppe der teilnehmenden Objekte geordnet ist;
>
> **unique/nonunique** drückt aus, ob teilnehmende Objekte mehrfach in der Gruppe vorkommen können;
>
> **bag, seq, sequence** drückt aus, ob es sich bei der Gruppe der teilnehmenden Objekte um eine Multimenge oder um eine Sequenz handelt (leitet sich aus den vorangegangenen beiden Attributen ab);
>
> **union** drückt aus, dass die Teilnehmergruppe die Vereinigung anderer Attribute oder Assoziationen darstellt;
>
> **subsets** *Attr* drückt aus, dass die Teilnehmergruppe ein Teil der Teilnehmer eines anderen Attributs oder einer Assoziation sind;
>
> **redefines** *Attr* drückt aus, dass diese Assoziation eine andere überschreibt (analog für Attribute);
>
> **readOnly/unrestricted** drückt eine Schreibbeschränkung bzw. deren Abwesenheit aus.

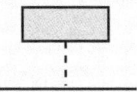

AssociationClass (dt.: Assoziationsklasse)
Eine Assoziationsklasse ist sowohl eine Assoziation wie eine Klasse und hat die Eigenschaften beider Elemente.

A.1.4 Klassendiagramme 3 – gerichtete Beziehungen

Darstellung   dargestellte Metaklasse / Erläuterung / verwendet in Abschnitt

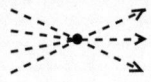 JunctionPoint (dt.: mengenwertige Abhängigkeit)
Mengenwertige Abhängigkeiten werden als Hyperkante dargestellt, d. h., eine (abhängige) Menge von Elementen wird per gestrichelter Linie mit dem Punkt verbunden, der wiederum durch einen gestrichelten Pfeil mit einer anderen Menge, von der die erste abhängt, verbunden wird .

 Generalization (dt.: Generalisierung)
Eine Generalisierungsbeziehung besteht zwischen zwei Classifiern der gleichen Metaklasse, also z. B. zwischen Klassen, Nutzfällen oder Komponenten. Je nach Art der Classifier hat eine Generalisierungsbeziehung unterschiedliche Bedeutung. Zwischen zwei Implementations-Klassen kann Generalisierung z. B. Ableitung mit Code-Wiederverwendung und Typ-Überschreibung bedeuten, zwischen zwei Nutzfällen kann es sich dagegen um eine rein begriffliche Kategorisierung handeln. Umgangssprachlich wird Generalisierung auch als Vererbung bezeichnet.

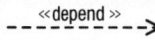 Dependency (dt.: Abhängigkeit)
Eine Abhängigkeit ist eine nicht näher spezifizierte Beziehung zwischen zwei beliebigen Elementen oder Mengen von Elementen.

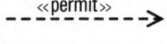 Permission (dt.: Erlaubnis)
Eine Erlaubnis (Spezialfall von Abhängigkeit) ist eine Beziehung zwischen zwei Klassen, bei der eine der anderen Zugriffsrechte auf die eigenen Aspekte einräumt (ähnlich zu friend). Erlaubnis wird durch die Anschrift «permit» ausgedrückt. Diese Beziehung ist verwandt mit den friend-Klassen in C++.

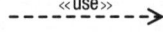 Usage (dt.: Nutzung)
Eine Nutzungsbeziehung (Spezialfall von Abhängigkeit) besteht zwischen einer Klasse, einer Komponente oder einem Anschluss und einer geforderten Schnittstelle. Nutzung wird entweder durch einen gestrichelten offenen Pfeil mit der Anschrift «use» oder durch eine durchgezogene Linie zu einem Halbkreis ausgedrückt („Fassung" der Kopf/Fassung-Notation).

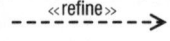 Abstraction (dt.: Abstraktion)
Eine Abstraktionsbeziehung besteht zwischen einer Menge von verfeinernden Elementen und einer Menge von verfeinerten Elementen, wobei Verfeinerung vor allem im Sinne methodischer Ableitung gemeint ist. Eine Abstraktionsbeziehung wird durch einen gestrichelten offenen Pfeil mit der Anschrift «refine» ausgedrückt.

Darstellung	dargestellte Metaklasse / Erläuterung / verwendet in Abschnitt
	Realization (dt.: Realisierung) Eine Realisierungsbeziehung (Spezialfall von Abstraktion) besteht zwischen einem implementierenden und einem spezifizierenden Element, z. B. einer Analyseklasse und einer Entwurfsklasse. Eine Realisierungsbeziehung wird durch einen gestrichelten offenen Pfeil mit der Anschrift «realize» ausgedrückt. Zum Zweck der Rückwärtskompatibilität mit früheren UML-Versionen ist auch die Notation als „gestrichelte Vererbung" zulässig.
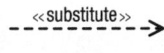	Substitution (dt.: Substitution) Eine Substitutionsbeziehung (Spezialfall von Realisierung) besteht zwischen einer ersetzenden und einer auszutauschenden Komponente (oder anderen Classifiern).
	Manifestation (dt.: Manifestierung) Eine Manifestierungsbeziehung (Spezialfall von Abstraktion) besteht zwischen einem Element und einem Artefakt, in welchem sich das Element manifestiert, also in dem es konkret dargestellt wird (typischerweise eine Datei o. Ä.)
	Implementation (dt.: Implementierung) Eine Implementierungsbeziehung (Spezialfall von Realisierung) besteht zwischen einer Klasse, einer Komponente oder einem Anschluss und einer implementierten Schnittstelle.

A.1.5 Montagediagramme

Darstellung	dargestellte Metaklasse / Erläuterung / verwendet in Abschnitt
	Part (dt.: Teil) Ein Teil ist ein Bestandteil einer zusammengesetzten Struktur (*composite structure*).
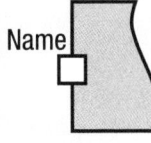	Port (dt.: Anschluss) Ein Anschluss ist ein Dienstzugangspunkt einer zusammengesetzten Struktur und realisiert eine starke Kapselung nach innen und nach außen. Üblicherweise bieten und fordern Anschlüsse mehrere Schnittstellen. Ports können über ein Verhalten verfügen, dass in Form eines Protokollzustandsautomaten beschrieben ist. Ein Anschluss, der nur einen (echten) inneren Anschluss mit einem äußeren Anschluss verbindet, ohne zur Laufzeit zu existieren, heißt Relais. Ein Anschluss mit Verhalten (z. B. Umkodierung, Pufferung) heißt Transponder.

| Darstellung | dargestellte Metaklasse / Erläuterung / verwendet in Abschnitt |

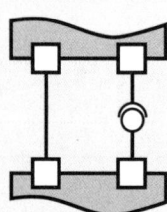

Connector (dt.: Verbinder)
Ein Verbinder verbindet Anschlüsse von Teilen. Wenn der Bezug zu Schnittstellen der verbundenen Teile deutlich gemacht werden soll, kann der Verbinder in der Kopf/Fassung-Notation dargestellt werden, damit wird gleichzeitig eine Richtung angegeben.

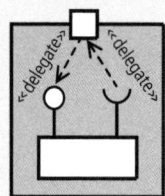

delegation Connector (dt.: Delegierungsverbinder)
Ein Verbinder zwischen Relaisanschlüssen heißt Delegierungsverbinder, da er lediglich Signale „durchreicht", d. h. delegiert.

A.1.6 Paketdiagramme

| Darstellung | dargestellte Metaklasse / Erläuterung / verwendet in Abschnitt |

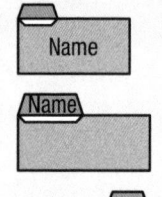

Package (dt.: Paket)
Ein Paket ist eine Gruppierung beliebiger Elemente zu einem Ganzen. Der Namen eines Pakets kann entweder auf dem Reiter („tab") oder auf der Fläche des Pakets dargestellt werden. Es gibt zwei Möglichkeiten, die Komposition von Paketen darzustellen: entweder durch Schachtelung der Paketsymbole ineinander, oder durch explizite Komposition.

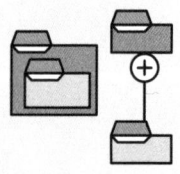

ElementImport (dt.: Einzelimport)
Ein Einzelimport macht ein Element eines Pakets in einem anderen Paket sichtbar. Wenn das so importierte Element weiterexportiert werden können soll, muss ein öffentlicher Import benutzt werden, angezeigt durch die Anschrift «import». Wenn andererseits kein Weiterexport möglich sein soll, muss ein privater Import verwendet werden, angezeigt durch die Anschrift «access». Wenn ein Einzelimport nicht auf das zu importierende Element, sondern auf das Paket zeigt, in dem das zu importierende Element öffentlich sichtbar ist, muss der Name des Elements der Anschrift beigefügt werden.

Darstellung	dargestellte Metaklasse / Erläuterung / verwendet in Abschnitt
«import» --->	`PackageImport` (dt.: Pauschalimport) Ein Pauschalimport entspricht einer Menge von Einzelimporten für alle Elemente eines Pakets.
«merge» --->	`PackageMerge` (dt.: Paketverschmelzung) Eine Paketverschmelzung ist eine Art Pauschalimport mit elementenspezifischer Transformation. Die Paketverschmelzung ist von großer Bedeutung für den inneren Aufbau der UML, industrielle Anwendungen sind jedoch nicht bekannt.

A.1.7 Verteilungsdiagramme

Darstellung	dargestellte Metaklasse / Erläuterung / verwendet in Abschnitt
Name	`Node` (dt.: Knoten) Ein Knoten repräsentiert eine konkrete Recheneinheit (z. B. einen Computer oder ein eingebettetes System) oder eine virtuelle Recheneinheit (z. B. eine virtuelle Maschine). In UML wird zwischen zwei Arten von Knoten unterschieden, Geräte und Ablaufumgebungen.
	`Device` (dt.: Gerät) Mit Gerät sind in UML echte Recheneinheiten gemeint (also alles, was Software ausführt).
	`ExecutionEnvironment` (dt.: Ablaufumgebung) Eine Ablaufumgebung ist eine Softwareplattform zur Ausführung von Komponenten, z. B. Middleware und Applikations- bzw. Transaktionsserver oder auch eine virtuelle Maschine.
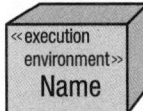	`Deployment` (dt.: Verteilung) Die Verteilungsbeziehung ist eine Beziehung zwischen einem Artefakt und einem Knoten. Je nach Art des Knotens drückt sie aus, dass das Artefakt im Adressraum bzw. im Prozessraum des Knotens existiert. Die Details einer Verteilung können durch eine Verteilungsspezifikation festgelegt werden.
name	`Link` (dt.: Leitung) Eine Leitung in UML meint eine reale Leitung im technischen Sinn (Draht, Glasfaser, Richtfunk usw.), die zwei Geräte miteinander verbindet.

Darstellung	dargestellte Metaklasse / Erläuterung / verwendet in Abschnitt
	Component (dt.: Komponente) Eine Komponente wird notiert als Rechteck mit einem Komponentensymbol in der rechten oberen Ecke. Zum Zweck der Rückwärtskompatibilität mit älteren UML-Versionen ist auch die Notation als Rechteck mit zwei herausragenden Rechtecken am linken oberen Rand zulässig.
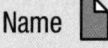	Artifact (dt.: Artefakt) Ein Artefakt spezifiziert ein physisches Stück Information (Datei, Datenstruktur im Speicher, Datenbanktabellen o. Ä.). Innerhalb eines Modells manifestiert sich in einem Artefakt ein Teil eines Modells, der auf einen bestimmten Knoten verteilt werden kann.
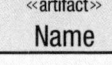	DeploymentDescriptor (dt.: Verteilungsspezifikation) Eine Verteilungsspezifikation legt die Details einer Verteilung eines Artefakts auf einen Knoten fest.

A.1.8 Nutzfalldiagramme

Darstellung	dargestellte Metaklasse / Erläuterung / verwendet in Abschnitt
	Actor (dt.: Aktor) Ein Aktor stellt eine Rolle dar, die ein System benutzt. Ein Aktor kann sowohl ein menschlicher Benutzer als auch ein Randsystem sein. Aktoren können miteinander verbunden werden, um Kooperation zwischen den Systemen bzw. Rollen anzuzeigen.
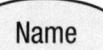	UseCase (dt.: Nutzfall) Ein Nutzfall ist eine Black-Box-Beschreibung einer Funktionalität, die automatisch, in kurzer Zeit und in der Regel ohne Unterbrechung von einem System abgearbeitet wird. Nutzfälle unterteilen sich nach (fachlich orientierten) Funktionen und (technisch orientierten) Diensten.
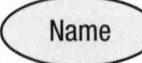	UseCase (dt.: Geschäftsprozess) Ein Geschäftsprozess (engl.: business use case) ist ein komplexer, fachlich bzw. geschäftlich relevanter Ablauf, der durch das Zusammenwirken mehrerer Systeme und Aktoren über einen längeren Zeitraum hinweg erbracht wird.
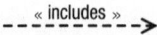	Includes (dt.: Inklusion) Eine Inklusionsbeziehung besteht zwischen einem Geschäftsprozess oder Nutzfall und einem Nutzfall. Wenn ein Nutzfall inkludiert wird, kann er ein oder mehrmals im inkludierenden Geschäftsprozess oder Nutzfall auftreten. Eine Inklusionsbeziehung kann benutzt werden, um eine Aufrufbeziehung zu modellieren.

Darstellung	dargestellte Metaklasse / Erläuterung / verwendet in Abschnitt
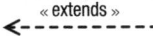	Extends (dt.: Erweiterung) Eine Erweiterungsbeziehung besteht zwischen einem Nutzfall und einem Geschäftsprozess oder Nutzfall. Wenn eine Erweiterungsbeziehung vorliegt, kann der erweiternde Nutzfall im erweiternden Geschäftsprozess oder Nutzfall auftreten, muss aber nicht. Die Erweiterungsbeziehung kann benutzt werden, um eine Ausnahme oder einen Sonderfall zu modellieren.
	ExtensionPoint (dt.: Erweiterungspunkt) Ein Erweiterungspunkt definiert den Ansatzpunkt einer Erweiterungsbeziehung. Ein Erweiterungspunkt wird beschrieben in der Form EP[:{Bedingung}], wobei die Bedingung angibt, unter welchen Umständen die Erweiterung auftritt.
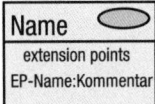	

A.1.9 Zustandsdiagramme

Darstellung	dargestellte Metaklasse / Erläuterung / verwendet in Abschnitt
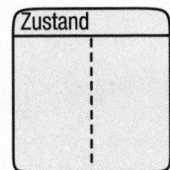	State (dt.: Zustand) Ein einfacher Zustand eines Zustandsautomaten hat keine Unterzustände, kann aber Aktivitäten besitzen, die durch den Eintritt in den Zustand, den Austritt aus dem Zustand, dem Aufenthalt in dem Zustand, oder durch ein beliebiges definiertes Ereignis während des Zustandes ausgelöst werden können. Der Name des Zustandes wird auf dem Zustand, in einem separaten Abteil oder auf einem Reiter dargestellt. Der Zustand kann durch eine Invariante beschrieben werden (vor allem in Protokollzustandsautomaten).
Ereignis/defer **Zustand**	deferred event (dt.: Ereignisverzögerung) Ein als verzögert deklariertes Ereignis wird nicht sofort ausgewertet (und, falls kein entsprechender Auslöser aktiv ist, verworfen), sondern bis zur Beendigung des Zustandes zurückgestellt, in dem die Verzögerungsdeklaration steht.
Zustand	CompositeState (dt.: komplexer Zustand) Ein komplexer Zustand hat eine oder mehrere Regionen. Ein komplexer Zustand mit einer Region heißt auch sequentieller komplexer Zustand. Ein komplexer Zustand mit zwei oder mehr Regionen heißt paralleler kopmplexer Zustand oder einfach Parallelzustand; die Regionen werden durch gestrichelte Linien getrennt dargestellt.

Darstellung | **dargestellte Metaklasse / Erläuterung / verwendet in Abschnitt**

 `SubmachineState` (dt.: AufrufZustand)
Der aufrufende Zustand wird als komplexer Zustand interpretiert, wobei seine Region durch den aufgerufenen Zustandsautomaten beschrieben wird.

Auslöser [Bedingung] / Effekt

`Transition` (dt.: Transition)
Eine Transition beschreibt einen Zustandsübergang mit einem Auslöser, einer Bedingung und einer Aktion. Der Zustandsübergang wird ausgelöst, wenn die Bedingung erfüllt ist und der Auslöser anliegt, oder, wenn es keinen Auslöser gibt, wenn der Ausgangszustand seinen Endzustand erreicht hat. Falls der Ausgangszustand hierarchisch ist, also Regionen hat, ist er beendet, wenn alle Regionen ihren jeweiligen Endzustand erreicht haben.

[Vorbedingung] Auslöser / [Nachbedingung]

`ProtocolTransition` (dt.: Protokolltransition)
Eine Transition eines Protokollzustandsautomaten wird durch einen Auslöser, eine Vor- und eine Nachbedingung beschrieben (alle optional).

Pseudostates

 `initial Pseudostate` (dt.: Anfangszustand)
Ein Anfangszustand eines Zustandsautomaten oder einer Region zeichnet den Zustand aus, der beim erstmaligen Betreten des Zustandes eingenommen wird.

 `shallow history Pseudostate` (dt.: einfacher Gedächtniszustand)
Wenn ein komplexer Zustand einen einfachen Gedächtniszustand enthält, wird beim Verlassen des enthaltenden Zustandes der oberste Zustand gespeichert. Beim Wiedereintritt über den Gedächtniszustand wird der gespeicherte Zustand wieder eingenommen.

 `deep history Pseudostate` (dt.: tiefer Gedächtniszustand)
Wenn ein komplexer Zustand einen einfachen Gedächtniszustand enthält, wird beim Verlassen des enthaltenden Zustandes die gesamte Zustandskonfiguration gespeichert. Beim Wiedereintritt über den Gedächtniszustand wird der gespeicherte Zustand wieder eingenommen.

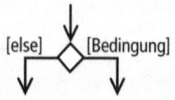 [else] [Bedingung]

`choice Pseudostate` (dt.: Fallunterscheidung)
n-fache Verzweigung des Kontrollflusses, gesteuert von einer logischen Bedingung

 `junction Pseudostate` (dt.: Mehrfachkreuzung)
Kombination aus mehrfacher Fallunterscheidung und mehrfacher Verzweigung

Darstellung	dargestellte Metaklasse / Erläuterung / verwendet in Abschnitt
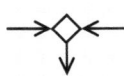	`merge Pseudostate` (dt.: Zusammenfluss) Zusammenführung mehrerer optionaler Kontrollflüsse
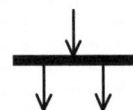	`fork Pseudostate` (dt.: Verzweigungsknoten) Mit Verzweigungsknoten wird der Kontrollfluss aufgespalten.
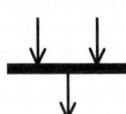	`join Pseudostate` (dt.: Synchronisationsknoten) Mit Synchronisationsknoten werden verschiedener Kontrollflüsse wieder vereinigt.
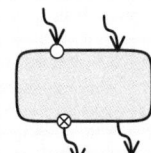	`entry Pseudostate` (dt.: Eintrittspunkt) Eintrittspunkte in einen komplexen Zustand entsprechen dem normalen Eintritt in alle anderen parallelen Region (sofern vorhanden).
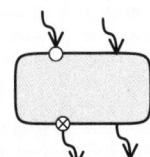	`exit Pseudostate` (dt.: Austrittspunkt) Austrittspunkte aus einem komplexen Zustand entsprechen Kontrollfluss-Endzuständen, d. h. alle anderen parallelen Regionen werden ebenfalls verlassen, wenn dieser Zustand erreicht wird.
	`FinalState` (dt.: regulärer Endzustand) Das Erreichen eines einfachen Endzustandes bedeutet, dass die unmittelbar umgebende Region des Endzustandes beendet ist. Da eine von mehreren parallelen Regionen längere Zeit in ihrem Endzustand verweilen kann, sind reguläre Endzustände echte Zustände, keine Pseudozustände.
	`FlowFinal` (dt.: Kontrollfluss-Endzustand) Das Erreichen eines Kontrollfluss-Endzustandes bedeutet, dass die unmittelbar umgebende Region beendet wird und alle ihre Nachbar-Regionen auch (d. h. die Regionen, die im selben komplexen Zustand ebenfalls enthalten sind).
	`PseudoFinalTerminator` (dt.: Objekt-Endzustand) Der Classifier, innerhalb dessen dieser Endzustand sich befindet, wird mit dem Erreichen des Terminator-Zustandes gelöscht.

A.1.10 Aktivitätsdiagramme

Darstellung   **dargestellte Metaklasse / Erläuterung / verwendet in Abschnitt**

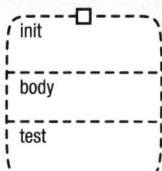

`Action` (dt.: Aktion)
Atomare Einheit des Verhaltens in UML. Neben zahlreichen vordefinierten Aktionen können neue Aktionen durch jede Form der Verhaltensspezifikation gebildet werden.

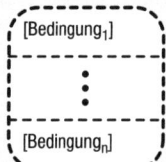

`LoopNode` (dt.: Schleifenknoten)
Schleifenknoten ersetzen explizit ausmodellierte Schleifen aus Verzweigungen (quasi Gotos).

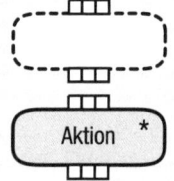

`ConditionalNode` (dt.: Fallunterscheidungsknoten)
Fallunterscheidungsknoten ersetzen explizit ausmodellierte Kaskaden von einzelnen Fallunterscheidungen.

`ExpansionRegion` (dt.: Entfaltungsbereich)
Entfaltungsbereiche verallgemeinern die Verarbeitung eines Datenelementes auf strukturierten Massendaten des gleichen Typs, z. B. Ströme, Vektoren und Listen. Wenn im Entfaltungsbereich nur eine einzige Aktion ausgeführt werden soll, werden die Massendaten-Pins des Entfaltungsbereichs einfach an die Aktion gesetzt, und diese durhc einen Stern ausgezeichnet.

`InterruptibleActivityRegion` (dt.: Unterbrechungsbereich)
Ein Unterbrechungsbereich deklariert einen Bereich einer Aktivität als unterbrechbar, ohne dass die gesamte Aktivität unterbrochen wird.

`AcceptTimeEventAction` (dt.: Sendeereignis)
Ein Zeitereignis kann das Ablaufen einer Stoppuhr oder das Erreichen einer absoluten Zeit sein.

Darstellung	dargestellte Metaklasse / Erläuterung / verwendet in Abschnitt

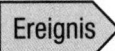 | **SendSignalAction** (dt.: Sendeereignis)
Das Senden eines Signals

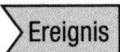 | **AcceptSignalEventAction** (dt.: Empfangsereignis)
Das Empfangen eines Signals

ActivityEdge

ControlFlow (dt.: Kontrollfluss)
Kontrollfluss in Aktivitäten wird durch einein Pfeil zwischen Aktioenn dargestellt. Der Pfeil kann als Anschrift ein Gewicht tragen (analog dem Kantengewicht bei Petrinetzen), und verscheidene Transformations- und Selektionsbedingungen, die den MArkenfluss regulieren.

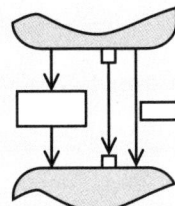

DataFlow (dt.: Datenfluss)
Datenfluss lässt sich in der „klassischen" Notation darstellen, mit Pins, oder „ergänzt" zu Kontrollfluss.

ExceptionEdge (dt.: Ausnahme-Kontrollfluss)
Kombinierter Daten- und Kontrollfluss für Ausnahmen

ObjectNode

ObjectNode (dt.: Datenflussknoten)
Datenflussknoten nehmen zeitweilig Marken auf. Die Zahl der Marken kann durch eine Kapazität beschränkt sein. Die Auswahl von weiterzugebenden Marken kann durch eine Selektionsklausel gesteuert werden.

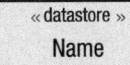

Datastore (dt.: Datenspeicher)
Eine Art von Datenflussknoten, eingehende Marken werden permanent gespeichert und nur jeweils in Kopie weitergegeben.

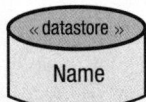

Darstellung   **dargestellte Metaklasse / Erläuterung / verwendet in Abschnitt**

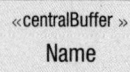

CentralBufferNode (dt.: Datenpuffer)
Eine Art von Datenflussknoten, wird als temporärer Puffer benutzt (z. B. Warteschlange), dient auch der notationellen Vereinfachung der Verschaltung mehrerer Datenflüsse.

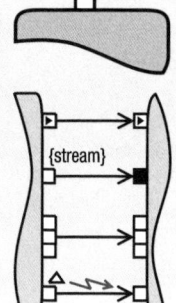

Pin (dt.: Pin)
Eine Art von Datenflussknoten, quasi ein Ein- oder Ausgabeparameter einer Aktion. Es gibt verschiedene Arten von Pins, teilweise mit mehreren Notationen (von oben nach unten im unteren Bild):

– Ein- und Ausgabe;
– Verarbeitung von Datenströmen (zwei alternative Notationen);
– Verarbeitung von Massendaten (z. B. Vektoren oder Listen);
– Ausnahmeauslösung und Ausnahmebehandlung (der Blitz gehört zur Kante).

ParameterSet (dt.: Parametermenge)
Für alle Pins einer Parametermenge müssen Marken vorhanden sein, damit die Parametermenge aktiviert ist. Wenn eine Parametermenge aktiviert ist, kann die Aktion, zu der die Parametermenge gehört, ausgeführt werden.

Kontrollknoten

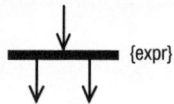

ForkNode (dt.: Verzweigung)
Aufspaltung eines Kontroll- oder Datenflusses in mehrere. Eingehende Marken werden entsprechend der Zahl der ausgehenden Kanten und nach Maßgabe der Bedingung vervielfältigt. Die Standard-Bedingung ist „und".

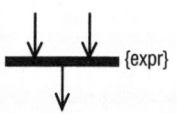

JoinNode (dt.: Synchronisationsknoten)
Ein Synchronisationsknoten synchronisiert mehrerer Kontroll- und Datenflüsse in einer Aktivität. Eingehende Mengen von Marken werden nach Maßgabe der Bedingung verknüpft, hilfsweise können dazu Variablen an den eingehenden Kanten notiert werden (die Standard-Bedingung ist „und").

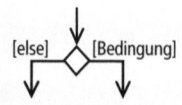

DecisionNode (dt.: Fallunterscheidungsknoten)
Ein Fallunterscheidungsknoten verzweigt Kontroll- und Datenfluss in einer Aktivität (kann durch eine Bedingung gesteuert werden).

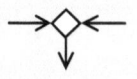

MergeNode (dt.: Zusammenflussknoten)
Ein Zusammenflussknoten vereinigt Kontroll- und Datenflüsse in einer Aktivität.

Darstellung	dargestellte Metaklasse / Erläuterung / verwendet in Abschnitt
	FlowFinal (dt.: Datensenke) Eine Datensenke nimmt Kontroll- und Datenmarken auf und entfernt sie, so dass sie keinen weiteren Einfluss auf das Verhalten mehr nehmen können.
	InitialState (dt.: Anfangszustand) Mit dem so ausgezeichneten Aktivitätsknoten beginnt das Verhalten (darf auch ein Kontrollknoten sein).
⊙	FinalState (dt.: Endzustand) Wenn eine Marke einen Endzustand einer Aktivität erreicht, wird die Aktivität beendet, unabhängig davon, ob noch Marken in der Aktivität unterwegs sind.

A.1.11 Interaktionsdiagramme

Darstellung	dargestellte Metaklasse / Erläuterung / verwendet in Abschnitt
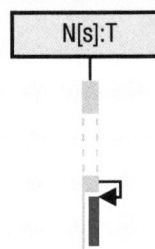	Lifeline (dt.: Lebenslinie) Ein Interaktionspartner wird in einem Sequenzdiagramm durch einen Kopf und eine Lebenslinie dargestellt (Lebenslinie optional gestrichelt). Der Name wird im Kopf angezeigt und setzt sich zusammen aus N: Name, s: Selektor (z. B. Feldindex oder Identifier), T: Typ (d. h. Classifier). Die Aktivierung des Interaktionspartners kann durch Aktivierungsbalken angezeigt werden (ggf. durch prozedurale Verschachtelung von Aktivierungsbalken bei Selbst-Aufruf), das Aussetzen der Aktivierung durch gestrichelten Balken.
Operator / Operand₁ / Operand₂	CombinedFragment (dt.: komplexes (Interaktions-)Fragment) Komplexe Interaktionen werden durch Interaktionsoperatoren und Interaktionen als Operanden gebildet.
alt consider opt ignore par region seq assert strict neg loop brk ref	InteractionOperator (dt.: Interaktionsoperator) Komplexe Interaktionen werden durch Interaktionsoperatoren gebildet. alt: alternativ, opt: optional, par: parallel, seq: sequentiell, strict: strikt sequentiell, loop: wiederholt, consider/ignore: Beschränkung auf eine Menge von Nachrichten, region: kritische Region, assert: macht unbestimmte zu unerwünschten Abläufen, neg: verwandelt erwünschte in unerwünschte Abläufe, brk: bricht Interaktion ab und führt ein anderes Fragment aus, ref: Makro-Expansion.

Darstellung	dargestellte Metaklasse / Erläuterung / verwendet in Abschnitt
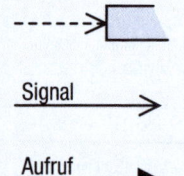	Message (dt.: Nachricht) Die Instanzierung eines Objektes wird mit einem gestrichelten offenen Pfeil dargestellt. Ein Signal ist eine asynchrone Nachricht und wird als durchgezogener Pfeil mit offener Spitze notiert. Aufrufe sind synchrone Nachrichten und werden als durchgezogener Pfeil mit gefüllter Spitze dargestellt. Antworten auf Aufrufe sind gestrichelte Pfeile mit offener Spitze. Die Synchronizität sagt nichts über die Signallaufzeit aus.
	delayed Message (dt.: verzögerte Nachricht) Bei verzögerten Nachrichten (d. h., wenn relevante Laufzeiten zwischen Abschicken und Empfangen der Nachricht liegen), werden die Pfeile zum Empfänger hin geneigt. Verzögerung ist orthogonal zu Synchronizität.
	StopEventOccurrence (dt.: Ende-Ereignis) Die Beendigung der Lebenslinie mit einem Ende-Ereignis stellt die Löschung der Instanz dar, zu der die Lebenslinie gehört.

A.2   Anschriften

Namen in *kursiv* geben abstrakte Classifier an, d. h. Classifier ohne direkte Instanzen.

Klassen und Assoziationen

Attribut	::=	[Sichtbarkeit] [/] *Name* [: *Typ*] [Wert]
Sichtbarkeit	::=	+ | # | ~ | -
Wert	::=	[[Multiplizität]] [= *Wert*] [{ Eigenschaften }]
Multiplizität	::=	Schranke [. . Schranke | *]
Schranke	::=	0 | 1 | ...
Eigenschaften	::=	[readOnly | unrestricted] [composite] [unique | nonunique][ordered | unordered] [bag][seq | sequence] [union](subsets *Attr*)* (redefines *Attr*)*

AssoziationsEnde	::=	ErsteSeite ZweiteSeite
ErsteSeite	::=	[Sichtbarkeit] [/] *Name*
ZweiteSeite	::=	[[Multiplizität]] [{ Eigenschaften }]
Assoziation	::=	[*Name*] [{ Eigenschaften }]
Operation	::=	[Sichtbarkeit] *Name* ([ParameterListe])
		[: *Typ*] [{ Eigenschaften }]
ParameterListe	::=	Parameter (,Parameter)*
Parameter	::=	[Richtung] *Name* : *Typ* Wert
Richtung	::=	`in` | `out` | `inout` | `return`
Rollenname	::=	([*Name*[/*Rolle*]] | / *Rolle*) [: [*Typ*(, *Typ*)*]]

Pakete

ElementImport	::=	[`element`] ImportArt [*Element* [`as` *Alias*]]
ImportArt	::=	«`import`» | «`element import`»
		| «`access`» | «`element access`»
PaketImport	::=	ImportArt QualifizierterName
Paketsichtbarkeit	::=	[`public` | `private`]
ImportKlausel	::=	{ (PaketImport | ElementImport)* }
QualifizierterName	::=	*Paket*`::`(*Paket*`::`)* *Element*

OCL

Invariante	::=	Kontext Typ `inv`: *Expr*
Kontext	::=	`context` Typ
Typ	::=	*Klasse* | *Variable*:*Klasse*
VorNachbedingung	::=	Kontext *Typ* `pre`: *Expr* Aktion `post`: *Expr*

Zustandsautomaten

Transition	::=	[Auslöser] [[*Bedingung*]] / [Aktion]
Auslöser	::=	Ereignisse [(Zuweisungen)]
Ereignisse	::=	*Ereignis* (,*Ereignis*)*
Zuweisungen	::=	Zuweisung (,Zuweisung)*
Zuweisung	::=	*Attribut* | *Attribut*:*Typ*
Protokolltransition	::=	[[Vorbedingung]]
		Methodenaufruf / [[Nachbedingung]]
Transitionsabschnitt	::=	*Bedingung*

Interaktionen

Nachricht	::=	Signal	Aufruf	Antwort
Signal	::=	*Signalname*[Argumente]
Aufruf	::=	*Operationsname*Argumente
Antwort	::=	[Aufruf :] *Rückgabewert*
Argumente	::=	(Argument (,Argument)*)
Argument	::=	[Richtung] *Parameter* : *Wert*	*Wert*	-

IAD-Deklaration	::=	SD*Interaktionsname*[Argumente]
IAD-Aufruf	::=	ref*Interaktionsname*[Argumente][Rückgabeklausel]
Rückgabeklausel	::=	[Attribut=] *Interaktion* [Argumente :][*Rückgabewert*]

A.3   Eindeutige Bezeichner

Für eindeutige Bezeichner hat sich folgendes Namensschema vielfach bewährt: TYP-SYSTEM-NR-VERSION, wobei

TYP	der Typ bezeichnet die Art des identifizierten Modellfragments, z. B. GPD für Geschäftsprozess-Definition, KTX für Kontext, GUI für Schnittstellen-Maske und so fort;
SYSTEM	das System und/oder Subsystem, auf dass sich das Modellfragment bezieht (ggf. ein qualifizierter Name);
NR	eine laufende Nummer, je nach Größe des Systems zwei- oder dreistellig mit führenden Nullen;
VERSION	eine Versionsnummer in Form eines ISO-Datumsstempels.

A.4   Namen

Ein Bild sagt zwar mehr als tausend Worte, aber das richtige Wort ist Goldes wert: Die treffende und einheitliche Namensgebung ist ein wichtiger Aspekt der Gestaltung von Diagrammen und Modellen. Egal für welche Konvention man sich entscheidet, gelten einige Grundsätze immer.

1 Fachnamen gehen vor: (verbreitete) Eigennamen der Domäne sind gegenüber (neuen) Konventionen vorzuziehen. Wenn man die Terminologie, den Sprachduktus und eventuelle Namenskonventionen aus der Anwendungswelt übernimmt, steigt die Chance, dass der Kunde seine Anforderungen in der Lösung verwirklicht sieht.

2 Neue Dinge brauchen neue Namen: Wenn die Domäne umgestaltet werden soll oder neue Elemente hinzukommen, sollte sich dies im Namen der Elemente niederschlagen.

3 Gleiches gleich benennen: alle Elemente der gleichen Art (Typ, Verwendung, Phase, Abstraktionsebene) sollten nach der gleichen Konvention benannt werden.

4 Präzision geht vor Geschwindigkeit: Einen einmal gewählten Namen wird man nur schwer wieder los, egal wie schlecht er ist. Daher sollte man zur Not den Namen zunächst offen lassen, wenn sich nicht unmittelbar ein schlagender Name für ein Element ergibt, und stattdessen den Identifier verwenden. Generische Namen („foo") haben den gleichen Effekt.

Manchmal ist es nicht zu vermeiden, gegen eine oder mehrere dieser Regeln zu verstoßen – solange man einen guten Grund hat, ist das absolut in Ordnung. Faulheit, Zeitmangel oder Kreativitätsdefizit sind keine guten Gründe.

Systeme

Für Systeme und Domänen sind Namen in der Regel durch die Projektdefinition und/oder Altsysteme vorgegeben, z. B. „Albatros Air Autopilot", „AlbatrosMeilen" und „Air Partner System". Für Subsysteme oder Domänen bieten sich oft Namen nach dem Schema `Bereich-X` an, wobei X z. B. „System", „Verwaltung", „Steuerung", „Controller" oder „Manager" ist.

Domänen

Als Nächstes werden Teildomänen benannt, also Mengen oder Bereiche von Geschäftsprozessen, die gegebenenfalls in separaten Teilsystemen zu erbringen sind. Hier bietet sich an, ein substantiviertes Verb zu benutzen, also z. B. „Buchung" oder „Abfertigung".

Prozesse, Ereignisse

Innerhalb der Teildomänen müssen Prozesse unterschieden werden. Dazu kann man oft ein Verb im Indikativ benutzen, also z. B. „Buchen", „Stornieren", „Einchecken" und so weiter. Manchmal ist es natürlicher, Geschäftsprozesse durch ein Substantiv mit einem Verb im Indikativ zu benennen, also z. B. „Meilen gutschreiben" statt „Gutschreiben". Diese Namenskonvention wird allerdings auch oft für Funktionen und Dienste benutzt (siehe unten).

In der Praxis gibt es für Prozesse oft recht lange Namen, im Beispiel etwa „Nachträgliche Meilengutschrift bei Neukunde (automatisch)". Solche Namen drücken wichtige Differenzierungen aus und sollten daher möglichst beibehalten werden, ohne jedoch dabei auf Präzisierungen zu verzichten.

Auch Ereignisse haben oft ähnliche Namen wie Prozesse, da Ereignisse vielfach als Stellvertreter für einen Prozess benutzt werden, z. B. wenn ein Prozess einen anderen anstößt und das Auftreten des Prozesses dafür Ereignis genug ist.

Funktionen, Dienste, Aktivitäten

Es hat sich bewährt, Funktionen und Dienste durch ein Substantiv mit einem Verb im Indikativ zu beschreiben, also z. B. *Flug auswählen*, *Ticket drucken* oder *Buchung bestätigen*.

Diese Konvention betont außerdem den aktiven Charakter von Funktionen und Diensten, denn dies sind die ersten Modelle im Lebenszyklus, die unmittelbar implementiert werden können und die somit „etwas tun" können.

Operationen

Operationen sollten entweder wie Funktionen benannt werden (vor allem in den frühen Phasen bzw. auf den oberen Abstraktionsebenen) oder einfach durch ein Verb, also z. B. „buchen", „gutschreiben" oder „einchecken". Dadurch ergeben sich im Übrigen für Objekte „flug", „meilenkonto" und „passagier" Aufrufe wie z. B. „flug.buchen(passagier)", „meilenkonto.gutschreiben(flug)" und „passagier.einchecken(flug)". Diese Aufrufe entsprechen fast der Namenskonvention von Funktionen und Diensten. Das funktioniert zwar nicht immer, aber doch oft genug.

Zustände

Zustände können z. B. durch ein Partizip benannt werden, also „gebucht" oder „angemeldet". Eine andere Möglichkeit sind Adjektive, die den Zustand beschreiben, also z. B. „fertig" oder „offen". Wenn der Zustand eher eine Phase ist, bieten sich Indikative oder substantivierte Verben an, also z. B. „Anmelden" oder „Anmeldung".

Zustandsautomaten

Je nach Verwendung gibt es verschiedene Möglichkeiten. Für Objektlebenszyklen ist der natürliche Name derjenige der Klasse, deren Objekte sie beschreiben (wenn ein Prozess oder Nutzfall beschrieben wird, entsprechend deren Name). Um die beiden voneinander abzugrenzen, kann man ein „-Lebenszyklus" oder „-Verhalten" anhängen.

Klassen, Attribute, Pakete, Komponenten

Analyseklassen und ihre Attribute sollten generell mit einem Substantiv benannt werden, also z. B. „Flug" oder „Gepäckstreifen". Es sollten nach Möglichkeit genau die Namen aus dem (fachlichen) Glossar verwendet werden. Entwurfsklassen können in der Regel nicht einheitlich benannt werden, da sich fachliche und technische Aspekte vermischen, bei Implementationsklassen gibt es oft technische Vorgaben, z. B. durch die Benutzung eines Frameworks.

Ähnlich für Pakete: Je nach Phase und Verwendung müssen unterschiedliche Konventionen verwendet werden.

Zulässige Zeichen

Unabhängig von den Regeln zur Namensbildung sollte man noch einige einfache Einschränkungen der zulässigen Zeichen beherzigen. Diese hängen von der Verwendung der Diagramme ab, in denen die Namen vorkommen.

Analyse

Bei Namen in Analysediagrammen sind grundsätzlich alle Zeichen erlaubt, inklusive Sonderzeichen, Leerzeichen und Umlauten. Es empfiehlt sich, nur solche Zeichen zu verwenden, die nicht von der UML verwendet werden, um Missverständnisse zu vermeiden. So sollte z. B. am Namensanfang auf die Zeichen für Sichtbarkeiten und den Schrägstrich verzichtet werden und auf eckige Klammern am Namensende. In der Regel werden hier die Beschränkungen des jeweils eingesetzten Werkzeuges greifen.

Entwurf

In Entwurfsdiagrammen sollten absehbar problematische Zeichen vermieden werden, also die oben schon erwähnten sowie Interpunktionszeichen, Backslash und andere Zeichen, die in Programmiersprachen und Betriebssystemen häufig verwendet werden. Das Leerzeichen sollte z. B. durch einen Unterstrich ersetzt werden.

In Implementationsdiagrammen gelten die Regeln und Beschränkungen der zu verwendenden Implementierungssprache bzw. die für die jeweilige Organisation oder das jeweilige Projekt geltenden Richtlinien und Konventionen.

Implementation

A.5   Layout

UML ist unter anderem eine *Sprache* und dient also der Kommunikation. Kommunikation kann nur dann effektiv sein, wenn man sich als „Sprecher" auf sein Publikum und die verfügbaren Medien einstellt und die angemessenen „Worte" findet. Je nach Situation kann also die optimale Darstellung der gleichen Aussageabsicht sehr unterschiedlich aussehen. Beachten Sie dabei folgende Aspekte.

- Die Zielgruppe: Unterschiedliche Zielgruppen vertragen/erwarten unterschiedlichen Darstellungen. Ein Kollege und Techniker erwartet Fakten und Details, ein Domänenexperte möchte seine Sprache und die Struktur seiner Aufgaben sehen, ein Kunde seinen Gewinn/seine Intention und so weiter – jeder will etwas Spezielles. Finden Sie es heraus!
- Der Darstellungszweck: In einer Präsentation wird Überblick gebraucht, vielleicht einzelne Details, aber in Maßen. In einer Diskussion kommt es eher auf Zuspitzung und Verdeutlichung an, in der Dokumentation auf Vollständigkeit und Akkuratesse.
- Der Lebensabschnitt: Je nach dem Lebensabschnitt des Systems, um das es sich dreht, sind andere Darstellungsformen erforderlich. Bei „alten" Systemen ist es oft zwingend, ungeeignete oder sogar falsche Darstellungen zu übernehmen, allein, weil diese etabliert sind (Wiedererkennungseffekt).

Diese Aspekte im Hinterkopf sollten Sie folgende globale Faustregeln beachten.

Form follows function

Ästhetik dient der Aussage und ist nicht nur ein nettes Beiwerk. Wenn Sie Ihren Kunden überzeugen wollen (oder Ihre Kommilitonen, Ihren Prüfer, Ihren potentiellen Arbeitgeber, Ihre Kollegen, …), dann lohnt es sich, in das Layout etwas Mühe zu investieren. Und letztendlich verstehen Sie selbst Ihren eigenen Entwurf dadurch auch besser!

Beschränkung auf das Wesentliche

Hierbei ist der Grundsatz: So viel Information wie (zur Erreichung des Ziels) nötig, aber so wenig wie möglich. Was wesentlich ist, hängt natürlich vom Aussageziel ab, d. h., als Erstes sollten Sie sich darüber klar werden, was Sie mit einem Diagramm bezwecken. Dient es der Orientierung? Dient es als Referenz? Als Gegenstand von Vertragsverhandlungen oder als Eingabe für ein Werkzeug? Wer ist Ihre Zielgruppe? Gleichzeitig sollte darauf geachtet werden, dass keine unbeabsichtigten Informationen verbreitet werden. Die Gruppierung von Elementen erfolgt manchmal gedankenlos oder aus Platznot, aber jemand anderes könnte darin eine inhaltliche Nähe erkennen. Das Gleiche gilt für sich überkreuzende Linien und allgemein für die bekannten gestaltpsychologischen Gesetze.

Leserichtung beachten

Beachten Sie beim Layout die Leserichtung des Lesers! In unserem Kulturkreis bedeutet dass, das es eine „natürliche" Richtung von oben nach unten und von links nach rechts gibt sowie die Drehrichtung des Uhrzeigers. Diesem Prinzip begegnet man überall dort, wo es in Modellen eine natürliche Reihenfolge gibt, etwa bei Abläufen (also in Zustandsautomaten, Aktivitäten und Interaktionen), aber auch bei hierarchischen Darstellungen (z. B. in Taxonomien und Aggregationshierarchien) sowie bei der Anordnung von Nutzfällen oder Geschäftsprozessen

Dabei ist es nicht entscheidend, dass sich die natürliche Reihenfolge innerhalb des Modells *vollständig* mit der Reihenfolge der Darstellung deckt – dies ist in aller Regel nicht möglich, da die Modelle keiner totalen Ordnung unterliegen. Entscheidend ist, dass der Lesefluss möglichst gut mit der Darstellungsform zusammenpasst, und selbst wenn nur die Hälfte passt, ist dies schon viel wert.

- Zustände in Zustandsautomaten sind nach ihrer Abfolge geordnet. Natürlich kann diese Anordnung in der Regel nicht vollständig sein, aber zumindest ein wesentlicher Teil kann meistens angeordnet werden.
- Geschäftsprozesse und Nutzfälle sind nach ihrer logischen Reihenfolge geordnet. Ein Passagier muss zunächst einchecken, bevor er einsteigen kann, und in der Regel erfolgt erst danach (nämlich beim Aussteigen) das Check-Out.
- Und sogar Subsysteme bzw. fachliche Teildomänen können (teilweise) geordnet werden, z. B. kommt in Abbildung 6.3 erst die Buchung, dann die Abfertigung (die ja eine Buchung voraussetzt) und dann AlbatrosMeilen, da der Regelfall einer Meilengutschrift nach einem Flug (also nach der Abfertigung) erfolgt.
- Nach dieser Regel sollten auch Taxonomien von links oben nach rechts unten angeordnet werden. Die Darstellung von oben nach unten in der Breite ist nur bei höchstens zwei Ebenen und einer insgesamt geringen Zahl von Taxa brauchbar.

Gleiches gleich darstellen

Gleiches sollte gleich dargestellt werden und Ungleiches ungleich. Durch unterschiedliche Größe kann die unterschiedliche Wichtigkeit einzelner Elemente hervorgehoben werden (weniger geeignet: Anordnung, z. B. sternförmiges Layout). Durch gleiche Farbe kann Zusammengehörigkeit oder Ähnlichkeit ausgedrückt werden, durch unterschiedliche Farbe das Gegenteil. Und auch wenn Sie diese Wirkung nicht beabsichtigen – jemand anderes wird es so sehen!

Anhang B
UML Diagramme und Modelle

Die Auswahl geeigneter Diagramme und Modelle hängt von einer Reihe von Faktoren ab.

Phasen: Je nach Phase des Software-Lebenszyklus sind unterschiedliche Modelle sinnvoll, nicht zuletzt auch, weil ein jeweils anderes Publikum angesprochen wird, die jeweils andere Interessen an den Modellen haben. Zum Beispiel werden Wissenschaftler und Studenten eher an technischen Feinheiten interessiert sein, Programmierer an Umsetzbarkeit, Domänen-Experten an fachlicher korrektheit, Kunden und Vorgesetzte an Nachvollziehbarkeit und so weiter.

Zwecke: Modelle sind immer Mittel zum Zweck, und der Zweck bestimmt die Mittel. Je nach Phase können Modelle vorrangig zur Kommunikation zwischen Menschen dienen (z. B. zur Präsentation, Dokumentation, Diskussion oder Lehre), als eine Art höhere Programmiersprache, oder als „Denkzeug" zum Erforschen, Vermessen und Analysieren eines Systems, eines Problems, oder einer Lösung.

In der folgenden Tabelle sind typische Verwendungen der verschiedenen Diagrammtypen dargestellt.

Klassendiagramme

| Diagramm | Diagrammname (Verwendung) | Referenz |

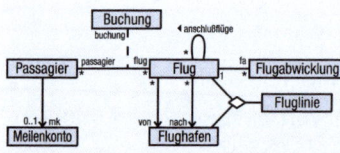

Analyse-Klassendiagramm
Verstehen der Anwendungsdomäne, ihrer Konzepte und deren Beziehungen

Analyse
(5.2, S. 46)

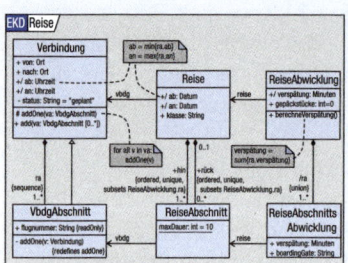

Entwurfs-Klassendiagramm
Verknüpfung von Problem- mit Lösungs-domäne, technische Umsetzung von Konzepten, Skizzierung von Entwurfsmustern

Entwurf
(5.3, S. 57)

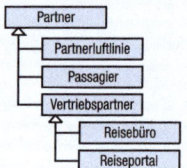

Taxonomie
Grobübersicht aller Klassen durch eine Generalisierungshierarchie

Analyse, Entwurf
Implentierung
Renovierung
(5.4, S. 64)

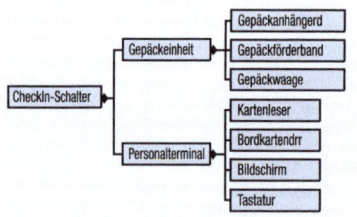

Aggregationshierarchie
Strukturelle Übersicht von Klassen, bzw. struktureller Aufbau von Elementen mittels einer Teil-Von-Hierarchie

Analyse
Entwurf
Implementation
(5.5, S. 66)

Diagramm

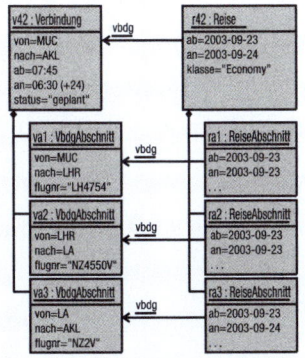

Diagrammname (Verwendung)

Objektdiagramm
Detailplanung von Objektstrukturen bzw. Dokumentation der Lösung, Skizzierung komplexer Systemzustände

Referenz

Entwurf
Implementierung
Renovierung
(5.6, S. 68)

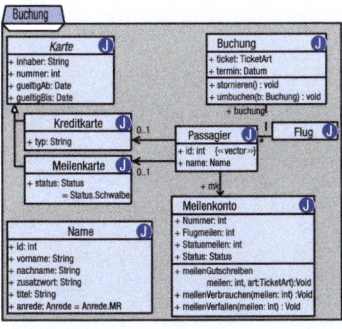

Klasseninventar
Katalog für die Detailübersicht aller Klassen eines Systems

Entwurf
Implementierung
Renovierung
(5.8, S. 73)

Implementations-Klassendiagramm
Detailplanung bzw. Dokumentation der Lösung, Skizzierung von Systemen

Implementierung
(5.9, S. 73)

Architekturdiagramme

Diagramm	Diagrammname (Referenz)	Verwendung

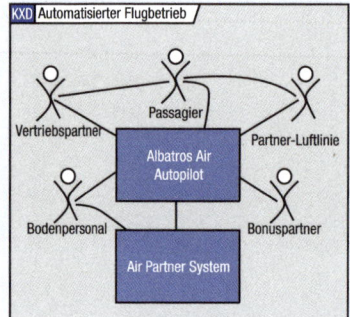

Kontextdiagramm
Verstehen bzw. Definieren der Einbettung eines Systems in seine Umwelt mit ihren Aktoren und Nachbarsystemen

Projektdefinition
Analyse
(6.1, S. 90)

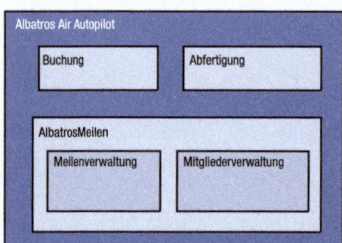

Facharchitekturdiagramm
Gliederung eines Systems in fachliche Subsysteme („Domänen")

Projektdefinition
Analyse
(6.2, S. 92)

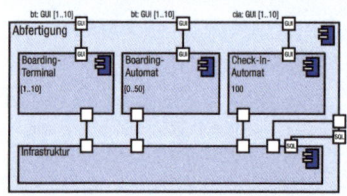

System-Montagediagramm
technische Gliederung eines Systems in Subsystem und Komponenten mit Hilfe von Teilen, Anschlüssen und Verbindern, Kapselung von Systemen durch Anschlüsse

Analyse
Entwurf
(6.3.1, S. 94)

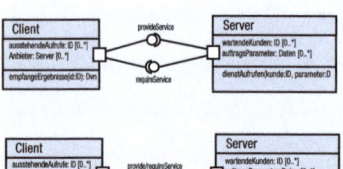
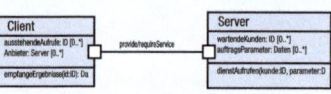

Objekt-Montagediagramm
Detailaufbau einer Komponente mit Hilfe von Teilen, Anschlüssen und Verbindern, Kapselung von Systemen durch Anschlüsse

Entwurf
Implementierung
Renovierung
(6.3.2, S. 98)

Kollaborationen

Diagramm	Diagrammname (Referenz)	Verwen-dung

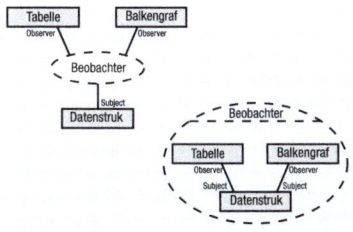

Entwurfsmuster
paradigmatische Struktur einer Lösung für ein spezielles Umsetzungsproblem (Detailebene), Definition der Beteiligten Elemente der Lösung

Entwurf
(6.4.1, S. 106)

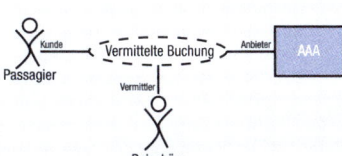

Architekturstil
paradigmatisches Struktur einer Lösung für ein spezielles Umsetzungsproblem (Systemebene), Definition der Beteiligten Elemente der Lösung

Analyse
(6.4.2, S. 108)

Kontextkollaboration
Kollaborationsstruktur eines Systems in seinem Kontext

Projektdefinition
Analyse
(6.4.3, S. 109)

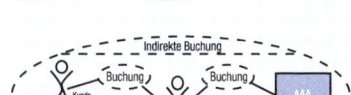

Installationsdiagramme

Diagramm	Diagrammname (Referenz)	Verwen-dung

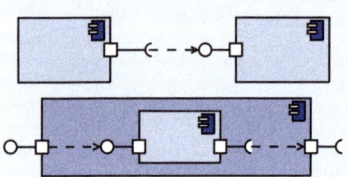

Paketdiagramm
statische Gliederung von Einheiten, Darstellung von Importabhängigkeiten

alle Phasen
(6.5, S. 110)

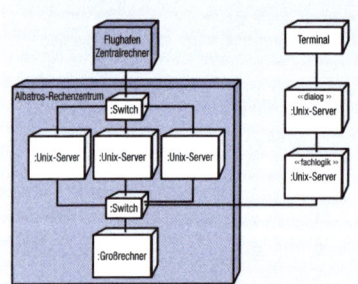

Komponentendiagramm
statische Struktur von Systemen zur Laufzeit, Aufbau aus Komponenten mit Verbindern, Anschlüssen und Schnittstellen

Analyse, Entwurf
Implentierung
Renovierung
(6.6, S. 115)

Systemstrukturdiagramm
Beschreibung der physischen Rechnerlandschaft

Analyse
Entwurf
Implementation
(6.7.1, S. 124)

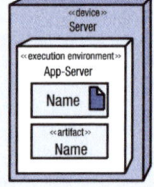

Verteilungsdiagramm
logische Ausführungsumgebung,
Softwareplattform

Analyse
Entwurf
Implementation
(6.7.2, S. 128)

Nutzfalldiagramme

Diagramm	Diagrammname (Referenz)	Verwendung
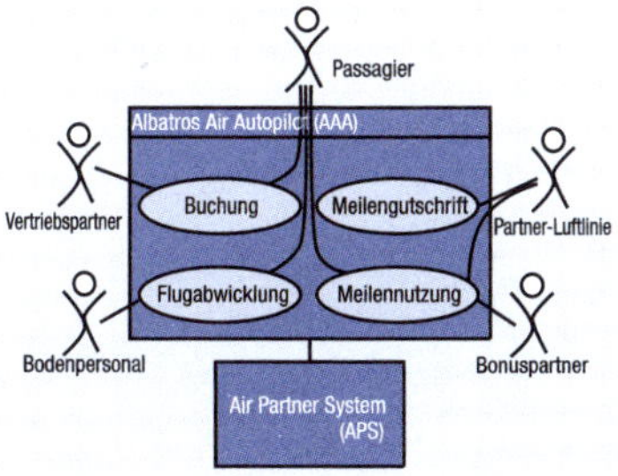	**Prozessinventar** Vollständige Übersicht über vorhandene Prozesse und ihre Zuordnung zu Subsystemen	Projektdefinition Analyse (9.2, S. 152)
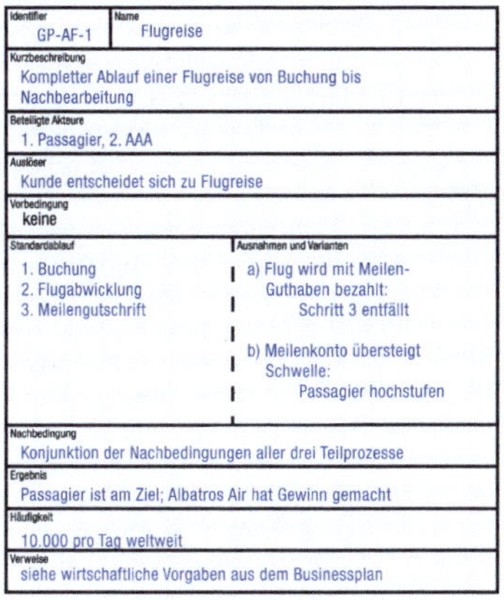 Identifier: GP-AF-1 Name: Flugreise Kurzbeschreibung: Kompletter Ablauf einer Flugreise von Buchung bis Nachbearbeitung Beteiligte Akteure: 1. Passagier, 2. AAA Auslöser: Kunde entscheidet sich zu Flugreise Vorbedingung: keine Standardablauf: 1. Buchung 2. Flugabwicklung 3. Meilengutschrift Ausnahmen und Varianten: a) Flug wird mit Meilen-Guthaben bezahlt: Schritt 3 entfällt b) Meilenkonto übersteigt Schwelle: Passagier hochstufen Nachbedingung: Konjunktion der Nachbedingungen aller drei Teilprozesse Ergebnis: Passagier ist am Ziel; Albatros Air hat Gewinn gemacht Häufigkeit: 10.000 pro Tag weltweit Verweise: siehe wirtschaftliche Vorgaben aus dem Businessplan	**Prozesstabelle** Detaillierte abstrakte Definition eines Prozesses	Projektdefinition Analyse (9.4, S. 153)
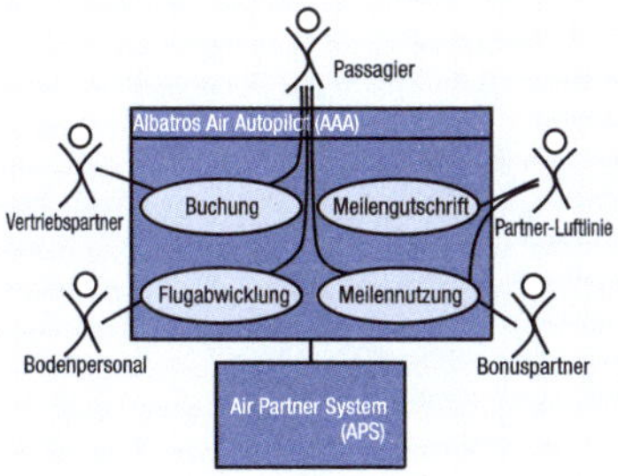	**Nutzfallinventar** Übersicht über vorhandene Nutzfälle und ihre Zuordnung zu den Subsystemen, die sie erbringen, auch im Kontext der Bestandsaufnahme bei der Sanierung	Analyse Entwurf Implementation (9.5, S. 159)

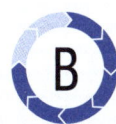

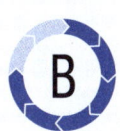

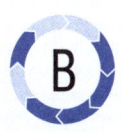

Diagramm   Diagrammname (Verwendung)   Referenz

Identifier	Name
NF-AAA.CIA-2	Passagier einchecken (Automat)

Kurzbeschreibung
Passagier checkt am Automaten selber ein

Beteiligte Akteure
1. Passagier, 2. AAA.Buchung

Auslöser
Kunde führt Karte in Automaten ein

Parameter
Datum, Flughafen

Vorbedingung
Im Flugzeug ist noch ein Platz frei,
Check-In-Zeit noch nicht abgelaufen

Standardablauf	**Ausnahmen und Varianten**
1. Nutzer anmelden	a) Passagier hat mehr als
2. Platz wählen	einen gebuchten Flug:
3. Bordkarte erstellen	neuer Schritt
	"Flug auswählen"
	b) Passagier hat Gepäck:
	neuer Schritt
	"Gepäck aufgeben"

Nachbedingung
Zahl der freien Plätze im Flugzeug um eins reduziert,
Passagier für Flug gemeldet

Ergebnis
Bordkarte gedruckt,
ggf. Gepäck aufs Förderband transportiert

durchschnittliche Dauer
5 Minuten

Verweise
wird benutzt in GP-AF-1, Oberfläche: GUI-B-1..4

Anmerkungen, offene Punkte
keine

Nutzfalltabelle
Detaillierte abstrakte Definition eines Nutzfalles

Analyse
Entwurf
(9.7, S. 162)

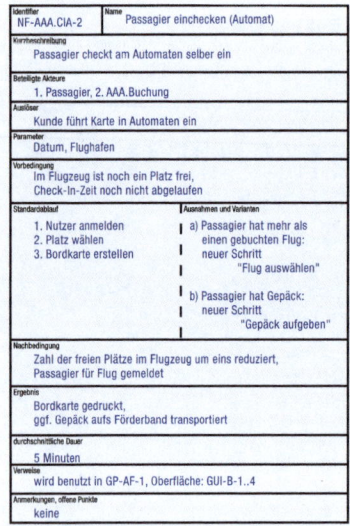

Funktionsbaum
Dokumentation der Aufrufbeziehung zwischen Prozessen und/oder Nutzfällen in einem existierenden Systemen durch Baum von Inklusionsbeziehungen

Implementierung
Renovierung
(9.8, S. 166)

Zustandsautomaten

Diagramm	Diagrammname (Referenz)	Verwendung

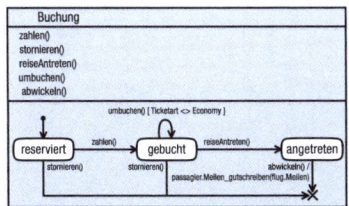

Objektlebenszyklus
Verstehen und dokumentieren fachlicher Lebenszyklen, ihrere Zustände und Aktionen

Analyse
Entwurf
(10.2, S. 171)

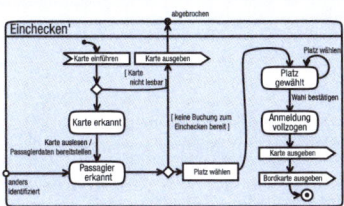

Nutzfalllebenszyklus
Verhalten von Nutzfällen, ihrer Zustände/Phasen und Übergänge

Analyse
Entwurf
(10.3, S. 175)

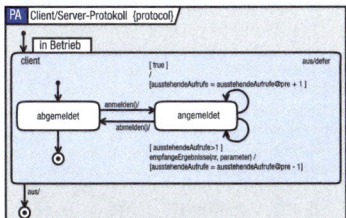

Protokollrolle
Spezifikation des Verhaltens von Anschlüssen, Black-Box-Sicht

Analyse
Entwurf
(10.4, S. 178)

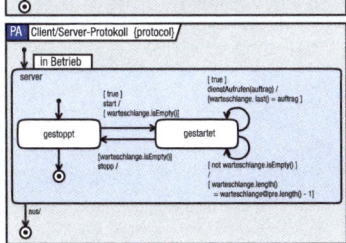

Diagramm	Diagrammname (Verwendung)	Referenz

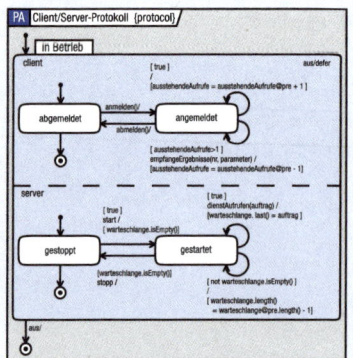

Protokoll
Spezifikation der Interaktion zwischen Anschlüssen (Interaktion von Protokoll-rollen)

Analyse
Entwurf
(10.4, S. 178)

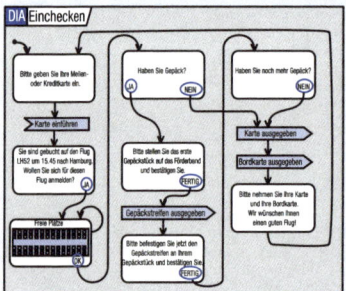

Dialogablauf
Abläufe von Benutzerdialogen, formalisierte Storyboards zur Erhebung von Benutzeranforderungen

Analyse
Entwurf
(10.7, S. 188)

Zustandstabelle
tabellarische Darstellung eines Zustands-automaten

Analyse
Entwurf
Implementation
(10.8, S. 190)

Aktivitätsdiagramme

Diagramm	Diagrammname (Referenz)	Verwendung

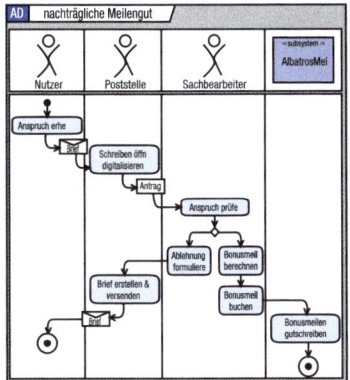

Prozessablauf
Abläufe eines Geschäftsprozesses, Zuordnung der dargestellten Aufgaben zu Rollen (Menschen oder Systeme), Daten- und Objektfluss zwischen ihnen

Analyse
Entwurf
(11.2, S. 195)

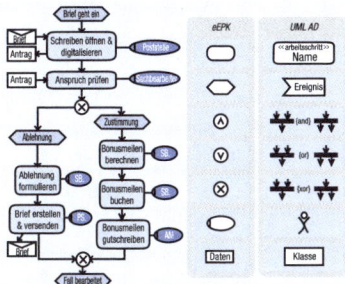

Betrieblicher Ablauf (eEPK)
Dokumentieren/Entwerfen betrieblicher Abläufe (inkl. Betriebsprozesse) unter Bezug auf die Aufbauorganisation

Projektdefinition
Analyse
(11.7.1, S. 218)

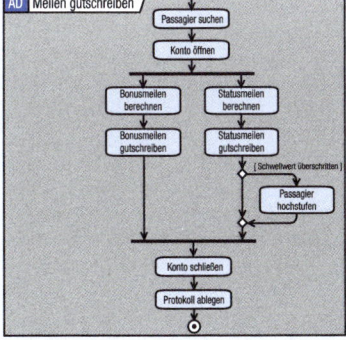

Nutzfallablauf
Verhalten von Nutzfällen, quasi ihr Lebenslauf.

Analyse
Entwurf
Implementation
(11.3, S. 198)

Diagramm	Diagrammname (Verwendung)	Referenz

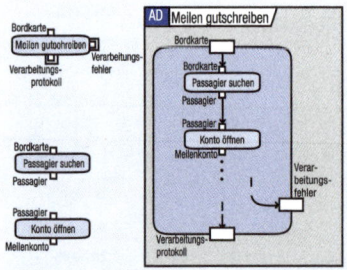

Dienstkompositionsdiagramm
Entwurf und Dokumentation von System-
abläufen in Form gekapselter Dienste

Analyse, Entwurf
Implentierung
Renovierung
(11.5, S. 205)

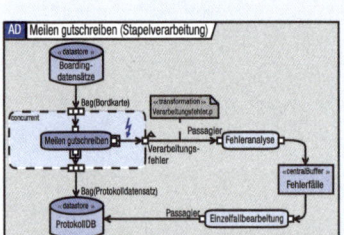

Algorithmischer Ablauf
Definition eines Algorithmus in Pro-
grammiersprachen-naher Form, mit Ausnahmen, Schleifen, strukturierten Daten
(Ströme, Kollektionen, Massendaten)

Entwurf
Implementierung
Renovierung
(11.6, S. 209)

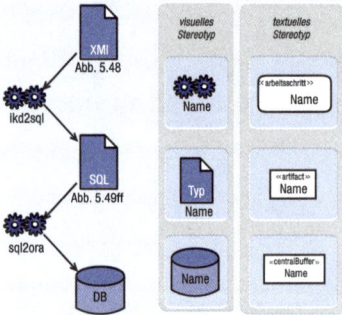

Softwareprozess
Darstellung von Abläufen in der Softwareherstellung, Detailgrad und Abstraktion
analog zur betrachteten Phase

Analyse
Entwurf
Implementation
(11.7.2, S. 218)

Interaktionsdiagramme

Diagramm	Diagrammname (Referenz)	Verwendung

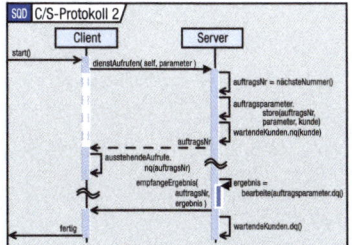

Klasseninteraktion
Interaktionen zwischen verschiedenen Klassen oder Rollen

Analyse, Entwurf
Implentierung
Renovierung
(12.2, S. 222)

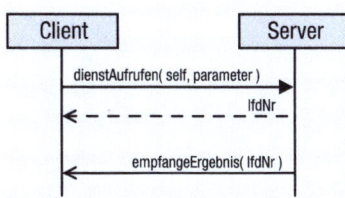

Sequenzdiagramm
Form des Interaktionsdiagramms, besonders geeignet, wenn wenige Kommunikationspartner viele Nachrichten austauschen

Analyse, Entwurf
Implentierung
Renovierung
(12.2.1, S. 223)

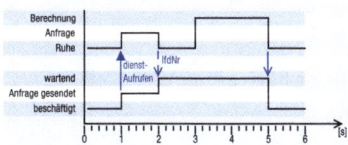

Zeitverlaufsdiagramm
Form des Interaktionsdiagramms, besonders geeignet, wenn komplexe zeitliche Koordination der Zustände mehrerer Kommunikationspartner dargestellt werden soll, nicht geeignet, wenn viele Kommunikationspartner involviert sind

Analyse, Entwurf
Implentierung
Renovierung
(12.2.1, S. 223)

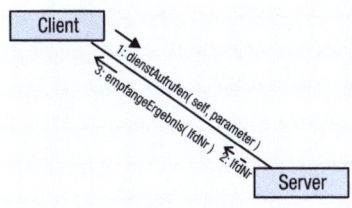

Kommunikationsdiagramm
Form des Interaktionsdiagramms, besonders geeignet, wenn viele Kommunikationspartner wenige Nachrichten austauschen

Analyse, Entwurf
Implentierung
Renovierung
(12.2.1, S. 223)

Diagramm	Diagrammname (Referenz)	Verwen-dung

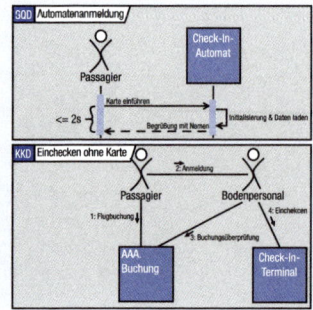

Kontextinteraktion
Interaktion zwischen Systemen und Aktoren

Analyse
Entwurf
(12.3, S. 230)

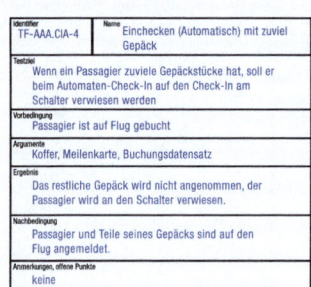

Testfall
tabellarische Darstellung eines (fachlichen) Testfalls, um eine oder mehrere Interaktionen einzubetten, z. B. Kontext- oder Protokollinteraktionen

Analyse
Entwurf
(12.5, S. 242)

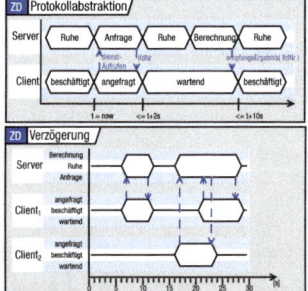

Protokollinteraktionen
Übersichtsdarstellung komplexer zeitlicher Koordinationsmuster von Interaktionspartnern mit Zustand

Entwurf
Implementierung
Renovierung
(12.6, S. 245)

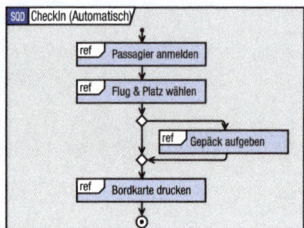

Interaktionsübersicht
Übersichtsdarstellung mehrerer Interaktionen mit Ausdrucksmitteln von Aktivitätsdiagrammen

Analyse, Entwurf
Implentierung
Renovierung
(12.7, S. 247)

Anhang C
UML Erweiterbarkeit

Man sollte nicht ohne Not versuchen, das UML Metamodell zu verändern – alleine schon wegen der fehlenden Werkzeug-Unterstützung. Es ist jedoch zulässig, die UML zu erweitern. Dieser Weg ist in der UML von vornherein vorgesehen, und passt zum modularen Aufbau der UML (siehe Abbildung 2.4).

Die UML zu erweitern heißt, das Metamodell zu erweitern, also neue Metaklassen bzw. neue Attribute hunzuzufügen, ohne das Bestehende zu entfernen oder zu verändern. Die UML bietet hierzu drei Mechanismen an.

C.1   Stereotype

Ein *Stereotyp* (engl.: stereotype) ist eine Art „Etikett", mit dem spezifische Elemente eines Modells gekennzeichnet werden können. Ein Stereotyp für eine Metaklasse zu definieren, ist in etwa gleichbedeutend mit der Einführung einer Unterklasse. Wenn also z. B. das Stereotyp «xmi» für die Metaklasse Artifact deklariert wird, kommt das der Definition einer Unterklasse XMI von Artifact gleich. Dieser Mechanismus wird schon in der UML selbst ausgiebig genutzt (z. B. für die verschiedenen Arten von Abhängigkeiten).

Es gibt drei verschiedene Wege, ein stereotypisiertes Element eines Modells darzustellen (siehe Abbildung C.1). Der einfachst Weg (der auch meist von Werkzeugen unterstützt wird) ist die Ergänzung des zu stereotypisierenden Elements um den Namen des Stereotyps in französischen Anführungszeichen (textuelles Stereotyp, Abb. C.1, links). Alternativ kann auch ein grafisches Symbol verendet werden (symbolisches Stereotyp, Abb. C.1, Mitte), oder das Notationselement ganz ersetzt werden (visuelles Stereotyp, Abb. C.1, rechts).

Die UML definiert bereits eine Reihe von textuellen Stereotypen im Anhang zum Standard, die in diesem Buch teilweise aufgetaucht sind. Symbolische Stereotype wurden z. B. in Implementations-Klassendiagrammen verwendet. Visuelle Stereotype sind z. B. bei der Definition von verschiedenen Arten von Knoten benutzt worden (siehe S. 128).

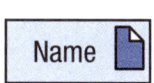

Abbildung C.1: Drei gleichwertige Arten von Stereotypisierung: textuell (links), symbolisch (Mitte), und visuell (rechts).

C.2   Tagged Values

Ein *tagged value* ist ein Paar aus Name und Wert, mit dem ein Element eines Modells ausgezeichnet werden kann. Tagged Values entsprechen damit in etwa Attributen von Meta-Klassen. Typischerweise werden Tagged Values in der Form `tag = value` notiert.

Tagged Values werden oft gar nicht angezeigt, oder einfach an ein oder auf ein Notationselement gesetzt. In Abbildung 7.1 auf Seite 134 wurde eine etwas ausgefeiltere grafische Darstellung gewählt.

C.3   Profile

Mengen von Stereotypen und Tagged Values können in *Profilen* zusammengefasst werden. Für Profile ist keine spezielle Schreibweise nötig. Es gibt eine Vielzahl von UML-Profilen, einige der öffentlich verfügbaren sind:

SoC	„UML System-on-Chip Profile"
Testing	„UML Testing Profile"
Corba	„UML Profile for CORBA"
EAI	„UML Profile for Enterprise Application Integration (EAI)"
EDOC	„UML Profile for Enterprise Distributed Object Computing (EDOC)"
QoS	„UML Profile for QoS and Fault Tolerance"
SPT	„UML Profile for Schedulability, Performance and Time"

Im Standard werden außerdem Profile für die gängigen Komponententechnologien als Beispiel gegeben (siehe OMG (2004, S. 615ff)). Dort werden z. B. das Corba Component Model (CCM), EJBs, .NET-Komponenten und COM-Komponenten behandelt.

Weitere Profile befassen sich mit spezifischen Anpassungen für eine Programmiersprache (z. B. Java, C++, oder Cobol), oder Sprachen wie VHDL oder SQL.

Anhang D
UML Metamodell

Das UML Metamodell beschreibt den inneren Aufbau der UML (siehe Abschnitt 2.3).
Im Folgenden ist ein Auszug aus dem Standard wiedergegeben.

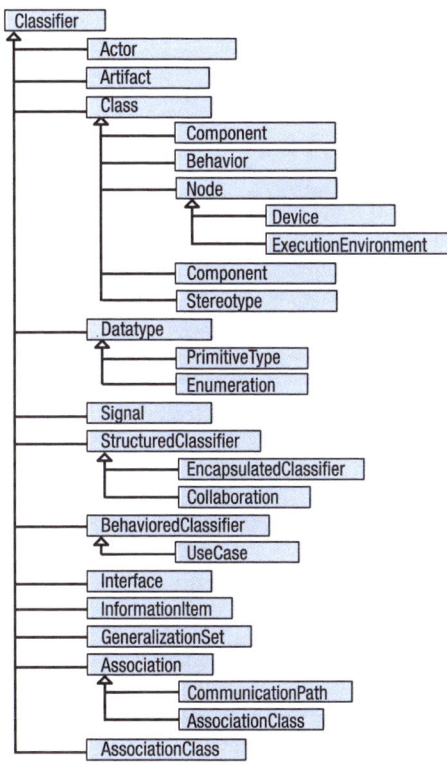

Abbildung D.1: Classifier-Taxonomie des UML Metamodells (es bestehen weitere Vererbungsbeziehungen)

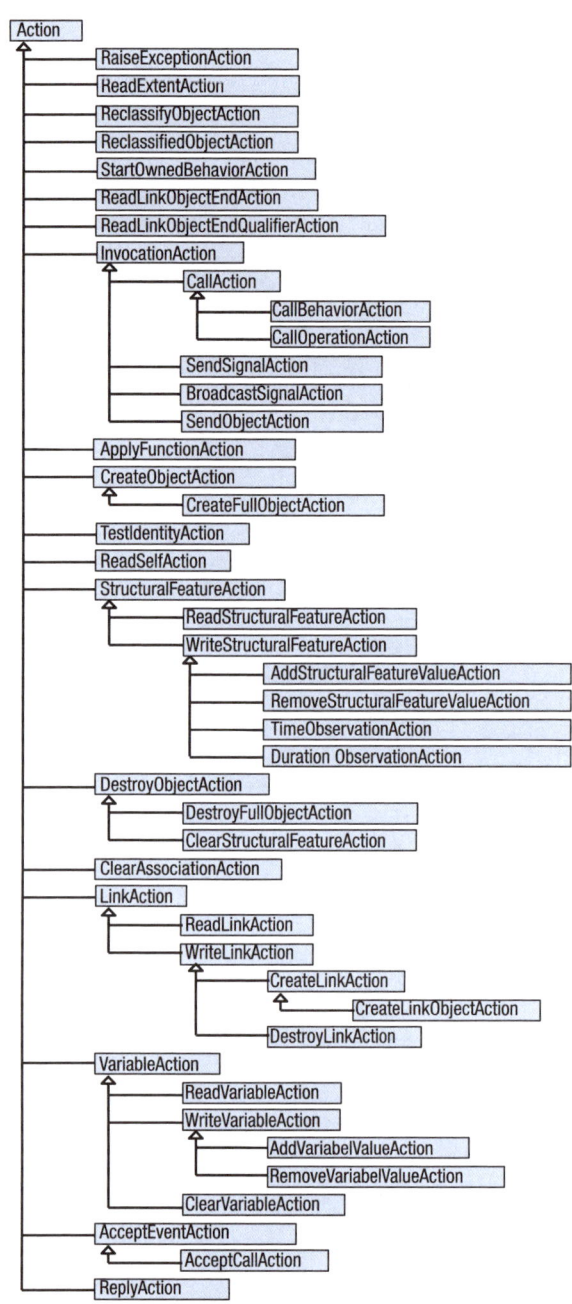

Abbildung D.2: Aktionen-Taxonomie des UML Metamodells (es bestehen weitere Vererbungsbeziehungen)

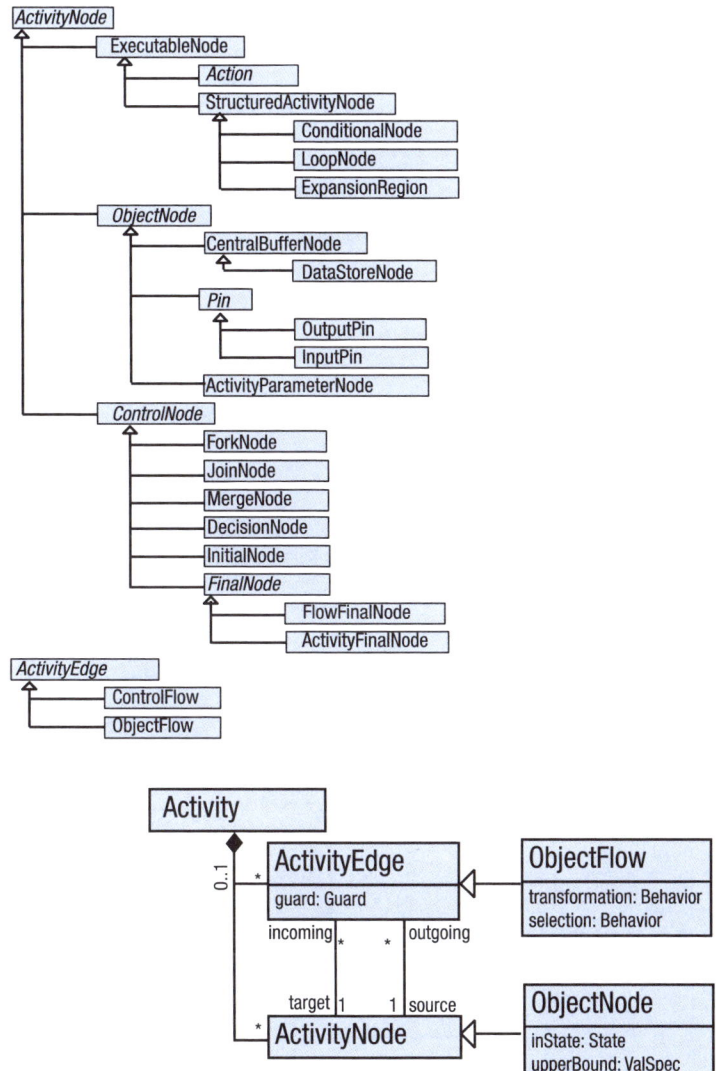

Abbildung D.3: Activities-Taxonomie des UML Metamodells (es bestehen weitere Vererbungsbeziehungen)

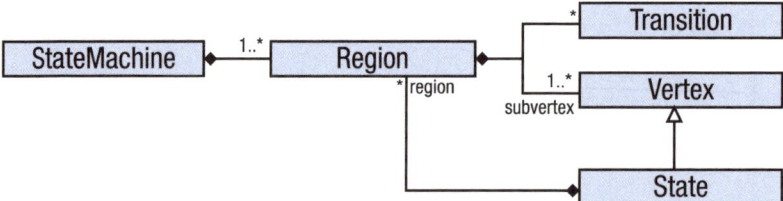

Abbildung D.4: Grobstruktur des UML Metamodells bzgl. Zustandsautomaten

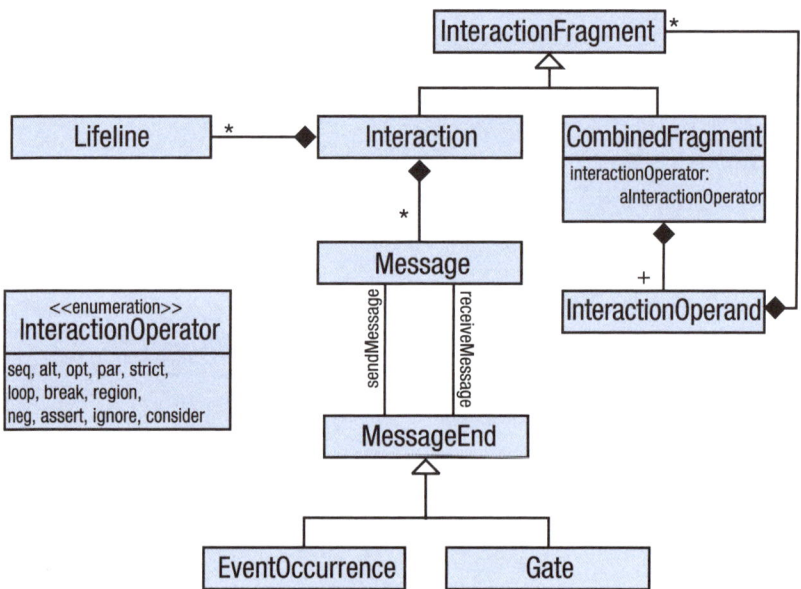

Abbildung D.5: Grobstruktur des UML Metamodells bzgl. Interaktionen

Anhang E
Glossar

Dieses Glossar erläutert alle im Text erwähnten Metaklassen mit ihren Übersetzungen, alle Abkürzungen und die wichtigsten Fachbegriffe. Eine ausführliche Liste von weiteren Abkürzungen und anderer Terminologie der (objektorientierten) Softwaretechnik gibt es z. B. bei Schneider (2000) oder bei Kind u. Kind (2000).

Abhängigkeit Metaklasse (engl.: Dependency), stellt eine generische Abhängigkeit zwischen zwei Mengen beliebiger Modellelemente dar.

Abstraction ↑Abstraktion

Abstraktion Metaklasse (engl.: Abstraction), Unterklasse von ↑Abhängigkeit, Oberklasse von ↑Realisierung, stellt eine Beziehung zwischen Mengen von Modelelementen dar, die den gleichen Sachverhalt auf unterschiedlichen Abstraktionsebenen darstellen.

Action ↑Aktion

Activity ↑Aktivität

Actor ↑Aktor

Aktion Metaklasse (engl.: Action), elementare Einheit von Verhalten in UML. In Anhang C.3 wird eine Taxonomie der in UML vordefinierten Aktionen dargestellt.

Aktivität Metaklasse (engl.: Activity), Unterklasse von ↑Verhalten, stellt einen algorithmischen Ablauf, einen Nutzfall oder (Geschäfts-)prozess dar.

Aktivitätsdiagramm AKD (engl.: activity diagram), Notation zur Beschreibung der Abläufe von Prozessen, Nutzfällen, Algorithmen, usw., verwandt mit DFDs und eEPKs.

Aktor Metaklasse (engl.: actor), ein Aktor stellt eine Rolle im Kontext eines modellierten Systems dar, die auf das System einwirkt oder von diesem beeinflusst wird. Ein Aktor kann einen Menschen, eine Gruppe von Menschen, einen Sesnor oder Aktor, oder eine Applikation darstellen.

Analysephase (auch: die Analyse) Die Lebenszyklus-Phase nach der Projektdefinition und vor dem Entwurf, in der aus einer Grundidee eines Projektes ein tiefes Verständnis des Problems bzw. der Aufgabenstellung entwickelt wird.

Anschluss Metaklasse (engl.: port), (indirekte) Unterklasse von ↑Merkmal, implementiert eine ↑Protkollrolle, abstrahiert von einem oder mehreren gebotenen oder genutzten Schnittstellen.

Anwendungsbereich ↑Domäne

Anwendungskontext (engl.: application context), fachliche Domäne des zu modellierenden Sachverhaltes bzw. Systems (siehe z. B. Shlaer u. Mellor (1992)).

architectural style (dt.   Architekturstil) ↑Architekturmuster

Architekturmuster (engl.: architectural pattern) Ein ↑Muster auf der Architekturebene, d. h., die Elemente im Muster sind Schichten, Subsysteme oder Systemkomponenten großer Granularität.

Architekturstil (engl.: architectural style) ↑Architekturmuster

Assoziation Metaklasse (engl.: Association), stellt eine Beziehung zwischen zwei oder mehr ↑Classifiern dar, bzw. von einem Classifier zu sich selbst. ↑Aggregation und ↑Komposition sind spezielle ↑Assoziationen, ↑Generalisierung ist jedoch eine ↑Abhängigkeit.

Assoziationsklasse Metaklasse (engl.: AssociationClass), Unterklasse sowohl von ↑Assoziation wie von ↑Klasse, vereinigt die Eigenschaften beider Oberklassen.

Attribut Metaklasse (engl.: attribute), statisches ↑Merkmal einer ↑Klasse oder eines anderen ↑Classifiers.

ball-and-socket-Notation ↑Kopf/Fassung-Notation

Begriffshierarchie ↑Taxonomie

Behavior ↑Verhalten

BehavioredClassifier Metaklasse, Unterklasse von ↑Classifier, Oberklasse von u. a. ↑Class, ↑UseCase und ↑Interface.

Beteiligte (engl.: stakeholder) Eine natürlich oder juristische Person oder Gruppe von Personen, die von einem System im weitesten Sinn betroffen sind, und daher ein Interesse an dem System und seinem Betrieb haben (andere Definition siehe z. B. D'Souza u. Wills (1999, S. 486)).

Betriebsphase (auch: der Betrieb) Die Lebenszyklus-Phase nach der Einführung, in der System im alltäglichen Umgang genutzt wird.

Beziehung Metaklasse (engl.: Relationship), Oberklasse von ↑gerichtete Beziehung und ↑Assoziation

Black-Box-Sicht Sicht von außen auf ein System, d. h. ohne dessen inneren Aufbau zu berücksichtigen (Gegenteil: ↑White-Box-Sicht).

Classifier abstrakte Metaklasse, direkte Oberklasse von ↑Klasse, ↑Komponente, ↑Aktor, ↑Nutzfall, ↑Knoten, ↑Datentyp, ↑Assoziation, ↑Schnittstelle, ↑Signal und ↑Artefakt. Ein `Classifier` beschreibt eine Menge von Elementen mit gemeinsamen Merkmalen. Gleichzeitig ist ein `Classifier` auch ein Namensraum und Gegenstand von Generalisierungsbeziehungen.

Client/Server-System Eine spezielle Software-Architektur, in der die logischen Aufgaben statisch auf verschiedene Rechnergruppen verteilt werden.

Component ↑Komponente

Connector Metaklasse, dt. ↑Verbinder

constraint ↑Randbedingung

Datenflussdiagramm (engl.: data flow diagram), veraltete Notation zur Beschreibung von Datenflüssen innerhalb und zwischen Applikationen wurde in den 70'er Jahren z. B. in Gane u. Sarson (1979); Stevens et al. (1974) vorgestellt.

Deployment ↑Verteilung

design pattern ↑Entwurfsmuster

DFD ↑Datenflussdiagramm

Diagramm (engl.: diagram) Darstellung eines ↑Modells

Dialogprozess (engl.: dialog process) Prozess, der in Interaktion mit einem oder mehreren Benutzern abläuft (Gegenteil: ↑Stapelprozess).

Dienst (engl.: service) ein ↑Nutzfall mit technischem (statt fachlichem) Schwerpunkt

Dokument (engl.: Document) Repräsentation einer Menge von Modellelementen und/oder Diagrammen

Domäne (auch „Universe of Discourse" oder Anwendungsbereich, engl.: domain) das Anwendungsgebiet, um das es in einem Modell geht. Wenn Domänen hierarchisch zerlegt werden, korrespondiert diese Zerlegung oft mit der Facharchitektur des Systems.

DTD (Document Type Definition) eine Grammatik für ↑XML-Dokumente (und auch selber ein XML-Dokument)

eEPK, EPK ↑(erweiterte) Ereignis-Prozess-Kette

Einführungsphase (auch: die Einführung) Die Lebenszyklus-Phase nach der Integration und vor dem Betrieb, in der ein System aus dem Herstellungs- in den Nutzungsprozess übergeleitet wird, inklusive z. B. Schulungen, organisatorische Änderungen und Migration.

Einzelimport Metaklasse (engl.: ElementImport), ↑Abhängigkeit zwischen einem (importierenden) ↑Paket und einem Element eines anderen (exportierenden) Pakets, um das Element im importierenden Paket sichtbar zu machen.

Element Metaklasse, Wurzel der UML Metaklassen-Taxonomie.

ElementImport ↑Einzelimport

Entwurfsmuster (engl.: design pattern) Ein ↑Muster auf der Entwurfsebene (siehe Gamma et al. (1995)).

Entwurfsphase Die Lebenszyklus-Phase nach der Projektdefinition und vor dem Entwurf, in der es statt um das „Was" um das „Wie" geht, also um die Möglichkeiten von technischen Umsetzungen.

Ereignis Metaklasse (engl.: Event), z. B. der Auslöser einer ↑Transition in einem ↑Zustandsautomaten, Auslöser eines ↑Nutzfalls oder Eingabe für eine ↑Aktivität.

Ereignisvorkommen Metaklasse (engl.: EventOccurrence), Bestandteil einer ↑Interaktion. Ein Ereignisvorkommen kann ein Sende- oder Empfangsereignis, ein Nachrichtenverlust- oder ein Nachrichtenfundereignis instantiieren.

(erweiterte) Ereignis-Prozess-Kette (engl.: (extended) event process chain) Notation zur Dokumentation und Analyse von betriebswirtschaftlichen Prozessen (insbesondere im Umfeld von SAP R/3® verbreitet), lässt sich einfach als Aktivitätsdiagramm darstellen.

Erweiterungsbeziehung (engl.: extends) eine ↑Abhängigkeit zwischen zwei Prozessen oder zwei Nutzfällen, oder zwischen einem Nutzfall und einem Prozess. Ein erweiternderer Nutzfall oder Prozess kommt höchstens einmal in dem erweiterten Nutzfall oder Prozess vor.

Event ↑Ereignis

extends ↑Erweiterungsbeziehung

Facharchitektur (engl.: domain architecture) fachliche Gliederung einer Anwendung bzw. Anwendungslandschaft in Funktionalitätsbereiche, nimmt oft die Subsystemstruktur vorweg

Feature ↑Merkmal

fragile base class problem Wenn eine Oberklasse („base class") geändert wird, können sich unerwartete Nebenwirkungen in Unterklassen ergeben, wenn diese sich auf eine spezielle Implementation in der Oberklasse verlässt.

Funktion (auch: Fachfunktion, engl.: Function) ein Nutzfall mit fachlichem Schwerpunkt

FURPS Akronym als Merkhilfe für Anforderungen: Funktionalität, Usability (Benutzbarkeit), Reliability (Zuverlässigkeit), Performanz, Sicherheit.

Generalisierung Metaklasse (engl.: Generalization), ↑Abhängigkeit zwischen zwei Instanzen eines ↑Classifiers, wobei die Beziehung vom spezielleren zum generelleren geht.

gerichtete Beziehung Metaklasse (engl.: DirectedRelationship), Oberklasse von ↑Generalisierung, ↑Einzelimport, ↑Pauschalimport, ↑Paketverschmelzung, ↑Inklusion, ↑Erweiterung und ↑Abhängigkeit; Unterklasse von ↑Beziehung

Geschäftsprozess (engl.: business process, process, business use case) Prozess mit fachlichem Schwerpunkt

Hierarchical Input/Processing/Output-Diagramme (HIPO-Diagramme) einfache Notation zur hierarchischen Zerlegung von Funktionen, bekannt vor allem wegen der darauf ursprünglich basierenden *Function-Point*-Schätzmethode.

HIPO-Diagramme ↑Hierarchical Input/Processing/Output-Diagramme

Implementation (1) Das Resultat der Implemeniterungsphase (2) Metaklasse (engl.: implements), Unterklasse von ↑Abhängigkeit, die die Bezeihung zwischen einer Schnittstelle und einem Classifier darstellt.

Implementierungsphase (auch: Implementierung), Die Lebenszyklus-Phase nach dem Entwurf und vor der Integration, in der der Entwurf mit konkreten Randbedingungen in ausführbaren Code umgesetzt wird.

includes ↑Inklusionsbeziehung

Inklusionsbeziehung Metaklasse (engl.: includes), eine ↑Abhängigkeit zwischen zwei Geschäftsprozessen oder zwei Nutzfällen, oder zwischen einem Geschäftsprozess und einem Nutzfall. Ein inkludierter Nutzfall kommt einmal oder mehrmals in dem inkludierenden Nutzfall vor.

Instanzierbarkeit (engl.: instantiatability) Eigenschaft von ↑Classifiern, Instanzen zu bilden.

Integrationsphase (auch: die Integration), Die Lebenszyklus-Phase nach der Implementierung und vor der Einführung, in der aus einzelnen Teilen eines Systems ein Ganzes, eben ein lauffähiges System gebildet wird.

Interaction ↑Interaktion

Interaktion Metaklasse (engl.: Interaction), die Struktur, die einem Interaktionsdiagramm unterliegt (semantisch gesehen eine Menge sequentieller Folgen von ↑Ereignisvorkommnisse).

Interaktionsdiagramm IAD (engl.: interaction diagram) Diagrammtyp zur Darstellung von Informationsaustausch zwischen Einheiten. Es gibt ↑Sequenzdiagramme, ↑Kommunikationsdiagramme, ↑Zeitdiagramme, und ↑Interaktionsübersichtsdiagramme, die alle alternative Darstellungsformen des gleichen Konzepts Interaktion sind.

Klasse (engl.: Class) abstrakte strukturelle Einheit

Knoten (engl.: vertex, node) (1) Metaklasse, abstrakte Oberklasse der Zustände von Zustandsautomaten (siehe Kapitel 10) (2) Metaklasse, stellt Ressourcen wie Rechner oder Basissoftware dar (siehe Abschnitt 6.7).

Kollaboration (engl.: collaboration), Diagrammform zur abstrakten Darstellung eines Rollenmodells (↑Rollenmodellierung), nicht zu verwechseln mit Kollaborationsdiagrammen aus UML 1.x.

Komponente Metaklasse (engl.: component), Unterklasse von ↑Klasse, stellt einen modularen gekapselten Teil eines Systems dar.

Kontext (engl.: context) Die Aktoren eines Systems, also seine Benutzer und Nachbarsysteme.

Kontextdiagramm (engl.: context diagram) Diagramm zur Darstellung des Kontextes eines Systems.

Kopf/Fassung-Notation (engl.: ball-and-socket notation) Notation für die Darstellung von geforderten und genutzten Schnittstellen, bzw. von Verbindern mit Richtungsangabe. Die traditionelle Bezeichnung „lollipop notation" passt nur auf gebotene, nicht aber auf geforderte Schnittstellen.

Lebenszyklus (engl.: life-cycle) ↑Software-Lebenszyklus

lollipop notation Dieser Begriff ist in UML 2.0 durch ↑ball-and-socket-Notation (dt. ↑Kopf/Fassung-Notation) ersetzt worden, da „lollipop" nur auf gebotene, nicht aber auf geforderte Schnittstellen passt.

Medienbruch Wenn zwischen zwei aufeinanderfolgenden und zueinandergehörigen Arbeitsschritten ein Übergang von einem Medium (z. B. dem Rechner) auf ein anderes (z. B. ein Papierformular) erfolgt, spricht man von einem Medienbruch zwischen diesen beiden Schritten. z. B. ist der Übergang von einer elektronischen Flugscheinbestellung zu einem Papierticket ein Medienbruch.

Merkmal Metaklasse (engl.: Feature), abstrakte Oberklasse von Behavioral-Feature und StructuralFeature (und damit von ↑Operation und ↑Attribut).

Message ↑Nachricht

Metaklasse (engl.: metaclass) Klasse auf der Metaebene, d. h., Instanzen von Metaklassen sind z. B. Klasse, Assoziation, Interaktion, Nutzfall usw..

Metamodell Klassenmodell aus Metaklassen

method ↑Methode

Methode (engl.: method) (1) in objektorientierten Programmiersprachen sind Methoden die aufrufbaren Basisfunktionen der Objekte einer Klasse (2) in der Methodenlehre heißt ein passendes Paar aus Notation und Technik Methode (3) objektorientierte Methode z. B. Booch, OMT, Jacobson (4) strukturierte Methode, z. B. SSADM, SADT, SA, VM'92 (5) in UML 2.0 durch ↑Operation ersetzt.

Migrationsphase (auch: die Migration) Teil der Einführungsphase, in dem alte Datenbestände und bestehende organisatorische und technische Verfahren zur Nutzung durch ein neues System bereitgestellt werden.

Modellelement Metaklasse (engl.: ModelElement), Oberklasse der meisten Klassen des UML-Metamodells

Modellierung (engl.: modeling) Vorgang des Erstellens von eines Modells.

Montagediagramme (engl.: composite structure diagrams) Tritt in den Varianten ↑Architektur-Montagediagramme und ↑Klassen-Montagediagramme auf, teilweise werden auch ↑Kollaborationen dazu gezählt. Montagediagramme stellen eine abstrakte Sicht dar, im Vordergrund steht der Gedanke der Komposition unabhängiger, sehr stark gekapselter und damit eigenständiger Einheiten.

Multiplizität Metaklasse (engl.: Multiplicity), Spezifikation der Anzahl von Elementen, die an einem Ende einer Assoziation teilnehmen, oder die in einem Attribut gespeichert werden können.

Muster (engl.: pattern) Ein Muster ist *„eine praktisch erprobte Lösung eines wiederkehrenden Problems"*. Das

Konzept stammt ursprünglich aus der Architektur bzw. Stadtplanung (siehe z. B. Alexander (1979); Alexander et al. (1987)), in der Informatik adaptiert z. B. durch Buschmann et al. (1998b); Fowler (1997); Gamma et al. (1995); Pree (1995).

Nachricht Metaklasse (engl.: Message), stellt eine Nachricht in einer Interaktion dar.

Namensraum Metaklasse (engl.: Namespace), stellt einen Namensraum im Sinne der Programmiersprachen dar.

Nassi-Shneiderman-Diagramm (auch: *Struktogramm*) veraltete Notation zur Darstellung von Kontrollstrukturen in Programmen (DIN 66261)

NFA ↑nichtfunktionale Anforderungen

nichtfunktionale Anforderungen
Anforderung außerhalb (also z. B. das „URPS" von „FURPS")

Node ↑Knoten

Nutzfall (1) (engl.: use case), ein Beschreibungsmittel zur Spezifikation von Nutzfällen (teilw. auch von Geschäftsprozessen) (2) Metaklasse (engl.: UseCase) Notation zur Darstellung von Nutzfällen. (2) Metaklasse (engl.: UseCase), indirekte Unterklasse von ↑Classifier

Nutzfalldiagramm NFD (engl.: use case diagram) Diagramm zur Übersichtsbeschreibung einiger Aspekte eines Nutzfalles, insbesondere Namen, Aktoren, und Erweiterungsfälle und inkludierte Nutzfälle, teilweise auch Auslöser

Oberklasse (engl.: super class) Ziel einer Generalisierungsbeziehung zwischen zwei Klassen

Object Management Group Herstellervereinigung zur Normierung technischer Standards, z. B. UML, Corba, CWM und MOF (siehe www.omg.org)

Objekt-Montagediagramme Anwendung von ↑Montagediagrammen auf Klassen und Schnittstellen.

OMG ↑Object Management Group.

OMT Object Modeling Technique, ↑Methode der 90'er Jahre, Vorgänger von UML, siehe Rumbaugh et al. (1991)

OOSE Object-Oriented Software Engineering, ↑Methode der 90'er Jahre, Vorgänger von UML, siehe Jacobson et al. (1992)

Operation Metaklasse (engl.: operation), dynamisches ↑Merkmal eines ↑Classifiers.

Package ↑Paket

PackageImport ↑Pauschalimport

PackageMerge ↑Paketverschmelzung

Paket Metaklasse (engl.: package), dient zur Gruppierung von Elementen bzw. zur Abgrenzung eines Namensraums.

Paketverschmelzung Metaklasse (engl.: PackageMerge), komplexe ↑Abhängigkeit zwischen zwei Paketen, um alle Elemente beider Pakete im verschmelzenden Paket jeweils einzeln zu verschmelzen (Elementweise definiert).

Parametrisierte Klasse (auch: Klassenschablone, engl.: template class) Klasse mit Typ-Parameter, typisches Beispiel sind Container-Klassen wie `List`, die als Parameter den Typ der im Container zu speichernden Objekte erhält, und dadurch in der Benutzung typsicherer wird (`cast` von `Object` entfällt). Die Template-Klassen in C++ und Java bieten keinen parametrischen ↑Polymorphismus im strengen Sinn.

partielles Wort Ein partielles Wort ist eine partielle Ordnung auf einem Alphabet. Partielle Worte werden als elementarer Formalismus zur Beschreibung von Nebenläufigkeit verwendet.

pattern ↑Muster

Pauschalimport Metaklasse (engl.: PackageImport), ↑Abhängigkeit zwischen einem (importierenden) ↑Paket und einem anderen (exportierenden) Paket, um alle Elemente des exportierenden Pakets im importierenden Paket sichtbar zu machen.

Petrinetz Formalismus zur Beschreibung von Nebenläufigkeit, zuerst beschrieben von Carl Adam Petri in Petri (1962). Eine leicht verständliche Einführung bietet Baumgarten (1996), aktuelle Informationen und Werkzeugvergleiche findet man unter Christensen u. Mortensen (1997).

Phase (engl.: phase) Der Lebenszyklus von Software umfasst die Phasen ↑Projektdefinition, ↑Analyse, ↑Entwurf, ↑Implementierung, ↑Integration, ↑Einführung, ↑Betrieb, ↑Wartung und ↑Stilllegeung.

Plausibilität Eine Regel in einer Anwendungsdomäne (seltener: in einem technischen Bereich), die nicht verletzt werden darf – Plausibilitäten müssen also defensiv formuliert sein, und dürfen nur solche Fälle ausschließen, die sicher falsch sind. Manchmal werden auch Typ- oder Formatbeschränkungen als Plausibilitäten aufgefasst (z. B. zulässige Werte in Feldern von Eingabemasken).

Polymorphismus (engl.: polymorphism), wörtlich: Vielgestaltigkeit. Eigenschaft von Typsystemen, wonach Werte gleichzeitig zu mehreren Type gehören können (also quasi viele Gestalten annehmen können). Nach Cardelli u. Wegner (1985) wird zwischen universellem und ad-hoc-Polymorphismus unterschieden, die wiederum in parametrischen und Inklusionspolymorphismus (auch: Subtyppolymorphismus) einerseits und Überladung (Overloading) und Erzwingung (Coercion) andererseits zerfallen.

Die allgemeinste und mächtigste Form ist parametrischer Polymorphismus, wie er aus Sprachen wie ML (siehe Harper et al. (1989); Paulson (1991)) bekannt ist. Die Template-Mechanismen von Java und C++ simulieren parametrischen Polymorphismus.

Port ↑Anschluss

process ↑Prozess

Programmablaufplan (PAP) Notation zur Beschreibung von Kontrollflüssen in Programmen nach DIN 66001, konzeptionell ähnlich zu ↑Struktogrammen.

Projektdefinitionsphase (auch: Projektdefinition) Die Phase vor der Analyse, in der die Motivation für ein Projekt in eine Grundidee eines Projektes umgesetzt wird.

Protokoll (engl.: protocol) Kollaboration von ↑Protokollrollen, und damit Spezifikation eines ↑Verbinders.

Protokollrolle Rolle in einem ↑Protokoll, mit dem eingehende und ausgehende

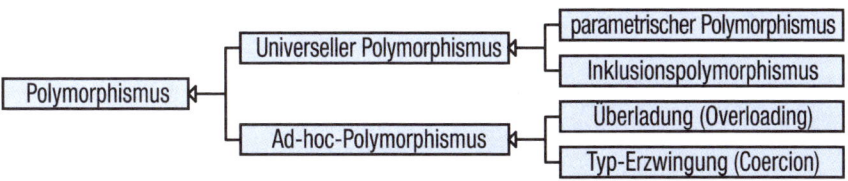

Abbildung E.1: Arten von Polymorphismus nach Cardelli u. Wegner (1985).

Schnittstellen eines Anschlusses spezifiziert werden, Spezifikation eines ↑Anschlusses.

Randbedingung Metaklasse (engl.: Constraint), beschreibt eine Beziehung zwischen einer Menge von Modellelementen, die sich anderweitig nicht oder nur umständlich ausdrücken ließe. Eine Randbedingung kann z. B. in Deutsch oder OCL formuliert werden.

Reengineering ↑Software-Sanierung

role ↑Rolle

Rolle (engl.: role) Eine Rolle ist ein Element einer ↑Kollaboration. Eine Rolle kann von einem beliebigen Classifier ausgefüllt werden, insbesondere sowohl von einer Klasse wie von einem Objekt (InstanceSpecification). Ein Classifier kann in einer Kollaboration mehrere Rollen gleichzeitig oder nacheinander ausfüllen, und eine Rolle kann von mehreren Classifiern gleichzeitig oder nacheinander ausgefüllt werden. Rollenmodellierung wurde zuerst in Reenskaug et al. (1995) beschrieben, siehe auch Kristensen u. Osterbye (1996), Andersen (1997, pp. 30-42), Riehle (2000) und Marshall (1999, p. 92ff).

Rollen-Diagramm (engl.: role diagram) ↑Kollaboration

RTC ↑run-to-completion

run-to-completion (RTC) Abarbeitungsprinzip für Zustandsautomaten, das festlegt, dass die Menge von Auslösern in einem ↑Zustandsautomat, welche zum Beginn eines RTC-Schritts vorliegen, in einem ununterbrechbaren Zyklus abgearbeitet werden (siehe auch Selic et al. (1994, p. 218ff)), verwandt mit ↑traverse-to-completion für Aktivitäten.

Sanierungsphase (auch: die Sanierung) Nach mehr oder weniger langer Nutzung mit andauernder Wartung muss ein System grundlegend erneuert werden, um weiter betreibbar und wartbar zu bleiben.

SDL System Definition Language, ISO-Standard für eine Software- und Systembeschreibungssprache, die im Telekommunikationsbereich sehr verbreitet ist (siehe Ellsberger et al. (1997); ITU-T (2000))

sequence diagram ↑Sequenzdiagramm

Sequenzdiagramm (engl.: sequence diagram) Eine von vier Formen des ↑Interaktionsdiagrammes mit Schwerpunkt auf dem Austausch vieler ↑Nachrichten zwischen wenigen ↑Interaktionspartnern.

serviceorientierte Architektur (engl.: service oriented architecture)

SMD ↑System-Montagediagramme

SOA ↑serviceorientierte Architektur.

Software Engineering ↑Softwaretechnik

Software-Lebenszyklus (engl.: Software Lifecycle)

Softwaretechnik Im Deutschen hat sich leider der Begriff Softwaretechnik durchgesetzt (und nicht etwa „Software-Ingenieurwesen"), so dass man die Berufsbezeichnung Software Engineer eigentlich mit Softwaretechniker übersetzen müsste, was sich eher nach „Heizungsinstallateur" anhört

stakeholder ↑Beteiligte

Stapelprozess (engl.: batch process) Prozess, der ohne Interaktion mit Benutzern abläuft, sondern z. B. turnusmäßig (Gegenteil: ↑Dialogprozess).

StateMachine Metaklasse, ↑Zustandsautomat

Stilllegungsphase (auch: die Stilllegung) Wenn nach mehr oder weniger langer Nutzung mit andauernder Wartung ein System nicht mehr wirtschaftlich betrieben, gewartet oder erneuert werden kann, muss das System stillgelegt und ggf. abgelöst werden.

Struktogramm veraltete Notation zur Beschreibung von Kontrollstruturen in Programmen, siehe auch ↑Programmablaufplan, ↑Nassi-Shneiderman-Diagramm

Strukturierte Methoden (engl.: structured methods) typische Vertreter: MSA, Merise, SADT, SSADM, SA/SD

System-Montagediagramme Anwendung von ↑Montagediagrammen auf Aktoren, Systeme und Subsysteme

Systemprozess (engl.: process) Prozess mit technischem Schwerpunkt

Taxonomie Ursprünglich aus der Biologie stammendes Vorgehen der hierarchische Anordnung von Gattungen („Taxa"). In der Softwaretechnik übertragen auf hierarchische Anordnung von Klassen, Nutzfällen, Aktoren, Komponenten und so weiter.

Teil Metklasse (engl.: part), statisches ↑Merkmal eines ↑Classifiers.

template class ↑Parametrisierte Klasse

Transition Metaklasse (engl.: transition), Transitionen verbinden Zustände in Zustandsautomaten. Eine Transition trägt als Anschriften einen ↑Auslöser (ein ↑Ereignis), eine ↑Bedingung (↑Guard), und einen ↑Effekt (eine ↑Aktion), alle optional. Eine Transition ohne ↑Auslöser wird durch die Beendigung des Vorzustandes ausgelöst, eine Transition mit ↑Auslöser beendet den Vorzustand bei Auftreten des ↑Auslöser-↑Ereignisses.

traverse-to-completion Abarbeitungsprinzip für Aktivitäten, im Standard leider nicht explizit formuliert, ähnelt von der Systematik innerhalb der UML dem ↑run-to-completion-Prinzip von Zustandsautomaten.

ttc ↑traverse-to-completion

Typ (engl.: type)

Unterklasse (engl.: sub class) Ausgangspunkt einer Generalisierungsbeziehung zwischen zwei Klassen

Use Case Metaklasse, wird in diesem Buch mit ↑Nutzfall übersetzt (sonst auch „Anwendungsfall"), Modellierungskonstrukt zur Beschreibung von Funktionalität, d. h. von ↑Geschäftsprozessen und ↑Nutzfällen.

Nutzfälle untergliedern sich nach (fachlichen) Funktionen und (technischen) Diensten. Funktionen und Geschäftsprozesse können wiederum Nutzfällen enthalten (durch ↑Inklusions- oder ↑Erweiterungs-Beziehungen).

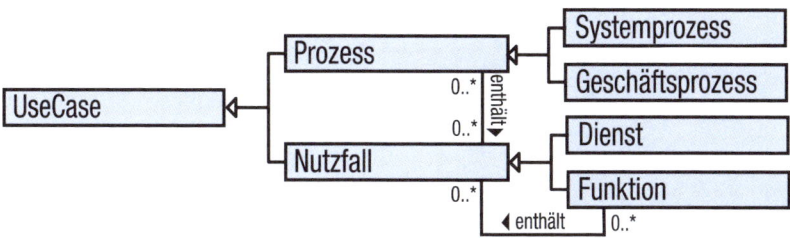

Abbildung E.2: Arten von Use Cases

V-Modell Das „Vorgehensmodell des Bundes" ist ein weitverbreitetes Software-Prozessmodell. Zum ersten Mal 1992 erschienen („VM'92"), damals noch mit einem Schwerpunkt auf Strukturierten Methoden. Die zweite Version von 1997 („VM'97") integrierte objektorientierte Methoden. Die neue Version, die erst kürzlich erschienen ist („VMXT") soll das V-Modell einfacher und agiler machen. Ausführliche Dokumentation unter www.v-modell.iabg.de und in Uthke (1997).

Verbinder (engl.: connector) Ein Verbinder implementiert ein ↑Protokoll.

Vererbung (engl.: inheritance) programmiersprachliche Umsetzung von ↑Generalisierung in vielen objektorientierten Programmiersprachen.

Verhalten Metaklasse (engl.: Behavior), abstrakte Oberklasse von ↑Aktivität, ↑Zustandsautomat, ↑Interaktion und ↑Nutzfall.

Verteilung (engl.: deployment) Abhängigkeitsbeziehung

Vertex ↑Knoten.

visuelles Stereotyp Kennzeichnung eines ↑Stereotyps durch Austauschen des normalen Notationselementes durch ein ganz anderes Element (siehe Abbildungen 11.31 und 11.32).

Wartungsphase (auch: die Wartung) Die Lebenszyklus-Phase nach oder parallel zum Betrieb, in der ein laufendes System kontinuierlich verbessert oder angepasst wird. Die Wartung geht irgendwann zwangsläufig in die Renovierung oder die Stilllegung über.

Wasserfallmodell (engl.: waterfall model) Paradigma der Softwareherstellung, in der die Phasen streng sequentiell aufeinander abfolgen, also z. B. beginnt die Implementation erst, wenn der Entwurf abgeschlossen ist.

White-Box-Sicht Sicht auf ein System unter Berücksichtigung seines inneren Aufbaus (Gegenteil: ↑Black-Box-Sicht).

zusammengesetzte Struktur Metaklasse (engl.: CompositeStructure)

Zustandsautomat Metaklasse (engl.: StateMachine), stellt einen erweiterten hierarchischen endlichen Automaten dar. Ein (UML-)Zustandsautomat besteht aus einem Baum von Zustandsknoten und einer Menge von ↑Transitionen zwischen ihnen.

Zustandstransparenz Im Gegensatz zu „normalen" Zustandsautomaten ist der Zustand eines Objektes mit einem Protokollautomaten vollständig durch den Automaten definiert, es gibt also keinen verborgenen Zustand und keine internen Zustandsübergänge, alle Veränderungen sind beobachtbar.

zyklischer Prozess regelmäßig ablaufender Stapelprozess, z. B. Rechnungslegung, Tagesabschluss, Mahnläufe und Ähnliches.

Literaturverzeichnis

Abowd et al. 1995
Abowd, Gregory D.; Allen, Robert J.; Garlan, David: Formalizing Style to Understand Descriptions of Software Architecture. In: *ACM TOSEM* 4 (1995), Oktober, Nr. 4, S. 319–364

Alexander 1979
Alexander, Christopher: *The Timeless way of Building*. Oxford University Press, 1979. – zitiert nach Buschmann et al. (1998a)

Alexander et al. 1987
Alexander, Christopher; Neis, Hajo; Anninou, Artemis; King, Ingrid: *A new Theory of Urban Design*. Oxford University Press, 1987

Ambler 2002
Ambler, Scott: *Agile Modeling*. Wiley, 2002

Andersen 1997
Andersen, Egil P.: *Conceptual Modeling of Objects*, Department of Informatics, University of Oslo, Diss., 1997

Andrews et al. 2003
Andrews, Tony; Curbera, Francisco; Dholakia, Hitesh; Goland, Yaron; Klein, Johannes; Leymann, Frank; Liu, Kevin; Roller, Dieter; Smith, Doug; Thatte, Satish; Trickovic, Ivana; Weerawarana, Sanjiva: *Business Process Execution Language for Web Services (v1.1)*. 2003 – verfügbar unter http://www.ebpml.org/bpel4ws.htm

Baumgarten 1996
Baumgarten, Bernd: *Petri-Netze. Grundlagen und Anwendungen*. 2. Aufl. Heidelberg: Spektrum Akademischer Verlag, 1996

Berard 1995
Berard, Edward V.: Be Careful with Use-Cases / The Object Agency. 1995 – Forschungsbericht verfügbar unter www.toa.com/pub/use_case.pdf

Bock 2003a
Bock, Conrad: UML 2 Activity and Action Models. In: *J. Object Technology* 2 (2003), Juli/August, Nr. 4, S. 43–53 – verfügbar unter www.jot.fm

Bock 2003b
Bock, Conrad: UML 2 Activity and Action Models: Actions. In: *J. Object Technology* 2 (2003), September/October, Nr. 5, S. 41–56 – verfügbar unter www.jot.fm

Bock 2003c
Bock, Conrad: UML 2 Activity and Action Models: Control Nodes. In: *J. Object Technology* 2 (2003), November/December, Nr. 6, S. 7–22 – verfügbar unter www.jot.fm

Bock 2004a
Bock, Conrad: UML 2 Activity and Action Models: Object Nodes. In: *J. Object Technology* 3 (2004), January/February, Nr. 1, S. 27–41 – verfügbar unter www.jot.fm

Bock 2004b
Bock, Conrad: UML 2 Activity and Action Models: Partitions. In: *J. Object Technology* 3 (2004), Juli/August, Nr. 7, S. 37–56 – verfügbar unter www.jot.fm

Bock 2004c
Bock, Conrad: UML 2 Aktivitäten. In: *OBJEKTspektrum* (2004), July/August, S. 44–51

Bock u. Gruninger 2004

Bock, Conrad; Gruninger, Michael: PSL: A semantic domain for flow models. In: *Intl. J. Software and Systems Modeling* Online First (2004)

Brooks 1987

Brooks, Frederick P.: No Silver Bullet: Essence and Accidents of Software Engineering. In: *Computer* 20 (1987), April, Nr. 4, S. 10–19

Buhr 1998

Buhr, Ray J. A.: Use Case Maps as Architectural Entities for Complex Systems. In: *IEEE Transactions on Software Engineering* 24 (1998), December, Nr. 12, S. 1131–1155

Buhr u. Casselman 1996

Buhr, Ray J. A.; Casselman, R. S.: *Use Case Maps for Object-Oriented Systems*. Prentice Hall, 1996

Buschmann et al. 1998a

Buschmann, Frank; Meunier, Regine; Rohnert, Hans; Sommerlad, Peter; Stal, Michael: *Pattern-Oriented Software Architecture. A System of Patterns*. Wiley Publishing Inc., 1998

Buschmann et al. 1998b

Buschmann, Frank; Meunier, Regine; Rohnert, Hans; Sommerlad, Peter; Stal, Michael: *Pattern-Orientierte Software-Architektur*. Addison-Wesley, 1998

Cardelli u. Wegner 1985

Cardelli, Luca; Wegner, Peter: On Understanding Types Data Abstraction, and Polymorphism. In: *ACM Computing Surveys* 17 (1985), Dezember, Nr. 4

Carmichael 1994

Carmichael, A. (Hrsg.): *Approaches to Object-Oriented Analysis and Design*. SIGS Books, 1994

Cengarle u. Knapp 2004

Cengarle, Maria V.; Knapp, Alexander: UML 2.0 Interactions: Semantics and Refinement. In: Jürjens, Jan (Hrsg.); Fernandez, Eduardo B. (Hrsg.); France, Robert (Hrsg.); Rumpe, Bernhard (Hrsg.): *Proc. 3rd Intl. Ws. Critical Systems Development with UML*, 2004, S. 85–99 – appeared as Technical Report TUM-I0415 of the Technical University of Munich

Christensen u. Mortensen 1997

Christensen, Sören; Mortensen, Kjeld H.: *Petri Nets Tools Database*. 1997 – verfügbar unter www.daimi.aau.dk/~petrinet/tools/quick.html

Coleman et al. 1994

Coleman, Derek (Hrsg.); Arnold, Patrick (Hrsg.); Bodoff, Stephanie (Hrsg.); Dollin, Chris (Hrsg.); Gilchrist, Helena (Hrsg.); Hayes, Fiona (Hrsg.); Jeremaes, Paul (Hrsg.): *Object-Oriented Development: The Fusion Method*. Prentice Hall, 1994

Computer Zeitung 8.11. 2004

Computer Zeitung 8.11.: Modulare Software überfordert User noch. In: *Computer Zeitung* (2004)

Cribbs et al. 1992

Cribbs, J.; Roe, C.; Moon, S.: *An Evaluation of Object-Oriented Analysis and Design Methodologies*. SIGS Publications, 1992

Date 1995

Date, Chris J.: *An Introduction to Database Systems*. 6th edition. Addison-Wesley, 1995

Davis 2003

Davis, Alan M.: The Art of Requirements Triage. In: *IEEE Computer* 36 (2003), März, Nr. 3

Dobing u. Parsons 2001

Dobing, Brian; Parsons, Jeffrey: How the UML is Used. In: Parsons, Jeffrey (Hrsg.); Sheng, Olivia (Hrsg.): 11th *Ws. Information Technologies and Systems (WITS'01)*, 2001

D'Souza u. Wills 1999

D'Souza, Desmond F.; Wills, Alan C.: *Objects, Components and Frameworks with UML. The Catalysis Approach.* Addison-Wesley, 1999

Egyed u. Medvidovic 1999

Egyed, Alexander; Medvidovic, Nenad: Extending Architectural Representation in UML with View Integration. In: France, Robert (Hrsg.); Rumpe, Bernhard (Hrsg.): *Proc.* 2nd *Intl. Conf. on the Unified Modeling Language («UML»'99)*, Springer Verlag, 1999 (LNCS 1723), S. 2–16

Ellis u. Stroustrup 1990

Ellis, Margaret E.; Stroustrup, Bjarne: *The Annotated C++ Reference Manual.* Addison-Wesley, 1990

Ellsberger et al. 1997

Ellsberger, J.; Hogrefe, D.; Sarma, A.: *SDL: Formal Object-Oriented Language for Communicating Systems.* Prentice Hall, 1997

Endres u. Rombach 2003

Endres, Albert; Rombach, Dieter: *A Handbook of Software and Systems Engineering.* Pearson/Addison-Wesley, 2003

Estrin et al. 1986

Estrin, Gerald; Fenchel, Robert S.; Razouk, Rami R.; Vernon, Mary K.: SARA (System Architect's Apprentice): Modelling, Analysis and Simulation Support for Design of Concurrent Systems. In: *IEEE Transactions on Software Engineering* 12 (1986), Nr. 2, S. 293–311

Fichman u. Kemerer 1992

Fichman, R. G.; Kemerer, C. F.: Object-oriented and conventional analysis and design methodologies. In: *IEEE Computer* 10 (1992), Nr. 25, S. 22–39

Fowler 1997

Fowler, Martin: *Analysis Patterns: Reusable Object Models.* Addison-Wesley, 1997

Gamma et al. 1995

Gamma, Erich; Helm, Richard; Johnson, Ralph; Vlissides, John: *Design Patterns: Elements of Reusable Object-Oriented Software.* Addison-Wesley, 1995

Gane u. Sarson 1979

Gane, Chris; Sarson, Trish: *Structured Systems Analysis: Tools and Techniques.* Prentice Hall, 1979

Garlan et al. 1994

Garlan, David; Allen, Robert J.; Ockerbloom, John: Exploiting Style in Architectural Design. In: *Proc. SIGSOFT'94: Foundations of Software Engineering*, ACM, 1994, S. 175–188

GMD 1997

GMD: *Der V-Modell Browser.* 1997 – verfügbar unter http://www.scope.gmd.de/vmodell/

Graham 1993

Graham, Iain M.: *Object-Oriented Methods.* Addison-Wesley, 1993. – 2nd edition, reprinted 1994

Gries 1981

Gries, David: *The Science of Programming.* Springer Verlag, 1981

Hammer u. Champy 1993

Hammer, Michael; Champy, James: *Reengineering the Corporation: A Manifesto for Business Revolution.* 1st edition. HarperCollins, 1993

Harel 1987

Harel, David: State Charts: a Visual Formalism for Complex Systems. In: *Science of Computer Programming* 8 (1987), Nr. 3, S. 231–274

Harper et al. 1989

Harper, Robert; Milner, Robin; Tofte, Mads: The Definition of Standard ML v3 / Lab. for the Foundations of Computer Science., Dept. of Comp. Sci., Edinburgh University. 1989 (ECS-LFCS-89-81, CSR-299-89) – Forschungsbericht, auch erschienen bei MIT Press, 1990

ISO 9126 1991

International Standarization Organization (ISO): *Information Technology - Software Product Evaluation. Quality characteristics and guidelines for their use (ISO 9126).* 1991

ISO 12207 1995

International Standarization Organization (ISO): *Information technology – Software Life Cycle Processes (ISO 12207).* 1995

ISO 9241 1997

International Standarization Organization (ISO): *Ergonomic Requirements for office work with visual display terminals (ISO 9241:1997).* 1997. – Die 10 einzelnen Teile haben teilweise unterschiedliche Erscheinungsjahre.

Jacobson 2000

Jacobson, Ivar: *The Road to the Unified Software Development Process.* Cambridge University Press, 2000

Jacobson et al. 1999

Jacobson, Ivar; Booch, Grady; Rumbaugh, James: *The Unified Software Development Process.* Addison-Wesley, 1999

Jacobson et al. 1992

Jacobson, Ivar; Christerson, Magnus; Jonsson, Patrik; Övergaard, Gunnar: *Object-Oriented Software Engineering. A Use Case Driven Approach.* Addison-Wesley, 1992

Jacobson et al. 1995

Jacobson, Ivar; Ericsson, Maria; Jacobson, Agneta: *The Object Advantage. Business Process Reengineering with Object Technology.* Addison-Wesley, 1995

Jürjens 2004

Jürjens, Jan: *Secure Systems Development with UML.* Springer Verlag, 2004

Keller et al. 1991

Keller, Gerd; Nüttgens, Markus; Scheer, August-Wilhelm: Semantische Prozessmodellierung auf der Grundlage '"Ereignisgesteuerte Prozessketten (EPK)"' / Institut für Wirtschaftsinformatik, Uni Saarbrücken. 1991 (089) – Forschungsbericht, verfügbar unter http://www.iwi.uni-sb.de/iwi-hefte/heft089.ps

Kind u. Kind 2000

Kind, Irving; Kind, Richard: *BABEL: A Glossary of Computer Oriented Abbreviations and Acronyms.* 2000 – verfügbar unter www.geocities.com/ikind_babel/babel/babel.html

Knapp u. Merz 2002

Knapp, Alexander; Merz, Stephan: Model Checking and Code Generation for UML State Machines and Collaborations. In: Haneberg, Dominik (Hrsg.); Schellhorn, Gerhard (Hrsg.); Reif, Wolfgang (Hrsg.): *Proc. 5th Ws. Tools for System Design and Verification*, Institut für Informatik, Universität Augsburg, 2002, S. 59–64 – appeared as Technical Report 2002-11

Kobryn 2004

Kobryn, Chris: UML 3.0 and the future of modeling. In: *Intl. J. Software and Systems Modeling* (2004), Nr. 3, S. 4–8

Kristensen u. Osterbye 1996

Kristensen, Bent B.; Osterbye, Kasper: Roles: Conceptual Abstraction Theory and Practical Language Issues. In: *Theory and Practice of Object Systems* 2 (1996), Nr. 3, S. 143–160

Kruchten 2004

Kruchten, Philippe: *The Rational Unified Process. An Introduction.* 2nd edition. Addison-Wesley, 2004

Krüger 2000

Krüger, Guido: *Go To Java 2.* 2. Aufl. Addison-Wesley, 2000

Liskov u. Wing 1994

Liskov, Barbara; Wing, Jeannette M.: A Behavioral Notion of Subtyping. In: *ACM Transactions on Programming Languages and Systems* 16 (1994), November, Nr. 6, S. 1811–1841

Marshall 1999

Marshall, Chris: *Enterprise Modeling with UML. Designing Successful Software through Business Analysis.* Addison-Wesley, 1999

McIllroy 1969

In: McIllroy, M. D.: *Mass Produced Software Components.* NATO, 1969, S. 88–98 – Paper presented at the 1968 NATO conference in Garmisch

Milner 1989

Milner, Robin: *Communication and Concurrency.* Prentice Hall, 1989

Monroe et al. 1997

Monroe, Robert T.; Kompanek, Andrew; Melton, Ralph; Garlan, David: Architectural Styles, Design Patterns, and Objects. In: *IEEE Software* 14 (1997), Januar, Nr. 1, S. 43–52

National Institute of Standards and Technologies (NIST) 1993

National Institute of Standards and Technologies (NIST): Integration Definition for Function Modeling / Computer Systems Laboratory, National Institute of Standards and Technologies (NIST). 1993. (FIPS Publications No. 183) – Forschungsbericht, verfügbar unter www.omg.org/techprocess/sigs.html, see also www.idef.com

Nielsen 1994

Nielsen, Jakob: *Usability Engineering.* Morgan Kauffman, 1994

Noack 2001

Noack, Jörg: *Techniken der objektorientierten Softwareentwicklung.* Springer Verlag, 2001

OMG 2003a

OMG: OMG Unified Modeling Language: Infrastructure (final adopted spec, 2003-09-15) / Object Management Group. 2003 – Forschungsbericht, verfügbar unter www.omg.org, downloaded at January 4th, 2005

OMG 2003b

OMG: UML 2.0 OCL Specification (OMG Final Adopted Specification, ptc/2003-10-14) / Object Management Group. 2003 – Forschungsbericht, verfügbar unter www.omg.org, downloaded at December 2th, 2004

OMG 2004

OMG: OMG Unified Modeling Language: Superstructure (final adopted spec, version 2.0, 2003-08-02) / Object Management Group. 2004 – Forschungsbericht, verfügbar unter www.omg.org, downloaded at November 11th, 2003

Paulson 1991

Paulson, Lawrence C.: *ML for the Working Programmer.* Cambridge University Press, 1991

Petri 1962

Petri, Carl A.: *Kommunikation mit Automaten.* Schriften des Institutes für instrumentelle Mathematik, 1962

Pree 1995

Pree, Wolfgang: *Design Patterns for Object-Oriented Software Development.* Addison-Wesley, 1995

Rational RUP 1999

The Rational Unified Software Development Process. 1999 – Version 5.5 (Build 12)

Reenskaug et al. 1995

Reenskaug, Trygve; Wald, P.; Lehne, O. A.: *Working with Objects.* Prentice Hall, 1995

Richters 2001

Richters, Mark: *A Precise Approach to Validating UML Models and OCL Constraints,* Universität Bremen, Diss., 2001

Richters u. Gogolla 2002

Richters, Mark; Gogolla, Martin: OCL: Syntax, Semantics, and Tools. Springer Verlag, 2002 (LNCS 2263), S. 42–68

Riehle 2000

Riehle, Dirk: *Framework Design. A Role Modeling Approach,* ETH Zürich, Diss., 2000 – verfügbar unter www.riehle.org

Robertson u. Robertson 1997

Robertson, James; Robertson, Suzanne: *The Volere Requirements Process and Specification Template.* Addison-Wesley, 1997

Royce 1970

Royce, Walker W.: Managing the development of large software systems: concepts and techniques. In: *Proc. IEEE WESTCON, Los Angeles* (1970), August, S. 1–9 – reprinted in Proc. 9th Intl. Conf. on Software Engineering (ICSE), March 1987, pages 328–338

Rumbaugh et al. 1991

Rumbaugh, James; Blaha, Michael; Premerlani, William; Eddi, Frederick; Lorensen, William: *Object-Oriented Modeling and Design.* Prentice Hall, 1991

Rupp 2001

Rupp, Chris: *Requirements-Engineering und -Management.* Hanser Verlag, 2001

Scheer 1995

Scheer, August-Wilhelm: *Business Process Engineering. Reference Models for Industrial Enterprises.* Springer Verlag, 1995

Scheer 1998

Scheer, August-Wilhelm: *ARIS – Modellierungsmethoden, Metamodelle, Anwendungen.* 3. Aufl. Springer Verlag, 1998

Schneider u. Winters 1998

Schneider, Geri; Winters, Jason P.: *Applying Use Cases. A Practical Guide.* Addison-Wesley, 1998

Schneider 2000

Schneider, Manfred: *Architecture and Design: Unified Modeling Language (UML).* Juni 2000 – verfügbar unter www.cetus-links.de/oo_uml.html

SDL:1996

ITU-T: *Specification and Description Language (SDL, Recommendation Z.100).* International Telecommunication Union, 1996

SDL:2000

ITU-T: *Specification and Description Language (SDL, Recommendation Z.100).* International Telecommunication Union, 2000

Selic 2002

Selic, Bran: The Real-Time UML Standard: Definition and Application. In: *2002 Design, Automation and Test in Europe (DATE 2002)*, IEEE Computer Society, 2002, S. 770–772

Selic 2003

Selic, Bran: The pragmatics of Model-Driven Development. In: *IEEE Software* 20 (2003), September/Oktober, Nr. 5, S. 19–25

Selic et al. 1994

Selic, Bran; Gullekson, Garth; Ward, Paul T.: *Real Time Object Oriented Modeling.* Wiley Publishing Inc., 1994

Selic et al. 2000

Selic, Bran (Hrsg.); Kent, Stuart (Hrsg.); Evans, Andy (Hrsg.): *Proc. 3rd Intl. Conf. «UML» 2000. Advancing the Standard.* Springer Verlag, Oktober 2000 (LNCS 1939)

Selic 2004

Selic, Branislav: *Persönliche Nachricht, empfangen am 25. Oktober 2004.* 2004

Shaw 1995

Shaw, Mary: Comparing Architectural Design Styles. In: *IEEE Software* (1995), Nr. 11, S. 27–41

Shaw u. Clements 1996

Shaw, Mary; Clements, Paul C.: A Field Guide to Boxology. Preliminary Classification of Architectural Styles for Software Systems / Carnegie Mellon University, Software Engineering Institute. 1996 – Forschungsbericht

Shlaer u. Mellor 1992

Shlaer, Sally; Mellor, Stephen J.: *Object Lifecycles: Modeling the World in States.* Yourdon Press/Prentice Hall, 1992

Sims 1994

Sims, Oliver: *Business Objects. Delivering Cooperative Objects for Client-Server.* McGraw-Hill, 1994

Sowa 1984

Sowa, John F.: *Conceptual Structures. Information Processing in Mind and Machine.* Addison-Wesley, 1984

Stachowiak 1973

Stachowiak, Herbert: *Allgemeine Modelltheorie.* Springer Verlag, 1973

Steimann 2000

Steimann, Friedrich: A Radical Revision of UML's Role Concepts. In: Selic et al. 2000, S. 194–209

Steimann 2004

Steimann, Friedrich: UML-A oder warum die Wissenschaft ihre eigene einheitliche Modellierungssprache haben sollte. In: Baar, Thomas (Hrsg.); Strohmeier, Alfred (Hrsg.); Moreira, Ana (Hrsg.); Mellor, Stephen J. (Hrsg.): *Proc. 7th Intl. Conf. Unified Modeling Language («UML» '04)*, Springer Verlag, 2004 (LNCS 3273), S. 121–134

Stevens et al. 1974

Stevens, Wayne; Myers, Glen; Constantine, Larry: Structured Design. In: *IBM Systems Journal* (1974), Mai, Nr. 5

Störrle 1999

Störrle, Harald: A different notion of components. In: Schürr, Andreas (Hrsg.); Hofmann, Peter (Hrsg.): *Object-Oriented Modelling of Real-Time Systems (OMER'99)*, Universität der Bundeswehr, München, Fakultät für Informatik, Bericht Nr. 1999-01, 1999

Störrle 2000

Störrle, Harald: *Models of Software Architecture. Design and Analysis with UML and Petri-nets*, LMU München, Institut für Informatik, Diss., Dezember 2000. – ISBN 3-8311-1330-0

Störrle 2002

Störrle, Harald: Group Exercises for the Design and Validation of Graphical User Interfaces. In: Glinz, Martin (Hrsg.); Müller-Luschnat, Günther (Hrsg.): *Proc. Modellierung 2002*, Gesellschaft für Informatik, 2002 (Lecture Notes in Informatics P-12), S. 135–146

Störrle 2003a

Störrle, Harald: Assert, Negate and Refinement in UML-2 Interactions. In: Jürjens, Jan (Hrsg.); Rumpe, Bernhard (Hrsg.); France, Robert (Hrsg.); Fernandey, Eduardo B. (Hrsg.): *Proc. Ws. Critical Systems Development with UML*, 2003, S. 79–94

Störrle 2003b

Störrle, Harald: Semantics of Interactions in UML 2.0. In: Hosking, John (Hrsg.); Cox, Philip (Hrsg.): *Human Centric Computing Languages and Environments*, IEEE Computer Society, 2003, S. 129–136

Störrle 2004a

Störrle, Harald: Semantics of Control-Flow in UML 2.0 Activities. In: Bottoni, Paolo (Hrsg.); Hundhausen, Chris (Hrsg.); Levialdi, Stefano (Hrsg.); Tortora, Genny (Hrsg.): *Proc. IEEE Symposium on Visual Languages and Human-Centric Computing (VL/HCC)*, Springer Verlag, 2004, S. 235–242

Störrle 2004b

Störrle, Harald: Semantics of Exceptions in UML 2.0 Activities / Ludwig-Maximilians-Universität München, Institut für Informatik. 2004 (0403) – Forschungsbericht, verfügbar unter www.pst.informatik.uni-muenchen.de/~stoerrle

Störrle 2004c

Störrle, Harald: Semantics of Expansion Nodes in UML 2.0 Activities. In: *Nordic Journal of Computing* (2004), Nr. 11, S. 1–24

Störrle 2005

Störrle, Harald: Semantics and Verification of Data-Flow in UML 2.0 Activities. In: *Electronic Notes in Theoretical Computer Science* t.b.d (2005), Nr. t.b.d

Störrle u. Hausmann 2005

Störrle, Harald; Hausmann, Jan H.: Obstacles on the Way Towards a Formal Semantics of UML 2.0 Activities. In: Pohl, Klaus (Hrsg.): *Proc. Natl. Germ. Conf. Software-Engineering 2005 (SE'05)*, Gesellschaft für Informatik e.V. 2005 (Lecture Notes in Informatics)

Uthke 1997

Uthke, Ernst: *Das V-Modell. Allgemeiner Umdruck Nr. 250: Vorgehensmodell Planung und Durchführung von IT-Vorhaben (Entwicklungsstandard für IT-Systeme des Bundes)*. 1997 – verfügbar unter http://www.v-modell.iabg.de/

V-Modell XT 2004

Das Vorgehensmodell XT. 2004 – verfügbar unter http://www.kbst.bund.de/-,279/V-Modell.htm

Wiebel 2003

Wiebel, Rupert: Das Lastenheft ist tot! Lang lebe das Lastenheft! In: *Wirtschaftsinformatik* 45 (2003), Nr. 6

Wirth 1983

Wirth, Niklaus: *Programming in Modula-2*. 2nd edition. Springer Verlag, 1983

Yourdon 1989

Yourdon, Edward: *Modern Structured Analysis*. Prentice Hall, 1989

Ziemann u. Gogolla 2003

Ziemann, Paul; Gogolla, Martin: OCL Extended with Temporal Logic. In: Broy, Manfred (Hrsg.); Zamulin, Alexandre V. (Hrsg.): *Revised Papers of the 5th Intl. Andrei Ershov Memorial Conf. Perspectives of Systems Informatics (PSI 2003)* Bd. 2890, Springer Verlag, 2003, S. 351–357

Sachregister